U0116043

福建師範大學文學院百年學術論叢　第八輯

歷代啟蒙教材初探與
朗誦研究

林文寶　著

第八輯
總序

　　甲辰春和，歲律肇新。纘述古今之論，弘通文史之思。

　　《福建師範大學文學院百年學術論叢》第八輯，以嶄新的面貌，在臺北萬卷樓圖書公司出版發行，甚可喜也。此輯所涉作者及專著，凡十有五，略列其目如次：

　　　蔡英杰《說文解字的闡釋體系及其說解得失研究》。
　　　陳　瑤《徽州方言音韻研究》。
　　　　　　　以上文字音韻學二種。
　　　林安梧《道家思想與存有三態論》。
　　　賴貴三《韓國朝鮮王朝《易》學研究》。
　　　　　　　以上哲學二種。
　　　劉紅娟《西秦戲研究》。
　　　李連生《戲曲藝術形態與理論研究》。
　　　陳益源《元明中篇傳奇小說與中越漢文小說之研究》。
　　　傅修海《中國左翼文學現場研究》。
　　　雷文學《老莊與中國現代文學》。
　　　徐秀慧《光復初期臺灣的文化場域與文學思潮》。
　　　王炳中《現代散文理論的個性說研究》。
　　　顏桂堤《文化研究的變奏：理論旅行與本土化實踐》。
　　　許俊雅《鯤洋探驪——臺灣詩詞賦文全編述論》。
　　　　　　　以上文學九種。
　　　林清華《水袖光影集》。
　　　　　　　以上影視學一種。

林文寶《歷代啟蒙教材初探與朗誦研究》。

以上蒙學一種。

知者覽觀此目，倘將本輯與前七輯相為比較，不難發見：本輯的
規模，頗呈新貌。約而言之，此輯面貌之「新」處，略可見諸兩端：

一曰，內容豐富而廣篇幅。

如上所列，本輯所收論著十五種，較先前諸輯各收十種者，已增
多百分之五十的分量，內容篇幅之豐廣不言而喻。復就諸論之類別觀
之，各作品大致包括文字音韻學、哲學、文學、影視學、蒙學等五方
面的研究，而文學之中，又含有戲曲、小說、詩詞賦文、現代散文、
左翼文學各節目的探討，以及較廣義之文化場域、文藝理論、文學思
潮諸領域的闡述，可謂春華競放，異彩紛呈！是為本輯「新貌」之一。

二曰，作者增益而兼兩岸。

倘從作者情況分析，前七輯各論著的作者，均為服務於福建師範
大學的大陸學者。本輯作者十五位乃頗不同：其中十位屬福建師範大
學文學院，另五位則為臺灣各高校教授，分別服務於成功大學中國文
學系、臺灣師範大學國文系、臺東大學兒童文學研究所、東華大學哲
學系等高教部門。增益五位臺灣學者，不僅是作者群體的更新，更是
學術融合的拓展，可謂文壇春暖，鴻論爭鳴！是為本輯「新貌」之二。

惟本輯較之前七輯，雖別呈新氣象，然於弘揚優秀中華文化，促
進兩岸學者交流的本恉，與夫注重學術品質，考據細密嚴謹之特色，
卻毫無二致。縱觀第八輯中的十五書，無論是研究古典文史的著述，
還是探索現當代文學的論說，其縱筆抒墨，平章群言，或尋文心內
涵，或覓哲理規律，有宏觀鋪敘，有微觀研求，有跨域比較，有本土
衍索，均充分體現了厚實純真的學術根底，創新卓異的學術追求。

「苟非其人，道不虛行」，高雅的著作，基於優秀學人的「任道」情懷。這是純正學者的學術本能，也是兩岸學界俊英值得珍惜的專業初心。唯其貞循本能，不忘初心，遂足以全面發揮學術研究的創造性，足以不斷增強研究成果的生命力。於是乎本輯十五種專著，與前七輯的七十種作品，同樣具備了堪經歷史檢驗而宜當傳世的學術質量，而本校文學院「百年學術論叢」的十載經營，十載傳播，亦將因之彰顯出重大的學術意義！每思及此，我深感欣慰，以諸位作者對叢書作出的種種貢獻引為自豪。至若臺北萬卷樓圖書公司各同道多年竭力協謀，辛勤工作，確保了叢書順利而高品格地出版發行，我始終懷抱兄弟般的感荷之情！

　　中華文化，源遠流長。歷代學人對中國悠久傳統文化的研討，代代相承，綿綿不絕，形成了千百年來象徵華夏民族國魂的文化「道統」。《易》曰：「觀乎人文，以化成天下。」即言聖人深切注重中華文明的雄厚積澱，期盼以此垂教天下後世，以使全社會呈現「崇經嚮道」的美善教化。嘗讀《晦庵集》，朱子〈春日〉詩云：「勝日尋芳泗水濱，無邊光景一時新。等閒識得東風面，萬紫千紅總是春。」又有〈春日偶作〉云：「聞道西園春色深，急穿芒屨去登臨。千葩萬蕊爭紅紫，誰識乾坤造化心？」此二詩暢詠春日勝景。我想，只要兩岸學者心存華夏優秀道統，持續合力協作，密切溝通交流，我們共同丕揚五千年中華文化的「春天」必然永在，朱子所謂「萬紫千紅」、「千葩萬蕊」的春芳必然永在。願《福建師範大學文學院百年學術論叢》的學術光華，永遠沁溢於兩岸文化學術交融互通的春日文苑！

汪文頂

謹撰於閩都福州

二○二三年十二月一日

目次

下編　朗誦研究

上編
歷代啟蒙教材初探

自序

　　個人於去年（1993年8月）兼本校初等教育研究所籌備主任一職，籌畫有關所務事宜。本校由於地處東隅，地利已失，更無天時可言，一切成敗，端賴人和。於是籌畫期間，除廣納建言，博採眾議外，並召開過九次籌備會，以及一次對外的公聽會，而後逐漸確立規模。進而認定設所目的：「本所從事之研究及教學工作，以本乎人性，關懷社會，立足本土，放眼天下，發展理論，落實教學為基本原則，其目的在提昇初等教育專業學術研究之素質，增進初等教育實務工作之成效，並促進初等教育之發展與革新。」且課程安排，除共同必修、研究方法群、獨立研究外，又有學科教學群與教育理論群之分設。於是乎本所的課程安排已和其他院校研究所有所不同，亦即是已發展出自身的特色。

　　在共同必修課程中有「中國初等教育重要文獻選讀」一科，今年由個人講授。個人認為有關我國傳統初等教育（或稱之為啟蒙教育）之研究，可從教材、家訓、論述（文集中）與學規等方面入手。但由於這門學科初設，有關這方面的系統資料不多，且個人能力有限，只能提供下列之書籍作為主要的參考用書：

　　小學集解・四書集注　楊家駱主編　世界書局增訂中國學術名
　　　　著第一輯《朱子小學及四書五經讀本》第一冊
　　五種遺規　陳弘謀著　中華書局四部備要本
　　中國哲學的特質　牟宗三著　臺灣學生書局　1974年10月臺初版
　　中國古代教育文選　孟憲承編　五南圖書公司　1989年9月

　　其中，以《中國古代教育文選》一書為主要講授用書，並兼述拙著〈歷代啟蒙教育地位之研究〉、〈歷代啟蒙教材初探〉二文

　　追憶研究古代啟蒙教育，其緣起是一九八〇年五、六月間，因撰寫〈兒童詩歌研究〉一文，其中有「歷代韻文教材簡史」一小節，由此接觸到傳統的學塾教育，也因此激起進一步探索的欲望。浸沈其間有三年之久，並完成〈歷代啟蒙教育地位之研究〉、〈歷代啟蒙教材初探〉兩篇。後來，逐漸有學者參與古代啟蒙書的編注，其中較為有名者，就記憶所及，有郭立誠、馮作民、李牧華、陳則明等人。

　　郭立誠編有《小四書》（1983年7月）、《小兒語》（1985年2月）兩書，皆由號角出版社印行。馮作民為東進文化事業公司編譯了一套《教養叢書》（或稱「處世座右銘」，計收十四種，一九八七年九月印行）。至於李牧華、陳則明等人則為世紀書局編譯了一套《中國文化基本叢書》（計收十種，約於一九八四年左右出版）。這些經過註譯的啟蒙書，給人耳目一新，一掃坊間舊有啟蒙書印刷粗劣的現象。

　　其後，個人由於學養不足，再加上文獻搜集不易，有關傳統啟蒙教育的研究，只有關心而未再繼續鑽研。

　　其實，傳統啟蒙教材，在臺灣地區亦曾熱鬧過。一九八一年十月《國文天地》第五卷第五期（總期數五十三）有「公開徵答」啟事：

　　「天子重英豪，文章教爾曹；萬般皆下品，惟有讀書高。……」
　　出於宋人汪洙的《神童詩》，而《神童詩》的全文如何？見於何
　　書？（頁72）

公開徵求啟事後，於「國文天地」五十五、五十六、五十七等三期都有了回響。其中五十五期是屬於文獻的探討；五十六期，五十七期則有實際的收穫，今將其有關編輯部案語與讀者回響轉錄如下：

五十六期編輯部案語

　　《神童詩》終於千呼萬喚始出來。十二月八日編輯部收到來自苗栗林瑞麒先生的稿件，黃色的牛皮紙袋中赫然是我們尋覓多時的《神童詩》影本。

　　經過聯繫林先生林先生，這本《神童詩》的由來是這樣的：「這本『神童詩』是家父幼年在苗栗文昌廟私塾讀書所用的課本，距今約五、六十年，原書除了《神童詩》，還包括《三字經》、《論語》、《孝經》等，各書均獨立，分別由不同書局刊刻，如《神童書》是由「鑄記書局」刊刻的石印本、《繪圖孝經讀本》由上海廣益書局刊刻，可能是私塾為了教學便利，而將各種童蒙的書用線穿起來，合為一輯。」透過林先生的談話，《神童詩》的內容、用途已清楚的昭示。

　　林先生的尊翁是土生土長的臺灣人，生當日據時代，卻能經由塾師接受中國最傳統的啟蒙教育，這本《神童詩》署名「中華民國十一年孟冬下浣，古鹽孫志翔書」，係大陸刊行，而非臺灣刊刻。以上是發現《神童詩》的大致情況，茲將林先生來信及《神童詩》全文照刊，以饗讀者，並感謝林先生的熱心襄助。

　　此外，臺南讀者盧寄蓉亦寄來《神童詩》影本，在此一併致謝。

讀者書函

　　編輯先生惠鑒：

　　附上《繪圖神童詩》影本如後。

　　此乃家父幼時習用者，余多年前亦偶加翻閱，不讀久矣。貴刊五十三期公開徵答後，余以為必有甚多讀者提供，不意五十五期「國文天地」中，竟仍未見全文，深為訝異。

家父今年七十歲，余亦逾知命之年，昔年童蒙所習，而今島內
難覓，思及不禁長嘆。敬頌

　　編安

讀者・林瑞廓

五十七期編輯部案語

五十六期本刊公開林瑞麒先生提供的《神童詩》後，編輯部又
陸續收到臺北縣林世澤先生、臺東市黃學堂先生所提供的資
料，其中林先生提供的《神童詩》，是由上海昌文書局印行，
內容及附圖均與上期公開的相似；黃先生提供的《神童詩》在
內容篇幅、附圖及詩句順序方面則有顯著的不同，因此，本刊
決定再次提供讀者們《神童詩》的另種版本，並向熱心的讀者
們致謝。

讀者書函

在偶然中，於家藏的故紙堆找到了《神童詩》，徹夜細加比
對，綴補成編，讀書之樂，莫過於此。經過是這樣的：
月前，家大人辭世，予整理篋中故籍，有訓蒙讀物及抄本數
種，《神童詩》即印於《千家詩》每頁的書眉上。此乃家父在
民國三年（大正三年，一九一四年）課讀於「新竹州中壢郡觀
音莊上大堀」的「參贊書局」中所用者。嗣因輾轉遷居至花蓮
縣富里鄉，故是書如今在此三家村中得之
該書首頁題「新刻千家詩詩選上卷」、「集新堂藏板」，係木刻
印刷，唯前面以硃筆手抄的兩葉補之。版框為11×17.8公分，

每頁書眉有畫一幅，左右各有五言詩二句，共四句，內容即
《神童詩》也。全書凡二十三卷，每葉八句，共一八四句。

查此《千家詩》與一般常見者稍有不同，全是七言詩，未見有
五言者，插畫亦別具一格。又此書題為「上卷」，未知是否另
有「下卷」，且就該詩末句看來，詞意似猶未盡，或許本詩尚
有下文，亦未可知。

按：據「通俗編」謂：《千家詩》最早由宋代劉克莊編選時，均
為七絕、七律。今市面上所見五、七言皆有，蓋後人所增刪之
耳。欲尋《神童詩》，清末民初所刊行的《千家詩》或多有之。

讀者·黃學堂

　　從上述引錄中得知，在臺灣地區《神童詩》仍有版本與內容的不
同。一般說來，傳統啟蒙教材，都是粗劣紙張印刷的「坊本」；年代
近的則是「石印本」或「鉛印本」，大多數都沒有作者的姓名，也沒
有序跋，因此不易查出成書的年代和作者的身世。

　　反觀大陸地區，由於對傳統啟蒙教材的重視，曾將中國傳統訓誨
勸戒資料做一番系統的清理和總結。因此，目前所見大陸地區的《神
童詩》，就以《中國古代童蒙讀物大全》（依然、晉才編，一九九〇年
十二月，中國廣播電視出版社）、《白話蒙學精選》（汪茂和、蔡翔主
編，一九九一年十一月，知識出版社）、《蒙學輯要》（徐梓、王雪梅
編，一九九二年三月，山西教育出版社）等三書為例，其間除「中國
古代童蒙讀物大全」附有「神童詩卷首詩」二十八首外，其內容與詩
句順序皆相同。當然，這是整理的結果，至於書影、整理過程皆未能
得知，不能不說是件憾事。我們知道古代啟蒙教材，由於各書局刊印
的時候沒有統一的標準可以依據，再加上地區性的差異，是以在刊印
上皆屬因陋就簡，錯訛頗多。其實，就以《神童詩》而言，是否還有

其他各種不同的版本，亦頗值得我們注意。胡適在《四十自述》一書裡會追憶自己的啟蒙過程，其中所提到的《神童詩》，顯然就與上述臺、海兩地所見文獻有別，其文云：

> 我雖不曾讀《三字經》等書，卻因聽慣了別的小孩高聲誦讀，我也能背這些書的一部分，尤其是那五、七言的《神童詩》，我差不多能從頭背到底。這本書後面的七言句子，如：

> 人心曲曲灣灣水，世事重重疊疊山。

> 我當時雖不懂得其中的意義，卻常常嘴上愛念著玩，大概也是因為喜歡那些重字雙聲的緣故。[1]

在臺灣地區有關傳統啟蒙教育的研究，在教育研究裡顯然仍是屬於冷僻的領域；就個別教材而言，《唐詩三百首》是惟一的例外。但是仍然有學者願意為傳統啟蒙書做較為嚴謹的註譯或研究，如：

敦煌兒童文學　雷僑雲著　臺灣學生書局　1985年9月
敦煌寫本太公家教研究　周鳳五著　明文書局　1986年5月
新譯千家詩　邱燮友、劉正浩註譯　三民書局　1991年10月
新譯三字經　黃沛榮註譯　三民書局　1992年5月

從研究啟蒙教育到研究所授課，攸忽十年已過。由於研究所的授課，使我了解傳統啟蒙教育的研究仍是被忽略。如何摒除殖民文化，以及如何界定自己的本土文化，強調傳統文化的契機及其不同之處，

1　《胡適作品集》（臺北市：遠流出版事業公司，1986年6月），第1冊，頁20。

似乎是刻不容緩的課題。於是有了出版拙著與再度深入探討傳統啟蒙
教育的念頭。當然，本書能結集出版，自當感謝校方對學術研究的支
持；以及本系何三本主任的美意，再度慨允列為本系語文叢書第七
種。除外，更當感謝研究所同學的良好互動。

　　本書雖以「歷代啟蒙教材初探」為題，但仍兼收有關文章，是以
有附錄三文，茲列各篇發表刊物與期數如下：

　　　　歷代啟蒙教育地位之研究　《台東師專學報》第10期（1982年
　　　　　4月），頁27-254
　　　　歷代啟蒙教材初探　《台東師專學報》第11期（1983年4月），
　　　　　頁1-112
　　　　通古才足以變今——傳統啟蒙教育鳥瞰　《國文天地》總第64
　　　　　期（1990年9月），頁12-15
　　　　關於「蒙求」　同上，頁10

　　又〈我國歷代啟蒙教材初探〉一文，曾獲國科會一九八三年度研
究獎助，並此致謝。

壹
前言

　　我國歷代私家教學頗為發達，且其效率更較官學為大。這種情形，直至新式學校制度產生，私家教學的勢力始漸磨滅。

　　所謂私家教學，自蒙學至專門，皆有人設立。因此學塾的程度範圍極廣，自五、六歲初蒙，以至二十歲左右讀完了四書，經學做八股，都可以由學塾去教。所以學塾中的學生，年齡有時自五、六歲直至十五、六歲的都有。那專教蒙童的稱為蒙館，專教大學生的稱為經館。

　　這種學塾的歷史，或謂始自漢朝，而且一直沒有多大變化，這是我國歷代唯一的基本學校，而私塾教師也是讀書人做官以外唯一的出路。

　　本文所謂的啟蒙教材，是指蒙館教材而言。蒙館，或稱村塾，這裡的學生大部分讀完《孝經》、《論語》之後，即不再讀書，而從事各種職業，也就是說，這種人只想識字、寫字而不應舉。一般說來，他們皆以識字、習字、倫理為主。在宋朝以後，雖然受了理學家的影響，無論在教材與教法方面都有了變化，但仍然是以識字、習字、倫理為主。

　　有關蒙館的記載，正史不多，散見於筆記或個人文集中。至目前為止，似乎仍缺少系統的整理。其間個人曾企求於當代先進有關啟蒙記載，又皆語焉不詳；其中以專論而言，首推齊如山的〈學館〉一文[2]最為詳細。至於傳記而言，則以胡適〈四十自述〉較為詳盡，試引錄如下：

2　齊如山：〈學館〉，《齊如山全集》（臺北市：聯經出版事業公司，1979年12月），第9冊「中國科名」附錄三，頁5140-5159。

我在臺灣時，大病了半年，故身體很弱。回到家鄉時，我號稱
五歲了，還不能跨一個七、八寸高的門檻。但我母親望我念書
的心很切，故到家的時候，我才滿三歲零幾個月，就在我四叔
父介如先生（名玠）的學堂裡讀書了。我的身體太小，他們抱
我坐在一隻高凳子上面。我坐上了就爬不下來，還要別人抱下
來。但我在學堂裡並不算最低級的學生，因為我進學堂之前已
認得近一千字了。

因為我的程度不算「破蒙」的學生，故我不須念《三字經》、
《千字文》、《百家姓》、《神童詩》一類的書。我念的第一部書
是我父親自己編的一部四言韻文，叫做「學為人詩」，他親筆
鈔寫了給我的。這部書說的是做人的道理，我把開頭幾行鈔在
這裡：

> 為人之道，在率其性。
> 子臣弟友，循理之正；
> 謹乎庸言，勉乎庸行；
> 以學為人，以期作聖。

以下分說五倫。最後三節，因為可以代表我父親的思想，我也
鈔在這裡：

> 五常之中，不幸有變，
> 名分攸關，不容稍紊。
> 義之所在，身可以殉。
> 求仁得仁，無所尤怨。
> 古之學者，察於人倫，
> 因親及親，九族克敦；

因愛推愛，萬物同仁。

能盡其性，斯為聖人。

經籍所載，師儒所述，

為人之道，非有他術：

窮理致知，返躬踐實，

亹勉於學，守道勿失。

我念的第二部書也是我父親編的一部四言韻文，名叫《原學》，是一部略述哲理的書。這兩部書雖是韻文，先生仍講不了，我也懂不了。

我念的第三部書叫做《律詩六鈔》，我不記是誰選的了。三十多年來，我不曾重見這部書，故沒有機會考出此書的編者；依我的猜測，似是姚鼐的選本，但我不敢堅持此說。這一冊詩全是律詩，我讀了雖不懂得，卻背得很熟，至今回憶，卻完全不記得了。

我雖不曾讀《三字經》等書，卻因聽慣了別的小孩高聲誦讀，我也能背這些書的一部分，尤其是那五、七言的《神童詩》，我差不多能從頭背到底。這本書後面的七言句子，如：

人心曲曲灣灣水，

世事重重疊疊山。

我當時雖不懂得其中的意義，卻常常嘴上愛念著玩，大概也是因為喜歡那些重字雙聲的緣故。

我念的第四部書以下，除了《詩經》，就都是散文了。我依誦讀的次序，把這些書名寫在下面：

（4）孝經

（5）朱子的小學，江永集註本。

（6）論語。以下四書皆用朱子註本。

（7）孟子

（8）大學與中庸。（四書皆連註文讀。）

（9）詩經，朱子集傳本。（註文讀一部分。）

（10）書經，蔡沈註本。（以下三書不讀註文。）

（11）易經，朱子本義本。

（12）禮記，陳澔註本。[3]

　　從胡適的自述裡，可見所謂的啟蒙教材，有時亦因人因時因地而有不同，以下試就各種《中國教育史》中，論及小學教育者引錄如下：

（1）《中國教育史》　陳東原著　一九三六年七月商務印書館出版、
　　　一九七六年九月臺三版

3　胡適：〈四十自述〉，《胡適文存》（臺北市：遠東圖書公司），頁20-23。

　　第二十五章　私塾及其教學

　　　一、私塾之程度與性質

　　　二、私塾之教學與訓育

　　　三、私塾中之生活

　　　四、王筠之小學教育見解（頁425-443）

（2）《中國教育思想史》　任時先著　一九三六年十二月臺灣商務印
　　書館出版、一九七二年四月臺四版

　　第九章　宋、元、明的教育思想

　　第八節　宋、元、明的兒童教育

　　　一、兒童教育的理論

　　　二、兒童教育的狀況

　　　三、兒童教育的教材（頁229-234）

（3）《中國教育史》　王鳳喈編著　一九四五年四月在渝初版、一九
　　七六年五月臺十四版、正中書局印行

　　第八章　隋、唐、宋、元、明、清之教育

　　第三節　民間教育（頁162-165）

（4）《中國教育史》　陳青之著　一九七八年八月在臺六版、臺灣商
　　務印書館印行

　　第二十三章　宋代教育制度及其實況

　　第六節　貴冑學校及國立小學

　　　一、貴冑學校

　　二、國立小學

　第七節　地方學校（頁224-227）

第三十三章　中明教育家及其學說

　第四節　王陽明

　　七、兒童教育論（頁424-425）

第三十八章　清代教育家及其學說（一）

　第五節　陸桴亭

　　三、小學教育（頁499-502）

　第六節　陸稼書

　　三、兒童教育之重要（頁507-508）

（5）《中國教育史》（上、中、下）　余書麟著　一九六一年出齊
　　師大出版

　第四編　秦、漢、魏、晉、南北朝的教育

　　第二章　第三節　兩漢的教育制度

　　四、私校的教科書（頁306-308）

　第六編　宋、元、明的教育

　　第六章　第三節　元代的學校教育

　　參　民間學校（頁721）

　　第九章　第四節　王守仁的教育思想

　　參　兒童教育論（頁809-810）

（6）《中國教育史》　胡美琦著　一九七八年七月初版　三民書局印行

　第三篇　第四章　郡國學及民間學的情況

　　第二節　農村民間學（頁167-169）

以上各書中，以陳東原所論最為詳盡，至於專論啟蒙教材者以吳鼎《國民教育》[4]第七章第二節「我國國民中小學教材的演進」較為詳盡。除外，又有蘇尚耀先生亦致力於古代兒童讀物的探討，蘇尚耀先生所探討文章都發表於《國語日報・兒童文學版》，試錄如下：

〈我國最古的兒童讀物〉　蘇樺　251期　1977年2月6日
〈古代兒童讀物的新紀元〉　蘇樺　260期　1977年4月17日
〈太公家教〉　蘇樺　270期　1977年6月26日
〈呂氏父子的《小兒語》〉　蘇樺　272期　1977年7月10日
〈「啟蒙記」和《開蒙要訓》〉　蘇樺　277期　1977年8月14日
〈《千字文》種種〉　蘇樺　281期　1977年9月11日
〈漫談《千家詩》〉　蘇樺　285期　1977年10月9日
〈《千字文》補談〉　蘇樺　290期　1977年11月13日
〈平心談《二十四孝》〉　蘇樺　346期　1978年12月10日
〈郭居敬與《二十四孝》〉　蘇樺　347期　1978年12月17日
〈《二十四孝》故事探源（上、中、下）〉　蘇樺351、352、354期　1979年1月14日；1979年1月21日；1979年2月11日
〈敦煌石窟的兩種兒童讀物（一、二）〉　蘇樺　478、479期　1981年7月12日；1981年7月19日

　　清光緒三十一年（1905）決定「停科學、興學校」，所謂興學校，即指推行新式教育而言。當時，就兒童教育而言，雖然學堂設立，而應用課本卻不足供給，齊鐵恨先生有篇〈清末民初的兒童讀物〉一文，曾記載初設學堂時期的教材情形，試引錄如下：

4　吳鼎：《國民教育》，臺北市：編譯館，1974年7月。

> 清朝光緒年間，初設學堂的時候兒，應用課本，不足供給，所謂「蒙學課本」，最初只有國文和修身，以後才有算術和格致，歷史和地理。及分「兩等小學」，初等小學，於國文科本之外，仍讀《論語》、《孟子》、《禮記》節本及史鑑節要。高等小學，則讀《詩義折中》及《周義折中》；外加《解字》，則用上海澄衷學堂的《字課圖說》；歷史則講《普通新歷史》及《支那通史》（日本那珂通世編的）；地理有《中國地理課本》及《世界地理課本》；算術，最初用《算學筆談》，後用《筆算數學》。或因課本難得，或因師資缺乏，用書雜亂，程度不齊，談不到什麼「兒童讀物」，因為都是用文言編印的，課本上所印的：「先生講，學生聽。」如果先生不講，學生是看不懂的；哪像現在的兒童，都能自動的閱讀書報呢？即以國文課本來講：最初上海文明書局編印的四冊，起首是：「天地日月山水」；接著是：「花草樹木梅柳」；這不過是教學識字而已。以後逐漸程度加增，而由簡短的故事、寓言，以及短篇文章，內容還好。繼文明書局而興的有上海商務印書館，所出國文課本，則由「天地日月」起頭，課文比較略短一些。在北方則有直隸官書局印行的課本，課文起始於「尚公、尚武、尚實」，而所印插圖裡的學生，則依照時代寫實，都在腦後耷拉著一條辮子。[5]。

我們知道，近代中國教育演變之大，可說空前所未有。就演變的趨勢說，則由傳統教育演變為現代教育；就演變的歷程說，則近代中國教育因受外國侵略與國內改革的影響，不得不隨時改進，以求其現代化。因此時間雖僅是百年左右，而初設學堂時期的兒童教材，對今日

---

5 《兒童讀物研究》（臺北市：小學生雜誌社），第1輯，頁193-194。

的人來說，卻是遙遠不可及。至於傳統時期的兒童教育，現代人更不屑一顧。我曾收集目前市面上所能看到的啟蒙教材，大都是作者不詳，版本與印刷皆屬低劣。傳統的啟蒙教材，它曾是我們民族的乳汁，棄之不顧，能不慘然？歷代的啟蒙教育缺乏被認同的地位。

　　考近代圖書館學對傳統啟蒙等兒童圖書的處理，大都歸屬於啟蒙類，如：

　　《書目答問》附一別錄總目有童蒙幼學各書
　　《「國立中央圖書館」善本書目》（冊一）（1967年12月增訂本）
　　小學類有啟蒙之屬。
　　《百部叢書集成》分類目錄卷三子部儒學類禮教之屬有「蒙學」
　　目。

考我國歷代啟蒙之書，最早見存於小學類，而《永樂大典》目錄卷八十九「蒙」字有《童蒙須知》、《童蒙詩詞》、《蒙訓》等部分，而其內容已不存（案《永樂大典》五百四十一卷以前皆佚），是以所謂《童蒙須知》《童蒙詩詞》《蒙訓》到底如何，未得而知。至《四庫全書》時，始將啟蒙書歸屬於儒家、類書等類。《四庫全書總目提要》卷四十、經部四十、小學類一：

　　古小學所教不過六書之類，故漢志以弟子職附孝經；而史籀等十家四十五篇，列為小學。隋志增以金石刻文，唐志增以書法書品，已非初旨。自朱子作小學以配大學，趙希弁讀書附志，遂以弟子職之類，併入小學；又以蒙求之類，相參並列，而小學益多歧矣。考訂源流，惟漢志根據經義，要為近古。今以論幼儀者，則入儒家；以論筆法者，別入雜藝；以蒙求之屬隸故事，以便記誦者，別入類書。惟以爾雅以下編為訓詁，說文以

下編為字書，廣韻以下編為韻書，庶體例謹嚴，不失古義。其
有兼舉兩家者，則各以所重為主（如李燾《說文五音韻譜》、
《實字書》；袁子讓《字學元元》、《實論等韻》之類），悉條其
得失，具於本篇。[6]）

　　申言之，雖然歷代的《藝文志》、《經籍志》，或是私家的書目著
作，或多或少都收有幼教啟蒙書，但我們卻發現這些登堂入室的書目
只是見存而已，或許有幸收錄於《四庫全書》裡，而事實上並不為民
間塾師所採用，而民間所採用的絕大部分是作者不詳。由此可知，登
堂入室的啟蒙書目，是代表著知識分子的一種教育理想，事實上這種
理想的書目，一直不能在民間流行。因此，欲探討流行於民間的啟蒙
教材，只能禮失求諸野，而求諸野的歷程，可說辛苦之至，其間欣慰
的是時常來自於偶得蛛絲資料。

　　本論文寫作的目的，是想為歷代啟蒙教材留下較為詳實的資料，
以做進一步研究的參考；因此以流行於民間的啟蒙教材為經，而輔以
登堂入室的書目為緯。至於教材的分期，則取自吳鼎先生的朝代分
期。[7]

　　最後擬對本文的寫作緣由作一說明：一九八〇年五、六月間，因
撰寫〈兒童詩歌研究〉一文（見《臺東師專學報》第九期），其中有
「歷代韻文教材的簡史」一小節，由此接觸到傳統的學塾教育，也因
此激起我更進一步探索的欲望。至今不覺中已有三年之久（七十二
年），只是勉強的完成了〈歷代啟蒙教育地位之研究〉（見《臺東師專
學報》第十期）與本文。其間雖有宏大的企圖，可惜因學養不足，再
加上資料來源不易，有關傳統的學塾教育研究，或許只好就此暫時
歇手。

6　《四庫全書總目提要》（臺北市：臺灣商務印書館），第1冊，頁832。

7　見吳鼎：《國民教育》（臺北市：正中書局），第7章第2節。

又本文初稿完成時，曾見有文化大學七十學年度碩士論文《敦煌兒童文學研究》，作者雷僑雲君。於是托人影印，並得以補足有關《開蒙要訓》的疑問。案《開蒙要訓》一書，不見正式記載，個人僅見《羅雪堂先生全集‧三編》第九冊頁三三一六～三三一七有收錄殘文；及蘇尚耀先生〈啟蒙記和開蒙要訓〉一文，但二者皆語焉不詳；而敦煌資料索求不易，幾乎欲棄置不顧，及見雷僑雲君著作，非但補足《開蒙要訓》的疑問，並且提供了許多有關敦煌古籍中的啟蒙教材。因此有關《開蒙要訓》部分的敘述，皆取自雷僑雲君著作，未敢掠美，特附記於此。

貳
漢唐時代的啟蒙教材

　　虞、夏、商三代的國民教材，考其內容，是以倫理為主，其次為音樂。至西周，文化較前發達，社會亦較前進步，對於國民教育亦更為重視（考《禮記‧曲禮篇》中有幼儀之記載，但《曲禮》當是戰國與西漢宣帝之間的作品），但當時紙張與印刷尚未發明，文字是大篆，書寫異常困難，想都是由教師參照當時習用的教材來教導的，其中除書、數外，似乎用不到文字的教材，是以我們從漢朝說起。

　　武帝初即位，徵天下方正賢良文學材力之士，東方朔上書說：

　　　　臣朔少失父母，長養兄嫂。年十三學書，三冬，文史足
　　　　用。……[1]

《漢書補注》云：

　　　　文者，各書之體。史者，史籀所作世之通俗文字，諷誦在口者
　　　　也。足用者，言足用以應試。藝文志太史試學童，能諷書九千
　　　　字以上，乃得為史，又以六體試之。說文序諷書作諷籀書。據
　　　　此各體之文與所諷之史並試，皆學童習以待用者也。[2]

以上所說主要是指考試而言，至於西漢初年私塾教育狀況史無明文。
《後漢書‧承宮傳》：

1　《漢書‧東方朔傳》（臺北市：鼎文書局），第4冊，卷65，頁2841。
2　《漢書補注》，《二十五史》（臺北市：藝文印書館），第2冊，頁1294。

（承宮）少孤，年八歲，為人牧豕。鄉里徐子盛者，以春秋經授諸生數百人。宮過息廬下，樂其業，因就聽經，遂請留門下。[3]

又《後漢書·光武本紀》：

光武年九歲而孤，養於叔父良。[4]

而《集解》云：

惠棟曰：「東觀記：年九歲而南頓君卒，隨叔父在蕭。入小學。」棟案宗室四王傳：良，平帝時為蕭令。[5]

以上兩者或可為漢末有小學之證；至於記載漢代私塾最詳盡者，自以王充《論衡·自紀》：

建武三年充生。為小兒，與儕倫遨戲，不好狎侮。儕倫好掩雀捕蟬，戲錢林熙，充獨不肯。誦（充父）奇之，六歲教書，恭愿仁順，禮敬具備，矜莊寂寥，有臣人之志。父未嘗笞，母未嘗非，閭里未嘗讓。八歲出於書館。書館小僮，百人以上，皆以過失袒謫，或以書醜得鞭。充書日進，又無過失。手書既成，辭師受《論語》、《尚書》。日諷《千字》。經明德就，謝師而專門，援筆而眾奇。所讀文書，日益博多。[6]

3　《後漢書·承宮傳》（臺北市：鼎文書局），第2冊，頁944。
4　《後漢書·光武本紀》（臺北市：藝文印書館），第1冊，頁37。
5　《後漢書集解》（臺北市：藝文印書館《二十五史》本），第1冊，頁37。
6　《論衡》（中國子學名著集成編印基金會），下冊，頁1234-1235。

案漢代塾館學生，或收八、九歲到十五歲不等，而主要的功課是識字、寫字。十五歲以後開始讀經。《漢書‧藝文志》收史籀十五篇、八體六技八篇、蒼頡篇一篇、凡將一篇、急就一篇、元尚一篇、訓纂一篇、別字十三篇、蒼頡傳一篇、揚雄蒼頡訓纂一篇、杜林蒼頡訓纂一篇、杜林蒼頡故一篇。計十家四十五篇。並說明如下：

> 易曰：「上古結繩以治，後世聖人易之以書契，百官以治，萬民以察，蓋取諸夬。」「夬，揚於王庭」，言其宣揚於王者朝廷，其用最大也。古者八歲入小學，故周官保氏掌養國子，教之六書，謂象形、象事、象意、象聲、轉注、假借，造字之本也。漢興，蕭何草律，亦著其法，曰：「太史試學童，能諷書九千字以上，乃得為史。又以六體試之，課最者以為尚書御史史書令史。吏民上書，字或不正，輒舉劾。」六體者，古文、奇字、篆書、隸書、繆篆、蟲書，皆所以通知古今文字，摹印章，書幡信也。古制，書必同文，不知則闕，問諸故老，至於衰世，是非無正，人用其私。故孔子曰：「吾猶及，史之闕文也，今亡矣夫！」蓋傷其寖不正。史籀篇者，周時史官教學童書也，與孔氏壁中古文異體。蒼頡七章者，秦丞相李斯所作也；爰歷六章者，車府令趙高所作也；博學七章者，太史令胡母敬所作也：文字多取史籀篇，而篆體復頗異，所謂秦篆者也。是時始造隸書矣，起於官獄多事，苟趨省易施之於徒隸也。漢興，閭里書師合蒼頡、爰歷、博學三篇，斷六十字以為一章，凡五十五章，并為蒼頡篇。武帝時司馬相如作凡將篇，無復字。元帝時黃門令史游作急就篇，成帝時將作大匠李長作元尚篇，皆蒼頡中正字也。凡將則頗有出矣。至元始中，徵天下通小學者以百數，各令記字於庭中。揚雄取其有用者以作訓纂篇，順續蒼頡，又易蒼頡中重複之字，凡八十九章。

臣復續揚雄作十三章，凡一百二章，無復字，六藝群書所載略
備矣，蒼頡多古字，俗師失其讀，宣帝時徵齊人能正讀者，張
敞從受之，傳至外孫之子杜林，為作訓故，並列焉。[7]

史籀十五篇，為周時史官教學童書；至秦李斯作《蒼頡篇》；趙高作
《爰歷篇》，胡母敬作《博學篇》，均為「字書」。漢初，閭里之師合
併蒼頡、爰歷、博學為《蒼頡篇》。其後揚雄作《訓纂篇》，易蒼頡中
重複文字，計八十九章，五千三百四十字。而後班固繼揚雄之後作十
三章共七千一百八十字，字無重複。東漢和帝時，賈魴作《滂熹篇》。
後人遂以《蒼頡》為上卷，揚雄之《訓纂》為中卷，賈魴之《滂熹》
為下卷，稱為三蒼，或總稱之為三蒼。以上所述之書皆屬漢代國民教
育的認字教材，可惜該書久已失傳。英人斯坦因（A. Stein）於清道
光三十四年，在敦煌洞窟裡得漢晉木簡千餘種以歸，法國沙畹博士
（Chavanes）為之考釋，五年後冬在倫敦出版，未出版前，沙氏即以
手校本寄羅振玉，羅振玉請王國維考訂，印成流沙墜簡三冊，其中有
《蒼頡篇》四簡：

一、竹簡、隸書
游敖周章、黜廬黯黮、黿黝黔黜、黤黮赫赧、儵夎白黃
二、木簡、隸書
走走病狂、疕疻宨痎（下闕）
三、木簡、隸書
貍貙貚（下闕）
四、木簡、隸書
（上闕）寸薄厚廣狹好醜長短[8]

7　《漢書》（臺北市：鼎文書局），第2冊，頁1720-1721。

8　王國維：《王觀堂先生合集》（臺北市：文華出版公司），第7冊，頁2463-2464。

王國維〈重輯蒼頡篇〉[9]除流沙墜簡四簡外，另有成句者如下：

幼力承詔（《說文解字》序）

考妣延年（《爾雅‧釋親注》）

漢兼天下，海內並廁，豨黥韓覆，叛討殘滅（《顏氏家訓‧書證篇》殘滅，原作「滅殘」）[10]

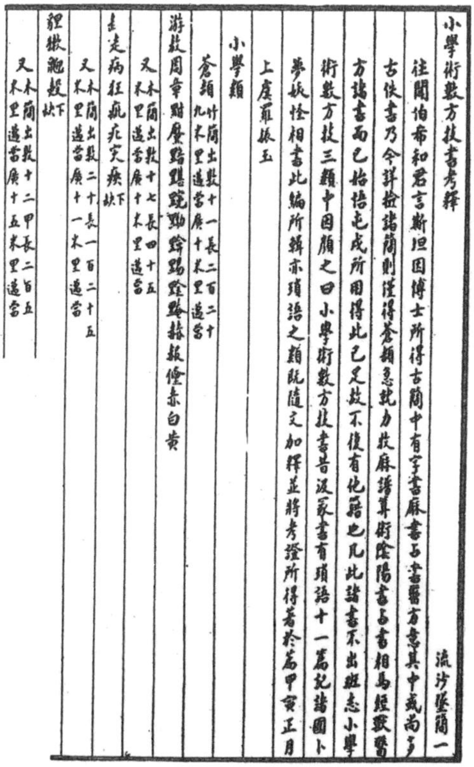

小學術數方技書考釋　流沙墜簡一

往聞伯希和君言斯坦因博士所得古簡中有字書厤書占書醫方意其中蓋尚多古佚書乃今詳檢諸簡則僅得蒼頡急就力牧厤譜算術陰陽書占書相馬經獸醫方諸書而已殆皆屯戍所用得此已足故不復有他籍也凡此諸書不出班志小學術數方技三類中因顏之曰小學術數方技書昔汲冢書有瑣語十一篇紀諸國卜夢妖怪相書此編所輯亦瑣語之類既隨文加釋並將考證所得著於篇甲寅正月

上虞羅振玉

小學類

蒼頡　竹簡出敦十一長二百二十九米里邁當廣十米里邁當

游敖周章點黶黯黮黝黭黤赫赧儵赤白黃

又　木簡出敦十七長四十五米里邁當廣十米里邁當

圭走病狂疵疕疢疾缺下

又　木簡出敦二十長一百二十五米里邁當廣十一米里邁當

貍撅鼬鼢缺下

又　木簡出敦十二甲長二百五米里邁當廣十五米里邁當

圖一　蒼頡篇

《羅雪堂先生全集‧續編》（臺北市：文華出版公司），第7冊，頁2793。

9　王國維：〈重輯蒼頡篇〉，《王觀堂先生全集》（臺北市：文華出版公司），第7冊。

10　王國維：《王觀堂先生合集》（臺北市：文華出版公司），第7冊，頁2464。

至於《蒼頡篇》之體例，王國維在〈重輯蒼頡篇〉的敘錄裡說：

> 蒼頡三篇，皆四字為句，二句一韻。由近世敦煌所出隸書殘簡
> 足以證之。乃或信吾邱衍野說，謂蒼頡十五篇即《說文》部目
> 五百四十字，遂盡取以入錄，不知以字形分部，乃剏自許君，
> 其部首諸字固非通行之字，蒼頡無緣收之。[11]

《蒼頡》、《說文》體例之不同，是緣於作用不同所致。王國維在〈重
輯蒼頡篇〉序裡說：

> 夫古字書存於今日者，在漢惟《急就》、《說文解字》；在六朝
> 惟《千字文》與《玉篇》耳。此四種中，《說文》與《玉篇》
> 說字形者為一類；《急就》、《千文》便諷誦者又為一類。《蒼
> 頡》一書據劉子政、班孟堅、許叔重所說，與近出之敦煌殘
> 簡，其與《急就》、《千文》為類；而不與《說文》、《玉篇》為
> 類審矣。[12]

　　漢朝尚有一種以七字及三字為句的字書，亦取叶韻易讀。創始於
司馬相如的《凡將篇》。《凡將篇》作於漢武帝時，其後元帝時黃門令
史游仿《凡將篇》作《急就篇》。今《凡將》已佚，而《急就篇》則
流傳至今，有古逸叢書仿唐石經體寫本及王應麟玉海補注本。其書據
「顏師古注」，本為三十二章，宋太宗定本則為三十四章。王應麟以
為最後「齊國」、「山陽」二章，並係後漢人所續。每章六十三字，原
來三十二章，應為二千零十六字。其以六十三字為一章，是為竹簡或

---

11 王國維：《王觀堂先生合集》（臺北市：文華出版公司），第7冊，頁2460-2461。

12 王國維：〈重輯蒼頡篇〉，《王觀堂先生合集》（臺北市：文華出版公司），第7冊，頁
　2453。

木柧書寫方便之故。柧為三面，每面一行，每行二十一字。三面俱書，故得六十三字為一章；然亦有僅書兩面，則每行三十二字。第一行為滿行，第二行則空末一字，得六十三字。用竹簡或木簡寫，亦如木柧兩行例。

《漢書·藝文志》所列小學書，凡十家四十五篇，傳到今日卻只有史游的《急就篇》。而《急就篇》之所以能碩果僅存，傳流不絕，並非由於它的內容，也不是因為它是古字書，而是因為後世喜愛它的書法神妙，將它和王羲之《十七帖》、《蘭亭序》等同等對待，當作草書的法帖，才被保留下來，成為字書的瑰寶，而得借以窺知秦漢字書的體例。

孫星衍《急就章考異》一卷〈自序〉云：

> 《急就章》，漢史游所作，蓋章草之權輿，其文比篆、隸為流速，故名「急就」。草書之始，蓋出於篆，或以謂解散隸體籀書之，非也，歷代傳摹急就，漢有張芝、崔瑗；魏有鍾繇；吳有皇象；晉有衛夫人、王羲之；後魏有崔浩；唐有陸柬之，時人又多臨本；宋有太宗御書，黃庭堅、李仁甫、朱文公皆有刻本；元有鄧文原；明有仲溫、俞和。注之者有後漢曹壽、魏劉芳、周豆盧氏、齊顏之推。今所見法帖，有紹聖三年《勒石本》與《玉篇》所載碑本文字異同皆合，則即王應麟所引碑本也。所存注解惟顏師古及王應麟本，餘無存焉。[13]

考章草即指最早使用之草書，據說是漢元帝（西元34-47年）時黃門令史游簡約八分書體用之於章奏文書，故稱「章草」。

《急就篇》乃是一部教授童蒙識字的課本，而書名「急就」是取

---

13 謝啟昆：《小學考》（臺北市：藝文印書館），頁161-162引。

文首「急就」二字為篇名。其內容是依物分類，非依部首分類。作成
韻文，使學童容易誦讀（但其用字頗有重複，組織也極雜亂）。依今
世發現漢晉木簡殘紙（見圖二），其中時有《急就篇》的殘文。如敦
煌漢簡中的《急就篇》是用隸書，且有分章。史游當時究竟用何種書
體所寫很難確定。後來因吳皇象嘗用章草寫過一通而流傳下來，所以
晉唐以後的人著書將《急就篇》與章草連結，稱為「急就章」。如王
愔《文字志》，張懷瓘《書斷》，都認為《急就章》是解散隸體，趨俗
急就遂謂之章草。事實上，史游《急就篇》不一定用章草所書。

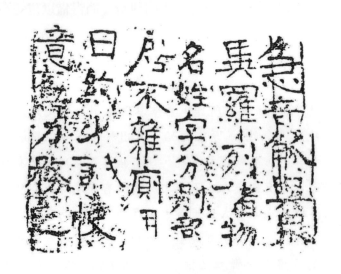

圖二　《急就篇》殘紙

張光賓：《中國書法史》（臺北市：臺灣商務印書館，1981年12月），頁375。

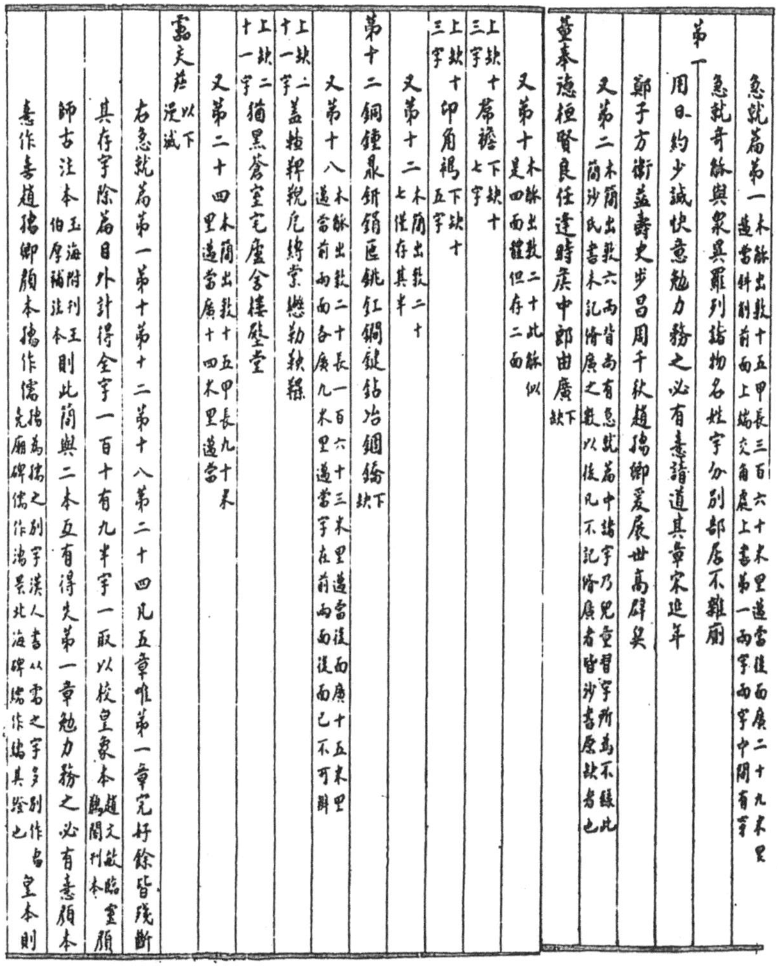

圖三　急就篇

羅振玉：《羅雪堂先生全集‧續篇》（臺北市：文華出版公司），
第7冊，頁2796-2797。

　　史游生平不見於史傳，蘇尚耀先生於〈史游急就篇〉一文裡，掇
拾其生平如下：

漢史游，史無傳，故其郡里籍貫及生卒年月均無可稽考。元帝
時（西元紀元前四十八年至三十三年，在位十六年）在世，為
黃門令，總掌禁中之事，實宦官之流也。元帝（名劉奭）多材
藝，善史書（據《漢書》應劭注，史書即周宣王太史史籀所作
大篆），在位好用儒生。故當時的史游，得以解散隸體，取
《蒼頡篇》中正字，作〈急就〉一篇，雜記姓名、諸物、五官
等字，以教學童蒙，或因其為草書，可取作日常章奏起草赴急
之用，故名。後漢曹壽、魏劉芳、北周豆盧氏、北齊顏之推均
曾為之作注（見《唐書·藝文志》）；至唐，復有之推孫「顏師
古注」及宋，王應麟又作補注。今傳世之《急就篇》，有三十
一章本（清孫星衍刊行），三十四章本（三十三、三十四，二
章為後漢所加，宋太宗曾刻石分賜近臣者），以及收入《觀堂
全集》之王國維《校松江本急就篇》最為完備。[14]

　　漢代啟蒙教材，除字書外，據《漢書》所載，以《論語》、《孝
經》最為普遍。又〈弟子職〉一篇，在《漢書·藝文志》是獨立的一
篇，並非是《管子》的第五十九篇，至於是否為啟蒙教材，則未得其
詳。除外，班昭的《女誡》，蘇尚耀先生認為它是我國歷史上第一本
標明了給兒童期的讀者看的書。[15]而個人認為它是家訓文學，似乎不
是啟蒙教材，以下試引錄《後漢書》第七十四〈列女傳〉如下：

　　扶風曹世叔妻者，同郡班彪之女也，名昭，字惠班，一名姬。
　　博學高才。世叔早卒，有節行法度。兄固著《漢書》，其八表
　　及天文志未及竟而卒，和帝詔昭就東觀藏書閣踵而成之。帝數

14 蘇尚耀：《中國文字學叢談》（臺北市：文史哲出版社），頁42。
15 〈我國最古的兒童讀物〉，《國語日報·兒童文學週刊》第251期。

召入宮，令皇后諸貴人師事焉，號曰大家。每有貢獻異物，輒詔大家作賦頌。及鄧太后臨朝，與聞政事。以出入之勤，特封子成關內侯，官至齊相。時《漢書》始出，多未能通者，同郡馬融伏於閣下，從昭受讀，後又詔融兄續繼昭成之。

永初中，太后兄大將軍鄧騭以母憂，上書乞身，太后不欲許，以問昭。昭因上疏曰：「伏惟皇太后陛下，躬盛德之美，隆唐虞之政，闢四門而開四聰，采狂夫之瞽言，納芻蕘之謀慮。妾昭得以愚朽，身當盛明，敢不披露肝膽，以效萬一。妾聞謙讓之風，德莫大焉，故典墳述美，神祇降福。昔夷齊去國，天下服其廉高；太伯違邠，孔子稱為三讓。所以光昭令德，揚名於後者也。《論語》曰：『能以禮讓為國，於從政乎何有。』由是言之，推讓之誠，其致遠矣。今四舅深執忠孝，引身自退，而以方垂未靜，拒而不許；如後有毫毛加於今日，誠恐推讓之名不可再得。緣見逮及，故敢昧死竭其愚情。自知言不足采，以示蟲蟻之赤心。」太后從而許之，於是騭等各還里第焉。

作女誡七篇，有助內訓。其辭曰：

鄙人愚暗，受性不敏，蒙先君之餘寵，賴母師之典訓。年十有四，執箕箒於曹氏，於今四十餘載矣。戰戰兢兢，常懼黜辱，以增父母之羞，以益中外之累。夙夜劬心，勤不告勞，而今而後，乃知免耳。吾性疏頑，教道無素，恆恐子穀負辱清朝。聖恩橫加，猥賜金紫，實非鄙人庶幾所望也。男能自謀矣，吾不復以為憂也。但傷諸女方當適人，而不漸訓誨，不聞婦禮，懼失容它門，取恥宗族。吾今疾在沈滯，性命無常，念汝曹如此，每用惆悵。間作「女誡」七章，願諸女各寫一通，庶有補益，裨助汝身。去矣，其勗勉之！

卑弱第一：古者生女三日，臥之牀下，弄之瓦塼，而齋告焉。臥之牀下，明其卑弱，主下人也。弄之瓦塼，明其習勞，主執

勤也。齋告先君，明當主繼祭祀也。三者蓋女人之常道，禮法之典教矣。謙讓恭敬，先人後己，有善莫名，有惡莫辭，忍辱含垢，常若畏懼，是謂卑弱下人也。晚寢早作，勿憚夙夜，執務私事，不辭劇易，所作必成，手迹整理，是謂執勤也。正色端操，以事夫主，清靜自守，無好戲笑，絜齊酒食，以供祖宗，是謂繼祭祀也。三者苟備，而患名稱之不聞，黜辱之在身，未之見也。三者苟失之，何名稱之可聞，黜辱之可遠哉！

夫婦第二：夫婦之道，參配陰陽，通達神明，信天地之弘義，人倫之大節也。是以禮貴男女之際，詩著關雎之義。由斯言之，不可不重也。夫不賢，則無以御婦；婦不賢，則無以事夫。夫不御婦，則威儀廢缺；婦不事夫，則義理墮闕。方斯二事，其用一也。察今之君子，徒知妻婦之不可不御，威儀之不可不整，故訓其男，檢以書傳，殊不知夫主之不可不事，禮義之不可不存也。但教男而不教女，不亦蔽於彼此之數乎！禮，八歲始教之書，十五而至於學矣。獨不可依此以為則哉！

敬慎第三：陰陽殊性，男女異行。陽以剛為德，陰以柔為用，男以彊為貴，女以弱為美。故鄙諺有云：「生男如狼，猶恐其尪；生女如鼠，猶恐其虎。」然則修身莫若敬，避彊莫若順。故曰敬順之道，婦人之大禮也。夫敬非它，持久之謂也。夫順非它，寬裕之謂也。持久者，知止足也。寬裕者，尚恭下也。夫婦之好，終身不離。房室周旋，遂生媟黷。媟黷既生，語言過矣。語言既過，縱恣必作。縱恣既作，則侮夫之心生矣。此由於不知止足者也。夫事有曲直，言有是非。直者不能不爭，曲者不能不訟。訟爭既施，則有忿怒之事矣。此由於不尚恭下者也。侮夫不節，譴呵從之；忿怒不止，楚撻從之。夫為夫婦者，義以和親，恩以好合，楚撻既行，何義之存？譴呵既宣，何恩之有？恩義俱廢，夫婦離矣。

婦行第四：女有四行，一曰婦德，二曰婦言，三曰婦容，四曰婦功。夫云婦德，不必才明絕異也；婦言，不必辯口利辭也；婦容，不必顏色美麗也；婦功不必工巧過人也。清閑貞靜，守節整齊，行己有恥，動靜有法，是謂婦德。擇辭而說，不道惡語，時然後言，不厭於人，是謂婦言。盥浣塵穢，服飾鮮絜，沐浴以時，身不垢辱，是謂婦容。專心紡績，不好戲笑，絜齊酒食，以奉賓客，是謂婦功。此四者，女人之大德，而不可乏之者也。然為之甚易，唯在存心耳。古人有言：「仁遠乎哉？我欲仁，而仁斯至矣。」此之謂也。

專心第五：禮，夫有再娶之義，婦無二適之文，故曰夫者天也。天固不可逃，夫固不可離也。行違神祇，天則罰之；禮義有愆，夫則薄之。故女憲曰：「得意一人，是謂永畢；失意一人，是謂永訖。」由斯言之，夫不可不求其心。然所求者，亦非謂佞媚苟親也，固莫若專心正色。禮義居絜，耳無塗聽，目無邪視，出無冶容，入無廢飾，無聚會群輩，無看視門戶，此則謂專心正色矣。若夫動靜輕脫，視聽陜輸，入則亂髮壞形，出則窈窕作態，說所不當道，觀所不當視，此謂不能專心正色矣。

曲從第六，夫得意一人，是謂永畢；失意一人，是謂永訖。欲人定志專心之言也。舅、姑之心，豈當可失哉？物有以恩自離者，亦有以義自破者也，夫雖云愛，舅、姑云非，此所謂以義自破者也，然則舅、姑之心奈何？固莫尚於曲從矣。姑云不爾而是，固宜從令；姑云爾而非，猶宜順命。勿得違戾是非，爭分曲直。此則所謂曲從矣。故女憲曰：「婦如影響，焉不可賞。」

和叔妹第七：婦人之得意於夫主，由舅、姑之愛己也；舅、姑之愛己，由叔妹之譽己也。由此言之，我臧否譽毀，一由叔妹，叔妹之心，復不可失也。皆莫知叔妹之不可失，而不能和之以求親，其蔽也哉！自非聖人，鮮能無過。故顏子貴於能

改，仲尼嘉其不貳，而況婦人者也！雖以賢女之行，聰哲之
性，其能備乎！是故室人和則謗掩，外內離則惡揚。此必然之
勢也。易曰：「二人同心，其利斷金。同心之言，其臭如
蘭。」此之謂也。夫嫂妹者，體敵而尊，恩疏而義親。若淑媛
謙順之人，則能依義以篤好，崇恩以結援，使微美顯章，而瑕
過隱塞，舅姑矜善，而夫主嘉美，聲譽于邑鄰，休光延於父
母。若夫蠢愚之人，於嫂則託名以自高，於妹則因寵以驕盈。
驕盈既施，何和之有！恩義既乖，何譽之臻！是以美隱而過
宣，姑忿而夫慍，毀訾布於中外，恥辱集於厥身，進增父母之
羞，退益君子之累。斯乃榮辱之本，而顯否之基也。可不慎
哉！然則求叔妹之心，固莫尚於謙順矣。謙則德之柄，順則婦
之行。凡斯二者，足以和矣。詩云：
「在彼無惡，在此無射。」其斯之謂也。
馬融善之，令妻女習焉。
昭女妹曹豐生，亦有才惠，為書以難之，辭有可觀。
昭年七十餘卒，皇太后素服舉哀，使者監護喪事。所著賦、
頌、銘、誄、問、注、哀辭、書、論、上疏、遺令，凡十六
篇。子婦丁氏為撰集之，又作大家讚焉。[16]

申言之，《女誡》雖不是啟蒙書，但就兒童讀物的觀點來看，其地位
與價值是不容懷疑的。以下略述《漢書》以後至宋以前，可見流行啟
蒙教材如下：

---

16 〈列女傳〉《後漢書》（臺北市：鼎文書局），第4冊，頁2784-2792。

一　千字文

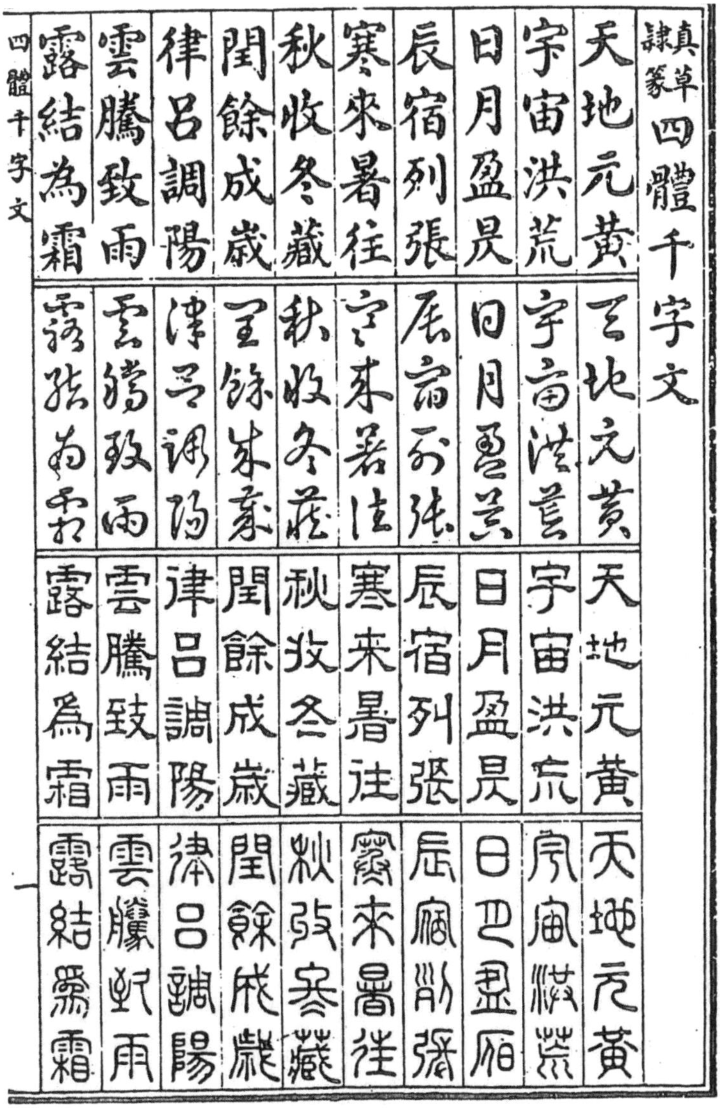

真草隸篆四體千字文

天地元黃宇宙洪荒日月盈昃辰宿列張寒來暑往秋收冬藏閏餘成歲律呂調陽雲騰致雨露結為霜

天地元黃宇宙洪荒日月盈昃辰宿列張寒來暑往秋收冬藏閏餘成歲律呂調陽雲騰致雨露結為霜

天地元黃宇宙洪荒日月盈昃辰宿列張寒來暑往秋收冬藏閏餘成歲律呂調陽雲騰致雨露結為霜

天地元黃宇宙洪荒日月盈昃辰宿列張寒來暑往秋收冬藏閏餘成歲律呂調陽雲騰致雨露結為霜

四體千字文　一

圖四　四體千字文

收於《國學初基入門》（臺北市：老古文化事業公司編輯部），頁47。

　　《千字文》是繼《三蒼》而後流行的學童啟蒙書，在唐代即已盛行，唐王定保《摭言》云：

> 顧蒙，宛陵人，博覽經史，慕燕許刀尺，亦一時之傑。餘力深究內典，繇是屢為浮圖碑，倣歐陽率更筆法，酷似前人。庚子亂後，萍梗江浙間。無何，有美姬為潤帥周寶奄有，蒙不能他去，而受其鉽養，由此名價減薄。甲辰淮浙荒亂，避地至廣州，人不能知，困於旅食，以至書《千字文》授於聲俗，以換斗筲之資。未幾，遘疾而終。蒙頗窮易象，著《大順圖》三卷。[17]

又《顧亭林文集·呂氏千字文序說》亦云：

> 小學之書，自古有之，李斯以下號為《三蒼》，而《急就篇》最行於世，自南北朝以前，初學之童子無不習之，而《千字文》則起於齊、梁之世，今所傳天地玄黃者。又梁武帝命其臣周興嗣取王羲之之遺字次韻成之，不獨以文傳，而又以其巧傳。後之讀者苦《三蒼》之難，而便千文之易。於是至今為小學家恆用之書。[18]

《千字文》在敦煌發現的古鈔卷子相當多，有編號為：斯三二八七、三八三五、四五〇四、四九四八、五四五四、五五九二、五七一一、五八一四、五八二九、六一七三等十個卷子，另有編號為伯二〇五九、二四五七、二六六七、二七五九、二七七一、二八八八、三〇六二、三一〇八、三一一四、三一七〇、三二一一、三四一六、三四一

17　《筆記小說大觀·二十編》（臺北市：新興書局），第1冊，頁257-258。
18　顧炎武：〈呂氏千字文序說〉，《亭林文集》（臺北市：臺灣商務印書館《四部叢刊初編》本），卷2，頁92。

九、三五六一、三六一四、三六二六、三六五八、三七四三、三九四三、四七〇二、四八〇九、四九三七等二十二卷子。由敦煌所藏卷子的數量來看，《千字文》在當時必定是非常普遍的啟蒙教材。其中除伯三四一九是藏、華文對照本外，又有漢、蕃對音《千字文》，可見《千字文》的影響也非常大。

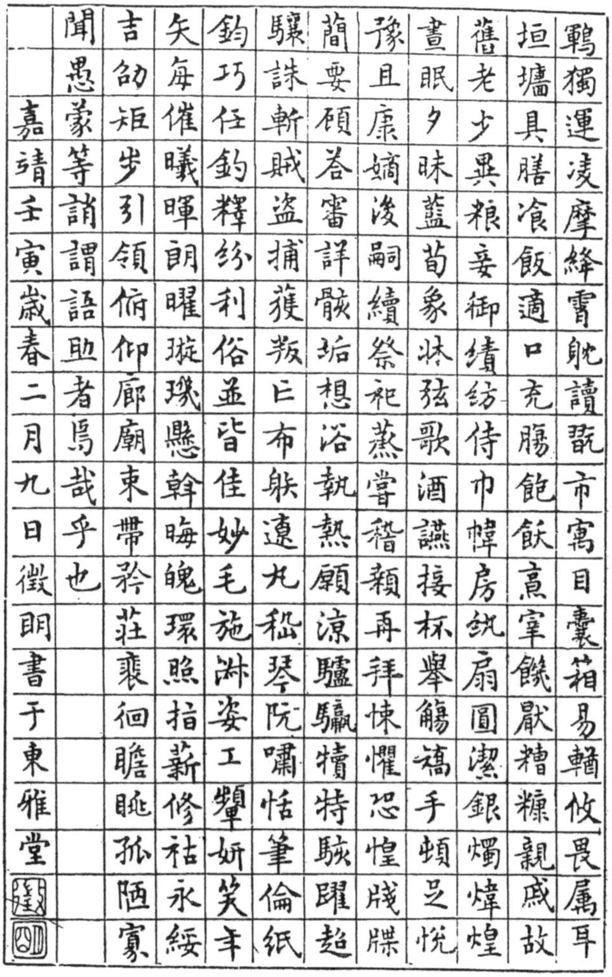
鶤獨運淩摩絳霄躭讀翫市寓目囊箱易輶攸畏屬耳
垣牆具膳飡飯適口充腸飽飫烹宰飢厭糟糠親戚故
舊老少異糧妾御績紡侍巾幃房紈扇圓潔銀燭煒煌
晝眠夕寐藍筍象牀弦歌酒讌接杯舉觴矯手頓足悅
豫且康嫡後嗣續祭祀烝嘗稽顙再拜悚懼恐惶牋牒
簡要顧荅審詳骸垢想浴執熱願涼驢騾犢特駭躍超
驤誅斬賊盜捕獲叛亡布射遼丸嵇琴阮嘯恬筆倫紙
鈞巧任鈞釋紛利俗並皆佳妙毛施淑姿工顰妍笑年
矢每催曦暉朗曜璇璣懸斡晦魄環照指薪修祜永綏
吉劭矩步引領俯仰廊廟束帶矜莊徘徊瞻眺孤陋寡
聞愚蒙等誚謂語助者焉哉乎也
嘉靖壬寅歲春二月九日徵明書于東雅堂

圖五　明文徵明書《千字文》

《故宮博物院法書選粹》，1967年。

　　《千字文》一書，依《新唐書・藝文志》[19]、《舊唐書・經籍志》[20]
上的記載是：作者有蕭子範、周興嗣二人之說。只是《新唐書》是作
「周興嗣次千字文一卷、演千字文五卷。」蕭、周兩人都是梁朝人，
《梁書》卷三十五〈蕭子範本傳〉：

> 子範字景則，子恪第六弟也。齊永明十年，封祁陽縣侯，拜太
> 子洗馬。天監初，降爵為子，除後軍記室參軍，復為太子洗
> 馬，俄遷司徒主簿，丁所生母憂去職。子範有孝性，居喪以毀
> 聞。服闋，又為司徒主簿，累遷丹陽尹丞，太子中舍人。出為
> 建安太守，還除大司馬南平王戶曹屬，從事中郎。王愛文學
> 士，子範偏被恩遇，嘗曰：「此宗室奇才也。」使製《千字
> 文》，其辭甚美，王命記室蔡薳注釋之。自是府中文筆，皆使
> 草之。王薨，子範遷宣惠諮議參軍，護軍臨賀王正德長史。正
> 德為丹陽尹，復為正德信威長史，領尹丞。歷官十餘年，不出
> 藩府，常以自慨，而諸弟並登顯列，意不能平，及是為到府牋
> 曰：「上藩首佐，於茲再忝，河南雌伏，自此重昇。以老少異
> 時，盛衰殊日，雖佩恩寵，還羞年鬢。」子範少與弟子顯、子
> 雲才名略相比，而風采容止不逮，故宦途有優劣。每讀漢書，
> 杜緩兄弟「五人至大官，唯中弟欽官不至而最知名。」常吟諷
> 之，以況己也。
> 尋復為宣惠武陵王司馬，不就，仍除中散大夫，遷光祿、廷尉
> 卿。出為戎昭將軍、始興內史。還除太中大夫，遷祕書監。太
> 宗即位，召為光祿大夫，加金章紫綬，以逼賊不拜。其年葬簡
> 皇后，使與張纘俱製哀策文，太宗覽讀之，曰：「今葬禮雖

19　《新唐書》（臺北市：鼎文書局），第2冊，頁1448。
20　《舊唐書》（臺北市：鼎文書局），第3冊，頁1968。

關，此文猶不減於舊。」尋遇疾卒，時年六十四。賊平後，世祖追贈金紫光祿大夫。諡曰文。前後文集三十卷。[21]

《梁書》卷四十九〈周興嗣本傳〉：

周興嗣字思纂，陳郡項人，漢太子太傅堪後也。高祖凝，晉征西府參軍、宜都太守。

興嗣世居姑孰。年十三，遊學京師，積十餘載，遂博通記傳，善屬文。嘗步自姑孰，投宿逆旅，夜有人謂之曰：「子才學邁世，初當見識貴臣，卒被知英主。」言終，不測所之。齊隆昌中，侍中謝朏為吳興太守，唯與興嗣談文史而已。及罷郡還，因大相稱薦。本州舉秀才，除桂陽郡丞，太守王嶸素相賞好，禮之甚厚。高祖革命，興嗣奏休平賦，其文甚美，高祖嘉之。拜安成王國侍郎，直華林省。其年，河南獻儛馬，詔興嗣與待詔到沆、張率為賦，高祖以興嗣為工。擢員外散騎侍郎，進直文德、壽光省。是時，高祖以三橋舊宅為光宅寺，敕興嗣與陸倕各製寺碑，及成俱奏，高祖用興嗣所製者。自是銅表銘、柵塘碣、北伐檄、次韻王羲之書千字，並使興嗣為文，每奏，高祖輒稱善，加賜金帛。九年，除新安郡丞，秩滿，復為員外散騎侍郎，佐撰國史。十二年，遷給事中，撰史如故。興嗣兩手先患風疽，是年又染癘疾，左目盲，高祖撫其手，嗟曰：「斯人也而有斯疾也！」手疏治疽方以賜之。其見惜如此。任昉又愛其才，常言曰：「周興嗣若無疾，旬日當至御史中丞。」十四年，除臨川郡丞。十七年，復為給事中，直西省。左衛率周

---

21 《梁書‧蕭子範本傳》（臺北市：鼎文書局），卷35，頁510。

捨奉勅注高祖所製歷代賦，啟興嗣助焉。普通二年，卒。所撰
皇帝實錄、皇德記、起居注、職儀等百餘卷，文集十卷。[22]

　　周興嗣編定《千字文》的說法，是比較得到一般學者同意，所以
在正史的圖書目錄上都有明確的記載，如《隋書・經籍志》、《舊唐
書・經籍志》、《新唐書・藝文志》、《宋史・藝文志》等，甚至清代謝
啟昆《小學考》中也有相同的敘述。

　　顧炎武在《日知錄》卷二十二云：

　　《千字文》元有二本，《梁書・周興嗣傳》曰：高祖以三橋舊
　　宅，為光宅寺，勅興嗣與陸倕製碑，及成俱奏。高祖用興嗣所
　　製者。自是銅表銘、柵塘碣、北伐檄，次韻王羲之書千字，竝
　　使興嗣為之。〈蕭子範傳〉曰：子範除大司馬南平王戶曹，屬
　　從事中郎，使製《千字文》，其辭甚美，命記室蔡薳注釋之。
　　《舊唐書・經籍志》：《千字文》一卷，蕭子範撰，又一卷，周
　　興嗣撰。是興嗣所次者，一《千字文》；而子範所製者，又一
　　《千字文》也。乃《隋書・經籍志》云：《千字文》一卷，梁
　　給事郎周興嗣撰，《千字文》一卷，梁國子祭酒蕭子雲注。《梁
　　書》本傳，謂子範作之，而蔡薳為之注釋，今以為子雲注，子
　　雲乃子範之弟，則異矣。《宋史・李至傳》：言《千字文》乃梁
　　武帝得鍾繇書破碑千餘字，命周興嗣次韻而成。本傳以為王羲
　　之，而此又以為鍾繇，則又異矣。《隋書》、《舊唐書志》，又有
　　《演千字文》五卷，不著何人作。[23]

　　可惜蕭子範所製的《千字文》，在《隋書・經籍志》就已經亡佚

22　《梁書・周興嗣本傳》（臺北市：鼎文書局），卷49，頁697-698。
23　《原抄本日知錄》（臺北市：明倫書局），卷22，頁618。

了。清人翟灝《通俗編》也記載有關《千字文》的事。《通俗編》卷二：

> 《南史‧周興嗣傳》：「帝次韻王羲之書千字，使興嗣為文，奏帝稱善。」按字為羲之所書。而《玉溪清話》云：「梁武帝得鍾繇破碑，愛其書，命周興嗣次韻成文。」《尚書故實》亦云：「武帝命殷鐵石於鍾王書搨千字，召周興嗣韻之。一日綴成，則其中兼有鍾繇書矣。」詹和仲言：「見唐刻千文，儼然鍾繇筆法，不謬也。」時梁武帝亦嘗自製千文。《南史‧沈旋傳》。《南史‧沈旋傳》：「旋子眾仕梁，為太子舍人。武帝製千文詩，眾為注解」是也。梁武前先有為千字文者，《齊書‧宗室傳》：「南平王稱子範奇才，使製千字文，其辭甚美」是也。梁武後復有為《千字文》者，《舊唐書‧袁朗傳》：「朗製千字詩，當時以為盛作」是也。又隋時秦王俊令潘徽為萬字文，見北史微傳。[24]

　　綜合前人說法，我們認為《千字文》的作者是周興嗣、蕭子範兩人。周氏千字文至今仍然流傳於世，而蕭子範《千字文》在《隋志》就已佚失了。《千字文》一共有三個本子，一是蕭子範本，一是周興嗣次王羲之字本，另外還有周興嗣次鍾繇字本。

　　《千字文》可說是我國最早的一本啟蒙教本，自隋、唐至明、清，凡一千三百餘年，皆採作兒童教材，他的撰寫經過，據唐李綽《尚書故實》的記載是：

> 《千字文》，梁周興嗣編次，而有王右軍書者。人皆不曉其

---

24 〔清〕翟灝：《通俗編》（臺北市：世界書局，1963年），卷2，頁25-26。

始，乃梁武教諸王書。令殷鐵石於大王書中，搨一千字不重
者，每字片紙，雜碎無序，武帝召興嗣謂曰：「卿有才思，為
我韻之。」興嗣一夕編綴進上，鬢髮皆白，而賞賜甚厚。右軍
孫智永禪師，自臨八百本，散與人間。江南諸寺皆留一本。[25]

又明人朱國禎《湧幢小品》卷十八，亦採信其說云：

《千字文》，周興嗣所作，周字思纂，世居姑熟。宿逆旅，夜
有人謂曰：「子文學邁世，初當見識貴臣，繼被知英主。」齊
昌隆中，謝朏雅善興嗣，薦於武帝。法帖中有王羲之所草《千
字文》，武帝患其不倫，命興嗣以韻語屬之，一夕成文，本末
爛然。[26]

所謂「一夕編綴進上，鬢髮皆白」，雖有失誇張，但亦可見其費
盡心思。今日我們所見到的《千字文》，不但內容包含甚廣，而且條
理倫次也莫不井然有序。先談天地宇宙，再進而論及物類。由人而論
及人道。人道包括修身、齊家、以至治國、平天下等事，而歷史、地
理知識等也逐一作有系統的介紹，其中脈絡顯然可見，並非無所立意
而編排成書。又《千字文》是以四字寫成的韻語，這是我國古代啟蒙
教材編撰的通例；且用字僅千字，如此的編排不但有助於誦讀記憶，
且亦符合兒童閱讀的自然傾向。

《千字文》內容包括天文、地理、歷史、人倫、教育、生活等各
方面，四字一句，凡二百五十句。文無重複，文辭典雅，上下工對，

---

25 〔唐〕李綽：《尚書故實》，收於《筆記小說大觀・十編》（臺北市：新興書局），第
　　1冊，頁105-106。
26 〔明〕朱國禎：《勇幢小品》，收於《筆記小說大觀・正編》（臺北市：新興書局，
　　1973年4月），第3冊，卷18，頁2018。

除作識字外，亦可作習字帖用，歷代書家，頗喜好千字。自唐代以後，是兒童必備的讀本。據謝啟昆《小學考》所載，在周氏以後注解、讀作、仿作、改作的本子相當多，如：

> 蔡遷注千字文、蕭子雲注千字文、胡蕭注千字文、無名氏篆書千字文、無名氏草書千字文、薛氏古篆千字文、無名氏百體書千字文、趙孟頫書千字文、潘徽萬字文、無名氏演千字文、鍾繇千字文、胡寅敘古千字文、侍其瑋續千字文、劉紹佑續千字文、夏大和性理千字文、解延年敘古千字文集解、李登正字千文、瞿九思正字千字文、徐渭集千字文、周履靖廣易千文、呂裁之千字文、江瀾千字再集、桌珂集千字文、項溶集千字文、馮嗣京增壽千字文。[27]

由此可知《千字文》一書受到普遍的重視，在啟蒙教材中，具有相當的地位。

二　開蒙要訓

《開蒙要訓》，史志未見著錄，僅見於《敦煌遺書總目》，目前藏於倫敦的計有：斯七〇五、一三〇八、五四三一、五四四九、五四六三、五四六四、五五八四、六一三一、六二二四等九個卷子，另有巴黎國家圖書館所藏的編號伯二四八七、二五七八、二五八八、二七一七、三〇二九、三〇五四、三一〇二、三一四七、三一六六、三一八九、三二四三、三三一一、三四〇八、三四八六、三六一〇、三八七五等十六個卷子，從《開蒙要訓》卷子之多，可以明瞭《開蒙要訓》

---

27 謝啟昆：《小學考》（臺北市：藝文印書館），頁255-268。

與《千字文》在當時的流傳狀況。由於《開蒙要訓》最後註明「童蒙初學，以（易）解難忘」，可知是啟蒙的讀本，與倉頡、急就、千字文性質相同；而編排又與《千字文》相近。

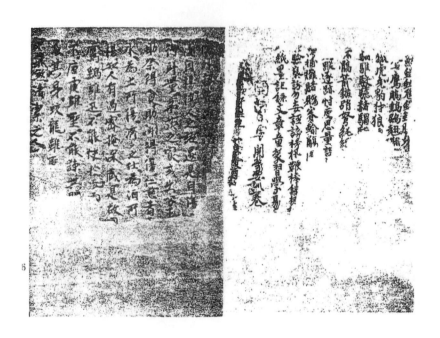

圖六　《開蒙要訓》

羅振玉：《羅雪堂先生全集・三編》，第9冊，頁3316。

　　《開蒙要訓》的作者，在敦煌卷中並未著錄，只有在藤原佐世所編《日本國現在書目・小學類》中註明為「馬氏撰」，但是在《敦煌遺書總目錄・開蒙要訓》下註明為「一卷、六朝仁壽馬氏撰」，倘若此一資料所說的《開蒙要訓》與今所見相同的話，雖然不能詳知作者名字，但可知為六朝時馬氏所寫，仁壽則應該是他所居住的地方。

　　自有六朝馬氏撰寫《開蒙要訓》以來，歷代抄寫此篇作品真是不乏其人，在敦煌所藏《開蒙要訓》卷子，其中載明抄寫年代者，前後有三，首為斯七〇五，卷末題記載有：

大中五年辛未三月廿三日學生宋文獻誦安文德寫社司轉。

大中是唐宣宗年號，而大中五年辛未，則相當於西元八五一年。另外在編號伯二五七八卷末題記是：

天成四年九十八日燉煌郡學士郎張□□□□

天成為後唐明宗年號，天成四年是西元九二九年。又斯五四六三卷子，卷末題記為：

顯德伍年十二月十五日大雲寺孝（學）郎

顯德為後周世宗年號，顯德五年即西元九五八年。僅由上列三種不同卷子的資料，便可證明《開蒙要訓》自成書後到唐、五代間，一直陸陸續續地流行傳抄著。

　　《開蒙要訓》在形式與內容上都與《千字文》相似，在形式上，是用四字一句，兩句一韻的形式寫成；在內容上，它首先介紹天地、四時與自然。接著是天文、人文、人們身體各器官，以及各種疾病，對於各種器物工具，也都逐一介紹，並說明操作情形。飲食烹調在本文亦占重要分量，同時也談到耕種，並介紹所見各類動、植物，最後以一些警惕孩童的話結束內容。書凡一千四百字，字數較《千字文》多些，內容也比較廣泛；但同樣是以教兒童識字為目的，皆盡量避免使用重複的字眼，又配上韻腳，以便朗讀記憶。

　　《開蒙要訓》本身有一個很大的特色，它將各種物品、用具、植物、動物作分類的編排，所以常有一連串同一偏旁的字出現。當然這樣的編排，可以讓學童對各類的事物能夠同時瞭解吸收；但是，把同類的事物呆板的排列在一起，而沒有具體區別的說明與插圖，是容易使學童感到混淆厭倦的。

　　《開蒙要訓》雖然與《千字文》性質相同，流行傳抄於唐、五代間，但並沒有廣泛流行，現在只見於敦煌遺書中。由此可見，《開蒙要訓》是不如《千字文》那麼風行普及；但它編排的方式對於此後產生的雜字書也應有不少的影響。[28]。

　　又就現存《隋書・經籍志》收錄，或可做為小學啟蒙的教材約有下列之書：

　　　三蒼三卷　　郭璞注

　　　埤蒼三卷　　張揖撰

　　　急就章一卷　　史游撰

　　　急就章二卷　　崔浩撰

　　　急就章三卷　　豆盧氏撰

　　　吳章二卷　　陸機撰

　　　小學篇一卷　　晉下邳內史王義撰

　　　少學九卷　　楊方撰

　　　始學一卷

　　　勸學一卷　　蔡邕撰

　　　發蒙記一卷　　晉著作郎束晳撰

　　　啟蒙記三卷　　晉散騎常侍顧愷之撰

　　　啟疑記三卷　　顧愷之撰

　　　千字文一卷　　周興嗣撰

　　　千字文一卷　　蕭子雲注

　　　千字文一卷　　胡肅注

　　　篆書千字文一卷

---

28 以上有關《開蒙要訓》皆取材自雷僑雲：《敦煌兒童文學研究》（臺北市：文化大學中國文學系碩士論文，1981年6月），第2章第3節《開蒙要訓》，頁52-58。

演千字文五卷
草書千字文一卷[29]

三　蒙求

　　至唐朝，則有《蒙求》、《太公家教》兩書出現。《蒙求》一書現存本共六百三十一句，每句四字，共計有二千四百八十四字。《蒙求》一書亦是兩句一韻，韻語和諧，句法整齊。編採的都是歷史人物的事蹟。但一般人都以為《蒙求》是後晉李瀚所撰，這都是誤引《四庫全書提要》的資料（見卷二十六、子部類書類一與類書類存目一），沿訛襲謬所致。其實陳振孫已題為唐李瀚撰，《直齋書錄解題》卷十四：

> 《蒙求》三卷唐李瀚撰。本無義例，信手肆意，雜襲成章，取其韻語易於訓誦而已，遂至舉世誦之，以為小學發蒙之首，事有甚不可曉者。余家諸子在褓，未嘗令誦此也。[30]

而清末楊守敬《經籍訪古志》亦加以刊正，又敦煌石窟見存有兩本，王重民在《敦煌古籍敘錄》裡有詳細的說明：

> 李氏蒙求　李翰撰　伯二七一〇、五五二二
> 敦煌本李氏《蒙求》殘卷二：甲卷為卷子本，著錄號碼為二七一〇，存者二十六行。始李良進表之後段，次李華序，又次《蒙求》白文二十八句。乙卷為折葉裝本，號碼為五五二二，

29　《隋書》（臺北市：鼎文書局），卷32，頁942。
30　〔宋〕陳振孫：《直齋書錄解題》（臺北市：臺灣商務印書館《人人文庫》本，1978年5月），中冊，頁404。

僅存兩葉，恰是一折。自「爰盎卻坐」注語起，至「李郭仙舟」句止。半頁六行，本文單行，注雙行，每行二十二、三字至二十六、七字不等，與李華序所謂「每行注兩句」者不合，則傳鈔已失原本之舊矣。按自中唐至於北宋，是書為童蒙課本，最為通行。及徐子光補注出，而李氏原注微，及《三字經》、《百家姓》行，而徐注又微。明、清之間，學者已不識李翰為何人，遑論其書！《四庫全書提要》竟以晉之李翰當之矣！邢澍《守雅堂文集》、黃廷鑑《第六絃溪文鈔》、周中孚《鄭堂讀書記》，始稍稍辯證。至光緒初年，楊守敬訪書日本，獲古鈔卷子改裝本《蒙求》一卷，舊抄附音《增廣古注本》二通，博考詳徵，俱載《日本訪書志》中，自是李氏原書，始復明於世。楊氏云：「意此書在唐時，鄉俗鈔寫，憚其煩文，遂多刪節，其後並所引書名略之。至宋徐子光，不見有書名之本，但見其文與事，與見存書多異，又未能博考類書傳記，遂就現存書史換之，故往往有與標題不符」，理或然也。蓋翰自撰書而自作注，當無失引誤引之事，如提要列舉「周嵩狼抗」等事，以為補注精核者，楊氏照以古鈔本，翰原注本如是。今按此兩敦煌殘卷，甲卷李良進表後，有「良令國子司業陸善經造表，表未行而良授替，事因寢矣」一行，唯楊氏所獲古鈔卷子改裝本有之，可見唯此兩本淵源為最古。乙卷書法雖不佳，約亦為晚唐或五代寫本，持與佚存叢書所謂古本及徐子光補注相校，互有詳略。而每事必注所出書名，則較兩本為獨詳。如《曹參趣裝》引《史記》，古本補注則並引《漢書》。《鄒衍降霜》引《淮南子》，古本同，補注不著引書名。《詰汾興魏》引《御覽書》，古本補注引《北史》，《不疑誣金》引《史記》，古本補注引《漢書》，《謝尚鴝鵒》引《語林》，古本補注並不著引書名。《太初日月》引《世說》，古本不著引書

名，補注引《魏志》。《季野陽秋》引《世說》，古本補注不著
引書名。凡古本補注易以後出之書者，皆楊氏所謂就見存書史
換之者也。余未見楊氏所得古鈔卷子改裝本，然《訪書志》臚
舉該卷注中所引佚書，不及《御覽書》，則古鈔本《詰汾興
魏》下，似已佚去御覽書之名。按御覽書即修文殿御覽，多紀
北朝事，故李翰引之。徐子光不獲見，益易以《北史》。蓋當
時《魏書》尚未大行，觀於宋人校刊《魏書》，以修文殿御覽
高氏小史北史補其殘缺，則其故可得而知也。蓋一時代有一時
代通行之書，學者擁書雖富，而其徵引，往往為時代所限，此
又其例也。（又如《靈輒扶輪》，楊氏古鈔本引《類林》，補注
換為《左傳》。《燕昭築臺》，古鈔本引《春秋後語》，補注換為
《史記》與《孔文舉書》。《類林》、《春秋後語》並為唐代最通
行之書。」然則楊氏所謂最逼近李氏原本者，較之敦煌本，已
有刪節，至於附音增廣本，楊氏謂為即佚存叢書古本，以余觀
之，其所謂古本，特補注之節本耳，毫不足貴。若謂古本引書
多於補注，奈補注亦有多於古本者何？要不得以其注文簡略，
遂疑近古。如「晏嬰脫粟」一條，古本引《晏子春秋》，補注
作《韓子春秋》，「韓」雖明是誤字，而敦煌本卻正作《韓子春
秋》，則徐氏所因舊本，其淵源亦頗古；古本改之，正見其多
自刪節也。[31]

又蘇樺於〈敦煌石窟的兩種兒童讀物〉一文裡亦曾補述說：

　　我曾獲得一種徐子光（宋理宗時人）補注的《蒙求》全本。開
　　頭是饒州刺史李良〈薦蒙求表〉，上表的時間為「天寶五年八

31　王重民：《敦煌古籍敘錄》（臺北市：木鐸出版社），頁206-208。

月一日」（這一年為西元七四六年），我曾在《新唐書・南蠻傳》裡查到有桂州刺史李良的名字，不知道和本書上表的李良，是不是同一個人？接在表後的是李華的〈蒙求序〉。由於《古文觀止》中有他的「弔古戰場文」，這個名字是不陌生的。《新唐書》有李華的傳，說他跟蕭穎士同登開元二十三年進士，還說到他的同宗晚輩「宗子李翰」。這個李翰應該就是序裡所提的蒙求作者李翰。依這些資料看起來，《蒙求》這本書至晚完成於天寶五年（西元746年）。[32]

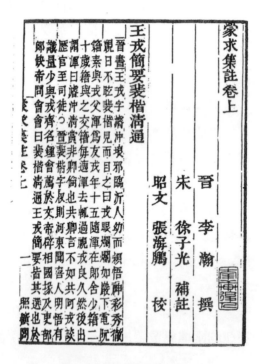

圖七　《蒙求集註》

收於《百部叢書集成》（臺北市：藝文印書館），頁1。

---

32 蘇樺：〈敦煌石窟的兩種兒童讀物〉，《國語日報・兒童文學週刊》第479期，1981年7月19日。

蘇先生目前有《蒙求新編》的撰述，亦即演繹《蒙求》每句四字為故事一篇。

　　《蒙求》，《四庫全書》列於類書類，可說是「對類」之書，考「偶句隸事」之類，《隋書‧經籍志》子部「雜家類」載有：

　　　對林十卷　不著撰人
　　　語林十卷　朱澹遠撰
　　　對要三卷　不著撰人
　　　眾書事對三卷　不著撰人

《新唐書‧藝文志》丙部子部錄「類書類」載有：

　　　應用類對十卷　不著撰人
　　　韻對十卷　高測撰

《宋史‧藝文志》子部「類書類」載有：

　　　燕公事對十卷
　　　九經對話十卷
　　　經史事對三十卷
　　　韋稹《筆語類對》十卷
　　　毛友《左傳類對賦》六卷
　　　國朝韻對八卷

《續文獻通考‧經籍志‧子部‧類書》下，明人所編類書中有：

　　　祝彥《祝氏事偶》十五卷
　　　屠隆《繹紐對類》二十卷

《清朝續文獻通考‧經籍考‧子部類書類》有：

　　　章慶謙《對語四種》四卷[33]

可見自隋、唐以至明、清，歷代都有「對類」之書，而《蒙求》是屬童蒙用書，可說是歷史或成語故事。

　　《蒙求》盛行於唐、宋、元、明時代，且開創了《蒙求》之體。就書名而言，後代就出現了很多各式各樣的「蒙求書」。又就內容而言，後代的《三字經》、《龍文鞭影》、《幼學瓊林》等書，都是取材於《蒙求》，尤其是《龍文鞭影》一書，簡直就是《蒙求》的翻版。

　　宋朝徐子光就李氏原書加以注解。清張海鵬輯《學津討原》收錄有徐子光《蒙求集註》。又王灝輯《畿輔叢書》、《全唐詩》卷八百八十一亦收有《蒙求》原文。至於敦煌鈔本，編號為伯二七一○、五五二二。而一九六七年增訂本《「國立中央圖書館」善本書》收錄有：

　　　《蒙求集註》四卷四冊　□侯靖注　明種松書屋活字本
　　　《標題徐狀元補注蒙求》三卷三冊　宋徐子光補注　日本寬永乙核（十二年）　中野小佐衛門刊本
　　　《蒙求詳說》十六卷五冊　宋徐子光補正並註　日本宇由的詳說　日本天和三年刊本。[34]

四　太公家教

　　《太公家教》是屬於家訓文學。家訓是治家立身之言，用以垂訓

33　以上參見方師鐸：〈幼學瓊林與龍文鞭影──附論李翰蒙求〉一文，收於《傳統文學與類書之關係》（臺中市：東海大學），頁264-273。
34　《「國立中央圖書館」善本書目》，卷2，頁618。

子孫的。至於家訓文學的來源，周法高先生在〈家訓文學的源流〉一文中，曾歸納出三個來源：

> 第一種是古人的誡子書、家訓一類的作品。（在這一點上，和家書有密切的關係）
> 第二種是古人的遺令或遺戒。
> 第三種是古人自敘生平的〈自敘〉。[35]

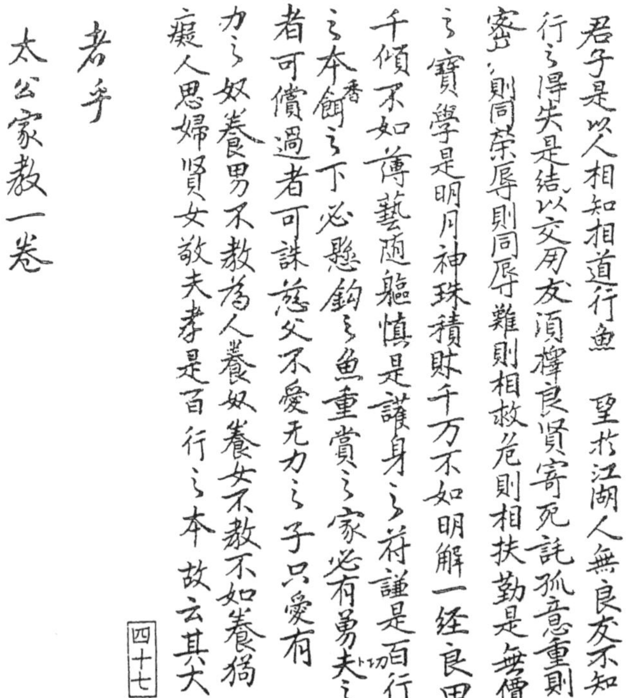
君子是以人相知相道行魚　望於江湖人無良友不知
行之得失是结以交用友須擇良賢寄死託孤意重則
密々則同榮辱則同辱難則相救危則相扶勤是無價
之寶學是明月神珠積財千万不如明解一经良田
千傾不如薄藝隨軀慎是護身之符謹是百行
之本餌香之下必懸鉤之魚重賞之家必有勇夫之卜切
者可償過者可誅慈父不愛无力之子只愛有
力之奴養男不教為人養奴養女不教不如養猪
癡人思婦賢女敬夫孝是百行之本　故云其大
者乎
太公家教一卷
四十七

圖八　《太公家教》殘卷

《羅雪堂先生全集・三編》，第5冊，頁1872-1873。

35 周法高：《中國語文論叢》（臺北市：正中書局，1970年4月臺二版），下冊，頁292。

　　《太公家教》是從中唐到北宋初年最盛行的一種童蒙教材。可惜自第十一世紀以後，因為被《三字經》、《百家姓》所取代，流行的程度就漸漸減低了。至二十世紀敦煌石室洞開，《太公家教》才又受到重視，敦煌《太公家教》現藏於倫敦大英博物館約計有：斯四七九、一一六三、一二九一、一四〇一、三八三五、四九二〇、五六五五、五七二九、五七七三、六一七三、六一八三、六二四三等十二個卷子，另在巴黎國家圖書館約有：伯二五五三、二五六四、二七三八、二七七四、二八二五、二九三七、二九八一、三〇六九、三一〇四、三二四八、三四三〇、三五六九、三五九九、三六二三、三七六四、三七九七、三八九四、四〇八五、四五八八、四七二四、四八八〇、四九九五等二十二個卷子，由此可知《太公家教》在當時是稱得上廣布流行。

　　《太公家教》全書約為二千五百字左右，文句以四字成語為多，亦有四字句以及字句長短參差的。關於《太公家教》一書，王重民《敦煌古籍敘錄》有詳細的說明：

　　　　《太公家教》是從中唐到北宋初年最盛行的一種童蒙讀本。大概說來，自從第八世紀的中葉直到第十世紀末年（750-1000）通用在中國本部；第十一世紀到第十七世紀的中葉（1000-1650），還繼續不斷的被中國北部和東北的遼、金、高麗、滿州各民族內說各種語言的兒童們所採用。這個童蒙讀本的流傳之廣，使用時間之長，恐怕再沒有第二種比得上它的。

　　　　自從第十一世紀以後，這個童蒙讀本在中國本部因為有了《百家姓》、《三字經》來代替它，流行的程度就漸漸減低。而通行的地理區域，也就漸漸僅限於中國的北部和東北部。宋室南渡以後，到南方去的士大夫們，好像就很少人知道這個曾經盛極一時的《太公家教》了。

在第二十世紀的初年，敦煌石室內藏的古寫本書被斯坦因、伯希和劫走了，《太公家教》纔又被我們知道，又有人來研究。一九○八年三月，伯希和在敦煌藏書洞內盜選了比較好的華文及其他語文的經卷三千來種，一直送到巴黎去，又在敦煌附近作了一些考古的工作。一九○九年的秋天，他個人攜帶了幾十種未送走的東西（古寫本書和圖畫等）到北京來。那時候在北京的中國學士大夫等，如羅振玉、王仁俊都去看他的實物，於是中國人士，方纔知道敦煌發現古寫本書的消息。這年的八月二十二日，學部纔給蘭州制臺拍一電報，叫他派員迅往敦煌查明還剩了多少，咨部存案。又是年九月二十五日和十月二十五日，羅振玉在「東方雜誌」上一連發表了兩篇文章，記載和考證伯希和讓他們看的卷子，和已經送往巴黎去的重要書名。在一些重要書名內就有《太公家教》。羅振玉等雖說沒有看見原書，但這是約在一千年後，又提起這個書名的第一次。

大概是在一九一○年的年尾，羅振玉又把他那兩篇文章加註，改題為「鳴沙山石室祕錄」。這時候，他雖說還沒有看見《太公家教》，卻得了一點考證，他說：「案李翱答朱載言書有：其理往往有是者，而詞章不能工者有之矣，劉氏人物表，王氏中說，俗傳《太公家教》是也。」羅君作了這段考據，不到幾個月，他自己卻得到了一卷《太公家教》。王國維就在一九一一年六月，寫一篇跋。他除了引了李翱的話以外，又引王明清的《玉照新志》卷三說：「世傳《太公家教》，其書極淺陋鄙俚，然見之唐李習之文集，至以文中子為一律，觀其中猶引周漢以來事，當是有唐村落間老校書為之。太公者猶曾高祖之類，非渭濱之師臣明矣。」王國維不贊成太公是曾祖之說，他以為家教中舉了「太公未遇，釣魚渭水；相如未達，賣卜於市……」四個歷史故事，後人就用了第一個故事的《太公》來作書名。

我以為這種推測，還不夠確切。我在伯希和所劫的古寫本書中，看到一卷原本《六韜》。是漢代到唐代相傳的原本，所載都是太公對文王和武王所說的種種嘉言懿行。因此，漢唐時代的人，就拿來用為進德之書。《太公家教》就是本著這個意思，從《六韜》裡取出一些最有進德之助的嘉言，來用作童蒙讀本的。可是《太公家教》，是專取的太公對文王說的話；他對武王說的話，別纂成一部「武王家教」，在敦煌石室內也發現了幾本。宋元豐中（1078-1085）刪去《六韜》裡面的嘉言懿行，專剩下一些言「兵」的話，所以王國維沒有想到《太公家教》會是出於《六韜》的。

王國維又說：「陶九成《輟耕錄》卷二十五所載金人院本名目，亦有太公家教，蓋衍此書為之。則此書至宋元間尚存，特以淺陋鄙俚，故館閣與私家，均未著錄。」按金人院本裡面的《太公家教》，當如院本裡面的《千字文》、《論語》、《道德經》之類。金代以前和以後的這類《千字文》，有的流傳到現在，是摘取《千字文》裡面的成語作成的。在那個時候若非《太公家教》還是作為一般的童蒙讀本，方能家傳戶誦，方能有院本《太公家教》的產生和演唱，王先生說「宋、元間尚存」是對的。我現在還要補充的，是王先生似乎還沒有注意到：在宋、元之間，在南方已被《百家姓》、《三字經》所代替，在北方則不但照舊通行，而且譯成了別種語言，它的流行區域，更伸張到東北去了。

錢大昕《元史·藝文志》根據《文淵閣書目》著錄了女真字《太公書》，就是高麗的《太公尚書》，就是《太公家教》。《文淵閣書目》卷十八頁七下「來」字號第一廚有女真字《姜太公書》兩冊，可見女真文的譯本，明初還存。金人自從滅遼以後，占了中國的北方，一面吸收了遼國的文化，一面翻譯中國

的經書史書和童蒙讀本，來教育他自己的國民，我雖說沒有一點證據，我疑猜這部女真字的《太公書》是一直從漢文譯成女真文的，可能不是從契丹文轉譯來的。

古昂氏（Maurice Courant）的《高麗書錄》（*Bibliographie Coréenne*）著錄了一部《太公尚書》，他說那部書在一四六九年的時候是用來作為滿洲文的考試課本之一，在一六八四年又經申繼黯校訂過。古昂氏列在「滿文類」中是對的，但他追溯到一四六九年的時候，則有點不通了！因為一四六九年滿洲人的勢力還小，而且壓根兒還沒有滿洲文，高麗哪能有滿洲文的考試！我看高麗通文館內是研究和學習外國文的地方，女真文便是通文館內的一科。自從清朝侵入後，才用滿洲文代替女真文。所以一四六九年的《太公尚書》應該是女真文本，不是滿洲文本，一定是古昂氏弄錯了！因此我想高麗通文館用的《太公尚書》就是《文淵閣書目》所舉女真字《姜太公書》。

滿洲文本《太公家教》不知道是什麼時候譯成的。《八旗通志・阿什坦傳》說：「阿什坦字海龍，順治二年以通滿、漢文，選授內院六品他敕哈哈番，翻譯《大學》、《中庸》、《孝經》及《通鑑總論》、《太公家教》等書刊行之。」明代沒有人稱引過漢文本《太公家教》，也沒有人談到《太公家教》。我疑猜漢文本的《太公家教》在十六世紀的時候已經亡佚了，所以我又疑猜阿什坦不會見到漢文本《太公家教》。《八旗通志》沒有說明他是從什麼文字譯成滿文的。

由上面的一些證據，我推想滿洲文本《太公家教》是從女真文本譯來的，恐怕創造了滿洲文不久，就首先把這部當地人民還在通用的童蒙讀本譯成滿洲文了！在一六二○年左右，清朝占據了東北，並且把他們的武力伸張到高麗去。高麗人為對外實用起見，通文館就用滿洲語代替了女真語科，而以前用以考試

童蒙的女真文《太公家教》，也就用滿洲文本代替了！

《清史稿・文苑傳》說阿什坦譯《大學》、《中庸》在一六五二年，則他翻譯《太公家教》或者稍在一六五二年以前，但是我既推一六二〇年前後《太公家教》已經有了滿洲文譯本，而且阿什坦好像沒有看到漢文本《太公家教》的可能，則他翻譯《太公家教》應該作何解釋呢？我以為他既是精通滿、漢文字的人，他又在內院作官，那時候的內院是管文事的。自從清朝侵占了北京，對於文事，對於他自己的教育，當然更要注意。所以阿什坦翻譯漢文書時，便附帶著把老滿文的《太公家教》又修正校訂成了當時通行的滿文。作傳的人沒有注意，就說《太公家教》也是他翻譯的了！阿什坦校訂以後的三十年來，高麗通用本也經申繼黯校訂，大概是依照阿什坦的校訂本，又把高麗通用的舊譯本校訂了一次，用來作考試時候的標準本子。[36]

從王氏敘錄裡，我們可知《太公家教》其書淺陋鄙俚，且在唐朝李翱之時已有。案李翱生於唐代宗大曆七年（西元722年），所以《太公家教》成書當早於唐代宗時。並且它的內容是由原本《六韜》損益蛻變而成。而所謂的「太公」，當指傳說撰寫《六韜》的那位「太公」了；同時我們也知道《太公家教》自中唐以來，流傳廣泛，甚至被翻譯成女真、朝鮮、滿洲等文字，而暢行各地，並且被列入考試的科目。

《太公家教》的內容，可以說有許多是取材於古代典籍的資料，如《禮記》、《論語》、《孝經》、《漢書》、《荀子》、《說苑》等書，其編撰的本意原在訓誡子弟，所以內容多半在說明一些做人處事的道理，雷僑雲君曾重新分析歸納其內容如下：

---

36 王重民：《敦煌古籍敘錄》（臺北市：木鐸出版社），頁220-224。

> 說明教與學的重要
>
> 教育子女的
>
> 教養男人的
>
> 教忠孝的
>
> 教禮節的
>
> 教敬慎的
>
> 教擇友的
>
> 勸仁愛的
>
> 勸謙讓柔忍的
>
> 勸勤儉的
>
> 勸行善的
>
> 勸戒酒色的[37]

可見其內容相當廣泛。《太公家教》一書的主要功用，是啟發誘導學童，原卷首段作者便表白自己寫作的動機與目的：

> 余乃生逢亂世，長值危時，忘鄉失土，波併流餘；只欲隱山學道，不能忍凍受飢；只欲揚名於後代，復無晏嬰（嬰）之機；才輕德薄，不堪人師，徒消人食，浪費人衣；隨緣信業，且逐時之宜，輒以討論墳典，諫（揀）擇詩書，於經傍史，約禮時宜，為書一卷，助誘童兒，流芳萬代，幸願思之。

　　考《太公家教》，雖是學童啟蒙教材，但在寫作方式並沒有那種教條行款的呆板形式，而是由於作者是「討論墳典，諫（揀）擇詩書」，所以全文的內容，多半是根據經典群籍而來，其中有的文句，

---

37 以上詳見《敦煌兒童文學研究》，第三章〈太公家教〉，頁77-82。

已經成為今日常見的俗諺，如「禮尚往來」、「知恩報恩」、「居必擇鄰」……。可是又由於文詞過於淺俗，遭到後人的抨擊，其實這種淺俗，乃是家訓文學本身的特色，家訓是給子弟看，自以接近白話為主。而《太公家教》或為使其淺俗，乃以當時俗語撰寫。因此這種淺俗的用語，正是《太公家教》的特色。又《太公家教》在行文當中，常有用比喻說明道理，如：

> 羅網之鳥，悔不高飛；吞鉤之魚，恨不忍飢；人生誤計，恨不三思；禍將及己，悔不慎之。……明珠不瑩，焉發其光；人生不學，語不成章。小兒學者，如日出之光；長而學者，如日中之光；老而學者，如暮之光。人生不學，冥冥如夜行。

像這樣的技巧，足以提高學童學習的興趣，引起注意力，尤其對孩子們領悟、體會、想像力都能收到相當的培養效果及啟發作用，這是《太公家教》的另一點特色。

《太公家教》曾廣泛流傳，而後卻衰微不振，或許是由於內容並非全部針對兒童而說，是以漸被《百家姓》、《三字經》所取代。但我們仍不可忽視其影響，蘇樺先生對《太公家教》的貢獻說明如下：

> 雖然這本《太公家教》，因被目為內容淺陋鄙俚，在國內沒有引起太大的注意和討論。我卻覺得不久前仍流行坊間的小冊子《昔時賢文》，還是沿著《太公家教》的這一脈絡發展下來的；而現在仍為一般家庭奉為居家圭臬的朱柏廬（用純）氏《朱子治家格言》，在文體上、在精神上，都跟他有相當的淵源。所以研究古代的兒童讀物以及研究古代中國兒童教育的人，都需要來看看這本雖然不很起眼的《太公家教》。[38]

---

38 蘇樺：〈敦煌石窟的兩種兒童讀物・下〉，《國語日報》，1981年7月19日。

　　《太公家教》，敦煌鈔本原為羅振玉藏本，收存《鳴沙石室佚書影印本》第四冊（見文華版《羅雪堂先生全集》三編、四編皆有收存），而廣文書局亦有影印本。

五　兔園冊

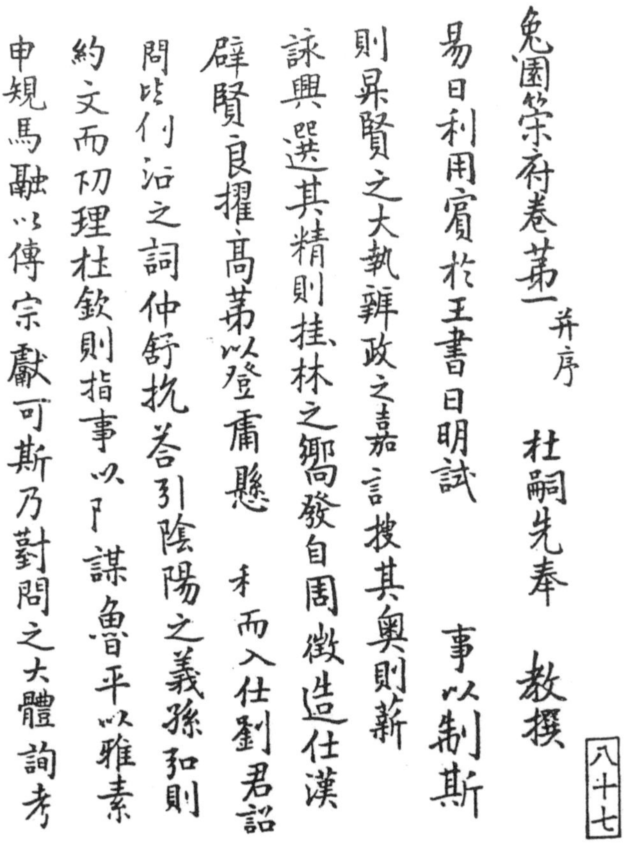

申規馬融以傳宗獻可斯乃對問之大體詢考
約文而初理杜欽則指事以下謀魯平以雅素
問咫仇沁之詞仲舒若引陰陽之義孫弘則
辟賢良擢高苐以登庸懸　禾而入仕劉君詔
詠興選其精則挂林之嚮發自周徵造仕漢
則昇賢之大執辨政之嘉言搜其奧則薪
易曰利用賓於王書曰明試
兔園策府卷第一并序　　杜嗣先奉　教撰
　　　　　　　　事以制斯
　　　　　　　　　八十七

圖九　《兔園策》殘卷

《羅雪堂先生全集・三編》，第5冊，頁1953。

　　漢文帝子梁孝王，好宮室苑囿，曾築兔園；唐太宗子蔣王惲，自比梁孝王，故名其書曰《兔園冊府》。後因《兔園冊府》為民間村塾教授學童之書，故引申為一切應試俗書或陋書之稱。

　　《宋史・藝文志》八：

　　　杜嗣先兔園策府三十卷[39]

而晁公武《讀書志》則謂：

　　　《兔園策》十卷，唐虞世南撰，奉王命纂古今事為四十八門，
　　　皆偶儷之語。[40]

清人翟灝《通俗編》卷二，亦記載此書：

　　　《五代史・劉岳傳》：「馮道本田家，朝士多笑其陋，且入朝，
　　　任贊、劉岳在其後，道行，數反顧，贊問岳何為？岳曰：『遺
　　　下《兔園冊》耳。』《兔園冊》者，鄉校俚儒教田夫牧子之所
　　　誦也。道聞之大怒。」按類書言，梁孝王圍名兔園。王卒，帝
　　　以園令民耕種，藉其租以供祭祀，其簿籍皆俚語，故鄉俗所誦
　　　云《兔園冊子》，此文未知何出。晁公武《讀書志》云：「兔園
　　　冊十卷，唐虞世南撰，纂古今事為四十八門，皆偶儷之語，至
　　　五代時，行於民間村塾，以授學童，故有遺下《兔園冊》之
　　　誚」。[41]

39　《宋史》（臺北市：鼎文書局），第6冊，頁5408。

40　〔宋〕晁公武：《郡齋讀書志》（臺北市：臺灣商務印書館《人人文庫》本），第2冊，頁280。

41　《五代史》（臺北市：世界書局），頁25。

案《兔園冊》，或流行於五代民間村塾，陸游於〈自嘲〉一詩裡曾引用「兔園」一詞：

生涯破碎餘龍具，學問荒唐守兔園。[42]

《兔園冊》今不存，僅見敦煌殘本而已。王國維有〈唐寫本兔園冊府殘卷跋〉一文，引錄如下：

右唐杜嗣先《兔園冊府》殘卷，僅存序文之半。案此書，《舊唐書‧經籍志》與「唐書‧藝文志」均未著錄，惟《宋史‧藝文志》有杜嗣先《兔園冊府》三十卷，《五代史‧劉岳傳》云：「宰相馮道，世本田家，狀貌質野。朝士多笑其陋。道旦入朝，兵部侍郎任贊與岳在其後道行後道行。數反顧，贊問岳。道反顧何為？岳曰：遺下《兔園冊》耳。《兔園冊》者，鄉校俚儒教田夫牧子之所誦也。」「困學紀聞」云：「兔園冊府三十卷，唐蔣王惲令僚佐杜嗣先倣應科目策自設問對，引經史為訓注。惲，太宗子，故用梁王兔園名其書。馮道《兔園冊》謂此也。」則此書盛行於五代，或至宋季尚存，故深甯尚能言之歟。然宋時藏書家罕有是書，惟晁氏《郡齋讀書志》有《兔園冊》十卷。云唐虞世南奉王命纂古今事為四十八門，皆偶儷之語，五代時行於民間村塾，以授學童，故有遺下《兔園冊》之誚。據此，五代村塾盛行之書，為虞為杜，殊未可知。竊疑世南入唐，太宗引為記室，即與房元齡對掌文翰，未必令撰此書等。豈此書盛行之際，或并三十卷為十卷，又以世南有《北堂書鈔》，故嫁名於彼歟，此本雖僅存卷首，然猶是貞觀時寫本。

---

42 陸游：〈自嘲〉，《陸放翁全集》（臺北市：世界書局，1970年11月），下冊，頁540。

序中劉君詔問皆願治之言，治字未闕筆。知尚在太宗時。又案
《舊唐書・太宗諸子列傳》：蔣王惲以貞觀七年為安州都督，
至永徽三年除梁州都督，在安州凡十六年。則成書當在安州。
而此本乃書成後即傳寫者，雖斷璣尺羽，亦人間瓌寶也。[43]

《兔園冊》既是杜嗣先奉蔣王之命所撰，為什麼又嫁名到虞世南頭上
呢？王國維認為虞世南的「北堂書鈔」是頗負盛名的類書，而虞世南
的名氣又比杜嗣先大得多；於是張冠李戴，把流行民間的《兔園
冊》，也推到虞世南的頭上。至於對《兔園冊》書名的解釋，方師鐸
在《傳統文學與類書之關係》一書的〈導論〉裡說：

> 至於用「兔園」來名書，大概正如王應麟所說；蔣王惲是唐太
> 宗之子，正和梁孝王是漢文帝之子，旗鼓相當，《漢書》謂梁
> 孝王好宮室苑囿，築「兔園」延攬天下豪傑之士；唐代蔣王之
> 書，名曰「兔園」，不是用典甚工麼？自馮道「遺下兔園冊」這
> 句俏皮話傳開了以後，人們便將那些「翰墨大全」、「翰苑新書」
> 之類的「餖飣」、「獺祭」之書，統稱為《兔園冊子》了。[44]

方氏認為《兔園冊》即是類書之流。而李弘祺先生於〈宋代教育史研
究的幾個方向〉一文裡亦提及《兔園冊》：

> 中國傳統啟蒙書中很少見到類似近代兒童神話故事的內容。只
> 有陸游曾經提過有所謂《兔園冊》的小兒書，觀其名似乎很接

43 王國維：〈唐寫本兔園冊府殘卷跋〉，《觀堂集林》（臺北市：世界書局，1964年9
　月），下冊，1014-11015。

44 方師鐸：〈導論〉，《傳統文學與類書之關係》（臺中市：東海大學，1971年），頁11-
　12。

近現代小孩的畫冊故事書。[45]

這是顧名思義的想法。事實上《兔園冊》已佚失。見存者僅見於敦煌古籍，且僅存卷首。從其字跡看是為貞觀寫本。編號為伯二五七三，今收存於《鳴沙石室佚書影印本》第四冊[46]。

六　誦詩

當時蒙館不僅讀字書，亦有教誦詩。元稹《白氏長慶集・序》云：

> 予嘗於平水市中，見村校諸童競習詩，召而問之，皆對曰：「先生教我樂天、微之詩。」固亦不知予之為微之也。[47]

可見唐村塾已有讀詩的風氣。而唐人讀詩或不僅限於唐詩。魏時應璩有百一詩，在當時或流行於學塾間。

應璩（西元190-252年），字休璉，汝南人（河南省汝南縣），博學好屬文，是建安七子之一應瑒的弟弟。魏明帝時，歷官散騎常侍。魏齊王即位（西元240年）後，大將軍曹爽執政，多違法度。璩為爽長史，作詩規諷。後為侍中，典著作。魏齊王嘉平四年卒，年六十三。追贈衛尉。《隋志》有集五十卷，今存五言詩十二首，包括百一詩三首（見《詩紀》）、又五首見《樂府詩集》、雜詩三首（《廣文選》作應瑒作，《藝文類聚》作應璩作）、三叟詩一首（見《藝文類聚》）。

---

45 李弘祺：〈宋代教育史研究的幾個方向〉，《宋代教育散論》（臺北市：東昇出版事業公司，1980年4月），頁15。

46 羅振玉：《羅雪堂先生全集・三編》（臺北市：文華出版公司），第5冊，頁1953-1954。

47 〔唐〕元稹：〈序〉，〔唐〕白居易：《白氏長慶集》（臺北市：臺灣商務印書館《四部叢刊初編》本），第41冊，頁1。

應詩質直拙樸，喜借古語，用申事理。今存詩十二首，除《樂府詩集》五首外，皆收存於丁福保《全漢三國晉南北朝詩》卷三。丁福保並有案語說明。

> 《丹陽集》曰：楚國先賢傳言：應璩作百一詩，譏切時事，徧以示在事者，皆怪愕以為應焚棄之。及觀文選所載璩百一篇，略不及時事。又郭茂倩雜體詩載百一詩五篇，皆璩所作，首篇言馬子侯解音律，為作陌上塵，反言鳳將雛。二篇傷翳桑二老，無以葬妻子，而已無宣、孟之德，可以賙其急，三篇言，言老人自知桑榆之景，斗酒自勞，不肯為子孫積財。末篇即「文選」所載是也。第四篇似有諷諫，所謂「苟欲娛耳目，快心樂腹腸，我躬不悅歡，安能慮死亡。」此豈非所謂應焚棄之詩乎？方是時，曹爽事多違法，璩為爽長史，切諫其失如此，所謂百一者，庶幾百分有一補於爽也。[48]

胡適認為百一詩類似後世的《太公家教》和治家格言一類的作品。胡適《白話文學史》云：

> 當時的文人如應璩兄弟幾乎可以叫作白話詩人。《文心雕龍》說應瑒有文論，此篇現已失傳了，我們不知他對於文學有什麼主張，但他的鬥雞詩（丁福保《全三國詩》卷三，頁十四）卻是很近白話的。應璩（死於西元二五二年）作百一詩，大概取揚雄「勸百諷一」的話的意思。史家說他的詩「雖頗諧，然多切時要」。舊說又說，他作百一詩，譏切時事，「徧以示在事者，皆怪愕，以為應焚棄之。」今世所傳百一詩已非全文，故

---

48 丁福保：《全漢三國晉南北朝詩》（臺北市：藝文印書館），第1冊，卷3，頁277。

不見當日應焚棄的詩，但得一些道德常識的箴言，文辭甚淺近通俗，頗似後世的《太公家教》和《治家格言》一類的作品，所謂「其言頗諧」，當是說他的詩體淺俚，近於俳諧。[49]

又王梵志的詩，亦流行於村塾間。王梵志衛州黎陽人（今河南濬縣東北），年代約當是西元五九○～六六○年左右。胡適《白話文學史》說：

晚唐五代的村學堂裡小學生用梵志的詩作習字課本（法國圖書館藏有這種習字殘卷）。[50]

王梵志的第一卷裡都是勸世詩，極像應璩的百一詩。這些詩都沒有什麼文學意味。[51]

敦煌有王梵志抄本，編號為伯二七一八、三二六六、二九一四，劉復校錄。收錄於「敦煌掇瑣」。王重民《敦煌古籍敘錄》云：

梵志詩在唐，不僅民間盛傳之，即大詩人們也都受其影響。王維詩與胡居士皆病寄此詩兼示學人二首，註云：「梵志體」。宋詩人黃庭堅也盛稱他的「翻著袜」一詩。詩僧們像寒山、拾得，似尤受其影響。唐末詩人杜荀鶴、羅隱他們也未嘗不是他的同流。他是以口語似的詩體，格言式的韻文博得民間的「眾口相傳的」。[52]

---

49 胡適：《白話文學史》（臺北市：文光圖書公司），頁49-50。
50 胡適：《白話文學史》（臺北市：文光圖書公司），頁161-162。
51 胡適：《白話文學史》（臺北市：文光圖書公司），頁164。
52 王重民：《敦煌古籍敘錄》（臺北市：木鐸出版社），頁284。

其次或為盧全，盧氏原籍是范陽，寄居洛陽，自號玉川子，胡適說他是「一個大膽嘗試的白話詩人，愛說怪話，愛做怪詩。」[53]清人翟灝《通俗編》卷一有段關於盧全的記載：

> 齊侯鎛鐘銘，以都俞作都都俞俞，關尹子以裝回作裝裝回回，《韓詩外傳》以馮翊作馮馮翊翊，皆以成語硬疊。唐宋人猶或仿之，如樊紹述〈絳守園池記〉，用文文章章，《朱子語錄》謂吳才老說梓材，是洛誥中書，真恰恰好好是也。按此蓋由小兒學語，多為疊辭，如爹爹、嬭嬭、哥哥、姊姊之類，其實無當疊之也。盧全詩：添丁郎小小，則吾來久久；脯脯不得契，兄兄莫捻搜。對小兒為言，因遂作小兒口吻。[54]

總之，詩之所能流傳於村塾，乃是取其淺近與勸世。

七　雜鈔

《雜鈔》，全本今不傳，僅有殘本見存於敦煌出土的古籍中，伯氏編號為二七二一。有關雜鈔重要論著如下：

> 敦煌寫本雜鈔考　周一良　見《燕京學報》第三十五期。
> 敦煌寫本雜鈔跋　張政烺　見周叔弢先生六十歲生日紀念論文集。
> 唐鈔本雜鈔考　那波利貞　見《唐代社會文化史研究》。

雜鈔亦為當時童蒙教材，試節鈔周一良《敦煌寫本雜鈔考》如下：

---

53 胡適：《白話文學史》（臺北市：文光圖書公司），頁287。
54 翟灝：《通俗編》（臺北市：世界書局），頁6。

巴黎所藏敦煌寫本伯希和貳柒貳壹號卷子首尾完具，題云：
「雜鈔一卷，一名珠玉鈔，二名益智文，三名隨身寶。」卷尾
又題：「珠玉新鈔一卷」。劉半農先生「敦煌掇瑣」中輯第柒柒
號曾錄此卷首數行及末數段，謂其中間「悉是雜記典故，全無
道理，故未鈔錄。」日本那波利貞氏錄其全文，撰《唐鈔本雜
鈔考》一卷，載西元一九四二年支那學卷拾小島祐馬本田成之
還曆紀念號，於敦煌所出此類性質之殘卷略有敘述，並廣搜寫
本題記之稱某寺「學仕郎」、「學仕」、「學郎」者，推論當日瓜
沙之童蒙教育。然於此卷內容本身價值則少闡發。蓋那波氏關
於敦煌卷子之著作搜集資料極勤，而論斷往往可觀者少也。近
得覩此卷照片，偶有所見，因書之，聊當紹介云爾。[55]

又就《舊唐書·經籍志》、《新唐書·藝文志》所錄，或為啟蒙教材者
如下：

　　初學篇一卷　朱嗣卿撰
　　始學篇十二卷　項峻撰
　　少學集十卷　揚方撰
　　小學篇一卷　王羲之撰
　　詰幼文三卷　顏延之撰
　　雜字書八卷　釋正度作[56]
　　幼童傳十卷　劉昭撰[57]
　　童悟十三卷[58]

55　《燕京學報》第35期（1948年12月），頁205。
56　《舊唐書》（臺北市：鼎文書局），第3冊，頁1986-1987。
57　《舊唐書》（臺北市：鼎文書局），第3冊，頁2003。
58　《舊唐書》（臺北市：鼎文書局），第3冊，頁2009。

雜字一卷[59]

權德興童蒙集十卷[60]

四言雜字白文

紙筆墨硯，訂簿記數，文書契紙，寫作憑據，欠年拿出，免致拗數。

始開鋪店，買賣生理，積貯貨物，貪價看起，人來交往，低言細語。

賒欠銀錢，出庄討數，寬容笑面，甜言好語，生銀欠債，良心天理。

三餐器用，鍋頭水缸，鹽糟酒醋，茶油醬薑，甜酸苦辣，鹹澀甘香。

煎蒸煮燴，焙炒炙乾，生熟滋味，寒熱溫涼，撈飯煮粥，蔬菜為常。

鐵餓飽食，朝晝晚餐，黃昏晴息，黎明天光，園裏種菜，射桶淋花。

栽種蔬菜，茄子冬瓜，蔥蒜韮薤，茹菇笋瓜，薑芋豆，瓠子地瓜。

覓菜苦賣，芹菜開花，芥菜角菜，菌菱出花，同蒿薲菜，薑筧介芽。

箕菜血皮，芎蕉黃麻。桃梅李柰，青梨甘蔗，龍眼荔枝。橘餅柿花，

圖十　四字雜字

永安出版社，1981年，頁4。

---

59 《新唐書》（臺北市：鼎文書局），第2冊，頁1447。又與《舊唐書》重複者不錄。

60 《新唐書》（臺北市：鼎文書局），第2冊，頁1606。

七言雜字白文

世間雜字識難盡，略寫大凡煩得明。豬粉湯肝肺肚，牛頭蹄腳腎胆筋。馬羊骨肉油腰血，狗貓皮毛腦屎心。田雞土生番鴨子，閹雞雞蠻水雄禽。雞春鴨蛋烏鵝卵，豆腐豆干番豆仁。酒醋鹽糟紅白柚，茶烟水粉黃黑糖。輕重買賣斤兩秤，多少價錢算公平。鰲毫絲忽須憑數，萬千百十要分明。川連割信白書紙，粗紙金銀蠟燭香。土地公金小九割、天金透薄大城庄。巾衣長錢古紙子，貢紙柑紅大四方。朱紅桃紅木紅帖，花笺烘紙綠青黃。千年聯紙孫兒面，竟紙雲烟釣聯框。金字花燭幷龍燭，檀爐淨香及線香。鱔鰱鯉鯽鷳魚蹶，鮎子鯿魚青背鰮。鉗魚白腹鯊魚墨，蝙鯽鹹魚水貓公。鰥公鱔鱔鰍子，鰻子黃鱔海

圖十一　七字雜字

永安出版社，1981年，頁121。

　　以上有《雜字書》八卷，《雜字》一卷。而陸放翁〈秋日郊居詩〉自註亦提及《雜字》，不知是否有關。又以前臺灣私塾中曾流行有「四言雜字」、「七言雜字」。前者的目的，在於使讀者知道許多重要的名

詞，使能夠達到能寫能記的目的，全書可說是名詞的堆砌，說不上連貫的意義。至於後者，全在介紹一些「雜」字，更是一些名詞的推砌，非但上下句沒有關係，甚至一句話的七個字之間，也沒有一定的意義。

參
宋、元時代的啟蒙教材

　　宋、元時代，對於兒童教育可說極為重視。在中國教育史上占有重要的地位，且專家學者輩出，其間尤以朱子最為有名。

　　朱子名熹，安徽婺源人，字晦菴，一字仲晦；又先後自稱晦翁、雲谷老人、滄洲病叟、遯翁。生於宋高宗建炎四年（1130），死於寧宗慶元六年（1200），享年七十一歲。他死後諡為「文」，世稱「朱文公」，並曾歷受追封，從祀孔廟，為士人所景仰欽崇。他的父親名松，字喬年，號建齋，為人正直，對北宋周敦頤、張載、二程等人的哲學頗有研究；中進士後，曾任司勳吏部郎，因為反對秦檜對金人屈辱的和議政策，被排擠外調當福建尤溪縣尉。朱子就在尤溪出生，所以他後來開創的學派又稱為閩學。

　　朱子的一生，一方面盡瘁於教育；另一方面不斷進修研究，潛心著述，綜合了各家學說，開創了新的思想方法，留給我們的文化遺產，朱子不僅著作極多，而且著述的態度，亦非常嚴謹。朱子重要的著述有：《四書集註》、《周易本義》、《書集傳》、《詩集傳》、《楚辭集註》、《太極圖說》、《通書解》、《西銘解》、《正蒙解》。由後人編纂的大部頭有《朱文公文集》一百卷，重要散篇論文皆收錄於文集中，又有《朱子語類》一四〇卷，前六卷代表他的哲學思想。

　　朱子在中國思想史上，等於是一座巨型的思想蓄水庫，以前的都一一流入其中，經過他的整理、消化、融攝與批判，賦以新的生命，呈現出有條理有統緒的新面貌。以後的思想，不論是贊同或反對，亦大抵是針對他而發。他不但是儒學復興史上最具關鍵性的人物，也是中國文化史上的巨人之一。朱子一生費心於學術和教育工作，他對於

儒學的文獻做了全盤的整頓，並重新加以安排，提供了適合於全國各級教育的教材與教法，以下略述朱子在小學教育方面的貢獻。

　　一、確立小學教育的地位。朱子以前有小學教育之實，而無小學教育之名，自《小學》一書出現，始確立小學教育的地位。他理想的學制，是小學、大學兩級制。小學是指兒童教育，亦即今日的幼稚園到小學、國中的階段。考《小學》一書的編纂類例，皆由朱子親自決奪。而采撫之功，則以劉子澄為多。案朱子以前，小學僅散見於經、傳記，而未成書，自朱子編輯小學，兒童教育始有專門論著，是以朱子可說是我國第一位真正的兒童教育的理論家。張伯行《小學集解》序云：

> 朱子以前，小學未有書，自朱子述之，而做人樣子在是矣。學者讀孔子之書，不以大學為之統宗，則無以知孔子教人之道，讀朱子之書，不以小學為之基本，則無以知朱子教人之道。[1]

　　二、教育目標。朱子認為大學教育最高目的，在於培養聖賢。而以聖賢自任者，應以「復性」、「復初」及「道心主宰人心」為主要目標，也就是要養成完善無缺的人格。而小學教育的目標則是應注重於日常生活、倫常道德之學習，於是他提出《童蒙須知》，以訓練全國兒童，又重訂家禮、鄉約，使儒學成為普遍遵循的社會規範，可知朱子認為小學是大學的基本，朱子〈小學書題〉云：

> 古者小學，教人以灑掃、應對、進退之節，愛親、敬長、隆師、親友之道，皆所以為修身、齊家、治國、平天下之本，而必使其講而習之於幼稚之時，欲其習與智長，化與心成，而無

1　〔清〕張伯行：〈序〉，〔宋〕朱熹：《小學集解》，臺北市：世界書局。

扞格不勝之患也。[2]

而張伯行《小學集解》原序，有更詳細的說明：

> 朱子自謂一生得力，只看得《大學》透，而又輯《小學》一書
> 者，以為人之幼也，不習之於《小學》，則無以收其放心，養
> 其德性，而為《大學》之基本，蓋朱子教人之道，即孔子教人
> 之道，學者有志聖賢，誠未有先於是書者也。……
> 夫《小學》大旨，前賢論之甚詳，余括其要而言之，不離乎敬
> 之一字，故必於內、外兩篇，三百八十五章，章章節節，句句
> 字字，看得敬字義理，次第分明，體之於身而實踐之，方知人
> 之所以為人，以其身周旋於父子、君臣、夫婦、長幼、朋友之
> 中，而心術、威儀、衣服、飲食，無不各有當然不易之則，修
> 之則吉，悖之則凶，然後有以收其放心，養其德性，而大學之
> 基本以立，苟不能敬，而存心處事，待人接物，有與此書相違
> 者，則已失卻做人底樣子矣。失卻做人底樣子，而欲求入德之
> 門，譬猶人之形體尚不全，而欲肩重大任以經營四方也，有是
> 理哉！然則《小學》為《大學》之基本。[3]

　　三、**教育的內容與方法**。朱子以為小學教育的目標，應注重於日
常生活、倫常道德之學習，朱子認為兒童教育只宜於教以事之然，亦
即教以現實的事務，使兒童能夠從而模仿。所謂現實的事務，亦即是
教以灑掃、應對、進退之節，愛親、敬長、隆師、親友之道。朱子
《童蒙須知》有序云：

2　〔宋〕朱熹撰，〔清〕張伯行注：《小學集解》（臺北市：世界書局），頁1。
3　〔宋〕朱熹撰，〔清〕張伯行注：《小學集解》（臺北市：世界書局），頁2-3。

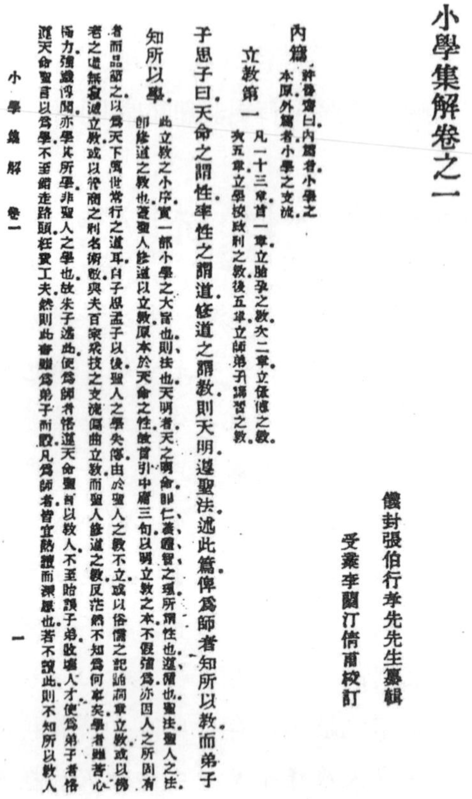

小學集解卷之一

　　儀封張伯行孝先生纂輯
　　受業李鏜汀倚甫校訂

內篇　許魯齋曰內篇君子小學之
本原外篇者小學之支流

立教第一　凡十三章首一章胎孕之教次二章立德之教
夫五章立學校歐刑之教後五章立師弟子講習之教

子思子曰天命之謂性率性之謂道修道之謂教則天明遵聖法述此篇俾為師者知所以教而弟子
知所以學　此立教之小序實一部小學之大旨也則夫天之明命訓仁義禮智之理明性也遵聖法聖人之法
即修道之教也蓋聖人修道以立教原本於天命之性故首引中庸三句以明立教之本不假緒篇亦因人之所固有
者而品節之以為天下篤世常行之道耳凡孟子以後聖人之學失傳由於聖人之教不立或以俗儒之記誦詞章立教或以佛
老之道無益違立教或以榮商之刊名術數與夫百家衆技之支流偏曲立教而與人修道反違若其力強纜得聞亦學其所學者以養蒙或以榮商之刊名故朱子選而集之使為師者知所以教弟子者知
恊力強纜得聞亦學其所學也故朱子選而集之便為師者悟道天命聖言以為教弟子者悟道天命聖言以為學不至賜走路頭枉費工夫然則此書豈為蒙子而設凡為師者皆宜勤讀而課原也者不識此則不知所以教人

小學集解　卷一

一

圖十二　《小學集解》

臺北市：世界書局，頁1。

夫童蒙之學，始於衣服冠履，次及言語步趨，次及灑掃涓潔，次及讀書寫文字，及有雜細事宜，皆所以當知。今逐目條例，名曰《童蒙須知》，若其修身、治心、事親、接物，與夫窮理盡性之要，自有聖賢典訓，昭然可考，當次第曉達，茲不復詳著云。[4]

4　〔宋〕朱熹：《童蒙須知》，收於《五種遺規》（臺北市：中華書局《四部備要》本），
　　第1冊，頁3。

　　申言之，《童蒙須知》非但標明教育的內容，且條例教育的方法。至《小學》，書成於淳熙十四年（1187），是年朱子五十八歲，此書是他論兒童教育最精華的著作，是書凡內篇四：為主教、明倫、敬身、稽古；外篇二：為嘉言、善行。亦可說是標明教育內容與方法。由此可知，朱子對小學教育方法的看法是：由躬行而入窮理，而躬行主要在於修身、處事、接物等，亦即是以現實的事務為主。陳弘謀曾說：

　　　　案前兩篇（指朱子白鹿洞書院揭示及朱子滄洲精舍諭學者）為
　　　　學者定其綱宗，端所祈嚮，而蒙養從入之門，則必自易知而易
　　　　從者始，故朱子既嘗綸次小學，尤擇其切於日用，便於耳提面
　　　　命者，著《童蒙須知》，使其由是而循循焉，凡一物一則，一
　　　　事一宜，雖主纖至悉，皆以閑其放心，養其德性，為異日進修
　　　　上達之階，即此而在矣。吾願為父兄者，毋視為易知而教之不
　　　　嚴，為子弟者，更毋忽以為不足知而聽之藐藐也。[5]

又〈小學題辭〉：

　　　　小學之方，灑掃應對，入孝出恭，動罔或悖，行有餘力，誦詩
　　　　讀書，詠歌舞蹈，思罔或逾。[6]

　　可惜的是：「誦詩讀書，詠歌舞蹈」，朱子並未多加著筆，蓋朱子教育主張由外入內，並未注意到兒童的心理需求。

　　四、所用教材。朱子對儒家文獻做了全盤的整頓，並重新加以安排，提供了適合於全國各級教育的教材與教法，其中小學教材，自當

5　〔宋〕朱熹：《童蒙須知》案語，收於《五種遺規》（臺北市：中華書局《四部備要》
　　本），第1冊《養正遺規》，頁3。

6　〔清〕張伯行：〈小學題辭〉《小學集解》（臺北市：世界書局），頁2。

首推《小學》一書，張伯行於《小學集解》序云：

> 古者有大學、小學之教，八歲入小學，十五入大學。大學之
> 書，傳自孔門，立三綱領，八條目，約二帝、三王教人之旨以
> 垂訓。程子以為入德之門是也。而小學散見於傳記，未有成
> 書，學者不能無憾。於是朱子輯聖經賢傳及三代以來之嘉言、
> 善行，作小學書，分內外二篇，合三百八十五章，以主教、明
> 倫、敬身、稽古為綱，以父子、君臣、夫婦、長幼、朋友、心
> 術、威儀、衣服、飲食為目，使夫入大學者，必先由是而學
> 焉，所謂做人底樣子是也。[7]

其次的教材是《童蒙須知》。除《小學》及《童蒙須知》外，朱子又訂《曹大家女戒》、《溫公家範》為教女子之書。而《弟子職》亦為啟蒙之書。文集卷三十三〈答呂伯恭〉云：

> 《弟子職》、《女戒》二書，以溫公家儀系之，尤溪欲刻未及，
> 而漕司取去，今已成書，納去各一本。初欲遍寄朋舊，今本已
> 盡，所存只此矣，如可付書肆摹刻以廣其傳，亦深有補於世
> 教。[8]

又孝宗隆興元年（1163），朱子年三十四歲，曾有《論孟訓蒙口義》，為啟蒙之書，是書已不傳，其〈論語訓蒙口義序〉云：

> 予既序次論語要義，……因為刪錄，以成此編。本之注疏以通

7　〔清〕張伯行：〈序〉《小學集解》，臺北市：世界書局。
8　〔宋〕朱熹：〈答呂伯恭〉，《朱子大全》（臺北市：中華書局《四庫備要》本），第4
　　冊，卷33，頁21。

其訓詁，參之釋文以正其音讀。然後會之於諸老先生之說，以發其精微。一句之義，繫之本句之下。一章之指，列之本章之左，又以平生所聞於師友而得於心思者，間附見一、二條焉。本末精粗，大小詳略，無或敢偏廢也。然本其所以作，取便於童子之習而已，故名之曰「訓蒙口義」。蓋將藏之家塾，俾兒輩學焉，非敢為他人發也。嗚呼！小子來前，予幼獲承父師之訓，從事於此二十餘年。材資不敏，未能有得。今乃妄意採掇先儒，有所取捨，度德量力，夫豈所宜。然施之汝曹，取其易曉，本非述作。以是庶幾其可幸無罪焉耳。……嗚呼！小子，其懋敬之哉。汲汲焉而毋欲速也，循循焉而毋敢惰也。毋牽於俗學而絕之，以為迂且淡也。毋惑於異端而躐之，以為近且卑也。聖人之言，大中至正之極，而萬世之標準也。古之學者，其始即此以為學，其卒非離此以為道。窮理盡性，修身齊家，推而及人，內外一致。蓋取諸此而無所不備，亦終吾身而已矣。舍是而他求，夫豈無可觀者，然致遠恐泥。昔者吾幾陷焉，今裁自說，故不願汝曹之為之也，嗚呼！小子，其懋戒之哉。[9]

　　總結以上所述，可知朱子對於兒童教育，無論是理論或實際，皆有無比的貢獻。他使儒家的基本經典成為全國讀書人的基本教材，又為這些教材提出可行的教法。他為了使儒家對全國所有的人都能發生切實有效的影響，他提出《小學》、《童蒙須知》，以訓練兒童；又重訂家禮、鄉約，使儒家成為普遍遵循的社會規範。宋以後儒家之成為正統，是在這些廣泛的工作基礎上和運作的過程中，才逐漸建立起來的，如果朱子僅是一個哲學家，他怎能有產生那樣廣泛而深遠的影響？又怎能享有那樣崇高的地位？

9　〔宋〕朱熹：《朱子大全》（臺北市：中華書局《四庫備要》本），第9冊，卷75，頁7-8。

　　朱子以後，即有人為《小學》做註解，其中以清人張伯行集解最為詳盡。並有人擬「小學篇」體裁著書。雖然屬於朱子系統的小學啟蒙教材，似乎僅流行於學者之間，而不為一般塾師所接受。但我們知道，朱子的那種儒家教育精神卻已注入了基礎的兒童教育裡。朱子以後最足以為理學家之主張代表者，當推程端禮《程氏家塾讀書分年日程》一書，該書卷一云：

　　　　八歲未入學之前，讀性理字訓（程逢原增廣者）。日讀字訓綱
　　　　三、五段，此乃朱子以孫芝老能言，作性理絕句百首，教之之
　　　　意，以此代世俗蒙求、千字文最佳。又以朱子童子須知貼壁，
　　　　於飯後使之記說一段。[10]

　　程端禮，字敬叔，為慶元時人（慶元元年為西元1195年），傳朱子明體適用之指，卒年七十五。
　　朱子是理學的代表，而屬於民間的塾學，有關資料亦比以往稍多。《項氏家說》卷七「用韻語」條說：

　　　　古人教童子，多用韻語，如今《蒙求》、《千字文》、《太公家
　　　　教》、《三字訓》之類，欲其易記也。《禮記》之〈曲禮〉，《管
　　　　子》之《弟子職》，史游之《急就篇》，其文體皆可見。[11]

又陸游〈秋日郊居詩〉：

---

10 程端禮：《程氏家塾讀書分年日程》（臺北市：臺灣商務印書館《叢書集成簡編》
　　本，1965年），卷1，頁1。
11 《項氏家說》，收於《四庫全書珍本·別輯》（臺北市：臺灣商務印書館），第2冊，
　　卷7，頁6。

兒童冬學鬧比鄰，據案愚儒卻自珍。
授罷村書閉門睡，終年不著面看人。[12]

放翁自註：

農家十月乃遣子弟入學，謂之冬學。所謂《雜字》、《百家姓》
之類，謂之村書。[13]

宋人有幅《村童鬧學圖》（見圖十三），正是把陸詩加以圖像化。

圖十三　村童鬧學圖

《中國古代服飾研究》（臺北市：龍田出版社，1981年11月），下冊，頁305。

---

12 〔宋〕陸游：《陸放翁全集》（臺北市：世界書局，1970年11月再版），下冊，頁413。
13 〔宋〕陸游：《陸放翁全集》，下冊，頁413。

今就世界版《陸放翁全集・劍南詩稿》裡，所見有關村學記載如下：

三冬暫就儒生學（放翁自註：村人惟冬三月遣兒童入學。）[14]

幼學已忘那用忌。（放翁自註：鄉俗小兒女社日忌習業）[15]

恰似兒童放學時。[16]

更挾殘書讀，渾如上學時。[17]

兒童夜誦聒比鄰[18]

未廢春農業，猶堪幼學師。[19]

抱書入家塾，自汝兒童詩。[20]

黃卷青燈自幼童。[21]

家塾讀書須十紙。[22]

14　〔宋〕陸游：〈觀村童戲溪上〉，《陸放翁全集》，上冊，頁17。

15　〔宋〕陸游：〈社日〉，《陸放翁全集》，上冊，頁63。

16　〔宋〕陸游：〈蔬圃〉絕句之四，《陸放翁全集》，上冊，頁230。

17　〔宋〕陸游：〈書適〉，《陸放翁全集》，下冊，頁424。

18　〔宋〕陸游：〈閒居初冬作〉，《陸放翁全集》，下冊，頁577。

19　〔宋〕陸游：〈自詒〉，《陸放翁全集》，下冊，頁608。

20　〔宋〕陸游：〈六經〉，《陸放翁全集》，下冊，頁617。

21　〔宋〕陸游：〈示友〉，《陸放翁全集》，下冊，頁678。

22　〔宋〕陸游：〈示諸孫〉，《陸放翁全集》，下冊，頁798。

幼學及時兒識字。[23]

諸孫入家塾，親為授三蒼。[24]

孝經論語教兒童，教兒童，莫匆匆。[25]

家塾競延師教子。[26]

歸來講學暇，襏襫同春耕。[27]

總角入家塾。[28]

入學幼童忙。[29]

　　項、陸均係南宋人，可見南宋時的啟蒙教材有《蒙求》、《千字文》、《太公家教》、《兔園冊》、《三字訓》、《雜字》、《百家姓》。《三字訓》，或即為《三字經》之前身，雜字今不見，或即是新、舊唐書所收錄的《雜字》。當時啟蒙是注重識字、寫字，與品德修養，所以在用字的選擇上，要皆以生活所必須為主，其中以《三字經》最為有名，試分述如下：

23　〔宋〕陸游：〈山行贈野叟〉，《陸放翁全集》，下冊，頁809。

24　〔宋〕陸游：〈小雨〉之二，《陸放翁全集》，下冊，頁815。

25　〔宋〕陸游：〈農事稍閒有作〉，《陸放翁全集》，下冊，頁817。

26　〔宋〕陸游：〈書喜〉之二，《陸放翁全集》，下冊，頁852。

27　〔宋〕陸游：〈寄十二姪〉，《陸放翁全集》，下冊，頁872。

28　〔宋〕陸游：〈幽居記今昔事十首以詩書從宿好林園無俗情為韻〉之一，《陸放翁全集》，下冊，頁1049。

29　〔宋〕陸游：〈出遊〉之二，《陸放翁全集》，下冊，頁1109。

一　三字經

項安世所謂的《三字訓》，今無傳。今傳《三字經》，或稱元初有
人就《三字訓》改寫。自元以後七百年中，《三字經》是最流行的啟
蒙教材。

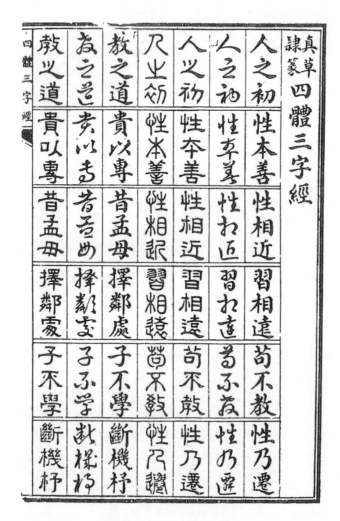

圖十四　《三字經》

《國學初基入門》（臺北市：老古文化事業公司，1981年8月），頁1。

　　《三字經》相傳為宋末王應麟作，亦有說是宋區適子作，《通俗編》卷二云：

> 蕭良有《龍文鞭影》，里中熊氏藏有大板《三字經》，明蜀入梁應井為之圖，聊城傅光宅為之序，較坊刻多敍元、明統系八句，乃知出於明人，究未知誰作也。明神宗居東宮時，曾讀是書，按趙南星集有《三字經註》一卷，其敍宋後，亦多出數句，而與《鞭影》所述不同。近人夏之翰序王伯厚《小學紺珠》曰：「吾就塾時，讀三言之文，不知誰氏作，迨年十七，始知其作自先生。因取文熟復焉，而歎其要而該也。」或又曰：是書乃宋區適子所撰。適子字正叔，廣東順德人也。論其世則王與區俱不應敍及元、明，別本衍出之句，必屬明人意增，故是各不同耳。[30]

　　但觀文章語氣，必為宋代遺民入元所作，則無疑問。書中云：「小學終，至四書。」四書始於南宋淳熙年間（約西元1180年左右），則今傳《三字經》，非淳熙以前作品。又以《三字經》敍歷史世系云：「炎宋興，受周禪；十八傳，南北混。十七史，全在茲。」《十七史》之成書在宋代，而「十八傳，南北混。」則已說盡宋之世系。宋自太祖受禪至帝昺之在厓州，恰為十八傳。元既滅宋，始混南北，因此知《三字經》必為宋亡以後所作。且「十八傳」後，但「南北魂」，而不及元代隻字，又知為宋代遺民所作，不願尊元之稱號。王應麟卒於元開國後二十年，區適子亦入元抗節不仕，二者實皆相似。而王應麟學問賅博，故後人多傳為所作，區適子，廣東順德人，字正叔。

　　王應麟，字伯厚，宋朝慶元府人（今浙江省慶元縣），生於宋寧

30　〔清〕翟灝：《通俗編》，臺北市：世界書局。

宗嘉定十六年（1222），卒於元成宗元貞二年（1296），享年七十四歲，王氏自小就聰明異常，九歲通六經，學問廣博，淳祐元年（1241）舉進士，官至禮部尚書兼給事中，忠直敢言。因上疏不報，遂東歸，後二十年卒。王氏是宋朝的著名學者，作品很多，有《深寧集》一百卷、《玉堂類稿》二十三卷、《掖垣類稿》二十二卷、《詩考》五卷、《詩地理考》五卷、《漢書・藝文志考證》十卷、《通鑑地理考》一百卷、《通鑑地理通釋》十六卷、《通鑑答問》四卷、《困學紀聞》二十卷、《集解踐阼篇》、《補注急就篇》六卷、《補注王會篇》、《玉海》二百卷、《詞學指南》四卷、《詞學題苑》四十卷、《筆海》四十卷、《姓氏急就篇》六卷、《漢制考》四卷、《六經天文編》六卷、《小學紺珠》十卷、《蒙訓》七十卷、《小學諷詠》四卷。[31]

　　《三字經》的編寫，甚為精采，可說是介於理學系統與通俗系統之間，他的思想不拘泥於宋儒的理學範圍，書中備述做人方針，為學次第，而無一語道及心性致知格物之說。全書三百五十六句，每句三字，詞淺義深，音韻自然，讀起來順口且易記，故適合兒童學習。該書內容包含甚廣，首從人性談到教育的重要，並列舉例說明。繼則舉述普通常識，如方向、四季、三綱、五常、人倫、數字等等。繼則列舉四書、五經，分別舉其名稱要義。繼則敘述歷史，依朝代先後，擇要舉出史實，最後詳述學習方式，舉出古代名學童學習成就，以為示範；兼以物為喻，鼓勵兒童奮發向上。

　　總之，這是一本綜合性的兒童教材，把語文、常識、公民、國學、歷史、學習精神等彙合編成；文字富有啟發性，詞義含有感情，的確是一部最佳的兒童教材。此書歷史部分，元、明、清三代，都經過增補；最後是一九二八年章炳麟加以改訂。章氏〈重訂三字經題辭〉云：

---

31 以上詳見《宋史》卷438，〈儒林傳・八王氏本傳〉

三字經者。世傳王伯厚所作。其敘歷代廢興。本迄於宋。自遼金以下。則明、清人所續也。其書先舉方名事類。次及經史諸子。所以啟導蒙穉者略備。觀其分別部居。不相雜廁。以校梁人所集《千字文》。雖字有重複。辭無藻采。其啟人知識過之。即〈急就章〉與《凡將篇》之比矣。余觀今學校諸生。幾並五經題名。歷朝次第而不能舉。而大學生有不知周公者。乃欲其通經義。知史法。其猶使眇者視。跛者履也歟。今欲重理舊學。使人人誦詩書。窺紀傳。吾之力有弗能已。若所以詔小子者。則今之教科書。因弗如《三字經》遠甚也。間常舉以語人。漸有信者。然諸所舉人事部類。其切者猶有未具。明、清人所增尤鄙。於是重為修訂。所增入者三之一。更定者亦百之三、四。以付家塾。使知昔儒所作。非苟而已也。[32]

今人李牧華有《注解三字經》。[33]

二　百家姓

　　《百家姓》成書於宋初，較《三字經》約早三百年，陸游詩曾提過，可見《百家姓》當時已盛行。王明清與陸游同時，王氏在《玉照新志》卷五曾考證說：

市井間所印《百家姓》，明清嘗詳考之，似是兩浙錢氏有國時小民所著。何則？其首云：「趙錢孫李」，蓋趙氏奉正朔，趙氏乃本朝國姓，所以錢次之，孫乃忠懿之正妃，又其次則江南李

---

32 李牧華：《注解三字經》，臺北市：世紀書局，1981年。
33 李牧華：《注解三字經》，臺北市：世紀書局，1981年。

氏。次句云：「周吳鄭王」，皆武肅而下后妃，無可疑者。[34]

又翟灝《通俗編》卷二亦引《玉照新志》說法，並引申說明：

《玉照新志》：《百家姓》是兩浙錢氏有國時小民所著。蓋趙乃本朝國姓，錢氏奉正朔，故以錢次之，孫乃忠懿王之正妃，其次則南唐李氏。次句「周吳鄭王」，皆武肅而下嬪妃也。戒菴漫筆《百家姓》，單姓四百零八，複姓三十。近見有包括謎子詩，末題至正三年中，吳王仲端引《百家姓》，盡包成謎，其複姓乃有四十四，與今本不同，按陸放翁詩自注：「農家十月，乃遣子入學，所讀雜字，百家姓之類，謂之村書。」則《百家姓》之有自宋前無疑也，陳振孫《書錄解題》有《千姓編》一卷，不著撰人，末云：嘉祐八年采真子記。又明洪武時，翰林編修吳沈等，據戶部黃冊，編為《千家姓》以進，傳之天下，詳《楊升菴外集》。[35]

《百家姓》以姓氏編為韻語，所謂「百家」，並非單指百家，而是多數的概稱。《百家姓》以四字為句，隔句押韻，計有五百六十八個字，為五〇九個姓，語法組織，沒有文義，前部為單姓，後部為複姓，但姓氏編寫先後是有一定秩序的。此書旨在授兒童以各家姓氏，僅是為識字用。清黃九煙編之成文，甚為有妙趣，王石農成《百家姓鑑編》，更為工巧。又有康熙御製《百家姓》，首云：「孔師闕黨，孟席齊梁。高山詹仰，鄒魯榮昌。冉季宗政，游夏文章。」以下盡取孔孟行事實之，惜不傳於世。陳振孫《書錄解題》卷八有《千姓編》一

---

34 王明清：《玉照新志》，《筆記小說大觀・四編》（臺北市：新興書局），第3冊，卷5，頁1465。

35 翟灝：《通俗編》（臺北市：世界書局），頁25。

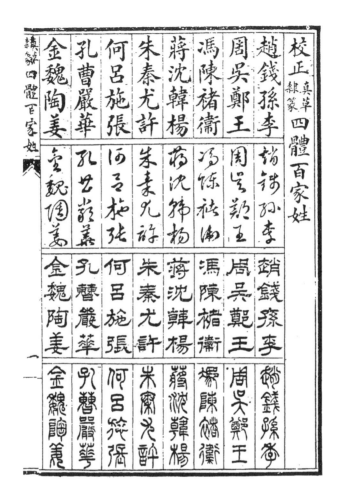

圖十五　百家姓

收於《國學初基入門》（臺北市：老古文化事業公司，1981年8月），頁33。

卷，解題云：「不著名氏，末云：嘉祐八年采真子記。以姓苑姓源等
書撮取千姓，以四字為句，每字一姓，題曰：千姓編，三字亦三姓
也。逐句文義，亦頗相屬，殆千字文之比云。」[36]又明洪武十五年五

36　陳振孫：《書錄解題》（臺北市：臺灣商務印書館《人人文庫》本特號582中冊），卷
　　8，頁223。

月，翰林院編修吳沈，典籍劉仲實、吳伯宗據戶部黃冊編為《千家姓》以進，以「朱奉天運」起文，楊升肆意詆毀。曾國藩又重作五百家姓，凡單姓、複姓共五百家，而字則兩千餘，每句首冠以姓，其下即加二字或三字，就姓之義聯屬成句。曾氏曾在江寧刻印，其書今亦不傳[37]，故仍以原本《百家姓》為最流行。

三　神童詩

神童詩，是宋汪洙所作，汪洙《宋史》無傳。

朱國禎《湧幢小品》卷二十四「神童詩」條記載如下：

> 汪洙，字德溫，鄞縣人，九歲善賦詩，牧鵝黌宮，見殿宇頹圮，心竊歎之，題曰：「顏回夜夜觀星象，夫子朝朝雨打頭。萬代公卿從此出，何人肯把俸錢修。」上官奇而召見，時衣短褐以進，問曰：「神童衫子何短耶？」應曰：「神童衫子短，袖大惹春風，未去朝天子，先來謁相公。」世以其詩詮補成集，訓蒙學，為汪洙《神童詩》。登元符三年進士（1100），仕至觀文殿大學士，諡文莊，仁厚忠孝，著聞於時。子思溫、思齊，孫大猷，皆至大學士。[38]

又《寧波府志》亦記載此事。實際上，《神童詩》一書，僅前二、三頁為汪詩，其後則雜採他詩以補之。

---

37 見柴萼：《梵天廬叢錄》，收於《筆記小說大觀・十七編》，臺北市：新興書局。

38 〔明〕朱國禎：《湧幢小品》，收於《筆記小說大觀・正編》（臺北市：新興書局），第3冊，頁2069。

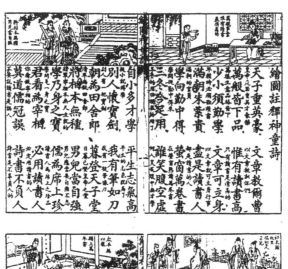

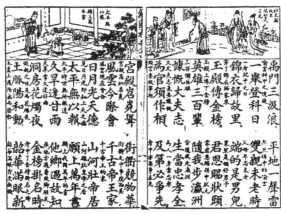

圖十六　神童詩影印本

四　千家詩

　　《千家詩》是南宋劉克莊所編。劉氏字潛夫，號後村，莆田人（今福建省縣名），生於宋孝宗淳熙十四年（1187），卒於度宗咸淳五年（1269），享年八十三歲，從真德秀受業。父彌正，官至吏部侍郎。克莊於寧宗嘉定年間（1208-1224），以蔭仕建陽令，與錢塘陳起友善，陳起刊《江湖集》，及克莊《南嶽稿》行世。嘉定末，史彌遠

擁立理宗，又殺濟王竑，而陳起有詩云：「秋風梧桐皇子府，春風楊柳相公橋。」哀濟王邸而譏史彌遠，諫官併克莊〈詠落梅〉詩論列（案此詩有句云：「東君謬掌花權柄，卻忌孤寒不主張。」）二人皆坐罪，並毀《江湖集》版，又詔禁作詩，詩人多改作長短句。史彌遠死，詩禁始解。理宗淳祐元年（1241），特賜克莊同進士出身，除秘書少監，官至龍圖閣學士。諡文定。克莊詩名特盛，《四庫提要》許為江湖詩派之領袖。著作有《後村集》五十卷，《後村詩話》前集二卷、後集二卷、續集四卷、新集六卷，《後村別調》一卷。（生平事蹟詳見商務影印《四部叢刊初編本》、《後村先生大全集》卷一百九十四行述，及卷一百九十五墓誌銘）

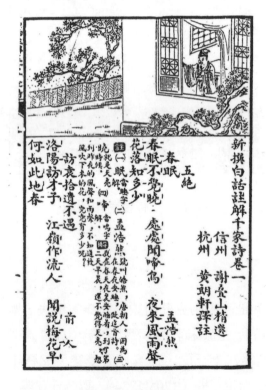

圖十七　千家詩

臺北市：廣文書局，1980年12月，頁1。

　　《千家詩》的成書早於《唐詩三百首》，且一直擁有廣大的讀者群，可是卻一直受到詬病，其實這種現象是可以理解的，《千家詩》之所以受到歡迎，是在於它的淺顯、通俗、易於成誦，因此流傳不廢。是以遭受詬病，乃在於編選刊者不甚留意，以至於產生許多錯誤，更因為年代久遠，史料闕如，有些錯誤，已難以復原。

　　《千家詩》是採唐、宋名家作品千首，名為千家詩，皆屬近體，為兒童初學而設，其編排次序，首為五絕，次為五律，再次為七絕，最後為七律。此書為元、明、清三代小學教材，不過後世坊間的《千家詩》，大半從《千家詩》中選錄而成，詩僅數十首，而仍以《千家詩》為名，清人翟灝《通俗編》卷二曾對《千家詩》的編選與損益有所說明：

　　　　宋劉後村克莊，有分門纂類唐宋千家詩選，所錄惟近體，而趣
　　　　尚顯易，本為初學設也。今村塾所謂千家詩者，上集七言絕八
　　　　十餘首，下集七言律四十餘首，大半在後邨選中，蓋據其本增
　　　　刪之耳，故詩僅數十家，而仍以千家為名，下集綴明祖送楊文
　　　　廣征南之作，可知其增刪之者，乃是明人。[39]

　　目前坊間《千家詩》選本，以老古文化事業公司出版《國學初基入門》的《五彩繪圖千家詩註釋》較優，該書註明謝枋得選，王晉升註，鄭漢梓行。又廣文書局有《白話注解千家詩》，為謝枋得選，黃朗軒譯註，並附有韻對，詩品評註及插圖，但與前書內容又有不同，廣文另有《詳解千家詩》，標示為山左成文信書坊重輯，附韻對，詩品詳解。可見《千家詩》選本一般都題作謝枋得編選。

39　〔清〕翟灝：《通俗編》（臺北市：世界書局），卷2，頁27。

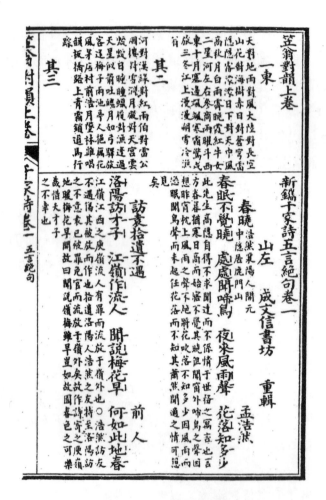

圖十八　詳解千家詩

臺北市：廣文書局，1980年12月，頁1。

　　謝氏是宋末人，字君直，疊山是他的號，信州弋陽人（在江西省
弋陽縣），生於宋理宗寶慶二年（1226），為人豪爽，寶祐四年
（1256）中進士，做過福建建寧府的教授，江西招諭使。一度曾由於
指摘奸相賈似道的政事，被貶。宋亡以後，隱居福建。元世祖至元二
十三年以後，屢次有人推薦他出去做官，他都辭而不就。至元二十六

年（1289），福建行省參政為了邀功，勉強送他上京，枋得到了京師，消極抗議，不食而死，年六十四歲。著作傳世的有：《疊山集》十六卷，《文章軌範》七卷。又《四庫未收書目》裡還有他的《注解二泉選唐詩》。[40]所以坊間的《千家詩》節本題他選輯的，或有可能。不過，無論如何這本《千家詩》還是值得我們重視的，蘇樺先生的理由如下：

1. 一般都認為詩是中國文學中最特出的一種作品。我們現在所能看到的最古的是《詩經》，還有時代和作者不詳的《古詩十九首》。至於近體詩，大致上說孕育於六朝，大盛於李唐，繼續發展於宋後。唐詩絢爛，宋詩清新。這本小書，從唐、宋各家淺顯的近體詩入手，以期培養兒童從顯易的韻文誦讀入手，進而為以後的文學欣賞打基礎，作法可取。

2. 以往的兒童讀物，雖然也都採用韻語編次，如《千字文》等大體上以作識字讀本為主；如《蒙求》等又著重於由傳授故實進而瞭解文史知識；只有《千家詩》是以陶冶性情，啟迪心智為目的的純文學讀物。對於從事兒童文學研習的人來說，這是一種最值得留意的古典兒童讀物。

3. 即使在現代，大家對舊詩都相當陌生，也沒有必要作近體詩，但是由於這些選詩音韻和諧、內容顯易、詞句優美，所詠的風俗物情，又都足以使兒童增進對固有文化和文物的認識和瞭解。如果能夠指導他們從小逐日利用極短極少的時間來熟讀默誦、吟味涵泳，以後長大，知識發達了，體味越深，得益越多，費力小而功效著，實在值得推行。[41]

---

40 謝氏生平見《宋史》卷四百二十五，列傳第一百八十四。
41 見《國語日報‧兒童文學周刊》第285期，1977年10月9日。

　　至於劉後村《千家詩》，目前亦漸受重視，今人黃文吉有《千家詩詳析》[42]刊行，詳析本在每首詩之下，分為作者、注釋、語譯、講析等四部分。另有李覺譯的《千家詩今譯》本[43]。

　　當時學童既讀詩，當然也學作對子，宋人王明清《玉照新志》卷一：

> 元祐三年，東坡先生自翰苑出牧錢塘，道毗陵之洛社。時孫仲益之父教村童於野市茅簷之下，仲益方七、八歲，立於岸側，東坡見奇之，呼來前與語，果不凡，詢其所學，方為七字對矣。與之題云：「衡茅稚子璠璵器」。仲益隨聲應之云：「翰苑新人錦繡腸。」大加賞嘆，贈之以縑酒。囑其父善視之。後來果為斯文之主盟。[44]

五　二十四孝

　　《二十四孝》是元朝郭居敬所撰。郭氏生平不見於《元史》、《新元史》，只見於福建省的《大田縣志》和《尤溪縣志》，兩志所述，只在籍貫上有出入，其他的事跡大部分雷同，尤溪縣是朱子出生地。考尤溪縣在晉代，本為延平縣的山洞，唐開元二十二年（西元734），經略史唐修宗招諭其民，高伏請以千戶入版籍，二十九年始開拓置縣。而大田縣，本為尤溪縣地，明嘉靖十四年（1535），才割尤溪縣十四都，永安縣一都，漳州府漳平縣一里十社，泉州府德化縣黃認一圖，凡四十圖，始新添出大田縣來。如此就可解釋，為什麼《尤溪縣志》

---

42 黃文吉：《千家詩詳析》，臺北市：國家書店，1977年9月。

43 李覺譯：《千家詩今譯》，臺北市：天華出版事業公司。

44 〔宋〕王明清《玉照新志》，收於《筆記小說大觀‧四編》（臺北市：新興書局），第3冊，卷1，頁1420。

說他是尤溪縣「九都小村」人；而《大田縣志》又說他是大田縣「四十五都厝平」人了。因為郭氏原本是尤溪縣人，後來到明代，尤溪「九都小村」畫歸入大田縣，所以他又變成大田縣民了。以下試轉錄《古今圖書集成·舉行典（二）》第一百九十二卷〈孝第部·名賢列傳〉十四：

> 郭居敬：案《尤溪縣志》，郭居敬八都小村人，篤學好吟咏，詩文不尚富麗，性篤孝，事親左右，承順得其歡心，既沒，哀毀盡禮，常摭虞、舜而下二十四人孝行之概，序而為詩，用訓童蒙。時虞集、歐陽佷諸公欲薦於朝，敬力辭不就，終身隱居小村，以處士終，祀鄉賢。[45]

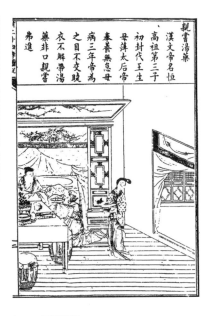

圖十九　二十四孝圖說

《二十四孝考》，臺北市：廣文書局，1981年12月。

45　《古今圖書集成》（臺北市：文星書店，1964年10月），第74冊，卷192，頁888。

　　據說他為了紀念死去的父母，也為教年輕人懂得孝順，所以就收集了虞、舜而下二十四人的孝行事略，敘述他們的事蹟，並各綴一首小詩，以廣流傳。

　　當時的大學者虞集和歐陽玄，曾經推薦他入朝做官，都為他所辭絕，他終身隱居小村地方，去世以後，還入祀於鄉賢祠，人們把他所住的地方稱為「秀才灣。」

　　虞集於大德初（1299）薦授大都路儒學教授，歐陽玄於延祐中（1315）登第。照此推算，郭居敬也應該是元仁宗、英宗間的人（約1300-1360年左右）

　　以這樣一位學問不錯，文筆也相當，而又篤實踐履的孝子，來寫《二十四孝》這樣的小書，應該是不錯的，而今卻遭受多方非議，這實在是時代限制了作者的思想使然。在報刊上談論中，可見較具客觀與建設性的文章如下：

　　　〈平心談《二十四孝》〉　蘇樺　《國語日報・兒童文學周刊》第346期　1978年12月10日
　　　〈郭居敬與二十四孝〉　蘇樺　《國語日報・兒童文學周刊》第347期　1978年12月17日
　　　〈二十孝故事探源（上、中、下）〉　蘇樺　《國語日報・兒童文學周刊》第351、352、354期　1979年1月14日；1月21日；2月11日
　　　〈二十四孝與三十六孝故事的內容分析〉　楊孝濚　《青少年兒童福利學刊》第3期　1980年6月15日　頁16-25。

　　又廣文書局印有《二十四孝考》一書[46]，《二十四孝考》是道光十五年（1835）瞿中溶所撰，廣文本並附有前後二十四孝圖說。除外，

---

46 與校正今文《孝經》合印，1981年12月初版。

又有勸世老人《繪圖孝經故事全集》[47]，亦為二十四孝故事之引申。
而今人吳延環則有《三十六孝》[48]的撰述。

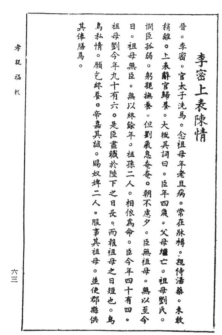

《繪圖孝經故事全集》

臺北市：漢聲出版社，1973年，頁62-63。

　　至於所謂二十四孝是指：孝感動天的舜、親嘗湯藥的漢文帝、嚙
指痛心的曾參、單衣順母的閔損、負米養親的子路、賣身葬父的董永、
鹿乳奉親的郯子、行傭供母的江革、懷橘遺親的陸績、乳姑不怠的唐
夫人、恣蚊飽血的吳猛、臥冰求鯉的王祥、為母埋兒的郭巨、搤虎救
親的楊香、棄官尋母的朱壽昌、嘗糞憂心的庾黔婁、戲彩娛親的老萊

47　《繪圖孝經故事全集》，臺北市：漢聲出版社，1973年8月初版。

48　《三十六孝》，臺北市：黎明文化事業公司，1979年9月初版。

子、拾椹供親的蔡順、扇枕溫衾的黃香、湧泉躍鯉的姜詩、聞雷泣墓
的王裒、刻木事親的丁蘭、哭竹生筍的孟宗、滌親溺器的黃庭堅。

　　以上所述，是屬於通行的教材。又就《宋史·藝文志》所錄（卷
二〇二～二〇九），可見或為啟蒙教材者如下：

　　　　呂祖謙家塾讀詩記三十二卷

　　　　楊彥齡左氏蒙求

　　　　王鄒彥春秋蒙求五卷

　　　　薛季宣論語小學二卷

　　　　千字文卷　　梁周興嗣次韻

　　　　吳玕童訓統類一卷　　又字始連環二卷

　　　　呂本中童訓三卷

　　　　史皓童卅須知三卷

　　　　朱熹小學之書四卷

　　　　程瑞禮小學字訓一卷

　　　　胡寅注敘古千文一卷

　　　　呂氏敘古千文一卷

　　　　諸家小學總錄二卷

　　　　洪邁次李翰蒙求二卷

　　　　集齋彭氏小學進業廣記一卷

　　　　王應麟蒙訓四十四卷、小學諷詠四卷、補注急就篇六卷[49]

　　　　呂氏家塾通鑑節要二十四卷

　　　　呂希哲呂氏家塾廣記一卷[50]

　　　　彭龜年止堂訓蒙二卷[51]

49　以上見《宋史》（臺北市：鼎文書局），第6冊，卷202。

50　以上見《宋史》（臺北市：鼎文書局），第6冊，卷202。

51　以上見《宋史》（臺北市：鼎文書局），第6冊，卷204。

張時舉弟子職、女誡、鄉約家儀鄉儀一卷

李宗思尊幼儀訓乙卷

李新塾訓十三卷[52]

女孝經一卷　侯莫陳邈妻鄭氏撰

鄔順廣蒙書十卷

雷壽之漢臣蒙求二十卷

李伉系蒙求十卷

王殷範續蒙求三卷

王先生十七史蒙求

鄭氏歷代蒙求一卷

孫應符初學須知五卷

邵筍虜韻孝悌蒙求二卷

范鎮本朝蒙求二卷

劉珏兩漢蒙求十卷

吳逢道六言蒙求六卷

徐子光補注蒙求四卷、又補注蒙求八卷

葉才老和李翰蒙求三卷

葉征夫西漢蒙求二卷

胡宏敘古蒙求一卷[53]

杜嗣先兔圖策府三十卷[54]

52　以上見《宋史》（臺北市：鼎文書局），第6冊，卷205。

53　以上見《宋史》（臺北市：鼎文書局），第6冊，卷207。

54　以上見《宋史》（臺北市：鼎文書局），第6冊，卷209。

肆
明、清時代的啟蒙教材

　　明、清兩代，兒童教育較前發達，而王陽明對於兒童教育的理論，發揮至為詳盡，可說是朱子之後的巨擘，其中〈訓蒙大意示教讀劉伯頌等〉一文最能代表他的兒童教育理論。任時先在《中國教育思想史》一書裡，列有〈宋、元、明的兒童教育〉一節，並分析王陽明《訓蒙大意》，謂其兒童教育的方案如下：

一、兒童教育的目的是：「蒙以養正」。

二、兒童教育的原則是：「孝、弟、忠、信、禮、義、廉、恥。」

三、兒童教育的教材是：「誘之歌詩，以發其志意；導之習禮，以肅其威儀；諷之讀書，以開其知覺。」

四、教學法上的注意點是：

　　第一、注意瞭解兒童的心理性情，使其自然發展，而達到「趨向鼓舞，中心喜悅」的境地。

　　第二、注意兒童的心性的陶冶。

　　第三、注意兒童身體發育的健全，平時「以周旋揖讓而動其血脈，拜起屈伸而固束其筋骸。」

　　第四、注意兒童心志的潛化，日使之漸於禮義而不覺其苦難，自然而然養成健全的人格。[1]

1　任時先：《中國教育思想史》（臺北市：臺灣商務印書館），頁232。

　　總之，王陽明最能理解兒童心理，所以對於兒童教育的理論得之亦深，可說是「自兒童出發」的教育理論。他認為對兒童的教育，在於順自然，因勢利導，反對拘束。而更重要的是他教兒童唱詩。他認為是唱詩，可以「洩其跳號呼嘯於詠歌，宣其幽抑結滯於音節」。他在贛南為各縣社學規定教約，關於兒童的唱詩，有種種的設計。他認為兒童期是人生的春天，在王陽明的心目中該是充滿了陽光、歡躍和歌唱。王陽明非常重視詩歌的教化作用，音樂和優美的詩可以使兒童幼小的心靈充滿了對宇宙、對人生的希望和美感，這也是順乎兒童的本性和自然生長的法則。

　　明朝呂近溪作過《小兒語》，他的兒子呂新吾作過《續小兒語》，都是專為兒童編的格言詩，大概是受了王陽明的影響。但由於形式簡短（五七言絕句），而意思卻深遠隱晦，雖然文句淺顯，並不為兒童所接受。至於清朝陳宏謀輯《五種遺規》，第一種即《養正遺規》，收有王陽明的《訓蒙教約》，並在《訓蒙教約》以後，附錄古人名詩數十首，係就汪薇所撰的「詩倫」錄入。《養正遺規》為我國兒童教育重要文獻，試轉錄其收錄文獻如下：

卷上

朱子白鹿洞書院揭示

朱子滄州精舍諭學者

朱子童蒙須知

朱子論定程董學則

陳北溪小學詩禮

真西山教子齋規

方正學幼儀雜箴

高提學洞學十戒

卷下
顏氏家訓勉學篇
朱子讀書法
朱子治家格言
呂近溪小兒語
呂新吾續小兒語
陸桴亭論小學　論讀書

補篇
諸儒論小學
程畏齋讀書分年日程
陳定宇示子帖
王文成公訓蒙教約
屠副使童子禮
呂新吾社學要略
張揚園學規
陸清獻公示子弟帖
張清恪公讀養正類編要言
唐翼修文師善誘法

　　陳宏謀，清乾隆時人，字汝咨，廣西臨桂人。[2]曾利用公餘編輯《五種遺規》。《五種遺規》是我國古代仕宦之家家教的重要教材之一，它是一部家教的彙編本。它由《養正遺規》、《教女遺規》、《訓俗遺規》、《從政遺規》、《在官法戒錄》五部分組成。前三者皆有關於兒童的教育，其中尤以《養正遺規》最重要，取「蒙以養正」之義，因此他所收集的資料，皆屬典雅義正之類，但都沒有實際成為兒童啟蒙

2　生平事蹟詳見《清史》（臺北市：國防研究院），第6冊，卷308，頁4165-4167。

之書。就明、清兩代，兒童啟蒙教材，除宋、元所用教材外，有《朱子治家格言》、《唐詩三百首》、《故事瓊林》、《昔時賢文》，並有專為女子編的教材《女兒經》，茲分述如下：

一　新編對相四言

　　一九七二年四月二日《國語日報‧兒童文學》周刊創刊號上，有篇〈我國最早的看圖識字〉，作者題名千里，該文介紹流失於國外的一本《新編對相四言》，試引錄原文如下：

> 我國早期的兒童讀物，大家知道的有《三字經》和《百家姓》等啟蒙書，至於最早的「看圖識字」，我們就不大注意了。許多年前，胡慕爾博士（Arthur W. Hummal）在著錄美國國會圖書館所藏的一本《新編對相四言》時，他認為可能是中國最早的一本「看圖識字」。他在「國會圖書館館刊」上發表說：

> > 「……它不但是現在存有的早期兒童讀本之一，而且比起西方世界裡奧國的教育家「柯米尼亞斯」所編的第一本兒童讀物天地萬物（英文譯為 The Visible World）還要早一個世紀。天地萬物出版在一六五八年，《新編對相四言》是在一四三六年出版。」

> 在哥倫比亞大學圖書館館藏的一本，被確定可能是一四三六年的原版。書中有原藏書人的題跋：

> > 「此宋本課兒童，看圖識字當時已用此法，共二十八頁，三百八十八字，三百零八圖。傳留至今，完全無缺，頗不易得。內中不惟筐字缺末筆，所取材料皆有時代關係，頗

堪令人玩味也。時壬戌秋七月既望『麈庭於藐園』。題跋人為祝伯子，字椿年，號麈庭。題跋時間是在一九二二年。他以書中『筐』字缺末筆為根據，斷為宋代之書。因為『筐』字與宋趙匡胤之『匡』避諱情形，在古書中是最常見之事。這在圖書板本學上，是斷定書之刊刻年代的方法之一。但這有時不一定可靠，妄人故意作假，冒充某一時代之書的也有。所以又有人以書中之『算盤』圖，作為最好的證明，判定它是明初的板本。因為算盤在明初才開始流行。不管是宋代的也好，是明代的也好，那要留待圖書板本學家去仔細考證。我們可以斷定的是，它在我們知道的所有早期兒童讀物中，是最早的一本看圖識字，這是毫無疑問的了。

這本書的排列是以意思相同的字連在一起，如在第一頁中有「天雲雷雨日月斗星，江山水石路井牆城」，一字一圖，和今日一些兒童圖畫字典相同。我們看到這本書，就會想起我們今日的兒童讀物，其中確有一些實在不比這本古老的《新編對相四言》進步多少。我們的兒童讀物就是有再久遠的歷史，那也只是過去的光榮。介紹這本書，只是在提供一點值得重視的史料。我們該怎樣使我們的兒童讀物更進步？那就是要趕快脫離那古老的「對相四言」圈子，創造新的中國兒童讀物。

目前史志尚未見有關《新編對相四言》的記載。但是《「國立中央圖書館」善本書目》[3]冊一「啟蒙之屬」收有此書：

新編相對四言一卷　不著編人　明刊黑口本　北平（頁91）

3　《「國立中央圖書館」善本書目》增訂本，1967年12月。

圖二十一　《新編相對四言》一卷

臺北市：「國立中央圖書館」藏明刊黑口本，頁1。

二　朱子治家格言

　　《朱子治家格言》，亦稱《朱子家訓》。《朱子治家格言》只是一篇文章，為朱用純撰。朱氏，明諸生，崑山人，生於明熹宗天啟七年

（1627），卒於清聖祖康熙三十八年（1699），享年七十三。父親集璜，以諸生貢太學，清兵下江東，城陷不屈死。用純仰慕王裒攀柏之義，自號柏廬。授徒養母，潛心於程、朱理學，知行並進，而以敬為主，入清不仕，康熙年間，或欲以博學鴻儒，固辭，乃免，死後，門人私諡為孝定先生，著有《刪補易經蒙求》、《四書講義》、《無欺困衡諸錄》、《媿訥集》。而《家訓》一篇，海內稱頌。[4]

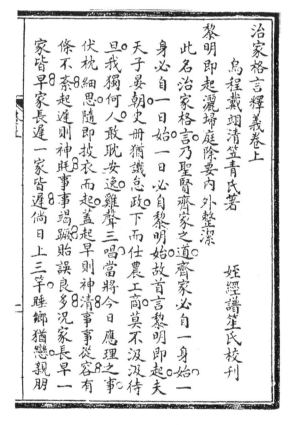

圖二十二　朱子治家格言釋義

臺北市：廣文書局，1980年12月，頁1。

4　生平詳見《清史》卷496、《清史列傳》卷66，《國朝耆獻類徵》卷405、《碑傳集》卷128、《國朝先正事略》卷29。

　　《朱子治家格言》，通常用作寫字教材，或書裱懸掛欣賞。其形式雖不是韻文，但語句似聯句，上下對稱，便於誦讀記憶，又因其內容完全是修身處世待人接物之要道，深合農業生活之需要，對兒童日常生活，頗有啟發作用。清光緒十五年（1889）戴翊清曾註解治家格言，是為《治家格言釋義》。

三　日記故事

　　《日記故事》，或謂取名於楊文公家訓，不知何人所輯，《通俗編》卷二云：

> 小學引楊文公家訓童稚日記，故事不拘古今，如黃香扇枕、陸績懷橘、叔敖陰德、子路負米之類。只如俗說，便曉此道理。按今村塾間，即纂黃香等事為一書，取用楊文公言，題曰《日記故事》。[5]

又瞿中溶《二十四孝》序言有云：

> 世俗有坊刻日記故事一書，為鄉里塾師與蒙童講說者，前列二十四孝，始於虞舜，終於宋之黃山谷，必是南宋以後人所為。[6]

　　目前所見《日記故事》有兩種：一是老古文化事業公司《國學初基入門》，頁一百五十三至一百九十六。內容除二十四孝外，又有「神童」、「勤學」兩類，並標明為繪圖歷史修心教科書，當為清末民

5　瞿灝：《通俗編》（臺北市：世界書局），卷2，頁25。

6　《二十四孝考》，臺北市：廣文書局。

初新式教育初期的用書。另一種是廣文書局的《日記故事大全》
（1981年12月初版）所用版本是為日本刻本，時間是「天保辛卯春三
月」，天保是日本仁孝天皇的年號，天保辛卯即天保二年，亦即是清
宣宗道光十一年，西元一八三一年。日人「赤松榮」有序如下：

> 《日記故事》七卷，未知何人所輯也。嘗閱舊本，誤謬紛錯，
> 篇首雖有張瑞圖校字，其為偽托固不竢辨矣。然撰者之意，能
> 奉楊文公遺法，一以蒙養為主。故唯記至性、力學、操行之
> 類，以資先入，且以便通習也。其文專務省約，而簡潔明詳，
> 夐出於金壁玉堂等上。其二、三涉怪異者，類釋氏方便。蓋蓽
> 菲下體，讀者舍之可也。此書廣布，裨益實多，獨憾印本甚
> 僞，余思校刻於此有年矣。頃書肆某，以某處士本再刻，功且
> 竣，需序于余，余深喜獲我心，乃芫爾援筆，若夫舊本沿襲之
> 誤，則未知是正何如也？

《日記故事》計七卷：

卷一：二十四孝

卷二：生知類、學知類、感勵類、孝行類。

卷三：孝感類、孝念類、友悌類、隆師類。

卷四：交誼類、睦族類、齊家類、遠色類。

卷五：闢邪類、清介類、高邁類、儉約節、仁恩類。

卷六：德報類、寬厚類、廉潔類、善政類，異政類，忠諫類。

卷七：忠梗類、臣道類、子道類、女道類、婦道類、妻道類。

共收故事三百七十。

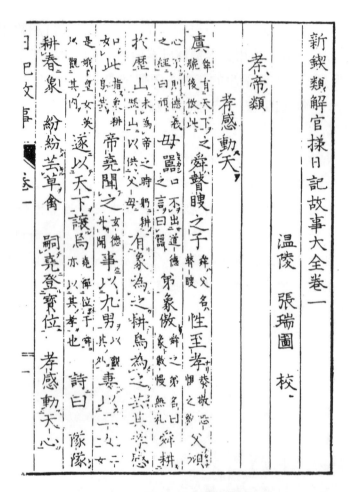

圖二十三　《日記故事》

臺北市：廣文書局，1981年12月，頁1。

四　幼學瓊林

　　《幼學瓊林》，屬事類賦體。對作詩有幫助，預備習對者，必須學《幼學瓊林》與《龍文鞭影》，其內容是編綴辭章上習用之故實，成有韻之儷語，取便記誦。至於本書作者，據卷首所題，為「西昌程

允升先生原本，霧閣鄒聖脈梧岡增補。」程允升，名登吉，明代西昌人。此書原名《幼學須知》，又名《成語考》，經清人鄒聖脈增補後，始改稱為《幼學瓊林》。[7]案：瓊，本意是指「玉之美者」，又宋代有苑名瓊林，位汴京（開封城西），宋徽宗政和二年（1112）前，宴新及第進士於此，以後多用指考中進士，而《幼學瓊林》的瓊林，當指本意而言。

《幼學瓊林》全書分四卷，三十三部：

卷一：天文、地輿、歲時、朝廷、文臣、武職。
卷二：祖孫父子、兄弟、夫婦、叔姪、師生、朋友賓主、婚姻、女子、外戚、老壽幼誕、身體、衣服。
卷三：人事、飲食、宮室、器用、珍寶、貧富、疾病死喪、
卷四：文事、科第、製作、技藝、訟獄、釋道鬼神、鳥獸、花木。

每一部之下，作四六駢文一篇，文中的每一句都含有典故在內，所以每句下，都附有注解，這就是跟「事類賦」性質相同的地方，只不過賦文較「事類賦」短，且程度較淺罷了。

《幼學瓊林》，亦有稱為《幼學故事瓊林》，民初蔡東藩又有續增，目前所見本子，有鄒聖脈增補本，如老古出版社《幼學瓊林》，綜合出版社《幼學故事瓊林》。而文化圖書公司《幼學故事瓊林》，則為蔡東藩續增本。又有東海出版社《幼學故事瓊林》，有白話翻譯，編譯者署名吳縣董堅志，書成於民國三十年雙十節，本書除白話譯注外，又有董氏的新增文字。並有〈編纂旨趣〉一文，略說其編纂緣因。以

7　以上有關書名沿革參見方師鐸：〈幼學瓊林與龍文鞭影〉一文，收於《傳統文學與類書之關係》（臺中市：東海大學），頁264-273。

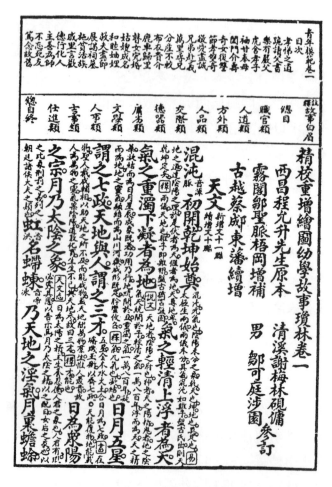

圖二十四　《幼學瓊林》

臺北市：文化圖書公司，1977年9月，頁1。

上兩種續增本，以蔡東藩續增本較為著名，蔡氏撰有《通俗演義小說》十來本。[8]一九八〇年遠流出版社印行《中國歷史演義》三十一冊，號稱李敖總校訂，事實上即是以蔡氏通俗演義本為主，外加《東周列國誌演義》（即《東周列國志》）、《三國演義》、《二十五史總演

8　《筆記小說大觀·十一編》，臺北市：新興書局。

義》、《新中國未來記演義》（即《新中國未來記》）等四書而成。李敖在介紹《中國歷史演義全集》的序文裡，並未提及蔡氏，且在全集裡，把蔡氏各書原序文亦皆刪除不錄。

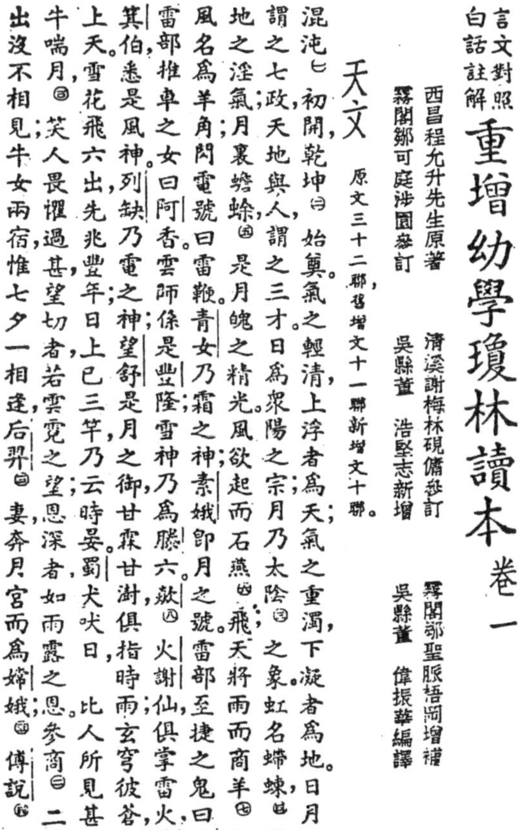
言文對照 白話註解 重增幼學瓊林讀本 卷一

西昌程允升先生原著　清溪謝梅林硯傭參訂　霽閣鄒聖脈梧岡增補
霽閣鄒可庭涉園參訂　吳縣葷　浩堅志新增　吳縣葷　偉振華編譯

天文　原文三十二聯，舊增文十一聯新增文十聯。

混沌㈦初開，乾坤㈠始奠。氣之輕清，上浮者為天；氣之重濁，下凝者為地。日月五星，謂之七政，天地與人，謂之三才。日為眾陽之宗；月乃太陰㈢之象。虹名螮蝀，㈡乃天地之淫氣；月裏蟾蜍㈤是月魄之精光。風欲起而石燕㈣飛；天將雨而商羊㈦舞。旋風名為羊角；閃電號曰雷鞭。青女乃霜之神；素娥即月之號。雷部至捷之鬼曰律令；雷部推車之女曰阿香。雲師係是豐隆；雪神乃為滕六。欻㈣火謝仙，俱掌雷火，飛廉箕伯，悉是風神。列缺乃電之神；望舒是月之御。甘霖甘澍，俱指時雨；玄穹彼蒼，悉稱上天。雪花飛六出，先兆豐年；日上已三竿，乃云時晏。蜀犬吠日，比人所見甚稀；吳牛喘月，㈢笑人畏懼過甚。望切者，若雲霓之望；恩深者，如雨露之恩。參商㈠二星其出沒不相見；牛女兩宿，惟七夕一相逢。后羿㈢妻，奔月宮而為嫦娥；㈣傅說㈥死其

重增幼學瓊林讀本　卷一　天文　一

圖二十五　《幼學故事瓊林》

臺南市：東海出版社，1976年5月，頁1。

文化圖書公司印行的《幼學故事瓊林》，是蔡東藩續增本，序文對該書之流傳及增訂緣由，皆有所說明，試引錄如下：

余少時往還閭里，輒聞有讀書聲自鄉塾來者，傾耳而聽之非四子書即《幼學瓊林》也。逮學制變更，改良私塾，教科書風行，一時有輟四子書不復讀者，而誦幼學則如故，豈程鄒兩先生之著作古今不易歟？毋亦以羅列故事取精用宏，童而誦之，事半古之書而功且倍之歟？人生十年就外傅，為父兄與辟咡詔之，必日勤讀，讀書果何為者？大知大用，小知小用，靳於應世而已。顧幼聰者不可多得，鄉曲之家又往往迫於衣食，無培植弟子力。童蒙入塾，歷四、五載，無論智愚不得不令之輟學，別就他業，為日後營生計。故大知大用非所望也，但得目識三、五千字，耳熟古今典故十百條以之應世亦已足矣。讀幼學一書，大知不足，小知有餘，此其所以受海內之歡迎，而為一般鄉塾兒童所日夕披誦而不輟者也。雖然知今不知古謂之盲瞽，知古不知今謂之陸沈，世變方日新而未已，學術亦日出而不窮，苟徒知墨守挾舊章以問世，即非盲瞽如陸沈，何況鄒子梧岡已增定於曩時，今何妨援據先例為再續之舉？體例仍其舊，學術采其新，而於政教道德之關係尤為注重；至若古今之嘉言懿行，久傳人口而為程鄒所未及者，亦擇取而文之。蓋不第欲廣學者之見聞，抑並欲端後生之趨嚮，即知即行可應世，兼可風世。程鄒有知，其亦默為許可也歟？編既竟，復訂正原書之音注，及舊本魯魚亥豕，以免閱者讀之誤；復於上欄增輯白眉故事，取其適於應用，而與下端原文不重複者。童蒙求我，獲益較多，即凡年長失學，及小學畢業，擬就他途者，得是編而卒讀之，我知其亦必有裨也。是為序。

五　龍文鞭影

《龍文鞭影》，四字一句，兩句相對。與《千字文》、《百家姓》

一樣，押韻成文，頗便幼童背誦。只不過每句之中，都包含一個典故，所以每句之下，都有小字注解。《通俗編》卷二曾提及《龍文鞭影》一書：

> 蕭良有《龍文鞭影》，里中熊氏藏有大板《三字經》，明蜀人梁應并為之圖，聊城傅光宅為之序，較坊刻多敘元、明統系八句。乃知出於明人，究未知誰作也，明神宗居東宮時，曾讀是書，按《趙南星集》有《三字經註》一卷，其敘宋以後亦多出數句，而與《鞭影》所述不同。[9]

《龍文鞭影》全書有兩集，每集分上下兩卷。初集題「明中楚蕭長有漢冲纂輯，龍眠楊臣諍古度增訂。」二集題「番禺李暉吉子良、徐潛蘭畦輯。」所稱「蕭良有」「楊臣諍」、「李暉吉」、「徐潛」為何許人？今皆已不可考。是書原名「蒙養故事」，楊臣諍增補後，改名為《龍文鞭影》，書名下有小注：

> 龍文，良馬也。見鞭影則疾馳，不俟鞭策而後騰驤也。

案：《龍文鞭影》，在內容與形式上，可說是《蒙求》的翻版，以類書觀點而言，是屬於「對類」。又就今日視之，可說是偉大故事，或成語故事。在昔日的啟蒙教材上，他與《幼學瓊林》具有相同的地位；而目前，《幼學瓊林》之書隨處可見，《龍文鞭影》卻難得一見。一九六七年十月，臺北「德志出版社」曾影印出版，又一九七五年二月臺南「綜合出版社」亦曾影印出版，但以德志出版社影印本較優，當時七十七歲的杜負翁曾為《龍文鞭影》作序，從序文裡可見昔日流行的盛況，以下試節錄杜序如下：

9　翟灝：《通俗編》（臺北市：世界書局），卷2，頁26。

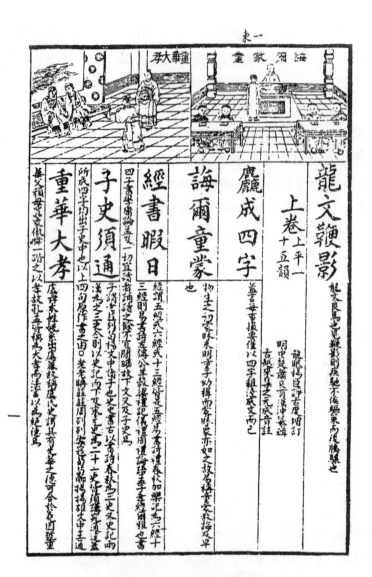

圖二十六　《龍文鞭影》

臺南市：綜合出版社，1975年2月，頁1。

中華具有五千年歷史，分類典實浩如淵海，雖有《事物紀
原》、《淵鑑類函》等類書，記憶固弗可能，行旅亦難攜帶。為

便蒙起見，乃有《幼學瓊林》、《龍文鞭影》諸書，簡單扼要，便於記誦。於是麗詞文藻，乃可一目瞭然；屬草臨文，更可得心應手。嘉惠士林，豈惟小補？不意數十年來，風氣突變：鄙視文言，摒棄用典。殊不知美麗為文；文章者，文采也。「文」與「野」為相對之辭。以不讀書而不知典實，以不知典實而指言典實者為陳腐。顛倒是非，淆亂黑白。以至社會民風，日趨蠻野：散髮披頭，袒胸露臂。吾恐若干年後，將鮮有知衣冠文物與夫文章華國者矣。言念及此，為之慨然！劉子久、永昌……嘗言：教育為風氣之因；今日民風為數十年前教育之果。復興中國文化為救時藥石；欲復興中國文化，必使青年盡能讀書；求青年盡能讀書，必使對於詞藻一無扞格。《龍文鞭影》乃啟蒙秘鑰，君尋訪數年，偶然得之，乃付剞劂，以廣流傳。事雖細微，亦可見用心之苦。乃樂為之序。[10]

六　唐詩三百首

《唐詩三百首》編選者署名蘅塘退士，真名是孫洙，江南常州府金匱縣（今江蘇省無錫縣）生於清康熙年間，乾隆十六年（1751）賜進士出身二甲第七十名[11]。乾隆二十八年（1763）春，與妻子徐蘭英互相商榷，編成《唐詩三百首》。徐蘭英生平據《國朝書畫家筆錄》：

> 徐蘭英，無錫人。進士孫洙繼室。幼慧，學詩於杜太史詔，又從蔣衡受筆法，能擘窠書。[12]

---

10 見方師鐸：《傳統文學與類書之關係》，頁273引。
11 見《明清歷科進士題名碑錄》，大通書局影印本。
12 《國朝書畫家筆錄》（臺北市：「國立中央圖書館」臺灣分館藏文學山房本），頁469。

今人鴛湖散人撰輯《唐詩三百首集釋》，有〈蘅塘退士小傳〉，試引錄
如下：

> 蘅塘退士姓孫，諱洙，字臨西（《無錫金匱縣志》作苓西）。無
> 錫人也。生於清康熙時。係唐金吾上將軍忠貞公，諱萬登三十
> 世孫。性敏好學，自乾隆九年甲子順天舉人，而授景山官學教
> 習。乾隆十年乙丑明通榜，而除上元縣學教諭。乾隆十六年辛
> 未吳鴻榜進士。為同里吳容齋鼐工部高足弟子。歷任直隸大
> 城、盧龍，山東鄒平知縣，問民疾苦，與民講學，得情哀矜，
> 民感其仁。捐廉濬河，民享其利。仕優而學，不改書生本色。
> 兩校省闈，多得名士。三握邑篆，兩袖清風。每逢去任，民必
> 攀轅。退歸舉鄉飲大賓。老而勤學。其書法則宗歐陽，其詩學
> 則宗少陵，與繼室徐夫人蘭英，皆工詩善書，名垂邑志；詩入
> 梁溪詩鈔，著有《蘅塘漫稿》。乾隆二十八年癸未春，輯《唐
> 詩三百首》，徐夫人亦參以見解，互相商榷。故編輯告成，風
> 行海內，其有裨於後之學詩者，豈淺鮮哉！[13]

　　孫洙一生官職不顯，但《唐詩三百首》卻頗負盛名，風行海內
外，他因不滿《千家詩》的「隨手掇拾，工拙莫辨」，又只收律、絕
兩種，唐、宋人的詩混雜一起，因此引起他編選唐詩的動機，書成
時，取名於諺語所云，稱為《唐詩三百首》。他在〈唐詩三百首題
辭〉中說：

> 世俗兒童就學，即授《千家詩》。取其易於成誦，故流傳不
> 廢。但其詩隨手掇拾，工拙莫辨；且止七言律、絕二種；而

---

13 鴛湖散人撰輯：《唐詩三百首集釋》（臺北市：藝文印書館，1977年10月），頁7。

唐、宋又雜出其間，殊乖體製。因專就唐詩中，膾炙人口之作，擇其尤要者，每體均數十首，共三百餘首，錄成一編，為家塾課本，俾兒童而習之，白首亦莫能廢。較《千家詩》不遠勝耶？諺云：「熟讀唐詩三百首，不會吟詩也會吟」，請以是編驗之。[14]

　　《唐詩三百首》共選三百十首，今原刻本已不得見。編者原意乃為家塾課本，而今卻凌駕在古今的唐詩選本之上，就啟蒙教材而言，這是惟一的變數。清道光年間，章燮（雲仙）有鑒於《唐詩三百首》向無註解，子弟往往不得其解，便取蘅塘退士原本，除保留原有的批注之外，更併採各家之說，再參酌己意，而成《唐詩三百首注疏》上下兩卷，這是《唐詩三百首》最早的注本，而後為這本詩選作注釋解說者，便越來越多，其中除章注本外，以喻守真的《唐詩三百首解析》，較具學術功力。而時人有：邱燮友註釋的《新譯唐詩三百首》[15]，鴛湖散人撰輯《唐詩三百首集釋》[16]及故鄉出版社的《唐詩新葉》[17]。

　　學塾裡讀詩時間，或在正規課完畢之後，以做為休閒活動。而讀詩亦必學作對。乾隆間湖南車萬育著有《聲律啟蒙》，即是專講作對，各處翻刻甚多，當時頗為流行。鄧之誠《清詩紀事初編》裡有車萬育簡傳，轉錄如下：

　　　　車萬育。字與山。號雲崖。又號鶴田。邵陽人。康熙三年進　　　　士。選庶吉士。散館改戶科給事中。轉兵科掌印。罷官後。僑

---

14 鴛湖散人撰輯：《唐詩三百首集釋》，頁5。
15 邱燮友：《新譯唐詩三百首》，臺北市：三民書局，1973年5月。
16 鴛湖散人撰輯：《唐詩三百首集釋》，臺北市：藝文印書館，1977年10月。
17 《唐詩新葉》，臺北市：故鄉出版社，1981年5月。

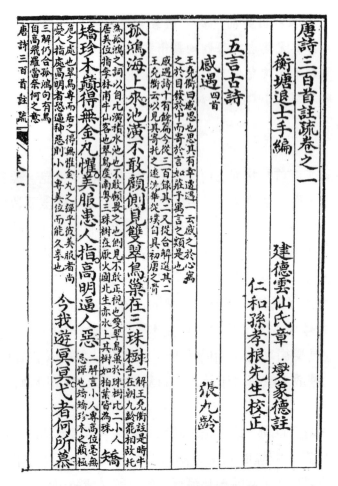

圖二十七　《唐詩三百首注疏》

臺北市：廣文書局，1980年12月，頁1。

居金陵。卜築懷園。頗有林亭之勝。是時舊京風流。未盡衰歇。山水清嘉。朋從可樂。所與游者。曹禾、汪懋麟、曹貞吉、丁煒。皆名士也。其詩多流連光景。羈旅懷人之作。驅使煙雲。時抒感慨。遣辭造意。如自己出。可謂能事。縣志稱萬育記問賅博。工書。在戶科上一勞永佚疏。運道機宜六事。論

漕運冗費。論督撫遷轉激勸法。論招撫。論關課侵欺缺額。在兵科請冊立中宮。及東宮出閣講書。又有肅朝儀。及撫臣規避。直陳朝政得失三疏。皆人所不敢言。有奏疏十卷。子鼎晉三十五年丁丑入翰林。萬育猶及見之。後數年始卒。次子鼎豐。易名道南。副貢生。道貫諸生。兩人牽連曾靜之獄。論死。[18]

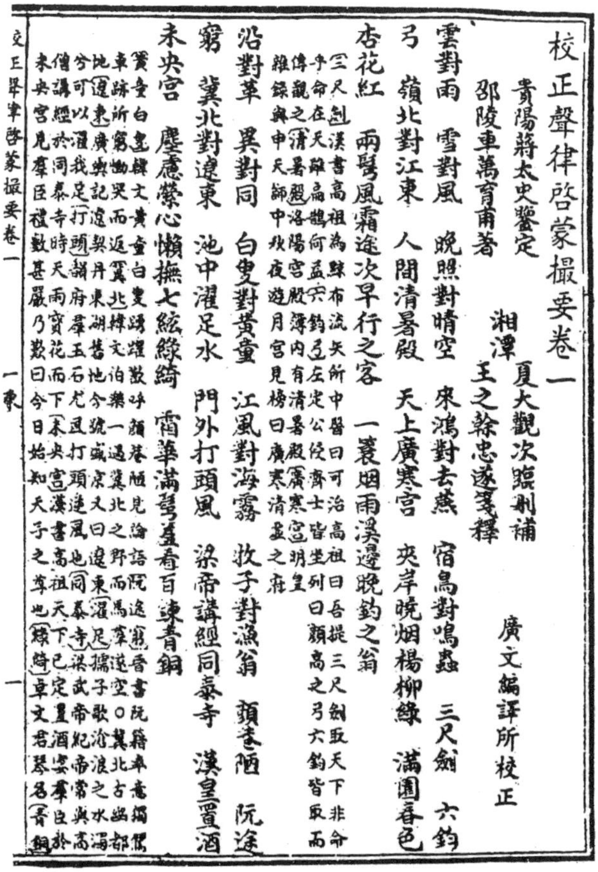

校正聲律啟蒙撮要卷一

貴陽蔣太史鑑定
邵陵車萬育甫著
湘潭　夏大觀次臨刪補
　　　王之燊忠逮箋釋
廣文編譯所校正

雲對雨　雪對風　晚照對晴空
來鴻對去燕　宿鳥對鳴蟲　三尺劍　六鈞弓
嶺北對江東　人間清暑殿　天上廣寒宮
夾岸曉煙楊柳綠　滿園春色
杏花紅　兩鬢風霜途次早行之客
一簑煙雨溪邊晚釣之翁

圖二十八　《校正聲律啟蒙撮要》

臺北市：廣文書局，1967年，頁1。

18　鄧之誠：《清詩紀事初編》（臺北市：鼎文書局，1971年9月），下冊，頁959。

車氏《聲律啟蒙》，目前有廣文書局印行的《校正聲律啟蒙撮要》（1967年初版），並收存於一九八一年元月版《楹聯作法》一書。

七　昔時賢文

此書為清代的啟蒙雜書，不知是何人所撰。其文體主要為長短不齊的聯語，內容除極小部分直接採自經史詩歌外，皆以諺語、格言、口頭禪組織而成，既未分類，也無章節。由於代代相傳，所以不只是隨時以增廣，且各地版本也不盡相同，據最近所刊行者，大約有四千字，其主旨不外乎守分、安命、順天、全身，不是在板著面孔說教，而是一本反映數千年來中國農村社會人生觀、歷史觀的書。

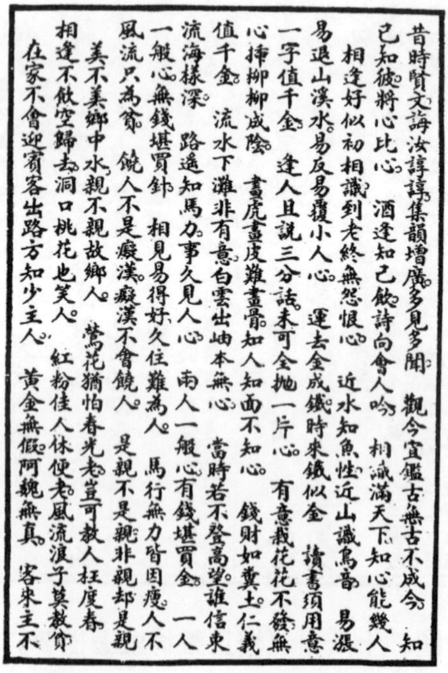
昔時賢文誨汝諄諄集韻增廣多見多聞　觀今宜鑑古無古不成今　知
己知彼將心比心　酒逢知己飲詩向會人吟　相識滿天下知心能幾人
相逢好似初相識到老終無怨恨心　近水知魚性近山識鳥音　易漲
易退山溪水易反易覆小人心　運去金成鐵時來鐵似金　讀書須用意
一字值千金　逢人且說三分話未可全拋一片心　有意栽花花不發無
心插柳柳成陰　畫虎畫皮難畫骨知人知面不知心　錢財如糞土仁義
值千金　流水下灘非有意白雲出岫本無心　當時若不登高望誰信東
流海樣深　路遙知馬力事久見人心　兩人一般心有錢堪買金　一人
一般心無錢堪買針　相見易得好久住難為人　馬行無力皆因瘦人不
風流只為貧　饒人不是癡漢癡漢不會饒人　是親不是親非親卻是親
美不美鄉中水親不親故鄉人　鶯花猶怕春光老豈可教人枉度春
相逢不飲空歸去洞口桃花也笑人　紅粉佳人休使老風流浪子莫教貧
在家不會迎賓客出路方知少主人　黃金無假阿魏無真　客來主不

圖二十九　《昔時賢文》

收於《國學初基入門》（臺北市：老古文化出版公司），頁142。

　　《昔時賢文》是集錦式，缺乏中心思想。有時甚至前後之間南轅北轍，如「寧可正而不足，不可邪而有餘。」「寧向直中取，莫向曲中求。」「山中有直樹，世上無直人。」「莫信直中直，須防仁不仁。」乍看之下，似乎是自相矛盾，其實正是他的優點，蓋人生道路，本來是迂迴曲折，這種相反相成的金言，正是我民族飽受鍛鍊折磨的記錄。

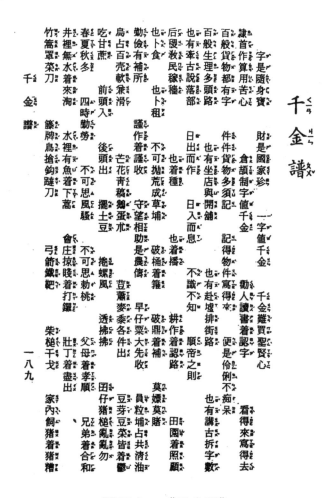

圖三十　《千金譜》

收於《注音三字經》（臺北市：世一書局，1980年再版），頁189。

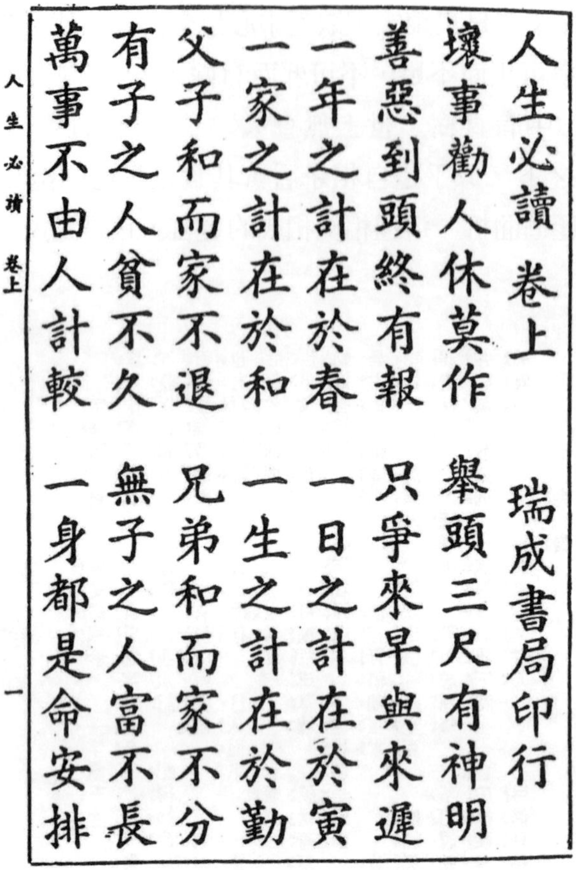

人生必讀　卷上　　瑞成書局印行

壞事勸人休莫作　　舉頭三尺有神明
善惡到頭終有報　　只爭來早與來遲
一年之計在於春　　一日之計在於寅
一家之計在於和　　一生之計在於勤
父子和而家不退　　兄弟和而家不分
有子之人貧不久　　無子之人富不長
萬事不由人計較　　一身都是命安排

人生必讀　卷上

圖三十一　　《人生必讀》

臺中市：瑞成書局，1973年4月。

　　在農村社會，《昔時賢文》成了大眾處世、交友、求知、齊家、日常生活的規範與原則。而於今日工商業社會裡，亦仍有其適用處。

　　坊間又有《人生必讀》、《千金譜》等啟蒙書，亦當歸屬於《昔時賢文》類的集錦式的雜書，而這種集錦式的雜書可說是源於《太公家教》。

八　女兒經

　　《女兒經》是一本專為女孩子編的教材，編者不詳。該書前半部每句三字共有二百八十八句，後半部每句五字有四十二句，共計有一千零七十四字。皆有叶韻，文字通俗，極易上口成誦。書中所述，多半是三從四德，以訓練賢妻良母為目的，並將歷代賢母淑女的事蹟撮要介紹。目前所見本子有宗學社文化事業有限公司《女兒經》一種（1981年出版）。又以前臺灣私塾中流行有《訓蒙教兒經》一種。

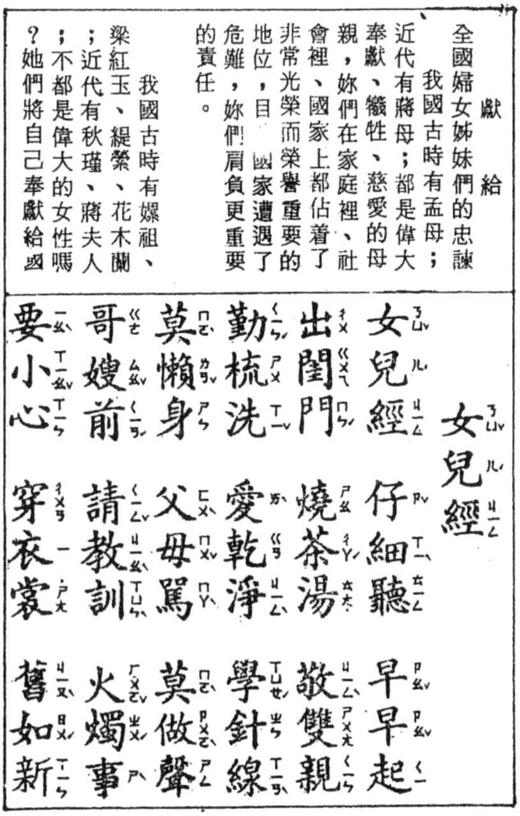

全國婦女姊妹們的忠諫
獻給

我國古時有孟母；近代有蔣母都是偉大的母親，妳們在家庭裡、社會裡、國家、獻、犧牲、慈愛的母奉獻、國家上都佔着了非常光榮而榮譽重要的地位，目前國家遭遇了的危難裡，妳們肩負更重要的責任。

我國古時有媒祖、梁紅玉、緹縈、花木蘭、近代有秋瑾、蔣夫人、……；她們不都是偉大的女性嗎？她們將自己奉獻給國

女兒經　仔細聽　早早起
出閨門　燒茶湯　敬雙親
勤梳洗　愛乾淨　學針線
莫懶身　父母罵　莫做聲
哥嫂前　請教訓　火燭事
要小心　穿衣裳　舊如新

圖三十二　　《女兒經》

臺北市：宗學社文化事業公司，1981年，頁1。

訓蒙必讀教兒經白文

居家一本教兒經，上古傳留到如今，若是人家有一本，與家創業人上人。粗粗事兒說得好，句句言語皆是真；有用兒孫聽此教，無用兒孫不留心。說起人家養兒女，有了兒女望長生；乳哺三年娘受苦，移乾就濕臥娘身。痧痲痘疹求神佑，求籤問卜許願心；若是痘痲下了地，父母方才放寬心。怕兒頑水受了病，又怕登高嚇成驚；略有傷風並咳嗽，即忙前去請醫生。請得醫生堂中坐，父母旁邊側耳聽；聽得好時心歡喜，聽得不好悶沉沉。兒病恨不將身替，調理湯藥不離身；喜得兒女病體好，人情福物謝醫生。請媒說合婚姻事，選擇門當戶對人；傳庚遞簡親事定，花費父母多少銀。教兒學內攻書史，教女刺繡莫懶

圖三十三　《訓蒙教兒經》

永安出版社，頁146。

九　弟子規

　　《弟子規》也是從前村塾所用的啟蒙課本之一。內容是給蒙童描繪出日常生活中應當實踐力行的行為規範。

　　《弟子規》的原作者，已無可查考，但是這本書的主題，顯然是根據《論語・學而篇》上的：「子曰：弟子入則孝，出則弟，汎愛眾，而親仁，行有餘力，則以學文」而寫成的。目前有今人陳則明《注解弟子規》刊行。[19]

　　以上所述，是明、清兩代新增，且較為流行的啟蒙教材。以下試列《明史・藝文志》所見，或為啟蒙教材者：

　　黃　裳　　小學訓解十卷

　　朱　升　　小四書五卷（集宋元儒、方逢辰《名物蒙求》，程若庸《性理字訓》，陳櫟《歷代蒙求》各一卷，黃繼善《史學提要》二卷）

　　何士信　　小學集成十卷、圖說一卷

　　趙古則　　學範六卷，童蒙習句一卷

　　方孝孺　　幼儀雜箴一卷

　　張　洪　　小學翼贊詩六卷

　　鄭　真　　學範六卷

　　朱逢吉　　童子習一卷

　　吳　納　　小學集解十卷

　　劉　實　　小學集注六卷

　　丘　陵　　嬰教聲律二十卷

　　廖　紀　　童訓一卷

　　陳　選　　小學句讀六卷

　　王雲鳳　　小學章句四卷

　　湛若水　　古今小學六卷

　　鍾　芳　　小學廣義一卷

---

19 陳則明：《注解弟子規》，臺北市：世紀書局，1981年7月。

黃　佐　小學古訓一卷

王崇文　蒙訓一卷

王崇獻　小學撮要六卷

朱載瑋　困蒙錄一卷

耿定向　小學衍義二卷

吳國倫　訓初小鑑四卷[20]

又《清史稿・藝文志》所見，或為啟蒙書目者如下：

小學集解六卷、小學衍義八十六卷　張伯行

小學集解六卷　黃澄

小學集解六卷　蔣永修

小學纂注六卷　高愈

小學纂注二卷　彭定求

小學淺說一卷　郭長清

小學分節二卷　高熊徵

小學句讀記六卷　王建常

小學大全解名六卷　陸有容、謝庭芝、沈眉同

續小學六卷　葉鈴

養正類編十三卷　張伯行

養蒙大訓一卷　熊大年

養正編一卷、初學先言一卷　謝文洊

五種遺規十五卷　陳宏謀

小學韻語一卷　羅澤南[21]

---

20 以上見《明史》（臺北市：鼎文書局），第4冊，頁3371-3372。

21 以上見《清史稿》（臺北市：鼎文書局），卷147，頁4327-4331。

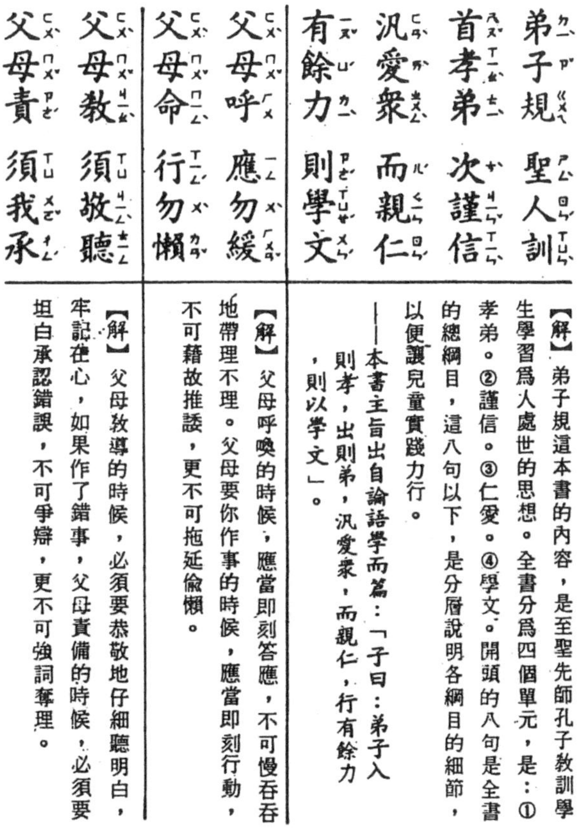

弟子規　聖人訓
首孝弟　次謹信
汎愛眾　而親仁
有餘力　則學文
父母呼　應勿緩
父母命　行勿懶
父母教　須敬聽
父母責　須我承

【解】弟子規這本書的內容，是至聖先師孔子教訓學生學習爲人處世的思想。全書分爲四個單元，是：①孝弟。②謹信。③仁愛。④學文。開頭的八句是全書的總綱目，這八句以下，是分層說明各綱目的細節，以便讓兒童實踐力行。

——本書主旨出自論語學而篇：「子曰：弟子入則孝，出則弟，汎愛眾，而親仁，行有餘力，則以學文」。

【解】父母呼喚的時候，應當即刻答應，不可慢吞吞地帶理不理。父母要你作事的時候，應當即刻行動，不可藉故推諉，更不可拖延偷懶。

【解】父母敎導的時候，必須要恭敬地仔細聽明白，牢記在心，如果作了錯事，父母責備的時候，必須要坦白承認錯誤，不可爭辯，更不可強詞奪理。

圖三十四　陳則明：《注解弟子規》

臺北市：世紀書局，1981年7月，頁5。

伍
結論

　　總結以上所述，可略見我國啟蒙教材的沿革。而事實上，到明、清時代的啟蒙教材，卻是不勝枚舉，蓋由於幅員遼闊，加以各地塾師水準不一，有時別出心裁，於是所用教材因人而異。前面所述各書，是較為通行者。《叢書大辭典》有「童蒙必讀書」條，其說明如下：

> 六安涂宗瀛朗仙著。光緒九年仲春武昌書局寫刊本，《弟子規》（李□□）、《小兒語》（明呂□□）、《續小兒語》（明呂坤）、《弟子職》、程子《四箴》、范氏《心箴》、朱子《敬齋箴》、朱子《小學題辭》、陳氏《夙興夜寐箴》、吳氏《敬銘》、陳氏《忍字箴》、林氏《集訓蒙詩》、《性理字訓》（程若庸）、《千字文（何□□丹溪。）[1]

　　其實所謂的「童蒙必讀書」，亦只不過是個人或書店的選本而已。一般說來，流行於村塾間的啟蒙書，大部分皆屬不知名人士所撰。是以推究起來，頗多困難，清末民初間流行的啟蒙書。到今日，有許多書好像中了瘟疫般突然消失，目前雖又有復現的趨勢，甚且有人在鼓吹，可是卻無濟於已逝的事實。

　　申言之，收集或研究啟蒙教材，並非戀舊，亦非復古，今日我們不可能要小學生去讀《三字經》、《千字文》，時代變遷快速，教材改變也大。在大家談論《二十四孝》之餘，有楊孝濚先生用「內容分析

---

[1] 《叢書大辭典》（臺北市：中華大典編印會，1967年10月），頁1。

法」去分析《二十四孝》及《三十六孝》的價值，楊先生在最後提出
他的看法說：

> 從以上的分析中，為了發展現代化的孝道觀念，而充分發展現
> 代化家庭組織型態和功能，經由「孝道」正確觀念的發展，提
> 高家庭「子女」角色與「父母」角色的理想化；並且更進一步
> 發揮理想的社會化過程，使子女在這種家庭型態下能夠發展出
> 適合現代社會發展的「人格特質」。這種現代家庭功能的發
> 展，有賴於大眾傳播媒介的緊密配合。但是從以上的分析中，
> 無論是《二十四孝》或《三十六孝》故事，均無法達到此種目
> 的，其原因，是由於這種以「孝道」故事或「孝子、孝女」為
> 表達方式的事型態，其傳播效果是十分有限的，而就是從內容
> 所顯示的價值體系，也仍有加強其選擇性之必要。
>
> 總之，由於社會變遷的快速，家庭結構和功能發生極大的變
> 化，建立理想的現代化孝道觀念是必要的，毫無疑問的，從以
> 上的分析中，無論《二十四孝》或是《三十六孝》故事均無法
> 達到此一理想，因此，有效來創作或選擇理想孝道的兒童故事
> 和兒童讀物是有其必要的。[2]

　　其實，何止《二十四孝》不適合今日兒童閱讀，其餘的啟蒙教材
也不合適。然而，這是我們昔日的啟蒙教材，也可以說是我們的傳
統，我們棄置而不顧？不通古何能變今？徒知彼而不知己，只是削足
為履而已。我們知道，歷代的啟蒙教材，要皆出之於文人手筆，且不
論其內容與難易度，至少他們都是以韻文寫作，韻叶易讀，就詩教而
言，是深且遠，或許能做為我們今日的借鏡。以下試引齊鐵恨〈清末

2　見《青少年兒童福利學刊》第3期，頁24-25。

民初的兒童讀物〉一文裡，〈科舉時代的兒童讀物〉一節，以補充本文敘述的不足：

「三百千」，乃是：《三字經》、《百家姓》和《千字文》，三本小書兒的通俗簡稱。這「三本小書兒」，自宋朝以來，歷元、明、清數百年間，都用作啟蒙必讀的課本兒，可說是那時候的「兒童讀物」了！那時的兒童，讀過這三本小書兒之後，或者再讀一本《雜字》——原有：四言、六言和七言的各種不同，而在北京附近各縣地方，則以讀「六言雜字」的為多。有的讀過三本小書兒之後，再加一本《弟子規》；或「名賢集」；或《千家詩》的，殊不一定。惟三本小書兒，則勢須必讀；讀過之後，或者逕讀「四五」，即「四書」、「五經」，以應科考而求仕進。但在「四書」第一本的《大學》一書裡，明文註定：「大學者，大人之學也。」卻不知先儒前賢們，據什麼理由，要把：「正心誠意」「治國平天下」的大道理，生填硬塞地注入幼稚的腦海裡？

即以《三本小書兒》的內容來講：《三字經》的起頭兩行：「人之初，性本善。性相近，習相遠。」宋人編書以教「童蒙」，開口便道「性善」，其迂實不可及；以中國的人才物力，不足抵禦文化落後的遼、金，而終亡於元，豈不甚慘？《百家姓》的「趙錢孫李，周吳鄭王。」只記姓氏，又多罣漏，全無文義可尋！《千字文》的「天地玄黃，宇宙洪荒。」乃把字帖上的單字勉強集成韻語罷了；只可作識字課本，難以用之教學。以上三本小書兒，賴有「養蒙針度」一書，逐字逐句地為之註解，才可略明文義；否則一般塾師，尚難完全瞭解，何況年當四、五歲，至六、七歲的兒童呢？我國數百年來，以這樣的讀物教育兒童，不知毀滅了多少民族天才呢！至於其他幾本小書

兒，可說是「補充讀物」。如:《弟子規》的「聖人訓」,「名賢集」的集諺語,《千家詩》的四季歌詠,「六言雜字」的列舉事物名稱,雖然不合於兒童心理,但去實際生活,尚不甚遠,有些文意,也不太深,比較起來,容易明瞭。但以現代的「兒童讀物」相衡量,差的實在太遠了![3]

　　最後擬對啟蒙教師略加以說明。所謂啟蒙教師是指教蒙館的先生,都是童生,偶爾也有秀才,但都是不大通的秀才,稍高明一點的便不屑教這種學生,因此有關蒙館先生的笑話頗多,而宋人「村塾鬧學圖」可為其中的代表。以下試引錄《解人頤》一書中所記載之三則,以見其中之辛酸苦澀之一般:

村學先生自敘:

利欲驅心萬火難。世途擾擾幾歡悲。慢言富貴書生分。誰解青袍悞老儒。小子不是別人。乃是村學堂中一個先生是也。每憶少年時。通今博古。焚膏繼晷。窗前勤苦十年餘。學成文武藝。幾向棘闈酣征鏖戰。龍門點額暴顋。爭奈命途多舛。時運不濟。避曲江之車塵。無長門之際會。因此將田園廢盡。身口不支。正是空餘文字三千卷。一字何曾療得飢。農焉而勞之不任。商焉而財之無資。工焉而巧之不素。丐焉而面之無皮。徬徨三思。不知所之。記得古人有句話。財主敗落便教書。噫嘘嘻。師道之來久矣。你看那孔仲尼。立數仞門牆。開儒宗于春秋之際。孟子負岩岩氣象。演道學于戰國之時。河汾說教者文中子。斗山瞻仰者韓退之。以至歐蘇吳邵。及乎周程張朱。溯

3　齊鐵恨:〈清末民初的兒童讀物〉,《兒童讀物研究》(臺北市:小學生雜誌社),頁192-193。

洙泗之源流。度伊洛之支裔。師道尊。斯文熾。真足以啟天下
之仰慕。俾學者之依歸。道學之盛。于茲極矣。嗚呼。物隆則
替。器滿則欹。天下之常理。你看那教化日降日下。風俗日澆
日漓。吾輩既非前輩。今時又非古時。福被古人收去。今人是
還債的東西。小子村學堂中。坐了幾載。其中滋味。果是孤
栖。人誰無父母。父母如天地。我的父母倚盡了王氏的門廬。
人誰無兄弟。兄弟本同氣。我的兄弟。冷落了姜家布被。嬌嬌
滴滴的恩愛的夫妻。半拋半離。長夜守著空空的羅帳兒。見骨
肉親生的男女。無倚無靠。鎮日看那那白的帳閩。自家日常看
著幾個書生。羈羈絆絆。與犯罪囚徒無異。年終算著幾擔束
脩。多多少少。與僱工常行不殊。吃了無數的冷冷熱熱的飯
碗。奈了幾多酸酸澀澀那酒卮。給人家親友。小小心心。猶恐
怠慢了賓客。叫人家奴婢哥哥嫂嫂。猶恐冲撞了那厮。開口教
書。人便拾著句讀。動手改課。人又議著高低。記問也不到。
村夫也要盤倒。奇字倘不識。小子也索吃虧。又有一般難處的
事務。正是擔輕又不得。步重又難支。課少了主人嫌懶惰。功
多了弟子道難為。有一個苦切的時節。正是書生歸去後。燈火
未來時。冷冷清清無人管待。昏昏黑黑獨自支離。有一個主人
膠柱鼓瑟。棋不容著。詩不許題。庭無花卉作樣。架無經史做
媒。誰管你神疲意倦。誰管你盡永夜遲。好苦也。教我怎消遣
過得日兒。有一個娘子清奇古怪。茶又故晏。飯又故遲。座上
青氈既薄。爐中獸炭更希。誰知你身寒腳冷。誰知你口渴肚
飢。好苦也。教我怎熬煎過得夜兒。有一等學生。強頭掘腦。
教東做西。無廉無恥。說是說非。人家內眷又護痛。東道又不
知。雖有扑作教刑。交我也難施。身子裡好似嚴姑。手裡無緣
的媳婦。踽踽涼涼。拘拘束束。一星星要循規矩。又似晚母身
邊失愛的孩兒。孤孤悽悽。怯怯虛虛。半點兒不敢差遲。有所

言必議之而後言。誰許你亂嘈亂雜。有所動必擬之而後動。誰許你胡做胡為。步履必安詳。居處必正靜。誰許你懶懶怠怠。衣冠必肅整。容貌必端莊。誰許你離離披披。茶坊酒肆。昔日那慷慨高情。到此來滿將拋棄。偷香竊玉。少年的風流狂態。從此後一筆勾除。學兩分癡呆。纔可騙人歡喜。執一味勤緊。方得免人淹咨。師弟之禮甚嚴。不可一日放曠。賓主之間不易。能保一世歡娛。且是那春三二月。山青水綠。執不提著壺。挈著榼。酹著佳期。我獨守其空齋。只落得昏昏悶悶。秋九八月。更長漏永。執不攜著妻挽著兒。卒著殘歲。我獨空拳其牀。無奈何縮縮悽悽。夫六月內暑鑠金也。須要戴著帽。披著衣。穿著那布褲子。管著那暑襪兒。熱烘烘誰知。掩得我肌膚酸臭。怎能勾得浴乎沂。風乎舞雩。三嘆咏歸。十二月寒頭凍折腰。也須要把著筆。研著硃。坐著冷板凳。踏著那冷地皮。陰冰冰誰知。凍得我鼻涕淋漓。怎能夠烹黃雞。酌村醪。醉倒玉山傾。千般苦。萬般悲。小子非是不知。業在其中矣。可知村學堂中。埋沒了多少高才的漢子。枉屈了多少絕學的男兒。苟有丈夫之志氣也。豈可依依于斯。寄語天涯海角青氈客。子規聲裡自深思。[4]

又塾師四苦：

人言教書樂。我道教書苦。昔人待先生。忠敬出肺腑。只要得明師。何嘗計修脯。今日村莊家。禮體全不顧。東村及西村。不止二三五。清晨便教書。口舌都乾苦。方纔教寫字。又要教讀古。先生偶出門。小子滿堂舞。開學不回家。清明到端午。

4　《解人頤》（臺北市：新文豐出版公司），頁65-67。

臨期候修金。看看日將脯。若還不至誠。留待後來補。此際好
悽涼。問君苦不苦。

人言教書樂。我道教書苦。昔人嘗有言。讀書須淨土。明窗豁
達開。花竹周圍布。今日村莊家。禮體全不顧。塾堂三兩間。
東穿又西破。上漏並下濕。常在泥塗坐。炎天氣鬱蒸。難學羲
皇臥。一朝朔風起。林端發吼怒。窗破不能遮。飄然入庭戶。
一吹寒徹骨。再吹指欲墮。曝日無陽烏。撥爐又絕火。此際好
淒涼。問君苦不苦。

人言教書樂。我道教書苦。昔人請先生。預備精臥鋪。下筅而
上簟。繡枕以就臥。今日村莊家。禮體全不顧。兩捆亂稻柴。
一條粗衾布。雖有青麻帳。又被鼠咬破。夏間燈爐時。便受蚊
蟲蠹。倏忽秋冬交。霜雪紛紛墮。枕席冷如冰。四體難蹭蹬。
三更足不溫。四更難捱過。纔聞雞喔聲。不寐而常寤。此際好
淒涼。問君苦不苦。

人言教書樂。我道教書苦。昔人款先生。篷豆何齊楚。白飯與
香蔬。烹泉不絕火。今日村莊家。禮體全不顧。粥飯只尋常。
酒肴亦粗魯。魚肉不周全。時常吃豆腐。非淡即是鹹。有醬又
沒醋。烹調總不佳。如何下得肚。勉強吃些飯。腹中常帶餓。
渴來自煎茶。主翁若不睹。不說管待疏。還道受用過。此際好
淒涼。問君苦不苦。[5]

又〈訓蒙訣歌〉：

5　《解人頤》（臺北市：新文豐出版公司），頁67-68。

牢記牢記牢牢記。莫把蒙師看容易。教他書。須識字。不要慌
張直念去。聲聲字眼念清真。不論遍數教會住。教完書。看寫
字。一筆一畫要端詳。不許糊塗寫草字。字寫完。做對句。見
景生情不必奇。只要說來有意趣。平仄調。毋貪異。做完對句
有餘功。寫個破承教他記。催念書。口不住。時常兩眼相看
他。怕他手內做把戲。非吃飯。莫放去。出了恭。急忙至。防
他悄悄到家中。開了櫥門偷炒米。清晨就要來。日落放他去。
深深兩揖走出門。彬彬有禮循規矩。若能如此教書生。主人心
裡方歡喜。[6]（同上，頁68）

6　《解人頤》（臺北市：新文豐出版公司），頁68。

參考文獻

壹

《重輯倉頡篇》二卷　王國維　文華版《王觀堂先生全集》第7冊
　　　1968年3月

《太公家教》殘存　臺北市　廣文書局

《蒙求集註》　李翰撰　徐子光補注　藝文《百部叢書集成》影印
　　　《學津討原》本

《蒙求》　李翰撰　見粹文堂本《全唐詩》卷881　冊12　頁9960-
　　　9964

《幼學故事瓊林》　程允升著　臺南市　東海出版社　1976年5月

《幼學故事瓊林》　程允升著　臺南市　綜合出版社　1979年10月

《幼學故事瓊林》　程允升著　臺北市　文化圖書公司　1977年9月

《幼學瓊林》　程允升著　臺北市　老古文化事業公司

《龍文鞭影》　臺南市　綜合出版社　1975年2月

《治家格言釋義》　朱伯盧著　臺北市　廣文書局　1980年12月

《詳解千家詩》　臺北市　廣文書局　1980年12月

《白話註解千家詩》　臺北市　廣文書局　1980年12月

《千家詩詳析》　黃文吉詳析　臺北市　國家書店　1980年9月

《千家詩今譯》　李覺譯　臺北市　天華出版事業公司

《校正聲律啟蒙撮要》　車萬育著　臺北市　廣文書局　1974年12月

《唐詩三百首注疏》　章燮注疏　臺北市　廣文書局　1980年12月

《新譯唐詩三百首》　邱燮友註釋　臺北市　三民書局　1973年5月

《唐詩三百首集釋》　鴛湖散人撰輯　臺北市　藝文印書館　1977年
　　　10月

《唐詩新葉——唐詩三百首集解　張夢機、顏崑陽審訂　故鄉出版社
　　　1981年5月

《日記故事大全》　臺北市　廣文書局　1981年12月

《二十四孝考》　瞿中溶校　臺北市　廣文書局　1981年12月

《孝經故事全集》　勸世老人撰　臺北市　漢聲出版社　1973年8月

《注解三字經》　李牧華注解　臺北市　世紀書局　1981年5月

《注解弟子規》　陳則明注解　臺北市　世紀書局　1981年7月

《人生必讀》　瑞成書局　1973年4月

《注音三字經》（收「菜根譚」等十種）　臺南市　世一書局　1980
　　　年2月

《國學初基入門》（收《三字經》等七種）　臺北市　老古文化事業
　　　公司

《五種遺規》　陳弘謀編輯　中華四部備要本　1984年5月臺二版

《小學集解》　張伯行集解　臺北市　世界書局　1978年3月五版

《女兒經》　臺北市　宗學社文化事業有限公司　1981年

《四言雜字、七言雜字、訓蒙教兒經三種合刊》　曾永義校閱、馮作
　　　民音註　永安出版社　1981年10月

貳

《漢書》（藝文志）

《隋書》（經籍志）

《舊唐書》（經籍志）

《新唐書》（藝文志）

《宋史》（藝文志）

《明史》（藝文志）

以上皆為鼎文書局二十五史本

《清史》（藝文志）　國防研究院

《直齋書錄解題》　陳振孫著　臺北市　臺灣商務印書館人人文庫本
　　　1978年5月

《小學考》　謝啟昆著　臺北市　藝文印書館　1974年2月

《通俗編》　翟灝撰　臺北市　世界書局　1963年4月

《筆記小說大觀》（計三十二編）　臺北市　新興書局

《中國文字學叢談》　蘇尚耀著　臺北市　文史哲出版社　1976年5月

《敦煌古籍敘錄》　王重民撰　臺北市　木鐸出版社　1981年4月

《敦煌遺書總目索引》　王重民著　臺北市　源流出版社　1982年6月

《觀堂集林》　王國維著　臺北市　世界書局　1964年9月再版

《四庫全書總目提要》　臺北市　臺灣商務印書館　1971年7月增訂
　　　初版

《敦煌兒童文學研究》　雷僑雲著　自印本　1981年6月

《陸放翁全集》　陸游著　臺北市　世界書局　1970年11月再版

《傳統文學與類書之關係》　方師鐸著　臺中市　東海大學　1971年
　　　8月

《羅雪堂先生全集》　羅振玉著　臺北市　文華出版社

《繪圖解人頤》　胡澹菴原輯、錢慎齋增訂　臺北市　新文豐出版社

參

《國民教育》　吳鼎編著　臺北市　正中書局　1974年7月

《近代中國教育史》　陳啟天著　臺北市　臺灣中華書局　1979年2
　　　月二版

《中國教育思想史》　任時先著　臺北市　臺灣商務印書館　1972年
　　　4月臺四版

《中國教育史》　陳東原著　臺北市　臺灣商務印書館　1976年9月
　　　臺三版
《中國教育史》　余書麟著　臺北市　師範大學　1961年
《中國教育史》　王鳳喈著　臺北市　正中書局　1976年5月臺十四版
《中國教育史》　陳青之著　臺北市　臺灣商務印書館　1978年8月
　　　臺六版
《中國教育史》　胡美琦著　臺北市　三民書局　1980年7月
《中國書院制度之研究》　趙汝福編著　臺中市　臺中師專　1970年
　　　7月
《中國教育史研究》　楊亮功等著　臺北市　漢苑出版社　1977年5月
《歷代興學選士制度考》　黃逸民著　自印本
《三國兩晉學校教育與選士制度》　楊吉仁編著　臺北市　正中書局
　　　1968年7月
《秦漢魏晉南北朝教育制度》　楊承彬著　臺北市　臺灣商務印書館
《宋代教育散論》　李弘祺著　臺北市　東昇出版社　1980年4月

肆

〈唐鈔本雜抄考〉　那波利貞　見《唐代社會文化史研究》（東京　創
　　　文社　1974）
〈敦煌寫本雜抄跋〉　見《周叔弢先生六十生日紀念論文集》　頁
　　　351-357
〈二十四孝與三十六孝故事的內容分析〉　楊孝濚　《青少年兒童福
　　　利學刊》第3期　頁16-25
〈我國最古的兒童讀物〉　蘇樺　《國語日報・兒童文學周刊》第
　　　251期　1977年2月6日
〈古代兒童讀物的新紀元——我國的古典兒童讀物之二〉　蘇樺
　　　《國語日報・兒童文學周刊》第260期　1977年4月17日

〈太公家教——我國的古典兒童讀物之三〉　蘇樺　《國語日報·文
　　學周刊》第270期　1977年6月26日

〈呂氏父子的《小兒語》——我國的古典兒童讀物之四〉　蘇樺　《國
　　語日報·兒童文學周刊》第272期　1977年7月10日

〈《啟蒙記》和《開蒙要訓》〉　蘇樺　《國語日報·兒童文學周刊》
　　第277期　1977年8月14日

〈千字文種種〉　蘇樺　《國語日報·兒童文學周刊》第281期　1977
　　年9月11日

〈漫談《千家詩》〉　蘇樺　《國語日報·兒童文學周刊》第285期
　　1977年10月9日

〈《千字文》補談〉　蘇樺　《國語日報·兒童文學周刊》第290期
　　1977年11月13日

〈平心談《二十四孝》〉　蘇樺　《國語日報·兒童文學周刊》第346
　　期　1978年12月10日

〈郭居敬與二十四孝〉　蘇樺　《國語日報·兒童文學周刊》第347期
　　1978年12月17日

〈二十四孝故事探源（上、中、下）〉　蘇樺　《國語日報·兒童文學
　　周刊》第351、352、354期　1979年1月14日、1979年1月21
　　日、1979年2月11日

〈敦煌石窟的兩種兒童讀物（一、二）〉　《國語日報·兒童文學周
　　刊》第479、480期　1981年7月12日、1981年7月19日

附錄一
歷代「啟蒙教育」地位之研究

一　前言

　　我國新教育萌芽於自同治元年（1862）創設同文館，一直到光緒二十八年（1920）奏定學堂章程公布以前，共計四十年。自光緒二十八年奏定學堂章程公布到辛亥革命，共計十年，是為新教育建立時期，在此時期中舊教育完全推翻，新教育制度漸次建立起來。在新教育的發展過程中，歷受日本、德國、英國、美國的影響，在各種西潮的衝擊下，我們似乎瞭解各國的教育措施。可是卻忘了自己以往的教育措施。因此不揣陋學，試探討我國歷代啟蒙教育。「啟蒙」是我國舊有的用詞，以今日的用詞來說，當是指學前至國中、小學階段。

　　案「蒙」字的解釋：《易經》有〈蒙卦〉，「卦」辭是：

　　　蒙，亨。匪我求童蒙，童蒙求我。初筮告，再三瀆，瀆則不
　　　告。利貞。

〈彖辭〉：

　　　蒙以養正，聖功也。

又〈序卦〉云：

　　　物生必蒙，故受之以蒙。蒙者蒙也，物之穉也。

《經典釋文》卷第二〈周易音義〉：

> 蒙，莫公反。蒙，蒙也，稚也。稽覽圖云：無以教天下曰蒙。
> 方言云：蒙，萌。[1]

童蒙即是兒童，幼稚的意思。蒙、童同義，《左傳‧僖公九年》：

> 子，凡在喪，王曰小童，公侯曰子。

杜預注云：

> 小童者，童蒙幼末之稱。[2]

孔穎達疏：

> 童者，未冠之名。童而又小，故為童蒙幼末之稱。易蒙卦云：
> 「匪我求童蒙，童蒙求我。」蒙謂闇昧，幼童於事多闇昧，是
> 以謂之童蒙焉。[3]

又《釋名‧釋長幼》第十：

> 兒始能行曰孺子，濡也，言濡弱也。七年曰悼，悼，逃也，知
> 有廉恥，隱逃其情也，亦言是時而死可傷悼也。毀齒曰齔。齔，
> 洗也，毀洗故齒，更生新也。長，萇也，言體萇也。幼，少也，

1　《經典釋文》（臺北市：鼎文書局），頁20。
2　《左傳》（臺北市：藝文印書館《十三經注疏》本），頁218。
3　《左傳》（臺北市：藝文印書館《十三經注疏》本），頁218。

言生日少也。十五曰童，故禮有陽童，牛羊之無角者童，山無草木亦曰童，言未巾冠似之也，女子未笄者亦稱之也。[4]

因童蒙，蒙以養正，引申於兒童教育上，則有：朱子《童蒙須知》，王陽明《訓蒙教約》（或作《訓蒙大意》），陳弘謀《養正遺規》。甚且清末光緒二十八年（1902）張白熙奏定壬寅學制，亦有蒙學堂，次年張之洞等會訂癸卯學制，也有蒙養院。所謂蒙學堂、蒙養院，皆沿襲舊有用詞。

　　本論文擬從學校制度、教育行政制度與考選制度等三方面來探討我國歷代啟蒙教育的地位，另外對清末的蒙館略加介紹。

二　學校制度

　　古代有關學校制度，見存於《孟子》、《學記》。《孟子·滕文公上篇》：

> ……設為庠序學校以教之；庠者，養也；校者，教也；序者，射也。夏曰校，殷曰序，周曰庠，學則三代共之，皆所以明人倫也。

《禮記·學記篇》：

> 古之教者，家有塾，黨有庠，術有序，國有學，比年入學，中年考校，一年視離經辨志，三年視敬業樂群，五年視博習親師，七年視論學取友，謂之小成。九年知類通達，強立而不

4　《釋名》（臺北市：鼎文書局《小爾雅訓纂等六種》本，1972年4月），頁74。

反，謂之大成。[5]

古代的學校制度，夏、商、周三代或許相同，但名稱上則有異，而
《孟子》與《學記》所記載也不同。朱子《集註》：

> 庠以養老為義，校以教民為義，序以習射為義，皆鄉學也；
> 學，國學也。共之，無異名也。[6]

校、序、庠都是鄉學。又《禮記・王制篇》：

> 小學在公宮南之左，大學在郊。天子曰辟雍，諸侯曰頖宮。[7]

後人把鄉學解作小學，國學即《學記》所說大學。其中序、庠二學是
古代行鄉射、鄉飲酒禮的場所。可知古代在鄉、遂以下只設小學，
夏、商、周三代都是一致的，只是在名稱上互不相同；大學是設在天
子的王都和諸侯之國，在「公宮南之左」並另有小學的設置。

所謂塾、庠，就《周禮・地官・大司徒》而言是這樣：

> 令五家為比，使之相保。五比為閭，使之相受，四閭為族，使
> 之相葬。五族為黨，使之相救。五黨為州。使之相賙。五州為
> 鄉，使之相賓。[8]

申言之，古代的社會，人民沒有郊居的習慣，多半聚居在都邑之內。

---

5 《禮記集說》（臺北市：世界書局），頁199。
6 《四書集註・孟子集註》（臺北市：世界書局），卷5，頁36。
7 《禮記集說》（臺北市：世界書局），頁70。
8 《周禮注疏》（臺北市：藝文印書館），卷10，頁159。

以周代來說，王都百里以內叫做鄉，百里以外叫做遂。鄉設鄉大夫管理一鄉的行政。戶口的組織，是五家為比，五比為閭，四閭為族，五族為黨；一閭有住戶二十五家；一族有住戶百家；一黨有住戶五百家。至於百里以外的遂，則按鄉里鄙鄰縣組成。五家為鄰，五鄰為里，五里為鄙。五鄙為縣，五縣為遂。古代有「學而優則仕」的觀念，「仕而優」的人並要回到自己的家鄉執教，一閭之中的住戶，同住一巷，巷首有門，門邊設有學堂一所，叫做塾。做官告老的人回來執教，就坐在塾學的門內，住在巷內的人，每天早晚入巷口，都要進入塾學接受老師的教導。《白虎通義》說：「古之教民者，里皆有師，里中之老有道德者為里之右師，其次為左師，教里中之子弟，以道藝孝悌仁義。」[9]道就是做人的道理，藝是六藝，指禮、樂、射、御、書、數。

　　黨有住戶五百家，黨設有庠學，專門收納在閭塾畢業的學生，加以深造的教育。術就是遂，一遂有一萬二千五百家的住戶。遂設序學，專門收納庠學畢業的學生，繼續教導。至於「國有學」的國，指天子的都邑和諸侯的國，國設國學，範圍比庠學序學都大，收納的學生除了在序學畢業的學生中，挑選可以升學的優秀人才外，並且招集世子、群后之子、卿大夫、士的兒子一同施教。依現代的學制，塾、庠都是小學，塾是初小；庠是高小。序是中學，國學是大學。而事實上《學記》並沒有如此區分。並且我們也知道古代的教育，乃操之於王官手中。孔子以前的教育乃屬貴族教育，平民中偶有特殊英武或聰明俊秀的子弟，有時獲蒙挑選，與貴族子弟同受教育，那只是極有限的少數。而自孔子至漢初約三百年，卻是有教育而無學校，可說私家自由講學時期。當時學術之傳授，皆賴私家講學。武帝以後，中央與地方官學始興設學校。《漢書・循吏傳・文翁本傳》：

9　《白虎通疏證》（中國子學名著集成編印基金會印行），卷6「辟雍」，頁313。

文翁，盧江舒人也。少好學，通春秋，以郡縣吏察舉。景帝末
為蜀郡守，仁愛好教化。見蜀地僻陋，有蠻夷風，文翁欲誘進
之。乃選郡縣小吏，開敏有材者，張叔等十餘人，親自飭屬，
遣詣京師，受業博士，或學律令。減省少府用度，買刀布，蜀
物齎計吏以遺博士。數歲蜀生皆成就還歸，文翁以為右職，用
次察舉。官有至郡守刺史者，又修起學官於成都市中，招下縣
子弟以為學官弟子，為除更繇；高者以補郡縣吏，次為孝弟力
田。常選學官僮子，使在便坐受事。每出行縣，益從學官諸生
明經飭行者與俱，使傳教令，出入閨閤，縣邑吏民見而榮之，
數年爭欲為學官弟子，富人至出錢以求之，繇是大化。蜀地學
於京師者比齊、魯焉。至武帝時乃令天下郡國皆立學校官，自
文翁為之始云。[10]

　　由此蜀郡教化大開，稱為天下模範郡。武帝嘉其賢能，令天下各
郡倣照文翁，皆立學官，俾地方教育易於普及。漢代地方教育之普及
與建設，文翁應居首功，而後教育中心逐漸移於官學。東漢時，中央
官學生徒最多時達三萬人，當然私學也並未因而衰歇；尤其是亂世國
家的教育事業，更有賴於私學。

　　武帝於元朔五年（西元前124）採納董仲舒之言遂立太學，置五
經博士，其目的本在由學術領導政治，即所謂「通經致用」，而後漸
失本義，有所謂家法興起，經學更由此有今古之分，乃至魏晉南北
朝，中央政府解體，是以西漢時代的士人政府，演變而形成了士族大
家庭，由士族大家庭又演變而形成了門第。因此魏晉南北朝的教育主
要是門第教育，其主要教育場所則是家庭。

　　歷代學校制度，蓋多沿襲前代而稍損益，有關各代學校制度，可

10　《漢書》（臺北市：鼎文書局），第5冊，頁3625-3626。

見文獻主要是歷代史書的選舉志，而《古今圖書集成·經濟彙編·選舉典》卷七～廿七為「學校部」[11]；《十通分類總纂》有「學校類」[12]，資料可謂彙集詳盡。至於今人的論述，一般說來皆為斷代的研究。[13]

申言之，傳統的學校制度，至明清漸趨完備。我們首先要說明的是明、清兩代原有的學校，有專教皇帝的經筵講官，有專教太子的詹事府，有專教貴族的宗學，有專教武官子弟的武學，有專教農民子弟而自由設立的社學與義學，有專教長期讀書人的府州縣學、國子監、翰林學院與學館。以上各種學校，以專教長期讀書人的學校為重要，而我們的重心也在於此。試分述如下：

（一）府州縣學

我國自漢以來，歷代於州府縣皆設有地方學校。明、清的地方學校名為府州縣學。以每一府州縣為一學區，分別設立於全國各地，比較普通。所以《明史·選舉志一》說：

> 郡縣之學，與太學相維，創立自唐始。宋置諸路州學官，元頗因之，其法皆未具。迄明，天下府、州、縣、衛、所，皆建儒學，教官四千二百餘員，弟子無算，教養之法備矣。……蓋無地而不設之學，無人而不納之教。庠聲序音重規疊矩無間於下邑荒徼山陬海涯，此明代學校之盛，唐、宋以來所不及也。[14]

全國各府州縣皆設有儒學，但並非由府州縣立，而皆由國立，可藉以增進中央與地方的聯繫。各儒學設於府州縣城內聖廟（亦稱孔

---

11 《古今圖書集成》（臺北市：文星書店），第81冊，頁63-269。

12 《十通分類總纂》（臺北市：鼎文書局），第7冊。

13 見參考書目。

14 《明史》（臺北市：鼎文書局），頁1686。

廟、文廟）旁的學宮，由教官教導生員。教官府名教授，州名學正，縣名教諭，並設訓導佐理之。

（二）國子監

國子監又名國子學或國學，是我國從前的國立京師太學，太學設於漢武帝元朔五年（西元前124），太學之設，緣起於董仲舒一篇策論，《漢書·董仲舒傳》：

> 故養士之大者，莫大乎太學。太學者，賢士之所關也，教化之本原也。今以一郡一國之眾對亡應書者，是王道往往而絕也。臣願陛下興太學，置明師，以養天下之士。數考問以盡其材，則英俊宜可得矣。[15]

武帝採納董氏之言，遂立太學，置五經博士，開博士弟子員之科，徵選天下茂才異士至太學受教。不過當時規模很小，僅以「明堂」、「辟雍」為授業之所，學生只不過五十人而已，至平帝元始四年（西元四年）興建校舍，規模始大。

晉承漢、魏制，亦立太學。晉武帝初，蜀漢已降，而吳亦已不敵，於是一方面厲兵綏靖，安定民生；另一方面興辦教育，整頓學務。《宋書》卷十四〈禮志一〉云：

> 晉武帝泰始八年（西元272），有司奏：「太學生七千餘人，才任四品，聽留。」詔：「已試經者留之，其餘遣還郡國。大臣子弟堪受教者，令入學。」[16]

---

15 《漢書》（臺北市：鼎文書局），第3冊，頁2521。
16 《宋書》（臺北市：鼎文書局），第1冊，卷14，頁356。

蓋魏時太學生多以「避役」，而非真正求學，良莠雜處，敗壞學風。
經整頓後，尚有三千人之數。但復因其中學生來源不等，既有世族子
弟，也有寒門儒士，於是另立「國子學」，與太學並行為二，遂成為
一種雙軌的大學教育制度，《宋書》卷十四〈禮志一〉：

> （武帝）咸寧二年（西元276）起國子學，蓋周禮國之貴遊子
> 弟所謂國子，受業於師氏者也。太康五年（西元284），修作明
> 堂、辟雍、靈臺。

武帝初設國子學，隸屬太學；而太學、國子學亦有不同之區分，《南
齊書》卷九〈禮志上〉，曾載齊臣曹思文表云：

> 晉初太學生三千人，既多猥雜。惠帝時欲辯其涇渭。故元康三
> 年，始立國子學，官第五品以上，得入國學。天子去太學入國
> 學，以行禮也。太子去太學入國學，以齒讓也。太學之於國
> 學，斯是。晉世殊其士庶，異其貴賤耳。然貴賤士庶，皆須教
> 成，故國學、太學兩存之也。[17]

惠帝規定「官在五品上者」方有資格入國子學，可見士庶貴賤雖異處
而教，而貴族間仍有差別等第。

　　案國子學之設始於晉武帝，而至惠帝才正式成為制度，所以《南
齊書》有「元康三年始立國子學」之語。自此以後歷代有效用，所謂
「國子寺」、「國子監」等，名異而實同，直至清代仍舊沿用。明代國
子監概況如下：

---

17 《南齊書》（臺北市：鼎文書局），第1冊，卷9，頁145。

> 國子監，祭酒一人，司業一人，其屬繩愆廳監丞一人；博士廳
> 五經博士五人，率性、修道、誠心、正義、崇志、廣業六堂助
> 教十五人，學正十人，學錄七人，典簿廳典簿一人，典籍廳典
> 籍一人，掌饌廳掌饌二人。祭酒、司業掌國學諸生訓導之政
> 令，凡舉人、貢生、官生、恩生、功生、例生、土官、外國
> 生、幼勳臣及勳戚大臣子弟入監者，奉監規而訓課之；造以明
> 體達用之學，以孝弟禮義忠信廉恥為之本；以六經諸史為之
> 業。……博士掌分經教授，而時其考課。凡經以易、詩、書、
> 春秋、禮記，人專一經。大學、中庸、論語、孟子兼習之。助
> 教、學正、學錄掌六堂之訓誨。[18]

按明初國子監設於南京，永樂以後，又設於北京，而仍保留南京國子
監，但規模較小。祭酒是國子監的首長，司業是祭酒的助理，均以名
儒或進士任之。「明體達用之學」，謂宋儒理學，以道德教育為根本，
而以四書五經諸史為讀本。六堂謂依學生程度分班升級。正義、崇
志、廣業三堂為初級。凡通四書未通經者入之。肄業一年半以上，文
理條暢者，升修道、誠心二堂，是為中級。又肄業一年半，經史兼進，
文理俱優者，乃升率性堂，是為高級。升至率性堂，乃積分，其法孟
月（正、四、七、十月）試本經義一道。仲月（二、五、八、十一）
試論一道；詔、誥、表選考一種。季月（三、六、九、十二）試經史
策一道，判語二條。每試，文理俱優者，與一分；理優文劣者，給半
分；紕繆者無分。歲內積八分者為及格，與出身；不及格者，仍坐監。
　　監生有四種：一為舉監，以舉人充之，程度較高，但舉人多不願
入監。二為貢監，以各府州縣學所貢優秀生員充之。三為廕監，以品
官子弟充之。四為例監，以依例納捐者充之。

18　《明史》（臺北市：鼎文書局），第4冊「職官志二」，頁1789。

（三）翰林院

翰林院之名始於唐代，開元中置學士院，選文學優美者為翰林學士，專業制誥，宋稱翰宛。《新唐書・百官志》述其緣起云：

> 翰林院者，待詔之所也。唐制，乘輿所在，必有文詞、經學之士，下至卜醫技術之流，皆直於別院，以備燕見。而文書詔令，則中書舍人掌之。自太宗時，名儒學士時時召以草制，然猶未有名號；乾封以後，始號「北門學士」。玄宗初，置「翰林待詔」，以張說、陸堅、張九齡等為之，掌四方表疏批答，應和文章，既而又以中書務劇，文書多雍滯，乃選文學之士，號「翰林供奉」，與集賢院學士分掌制詔書勅。開元二十六年，又改為翰林供奉為「學士」，別置學士院，專掌內命。凡拜免將相、號令征伐，皆用白麻。其後選用益重，而禮遇益親，至號為內相。又以為天子私人。[19]

翰林學士與一般的翰林待詔、翰林供奉性質不相同，後二者不預聞政治；而前者是皇帝的機要秘書，在行政系統上處於非常奇特的地位，無官署、無官屬，亦無俸給。故只稱其在宮中所居之處為學士院，並無翰林院之稱。直至遼代始於南面宮中置翰林院。其時翰林學士已漸非唐、宋之舊。元代則稱翰林兼國史院。至明代始以翰林院為正三品衙門，兼掌制誥史冊文翰之事，乃唐、宋學士院及館閣官與魏、晉以後秘書監著作郎等職之合併。有掌院學士，例由大學士兼領，以下為侍讀學士、侍讀、侍講、修撰、編修、檢討，皆為文學侍從之臣，統稱翰林官。清代沿之，翰林院遂為清華之極選，享有極高之榮譽。

明、清翰林院之所以較他官地位尤為優異者，因明初入內閣預機

---

19 《新唐書》（臺北市：鼎文書局），第2冊，頁1183-1184。

務者多為翰林官，當時內閣大學士尚止五品，以翰林入閣者權位雖重
而官秩不高。及後來大學士之品秩雖未提升，而閣臣多已歷尚書，兼
師保，為百僚之長，無形中翰林院之地位漸已增高。實際上，唐、宋
之學士院變為翰林院，而內閣反又似唐、宋之學士院。內閣在內廷，
無官署，而翰林院在外朝，有官署，故內閣大學士以翰林為其本官，
而內閣反為寄銜，內閣大學士初次到任必在翰林院，非翰林出身者，
亦不得拜大學士。又清代翰林官所能擔任之差使，主要為會試、鄉試
之考官，及各省學政，此種衡文主試之任。衣缽相傳，造成科甲出身
者互相標榜，提高身價之機會。再加上清代之南書房為內廷掌文詞翰
墨之處，上書房為皇子及近支王公課讀之處，充此二差者謂之南書房
行走、上書房行走，皆照例以翰林官為之。由於接近皇帝，多得優遇。

　　以上所說三級的國立學校，有一定的資格始能進入：府州縣學，
非秀才不得入，絕無例外。國子監除恩監、廕監、例監等外，非貢生
或舉人不得入。翰林院，非進士不得入。至於未入府州縣學前的兒童
教育，則不在國立學校職掌之內。而有賴於民間自由設立的學館。成
年童生及未入國子監之秀才欲深造者，則有賴於公立或私立的書院。

三　教育行政制度

　　我國自古即非常重視教育，《孟子·滕文公上》：

> 人之有道也，飽食煖衣，逸居而無教，則近於禽獸。聖人有憂
> 之。使契為司徒，教以人倫：父子有親、君臣有義、夫婦有
> 別、長幼有序、朋友有信。

　　這種教育專官，三代沿之不替，而司徒位居三官之首。三公者：
司徒公、司馬公、司空公。至周時，司徒屬地官，是六官中掌邦教

者。考我國教育制度之建立，可說始自漢武帝。班固《漢書·武帝本紀贊》：

> 漢承百王之弊，高祖撥亂反正，文景務在養民，至於稽古禮文之事，猶多闕焉。孝武初立，卓然罷黜百家，表章六經。遂疇咨海內，舉其俊茂，與之立功。興太學，修郊祀、改正朔、定曆數、協音律、作詩樂、建封禪、禮百神、紹周後。號令文章，煥焉可述。[20]

此後教育制度與學術文化之創建，均具規模，迄於東漢，尤其發達普及。

西漢中央官制，大體沿襲秦朝。官分三公九卿，掌理國家大政。三公：丞相、太尉、御史大夫。九卿：太常、光祿勳、衛尉、太僕、廷尉、大鴻臚、宗正、大司農、少府。三公的丞相即是三代的司徒。總攬國家大事，類似今日的行政院長。而九卿中主管有關教育事務者是太常。太常原名奉常，是秦代官名。常是祭祀時旗幟。漢初曰太常，即欲令國家盛大常存，故稱太常，惠帝更名奉常，奉常即主祭之意。其職掌為宗廟禮儀。漢景帝時改為太常。太是尊大之意，為九卿之首。其首長為太常卿，又所屬主要官員及其薪級，《後漢書志》第二十五卷「百官二」記載如下：

> 太史令一人，六百石。本注曰：掌天時、星曆。丞一人，明堂及靈臺丞一人，二百石。
> 博士祭酒一人，六百石。本僕射，中興轉為祭酒。博士十四人，比六百石。本注曰……掌教弟子，國有疑事，掌丞問對。

---

20 《漢書》（臺北市：鼎文書局），第1冊，卷6「武帝本紀」，頁212。

太祝令一人，六百石。本注曰：凡國祭祀及迎送神。丞一人。
本注曰：掌祝小神事。

太宰令一人，六百石。本注曰：掌宰工鼎俎饌具之物。凡國祭
祀，掌陳饌具。丞一人。

太子樂令一人。六百石。本注曰：掌伎樂。凡國祭祀，掌請奏
樂，及大饗用樂，掌其陳序。丞一人。高廟令一人。六百石。
本注曰：守廟，掌案行掃除，無丞。

高廟令一人，六百石。本注曰：守廟，掌案才行掃除，無丞。

世祖廟令一人，六百石。本注曰：如高廟。

先帝陵，每陵園令各一人，六百石。本注曰：掌守陵園。案行
掃除。丞及校長各一人。

先帝陵，每陵食官令各一人，六百名。本注曰：掌望晦時節祭
祀。[21]

由東漢太常的職掌與機關組織，可瞭解它在教育方面的設施，只是在所屬有五經博士，為傳授學術之官。漢代的博士，地位崇高，亦吏亦師。在中國教育史上，是一個非常重要的腳色。武帝初置「博士弟子員」，由博士教授弟子經學，曰「五經博士」。博士除備受諮商及教授弟子之外，有時尚任欽使，奉命巡視各地。而後光武特重經學，故博士各相授「家法」，其職責遂專以教學為主。又所謂博士祭酒，乃是博士中，擇聰明威重一人為祭酒，並稱為「博士祭酒」，凡官名祭酒，乃指一位之元長。

至於郡國地方學，皆設有學校官。漢代郡國地方提倡教化最早者，為蜀郡文翁。柳詒徵《中國文化史》論〈兩漢學術及文藝〉曾說：

---

21 《漢書》（臺北市：鼎文書局），第5冊，頁3572-3574。案「本注曰」略有省約。

武帝以前，郡國未有學校，而閭里自有書師。（見《漢書·藝文志》）自文翁在蜀立學堂，武帝乃令天下郡國皆立學校官。王莽柄國，持尚學術，郡國鄉聚，皆有學校。東漢開國君臣，大都其時學校所養成也。[22]

又《漢書》卷八十八〈儒林傳〉：

元帝好儒，能通一經者皆復。數年，以用度不足。更為設員千人，郡國置五經百石卒吏。[23]

《漢書》卷十二〈平帝本紀〉：

（元始三年）立學官，郡國曰學。縣、道、邑侯國曰校，學置經師一人。鄉曰庠、聚曰序。庠序置孝經師一人。[24]

可知郡國地方教育亦設有學官，亦即每一儒學均設有教官。府名教授，州名學正，縣名教諭，並另設訓導佐理之。

自漢至隋，太學諸官，並屬太常。太常之職，除掌管宗廟陵寢祭祀之禮外，復主管博士之選試，《後漢書志》卷二十五〈百官二〉：

太常，卿一人，中二千石。本注曰：掌禮儀祭祀，每祭祀，先奏其禮儀；及行事，常贊天子。每選博士，奏其能否。大射、養老、大喪，皆奏其禮儀。每月前晦，察行陵廟。

---

22 柳詒徵：《中國文化史》（臺北市：正中書局），上冊，頁405。
23 《漢書》（臺北市：鼎文書局），第5冊，頁3569。
24 《漢書》（臺北市：鼎文書局），第1冊，頁355。

丞一人，比千石。本注曰：掌凡行禮及禮小事，總署曹事。其
署曹掾史，隨事為員，諸卿皆然。[25]

至晉武帝設立國子學，與太學並立，而國子學演變至北齊之國子寺。
國子寺有國子寺祭酒、博士、助教諸學官，名隸太常，至隋開皇十三
年（西元953），乃罷隸太常，而趨於獨立，據《通典》卷二十七〈職
官九〉：

北齊國子寺有祭酒一人，隋開皇十三年國子寺罷隸太常。又改
寺為學。仁壽元年（西元601），罷國子學，唯立太學一所。省
國子祭酒、博士，置太學博士，總知學事。煬帝即位，改國子
學為國子監，依舊置祭酒。[26]

因國子監之設立，太常始專掌禮儀。唐之國子監設祭酒一人，司業二
人。以官而兼師，總國子、太學、廣文、四門、律算、書七學。除主
簿、錄事為事務官外，掌教學者為博士及助教。由此可知國子監乃當
時七學的主管。至於中央的行政主管則屬禮部。考禮部，在秦漢其職
務歸於太常。漢代的尚書分曹治事，客曹尚書亦相當於禮部之一部分
職務。魏晉以後，尚書有祠部及儀曹。至隋代始確定以禮部統禮部、
祠部、主客、膳部四曹。自隋唐以後，禮部為六部中的第三部，亦即
相當於周禮的春官宗伯。唐、宋至明清大致相承，惟明清將第一司易
名為儀制，與祠祭、主客、精膳合為四司。而禮部並非只掌禮儀之
事，舉凡貢舉、學校、考試、風俗教化、宗教、及接待外使等事皆屬
之。《明史》卷四十八〈職官志〉：

25　《漢書》（臺北市：鼎文書局），第5冊，頁3571。
26　《通典》（臺北市：新興書局），卷27，頁161。

　　禮部，尚書一人，左右侍郎各一人，其屬，司務廳，司務二
　　人。儀制、祠祭、主客、精膳四清吏司，各郎中一人，員外郎
　　一人，主事一人。所轄鑄印局，大使一人，副使二人。禮部，
　　尚書掌天下禮儀、祭祀、宴饗、貢舉之政令，侍郎佐之。儀制
　　分掌諸禮文、宗封、貢舉、學校之事。……祠祭分掌諸禮典及
　　天文、國恤、廟諱之事。……主客分掌諸蕃朝貢接待給賜之
　　事。……精膳分掌宴饗，牲豆、酒膳之事。[27]

由此可知，禮部四司，只有儀制司與教育有關，而儀制司的官屬有郎
中、員外郎、主事，通常由進士出身的人補授，又儀制司所管四事，
只有貢舉與學校兩事與教育有關。持此，禮部雖是中央主管教育的機
構，但並非專管，而是兼管。從前禮部直接管理的學校不多，尚可以
簡單的制度兼管，但到了清末維新時期，全國新式學校紛紛設立，非
禮部所能兼管，於是光緒二十四年（1898）設立管學大臣，專管京師
大學堂，並兼管全國學校，尚無完整組織。光緒三十一年（1905），
改管學大臣為學部，設有尚書、侍郎、參事、視學等官，並分司掌管
專門教育、師範教育、中等教育、小學教育及實業教育行政事宜，從
此我國始有專管的完備的新式中央教育行政機構。

四　考選制度

　　我們官制，發源甚早，有正確史料可考者，可溯及殷商時代；但
殷商時代的官司，均為世職，視官司如財產，父死子襲。春秋以後，
官守世襲，仕者世祿之制雖漸趨式微，但仍為貴族所牢守。故戰國以
前，縱有官司，難言制度。因此，我國歷史上之文官制度，則自秦

27　《明史》（臺北市：鼎文書局），第3冊，頁1745-1749。

始，秦統一六國，既廢宗周式的封建制度，又停世官之法，除天子世
襲之外，宗室子孫不予封土，丞相以下官司，皆選自民間。如呂不韋
以一商人為相國，李斯由布衣陞為三公，劉邦以應試為亭長。此類政
治措施，不僅打破世官之積弊，更建立考選之規模。秦祚雖短，卻是
開文官制度之先河。《史記》卷五〈秦本紀〉：

> 周室微，諸侯力政，爭相併。秦僻在雍州，不與中國諸侯之會
> 盟，夷翟遇之。孝公於是布惠振孤寡、招戰士、明功賞、下令
> 國中曰：「昔我穆公自岐雍之間，修德行武，東平晉亂，以河
> 為界，西霸戎翟，廣地千里，天子致伯，諸侯畢賀，為後世開
> 業，甚光美。會往者厲、躁、簡公、出子之不寧，國家內憂，
> 未遑外事，三晉攻奪我先君河西地，諸侯卑秦，醜莫大焉。獻
> 公即位，鎮撫邊境，徙治櫟陽，且欲東伐，復穆公之故地，修
> 穆公之政令。寡人思念先君之意，常痛於心。賓客群臣有能出
> 奇計強秦者，吾且尊官與之分土。」……衛鞅聞是令下，西入
> 秦，因景監求見孝公……衛鞅說孝公變法修刑，內務耕稼，外
> 勸戰死之賞罰。孝公善之，……乃拜鞅為左庶長。[28]

《漢書‧藝文志》第十所載：

> ……漢興，蕭何草律亦著其法曰：「太史試學童，能諷書九千
> 字以上，乃得為吏。又以六體試之，課最者以為尚書、御史、
> 史書、令史。吏民上書，字或不正，輒舉劾。[29]

---

28 《史記》（臺北市：鼎文書局），第1冊，頁202-203。
29 《漢書》（臺北市：鼎文書局），第2冊，頁1720-1721。

　　這可說是漢初最先的政府考試。案兩漢取士入仕途徑有四：察舉、射策、博士弟子、人才儲備，略分述如下：

　　一、察舉：察舉之名，見於《漢書》卷六十六〈陳萬年傳〉：

　　　　陳萬年字幼公，沛郡相人也。為郡吏，察舉，至縣令。[30]

察舉就是察廉舉薦之意。兩漢察舉制度又可分三種。

　　1. 為察舉直接任用。此種制度就是一經察舉，即時任為官吏，不須再經策試。兩漢時有孝廉、茂材、賢良三類。被舉者，多屬現任官，雖非現任官，亦有被舉之機會。

　　2. 經對策後任用。經對策後任用者，在西漢時，有「賢良方正」之對策及「直言」之士對策。東漢亦有「賢良方正」之對策，另立「有道」之士之對策一科。

　　3. 特種選舉。兩議之選士，除上述兩款之外，天子依時局之所需。恆規定特別名目，今臣下辟舉，然後授官。

　　二、射策。秦無射策取士之法，兩漢除察舉之外，另有射策的方式。何謂射策？顏師古說：

　　　　射策者，謂為難問疑義書之於策，量其大小，署為甲乙之科，列而置之，不使彰顯，有欲射者，隨其所取，得而釋之，以知優劣。射之，言投射也。[31]

射策取士是給予勤學之士所開入仕門徑。漢時有太學，也有私學，入太學便從博士受；從私學，則自求經師，隨之受業，待功業圓滿，便

---

30 《漢書》（臺北市：鼎文書局），第4冊，頁2899。
31 《漢書》（臺北市：鼎文書局），第4冊，卷76〈蕭望之傳〉註，頁3272。

可隨意射策；甲、乙科聽其自便。西漢時甲科中試，則任郎官，乙科中試，除太史掌故。

　　三、博士弟子。武帝立五經博士，這是借太學教育的方式，然後從中試選人材充政府的官吏。教育的對象有二種：一為非現任官吏的青年俊秀，由太常選拔受業於博士，名謂「博士弟子」；一為現任的優良官吏，由侯國相、縣令長推舉，郡太守選拔，遣受業於博士，如「同博士弟子」受教的人員每年課試一次，能通一藝以上，就授之以官職；特別優秀的，官位更高一些。如果是相當低劣的，就予罷免。

　　四、人材儲備。兩漢有一種人材儲備的制度，是「即官出宰」，指中央的郎官可以出任地方的守令。案郎官本是光祿勳的僚屬。職掌是輪值警衛。郎官人數很多，無一定員額。是以郎署便成一個人才薈萃的營壘。郎官如果品行端方，才識出眾，作業成績優秀，或有特殊才幹，就可派充地方長官，高至太守，中為縣令長或侯國相，下為縣丞尉等官。

　　總之，兩漢選士，皆重實事、察德行。舉則任職，選從郡縣吏，所謂鄉舉里選，鄉評里論，則為相同處。而其相異之處則是：西漢多賢良，東漢多孝廉，賢良多為已仕；孝廉多未仕。賢良舉無定期定額，孝廉有歲察之詔，戶口多寡之差，年齡老幼之限，職務賤表之試。

　　魏、晉、南北朝的選士，太學並未能發揮培養入仕制度，仍以察舉孝、秀為仕進主要途徑，但與兩漢有區別，兩漢鄉舉里選，歸之於諸侯郡守、地方長官，沒有專職之官員。魏晉南北朝，州郡地方置九品中正之官，專司選舉的職責。案九品中正設立年代，魏志不詳，通典稱「（魏文帝時）吏部尚書陳群，以天朝選用，不盡人才，乃立九品官人之法」[32]或謂九品中正之法，在陳群之前，已雛具規模，陳群只是稍加變通，而付之於實行，九品中正之法，鄭樵《通志》說：

---

32 《通典》（臺北市：新興書局），卷14〈選舉二〉，頁77。

> 晉依魏氏九品之制，內官吏部尚書、司徒、左長史；外官州有
> 大中正，郡國有小中正，皆掌選舉。若吏部選用，必下中正，
> 問其人居，及祖父官名。[33]

而趙翼《廿二史劄記》卷八，說明得更清楚：

> 魏文帝初定九品中正之法，郡邑設小中正，州設大中正。由小
> 中正品第人才，以上大中正，大中正核實，以上司徒，司徒再
> 核，然後付尚書選用。[34]

九品中正之法，不僅未得其效用，反而百病叢生，成門第階級，敗壞
政事。後周以前，雖想革除弊端，但缺乏果斷。隋統一後，遂以「歲
貢」及「特科」取士，而後平民有參與政治的機會，階級觀念，方得
破除。這種「歲貢」的科舉始於隋，隋時有「進士」、「明經」兩科，
而確定於唐朝。

　　唐朝的科舉，以地域論，有解試、省試。在州縣受試者為解試；
在尚書省受試者為省試。以出身論，有生徒、貢舉之名。由京師及州
縣學館出身，而送尚書省受試者是生徒，所謂館是指弘文及崇文館。
學是指中央國子監各學及郡縣之學。不由學館而先經州縣考試，及第
後再送尚書省應試者是鄉舉，而每年鄉貢人數與人品皆有限制。鄉貢
之貢舉人，送京應試，更須出具五人連保，所保之事：不得有缺孝悌
之行；不得有朋黨之事；不得有跡由邪徑，言涉多端。貢舉分秀才、
明經、進士、明法、書學、算學六科。最初，以秀才科最高，貞觀
中，有貢舉而不及第，連坐其州長，由是廢絕；而後士子所趨惟明

---

33 《通典》（臺北市：新興書局），卷58「選舉略第一」，頁705。
34 趙翼：《廿二史劄記》（臺北市：世界書局），上冊，頁100。

經、進士。晚唐則專以進士為重。考試內容因科而別，秀才試以方略策五道，進士試以雜文二篇、時務策五道。明經先帖經，然後口試，每經問大義十條，答時務策五道，帖經之法，即以所習經，掩其兩端，中開一行，裁紙為帖，任意增損其字句，以驗章句之生熟。凡及第於禮部試者，尚須經過吏部甄試，以「身言書判」為準。身者體格，言者言語，書謂書學，判者批判之詞，四者及格，方能為官。

　　唐朝之選士，除常年貢舉，又有制舉，《新唐書》志第三十四〈選舉志上〉：

> 所謂制舉者，其來遠矣。自漢以來，天子常稱制詔，道其所欲問而親策之。唐興，世崇儒學，雖其時君賢愚好惡不同，而樂善求賢之意，未始少息，故自京師，外至州縣，有司常選之士，以時而舉。而天子又自詔四方德行、才能、文學之士，或高蹈幽隱，與其不能自達者，下至軍謀將略，翹關拔山，絕藝奇伎，莫不兼取。其為名目，隨其人主臨時所欲，而列為定科者，如：賢良方正、直言極諫、博學墳典、達於教化、軍謀宏遠堪任將率、詳明政術、可以理人之類，其名最著。[35]

制舉，由天子特召，以待非常之才，尚有兩漢辟召之遺風。又應舉人依出身之有無，而定制舉之歸屬。一般而言，無出身，無前官之經歷者，應禮部考試；有出身有前官之經歷者，則應吏部考試。

　　五代選士與唐代相同。至宋代，除制舉、特科外，王安石又立由學校出身入仕之法。此外，又就貢舉而言，仁宗以前，多沿承五代。科目有明經、三史、三傳、制科等；試藝為帖經、墨義；而進士加試詩賦，制科專試策論。仁宗以後，以墨義只課記誦，於經典大義無所

---

35 《新唐書》（臺北市：鼎文書局），第2冊，頁1169。

發明，於是神宗熙寧三年（1070）始專以策取士。四年王安石欲罷科舉，專取人於學校，所以罷明經、三傳諸科，只留進士一科；又罷試賦、帖經、墨義，專以大義問進士。後來大臣力爭，分經義、詞賦為二科，其中幾經廢興，卒以二科並行。自是科目試藝皆日趨簡單；但考試方法則日形複雜：以種類說，有殿試、省試、以方法說，有彌封編號、謄錄易書、保舉連坐、初考、覆考等。除外於禮部試後，直接入官，不須再試於吏部。

　　遼、金、元的選士，仍沿襲前代。至於明、清的選士，要以科舉的考試制度為主。兩朝制度，相差甚微，今合述之：明太祖洪武三年（1370），始行科舉，六年罷科舉，十七年又恢復，以後三年一次，歷明至清，少有間斷。至光緒三十一年（1905）始罷科舉。其制度略述如下：

　　一、**童試**。童試由禮部會同學政在各府及直隸州，設置試場，每三年之中，分別舉行一次歲考和一次科考，考試各府州縣學生。歲考的目的，在考取童生的進學和考察已經進學的生員之勤惰。科考的目的，則是次年鄉試的一種預備考試，未經科考的生員，得於鄉試臨時補考，謂之「錄遺」。

　　二、**鄉試**。鄉試三年一次，逢子午卯酉年（八月）由皇帝選派「主考」，至各省會舉行。中式者為舉人，第一名為解元，鄉試中舉，進可考進士，退而可以任州縣推知或教職。

　　三、**會試**。會試於鄉試之第二年三月在京城由禮部舉行。名額無定，每次依鄉試「中式」人數，由皇帝臨時決定。考中者全部參加殿試。會試第一名俗稱會元。

　　四、**殿試**。會試發榜（四月十五日）後十一日舉行，五月一日發榜，稱為「傳臚」，全部中式人員，分為三甲：一甲三名，二、三甲無定數。一甲稱「賜進士及第」，二甲稱「賜進士出身」，三甲稱「賜同進士出身」。又一甲三名，稱狀元、榜眼、探花。狀元授「翰林院

修撰」，榜眼、探花授「翰林院編修」。二三甲以下，經「朝考」後，優者入翰林院「庶常館」為學，稱「庶吉士」，三年後，再經朝考。二甲授編修，三甲授檢討，其餘不入翰林者則入仕六部「六事」，或即用知縣。

　　明、清科舉與三級國立學校息息相關，府州縣學，非秀才不得入，絕無例外。國子監、除恩監、廕監、例監等外，非貢生或舉人不得入。翰林院，非進士不得入。

　　明、清科舉，所試命題皆出於四子書及易、詩、書、春秋、禮記。其方法略仿宋經義，體用排偶，通稱謂之制義，俗稱八股。

五　蒙館教育

　　從以上三節的簡述裡，我們可以知道，傳統的教育在於學制、行政與考試的相關體系裡，事實上是以考試為主體。以考試為主的教育，實際上卻藏有箝制社會民間學術思想自由之用心。我們更知道中國傳統教育內容包括社會、家庭、學校，而三者以家庭最重要；又我們也知道中國教育史之演變，私家教育的影響亦遠在公立教育之上；也就是說傳統教育的重心在私家教育。這種教育比較自由，而私家教育又以兒童基礎的蒙館為最重要。這種蒙館是由民間自由設立，並不在國家的教育系統之內。傳統的教育不出人才教育，而所謂人才教育亦即是官吏教育，讀書與作官分不開。傳統教育以學校養士，以科舉取士，因此政府只重科舉，不重學校，官學與公學多形同虛設，甚至私塾亦以應科舉為能事。所謂傳統教育幾乎成了科舉教育的別名。當然，科舉之所以能適存於中國，亦有其優點，徐道鄰在〈清代考試與任官制度〉一文裡曾指出其優點有三：

　　1. 科舉之優點，在其為絕對公平的公開競選。

　　2. 是把考試和任用連鎖起來。

　　3. 國家控制了考試就可以不再去控制教育。[36]

　　申言之，私家教育，不論在學制上、行政制度上或是考試上，雖不能說關係密切，至少可以說關係微妙。我們可以說在中國教育史上，凡新興的有朝氣的學術與教育，皆始於私學；而私學盛行到某一個階段時，它便要求成為官學，私學一旦成為官學，官府用它來考試，學術成了功名利祿之途，於是便衰落。而其間蒙館似乎較不受此污染，因此本節擬略述傳統私學的演變，及清代蒙館的概況。

　　我國私家講學，始自孔子，而後諸子爭鳴，是私家自由講學時期。至漢初，學術之傳授，仍依賴私學。武帝以後，中央與地方官學始興，自此教育中心逐漸移於官學。但每當亂世，國家教育事業則又賴私學；魏、晉以後，官學形同虛設，教育中心遂移至源自東漢以來所形成的世家大族之「家學」，即是所謂的「門第教育」。又當時佛教興盛，許多學者入山門為僧徒，且兼通經史，為王室貴族所景仰。在此長時期動盪中，寺院山林的私家講學可謂相當興盛。

　　唐初，可說仍因承魏、晉以來的舊習。自唐太宗力振官學以後，私家講學稍衰。武后干政後，因崇尚科舉，尤重進士，朝野重文之風形成，而文學不重師承，大規模的私家講學遂告衰微，於是私家講學流為小規模授徒之形式。至宋代書院講學，可說與先秦諸子蔚為中國教育上自由講學先後輝映的兩大時期。書院在唐代是藏書的地方，與宮、殿、觀、閣、館同為房屋名稱，唐代有麗正書院、集賢殿書院，都是藏書而兼校書之地。案書院之名稱所以流行，乃是五代時，印刷術發明，書籍可以大量印行，不必專賴官家，所以私人聚書教授，已

---

36 《中國政治思想與制度史論集》（臺北市：中華文化出版事業委員會），頁6-7。

屢見不鮮，而書院之名稱亦相率沿用。書院講學自宋開始盛行，宋初有四大書院。

　　以上所述私家講學，就教育對象而言，是成人教育；至於私家講學的《小學》教育，可說是屬於三不管地帶。以下略述《小學》教育，並以清代蒙館為主。

　　我國歷代均以農立國，因此家庭為幼童教育的實施場所，兒童被視為成人社會的附屬品，他們的學前教育僅由家庭中的父母或成人略加管教，而未能有系統的施以適當教育。孔子開私人講學，雖不見幼童入學，但我們仍可從《論語》中找出有關幼童受教育的文獻：

> ……曰「莫春三月，春服既成，冠者五、六人，童子六、七人，浴乎沂，風乎舞雩，詠而歸。」夫子喟然而嘆曰：「吾與點也！」(〈先進篇〉)。

又：

> 子游曰：「子夏之門人小子，當灑掃應對進退則可矣！抑末也，本之則無，如之何？」子夏聞之曰：「噫！言游過矣，君子之道，孰先傳焉？孰後倦焉？譬諸草木，區以別矣！君子之道，焉可誣也？有始有卒者，其惟聖人乎？」(〈子張篇〉)

又：

> 子曰：弟子入則孝，出則弟，謹而信，汎愛眾而親仁，行有餘力則以學文。(〈學而篇〉)

又：

子曰：「興於詩，立於體，成於樂。」(〈泰伯篇〉)

又：

子夏曰：「賢賢易色，事父母能竭其力，事君能致其身，與朋友交，言而有信，雖曰未學，吾必謂之學矣。(〈學而篇〉)。

除外，《禮記》對兒童教育亦有詳實的記載：

人生十年曰幼學。[37]

……子能食食，教以右手；能言，男唯女俞。男鞶革，女鞶絲。六年，教之數與方名。七年，男女不同席，不共食。八年，出入門戶，及即席飲食，必後長者，始教之讓。九年，教之數日。十年，出就外傅，居宿於外，學書計，衣不帛襦袴，禮帥初，朝夕學幼儀，請肄簡諒。十有三年，學樂、誦詩、舞勺、成童、舞象、學射御。二十而冠，始學禮，……女子十年不出，姆教婉聽從，執麻枲，治絲繭，織紝組訓，學女事以共衣服，觀於祭祀，納酒漿，籩豆菹醢，禮相助奠。十有五年而笄，二十而嫁。有故，二十三而嫁。聘則為妻，奔則為妾，凡女拜，尚右手。[38]

又：

古之教者，家有塾，黨有庠，術有序，國有學。比年入學，中

37　〈曲禮上〉《禮記集說》(臺北市：世界書局)，頁3。
38　〈內則篇〉《禮記集說》(臺北市：世界書局)，頁163-164。

年考校，一年視離經辨志，三年視敬業樂群，五年視博習親
師，七年視論學取友，謂之小成。九年，知類通達，強立而不
反，謂之大成。[39]

從《禮記》的記載，我們相信古代是很重視兒童教育，而後因為受學
制、行政制度及考試制度的影響，並未能有所普及與發展，但私人講
學仍是繼續存在，且是教育的主幹；而所謂兒童教育也只能寄生在私
人講學中，而寄存的方式有：

一、**家學教育**。即由父兄教其子弟，這種方式歷代有之。

二、**私塾**。私塾多半是由教書的人在自宅設立，而向學生收取束
脩的；也有由富家獨力延師授課，或由街鄰集資延師開設的。學生多
在七、八歲時入學，修業的年限則視各人的需要而定。

三、**義學**。俗稱義塾，它是專為貧寒子弟實施啟蒙教育的場所。
學生年齡多為六歲至十七歲。義學亦有由政府舉辦，或稱為社學，不
收束脩。

所謂的兒童教育，不在國家學校系統之內，而正史亦缺少詳實的
記載，以致為一般研究中國教育史的人所忽略。考我國啟蒙教育的記
載，在唐以前並不多見，至宋代，在中央方面有國立小學，但亦僅是
點綴而已。至於地方的村塾教育則頗為流行，這從陸游的一首〈秋日
郊居詩〉及其自註裡可見一般。

兒童冬學鬧比鄰，據案愚儒卻自珍。

授罷村書閉門睡，終年不著面看人。

放翁自註：「農家十月乃遣子弟入學，謂之冬學。所讀雜字、百家姓
之類，謂之村書。」

---

39 〈學記篇〉《禮記集說》（臺北市：世界書局），頁199。

　　明代，在地方教育中的宗學、武學、社學，雖皆屬小學程度的教育，但其中僅社學是為民間幼童十五以下而立，設於鄉鎮。這種小學始於洪武八年（1375），到弘治十七年（1504）加以推廣，令天下府州縣治所一律設立，但行之不久又被停廢。又清代亦曾推行「社學」、「義學」，和明代相似，但皆形同虛設。總之，歷代兒童教育皆以民間自辦為主，以下略述清代的私塾概況如下：

　　學館，因為私人所立，又名私館。孔子杏壇設教，自然是最早且是最大的學館，像當時的隱士，如長沮、桀溺諸人，或許亦有講學的場所，而後戰國的孟子、漢朝的馬融、隋唐的王通、宋朝的朱熹、明朝的王守仁等人都是，歷代這種開館講學的大儒，不可勝書。至於「學館」兩字，則首見於《北史・景穆十二王傳》：

　　　　（義陽王）置學館於私第，集郡從子弟，晝夜講讀，並給衣
　　　　食，與諸子同。[40]

這種集子弟講讀的場所，即是所謂的「族塾」，而這個「館」字也就沿襲下來。到清末還是稱「館」。

　　學館，亦有稱為「館」、「塾」、「家塾」、「私塾」、「學」、「書房」、「學堂」等不同名稱，又因成立學館的方式不同，名目也有不一樣。有稱為「家館」，即是指塾師自己在家中所設立之館，又稱「座館」，因自己坐在家中不動。又有稱「專館」，即指仕宦人家或富戶禮聘教師來家教授子弟，供給食宿。除外又有「散館」，是指農家合請教師，因為自己沒有太多的子弟，所以大家合起來共請一人教讀。

　　學館，全國到處都有，倡辦者多屬舉人，貢生、廩生亦偶爾有之。學館學生依程度可分為四等：最初級名為「開蒙」的學生，是初次入

---

40 《北史》（臺北市：鼎文書局），第1冊，頁631。

學，講究認方塊字，平常則唸《三字經》、《百家姓》、《千字文》等書。
稍高一級，名為「開讀」的學生，這種學生都是開首讀四書，以上兩
稱，都算是小學，教這種館的先生都是童生，偶爾也有秀才，這種學
塾也叫作「蒙館」，本論文所論的《小學》，即是指此種蒙館而言。

再高一點，便名為「開講」的學生，以前只是唸，絕對不講，等
唸過一兩部書後，先生才為之講解，這種便算是中學，年齡約在十歲
以後。再高就名曰「開筆」的學生，意思是開始作文章，這種便是大
學的性質。而所謂的開講、開筆的學生，可說都是為科舉而讀書。以
上兩種，又稱為「經館」

每一學塾中，都得有一個聖人的牌位，上寫至聖先師孔子的神
位，講究的是木製，大多數都是用紅紙寫一個貼在牆上，請了先生
來，燒上香，老師先給聖人叩三個頭，學生再叩三個頭，學生再給老
師叩三個頭，便算開了學。

至於每天上課時間，自上午八時至十一時讀生書，謂之「早
書」；下午一時至四時習字，讀史（圈點史書），謂之「中書」；四時
至六時溫舊書、讀詩，謂之「晚書」。年齡較大學生晚上七點至九時
讀古文、讀詩，謂之「燈書」。

學館可說只有罰沒有獎，尤其是蒙館的小學生，則常常受罰：一
是打手板，此名為戒尺；二是罰跪；三是一人背不會便全不放學，不
許吃飯，以便大家恨此一人；四是放了大家，把他一人鎖在塾中，不
許回家吃飯；五是罰跪之時，使眾學生在他臉上唾痰。

學館的假期，普通只有過年，由臘月二十日放起，至正月二十日
止。至放端午、中秋，則只有城裡放假，鄉間不放；可是鄉間又有特
別情形，如遇演戲、廟會，或距離不過三里之村中演戲廟會，則必要
放假。尤其是秋收時間更必須放假。[41]

---

41 以上有關學館請參閱劉兆璸：《清代科舉》（臺北市：東大出版社），頁110-112。亦
　可見《齊如山全集》（臺北市：聯經出版事業公司），第9冊，頁5140-5159。

　　劉兆璸先生在《清代科舉》一書裡，曾將學塾課程及教授方法，按先後程序條列說明，試引錄如下，並作為本文的結束：

一、認字　認約八公分見方小字塊，視學生年齡智慧，每天教數字或十數字。當年無現在之附圖字塊，較難記憶，時加溫習，至認識數百字或千數百字為止。

二、教書　教《三字經》、《百家姓》、《千字文》、「幼學」、《龍文鞭影》、「四書」、「史鑑節要」等書。亦視學生年齡智慧，每次由教師照書口授數句或十數句三、五遍，謂之「上書」，令學生回座，高聲誦讀，以至背熟。

三、背書　利用學童記憶力強，注重背誦。令學生將剛教讀之數句或十數句，背向老師背出，謂之「背書」。然後照前法，再口授，再自讀，再背書，如是待讀完一冊或一本，（如上論一本分上下兩冊）再背整冊或整本，謂之「總冊」或「總本」。

四、溫書　每天下午溫習舊書。每隔十日或若干日再背整冊或整本舊書，務使學生對讀過書籍，皆能熟記背出。

五、講書　初次講書，謂之「開講」。因學生年齡漸大，知識漸開，講書可以瞭解，故將已熟讀之書，逐句逐段，加以解釋，使明瞭書之內容。有讀完四書、五經開始開講，亦有讀完十三經，始開講，或自家領悟。

六、習字　每日下午練習大小字，由教師批改。

七、讀詩　讀《千家詩》、《唐詩三百首》之類。

八、讀史　圈點「綱鑑易知錄」、「資治通鑑」之類。

九、對字　由教師出數字或一短句，令學生以動字對動字，實字對實字，形容字對形容字，謂之「對對子」，為學做詩之初步。

十、作文　學作八股文，由「起講」學起，以至「成篇」，間
　　亦學作散文。[42]

42 劉兆璸：《清代科舉》（臺北市：三民書局），頁111-112。

參考文獻

壹

《十通分類總纂・七學校類》　八、九職官類　臺北市　鼎文書局

《近代中國教育史資料・清末編》　多賀秋五郎編著　臺北市　文海
　　　出版社影印

《幼稚教育思想之演進》　楊敏著　臺北市師專

《幼稚教育》　王靜珠編著　自印本

《幼稚教育資料彙編（上、下）》　宋海蘭編　臺北市師專

《國民教育》　吳鼎編著　臺北市　正中書局

《教育行政》　雷國鼎編著　臺北市　正中書局

《近代中國教育史》　陳啟天著　臺北市　臺灣中華書局

《中國教育思想史》　任時先著　臺北市　臺灣商務印書館

《中國教育史》　陳東原著　臺北市　臺灣商務印書館

《中國教育史》　余書麟著　臺北市　師範大學

《中國教育史》　王鳳喈著　臺北市　正中書局

《中國教育史》　陳青之著　臺北市　臺灣商務印書館

《中國教育史》　胡美琦著　臺北市　三民書局

《中國書院制度之研究》　趙汝福編著　臺中師專

《中國教育史研究》　楊亮功等著　漢苑出版社

《歷代興學選士制度考》　黃逸民著　自印本

《三國兩晉學校教育與選士制度》　楊吉仁編著　臺北市　正中書局

《秦漢魏晉南北朝教育制度》　楊承彬著　臺北市　臺灣商務印書館

《北魏漢化教育制度之研究》　楊吉仁著　臺北市　正中書局

《歷代職官表》　黃本驥編著　國史研究室

《中國文官制度史》　楊樹藩著　中山學術文化基金會補助出版

《中國考試制度史》　鄧嗣禹著　臺北市　臺灣學生書局

《清代科舉》　劉兆璸著　臺北市　東大圖書公司

《清代科舉考試述略》　商衍流全著　臺北市　文海出版社

《欽定國子監志》　臺北市　臺灣商務印書館影印四庫全書珍本

《齊如山全集（冊九）》　臺北市　聯經出版公司

《中國文化談苑》　李甲孚著　臺北市　中華書局

貳

〈論先秦私學之教育方針〉　何心石　《教育通訊》第2卷第4期
　　（1951年1月20日）　頁1

〈論先秦私學之教育方針〉　何心石　《教育通訊》第2卷第6期
　　（1951年2月）　頁5

〈周代教育之特徵〉　何心石　《教育通訊》第2卷第17期（1951年8
　　月5日）　頁10

〈宋代的學校教育〉　趙鐵寒　《學術季刊》第3卷第3期（1954年12
　　月31日）　頁36

〈中國宋代之兒童訓導〉　何心石　《教育通訊》第2卷第11期
　　（1951年5月5日）　頁11

〈中國古代的兒童教育〉　周紹賢　《臺灣教育輔導月刊》第4卷第8
　　期（1954年8月1日）　頁10

〈官學與私學──先秦、西漢教育制度的研究〉　李甲孚　《青年戰
　　士報》（1969年6月11日）

〈論先秦兩漢之大學教育〉　宋海屏　《民族憲政》第37卷第3期
　　（1969年12月5日）

〈太學和郡學──東漢教育制度的研究〉　李甲孚　《青年戰士報》
　　（1969年7月9日）

〈漢代教育制度研究〉　楊承彬　《教育與文化》第389、390期（1970年5月30日）

〈漢代郡縣與學校制度〉　嚴耕望　《大陸雜誌》第6卷第10期（1953年5月31日）

〈兩漢私學研究〉　余書麟　《師大學報》第11期（1966年5月）

〈魏晉教育制度研究〉　楊承彬　《政大學報》第25期

〈唐代私學的發展〉　高明士　《臺大文史哲學報》第20期（1971年6月）

〈五代的教育〉　高明士　《大陸雜誌》第43卷第6期（1974年12月15日）

〈宋代的州學〉　趙鐵寒　《教育文摘》第14卷第7期（1969年7月31日）

〈元代教育要略〉　胡耀輝　《學記》第2期（1969年12月5日）

〈元代學制概況〉　朱靜仁　《教與學》第4卷第5、6期（1971年2月28日）　頁30-32

〈我國歷代地方教育的研究〉　劉詠嫻　《教育與文化》第36卷第2、3期（1968年2月29日）　頁10-17

〈明代學制概況〉　朱靜仁　《教與學》第4卷第4期（1970年12月28日）

〈中國教育史上之私學與官學〉　唐君毅　《新亞生活雙周刊》第13卷第17期（1971年3月8日）　頁1-4

附錄二
傳統啟蒙教育鳥瞰[*]

　　我國新式教育萌芽時期是始自同治元年（1862）創設同文館，一直到光緒二十八年（1902）奏定學堂章程公布以前，共計四十年。自光緒二十八年奏定學堂章程公布到辛亥革命，計十年，是為新式教育建立時期。在此時期中舊式教育被推翻，新式教育制度漸次建立起來。在新式教育的發展過程中，歷受日本、德國、英國、美國的影響；在歐美風雨的衝擊下，我們似乎瞭解了各國的教育措施，可是卻忘記了自己以往的教育措施。其實，我國自古即重視教育；尤其是歷代私家教學頗為發達，且其效率更較官學為大。這種情形，直到新式學校制度產生，私家教育的勢力始漸式微。

一

　　所謂私家教學，自蒙學至專門精深，都有人設立。因此學塾的程度範圍極廣，自五、六歲啟蒙，以至二十左右讀完了四書、經書，作八股，都可以由學塾去教。

　　孔子杏壇設教，自然是最早且是最大的學館。這種學館的歷史，歷代一直沒有多大改變，這是我國歷代唯一的基本學校；而私塾教師也是讀書人除作官以外的唯一出路。

　　學館，全國到處都有，依程度可分為四等：開蒙、開讀、開講、開筆。前二者稱為「蒙館」；後二者稱為「經館」。而私家教育的學

---

[*]　本文摘錄自《國文天地》第6卷第4期（1990年9月），頁12-15。

館，又以兒童基礎的「蒙館」最為重要。「開蒙」的學生是初次入學，講究認識方塊字，平常則讀《三字經》、《百家姓》、《千字文》等書。稍高一級，名為「開讀」的學生，這種學生都是開首讀四書，這種蒙館教育，即是所謂的啟蒙教育。「啟蒙」是我國舊有的用詞，以今日的用詞來說，當是指學前至小學國中階段。這種私家講學的「蒙館」教育，就學校制度、教育行政與考選制度等三方面而言，可說是屬於三不管地帶。

「啟蒙」用詞，或源於《周易》。〈蒙卦〉：「蒙，亨。匪我求童蒙，童蒙求我。」因童蒙、蒙以養正的概念引申於兒童教育上，則有：朱子《童蒙須知》、王陽明《訓蒙教約》（或作《訓蒙大意》）、陳弘謀《養正遺規》。甚且清光緒二十八年（1902）張白熙奏定壬寅學制，亦有「蒙學堂」，次年張之洞等會訂癸卯學制，也沿襲舊有名詞，有「蒙養院」的名稱。

本文所謂的「蒙館」，或稱「村塾」，這裡的學生，大部分讀完《孝經》、《論語》之後，即不再讀書，而擬從事各種職業；也就是說這種人只想識字、寫字而不應舉。一般說來，他們皆以識字、習字、倫理為主。

二

有關於蒙館和啟蒙教材，至目前為止，似乎仍缺乏有系統的整理。其間個人曾企求於當代先進的有關記載與研究，又多語焉不詳。其中以專論而言，首推齊如山的〈學館〉一文[1]最為詳細。至於傳記，則以胡適〈四十自述〉較為詳盡。

1　齊如山：〈學館〉《齊如山全集》（臺北市：聯經出版事業公司，1979年12月），第9
　冊「中國科名」附錄三。

　　從胡適的自述裡，可見所謂的啟蒙教材，是因人、因時、因地而有不同。就目前可見《中國教育史》論著中，亦有多人論及小學教材（如陳東原、任時先、王鳳喈、陳青之、余書麟、胡美琦等），而其中以陳東原所論較為詳盡。此外，蘇樺先生亦致力於古代兒童讀物的探討，他的文章都發表於，《國語日報‧兒童文學版》（1977年2月至1981年7月）。而郭立誠女士編註有《小四書》（1983年7月號角出版社）、《小兒語》（1985年7月，號角出版社）兩書。除外，亦有人論及古代啟蒙教材，但皆屬於單篇之論述。其間若以體系而言，以拙著〈歷代啟蒙教育地位之研究〉（見1982年4月《臺東師專學報》第10期）、〈歷代啟蒙教材初探〉（見1983年4月《臺東師專學報》第11期）兩篇較為可觀。又大陸學者張志公有《傳統語文教育初探》（1962年10月，上海教育出版社）一書，當是彼岸有關傳統啟蒙教育的代表著作。

三

　　我國歷代啟蒙教材，最早見存於正史「藝文志」小學類；而《永樂大典》目錄卷八十九「蒙」字有《童蒙須知》、《童蒙詩詞》、《蒙訓》等部分，其內容已不存（案《永樂大典》五百四十一卷以前皆佚），是以所謂《童蒙須知》、《童蒙詩詞》等到底如何，未得而知。至《四庫全書》時，始將啟蒙教材歸屬於儒家、類書等類。《四庫全書總目提要》卷四十、經部四十、小學類一：

　　　　古小學所教不過六書之類，故《漢志》以《弟子職》附《孝經》；而「史籀」等十家四十五篇，列為小學。《隋志》增以金石刻文，「唐志」增以書法書品，已非初旨。自朱子作《小學》以配《大學》，趙希弁《讀書附志》，遂以《弟子職》之類，併入小學；又以蒙求之類，相參並列，而小學益多歧矣。

考訂源流，惟《漢志》根據經義，要為近古。今論幼儀者，則
入儒家；以論筆法者，別入雜藝；以蒙求之屬隸故事，以便記
誦者，別入類書。惟以《爾雅》以下編為訓詁，《說文》以下
編為字書，《廣韻》以下編為韻書，庶體例謹嚴，不失古義。
其有兼舉兩家者，則以所重為主（如李燾《說文五音韻譜》、
《實字書》；袁子讓《字學元元》、《實論等韻》之類），悉條其
得失，具於本篇。[2]

　　而近代圖書分類皆歸之於啟蒙類，如：《書目答問補正》（附一、
別錄）有童蒙幼學各書、《「國立中央圖書館」善本書目》（1967年12
月增訂本）有啟蒙之屬、《百部叢書集成分類目錄》卷三子部儒學禮
教之屬有「蒙學目」。

　　綜觀目前可見啟蒙教材，要皆以識字、習字、倫理為主。因此傳
統的啟蒙教材可分為三類：

　　第一類為字書。其源流當是《漢書‧藝文志》所列的小學書。小
學書凡十家四十五篇，傳到今日卻只存史游的《急就篇》。而《急就
篇》之所以能碩果僅存，傳流不絕，並非由於它的內容，也不是因為
它是字書；而是因為後世喜愛它的書法神妙，將它和王羲之《十七
帖》、王羲之《蘭亭序》等同等對待，當作草書的法帖，才被保留下
來，成為字書的瑰寶，而得以窺知秦、漢字書的體例。

　　其後，梁時周興嗣的《千字文》，是繼「小學書」而後流行的學
童啟蒙教材，在唐代即已盛行。以後的《百家姓》和各種《雜字》皆
屬此類。《千字文》自唐以後是兒童必備的讀本。據謝啟昆《小學
考》所載，[3]在周氏以後注解、仿作、改作的本子相當多。

　　第二類是蒙求。《蒙求》是盛唐李瀚所撰。現存本共六百二十一

2　《四庫全書總目提要》（臺北市：臺灣商務印書館），第1冊，頁832。
3　謝啟昆：《小學考》（臺北市：藝文印書館），頁255-256。

句，每句四字，計有二千四百八十四字。《蒙求》一書兩句一韻，句法整齊，編採的都是歷史人物的事蹟。

　　第三類是格言。或始於《太公家教》。《太公家教》是屬於家訓文學，家訓是治家立身之言，用以垂訓子孫的，以後有《神童詩》、《增廣賢文》等。

　　此外，詩選亦頗為流行。其間最有名者，首推蘅塘退士的《唐詩三百首》。蘅塘退士，真名是孫洙，江南常州府金匱縣人（今江蘇省無錫縣），生於清康熙年間，乾隆十六年（1751）賜進士出身二甲第七十名。乾隆二十八年（1763）春，與妻子徐蘭英互相商榷，編成《唐詩三百首》。

　　《唐詩三百首》共選三百十首，原刻本已不得見。編者原意乃為家塾讀本，而今卻凌駕在古今唐詩選本之上，就啟蒙教材而言，這是惟一的變數。

四

　　宋朝以後，受理學家的影響，無論在教材或教法方面都有了變化，但仍然是以識字、習字、倫理為主。

　　宋、元時代，對於兒童啟蒙教育可說是極為重視；在中國教育史占有重要地位，且專家、學者輩出，其間要以朱子最為有名。

　　朱子之前有小學教育之實，而無小學之名。自《小學》一書出現，始確立小學教育的地位。考《小學》一書的編纂類例，皆由朱子親自決奪；而采撷之功，則以劉子澄為多。朱子以前，小學僅散見於經、傳、記而未成書；自朱子編輯《小學》，兒童啟蒙教育始有專門論著，是以朱子可說是我國第一位真正的兒童教育家。他除編輯《小學》作為小學教材之外，又撰有《童蒙須知》，並訂《曹大家女戒》、《溫公家範》為教育女子之書。

　　朱子以後，即有人為《小學》作註，其中以清人張伯行集解最為
詳盡。並有人擬小學篇體裁著書。其後，最足以為理學家之主張代表
者，當推程端禮的《程氏家塾讀書分年日程》一書。

　　明、清兩代，兒童啟蒙教育較前發達，而王陽明對於兒童啟蒙教
育的理論，發揮至為詳盡，可說是朱子之後的巨擘。其中〈訓蒙大意
示教讀劉伯頌等〉一文最能代表他的啟蒙教育理論，而呂得勝撰有
《小兒語》，他的兒子呂坤撰《續小兒語》、《演小兒語》，都是專為兒
童編的格言詩；大概是受了王陽明的影響。至於清朝陳宏謀輯有《五
種遺規》，第一種即是《養正遺規》，是我國啟蒙教育的重要文獻，更
是朱子理學系統啟蒙教育的文獻彙編。

　　然而，朱子系統的小學啟蒙教材，似乎僅流行於學者之間，而不
為一般塾師所接受。雖然歷代的藝文志、經籍志，或是私家的書目著
作，或多或少都收有啟蒙教材，但我們卻發現這些登堂入室的書目只
是見存而已，或許有幸收錄於《四庫全書》裡：事實上並不為民間塾
師所採用，而民間所採用的，除「三、百、千」（即《三字經》、《百
家姓》、《千字文》）之外，要皆作者不詳。由此可知，登堂入室的啟
蒙書目，是代表著知識分子的一種教育理想：事實上這種理想的教
材，一直未能在民間流行。

五

　　流行於民間的啟蒙教材，由於未能登堂入室於歷代各種書目，更
因為我國幅員遼闊，再加上各地塾師水準不一，有時又別出心裁，於
是所用教材因人而異，是以所謂民間啟蒙教材，實在多不勝數。而目
前見存者，自是其中較為流行的。

　　其實所謂的童蒙書，亦只不過是個人或書坊的選本而已；一般流
行於村塾的啟蒙書，大部分皆屬不知名人士所撰，是以推究起來，頗

多困難。清末民初流行的啟蒙書，到今日有許多書好像中了瘟疫般突然消失；前一陣子似乎又有復見的趨勢，甚且有人鼓吹，可是卻無濟於已逝的事實。

　　總之，收集或研究啟蒙教材，並非戀舊，亦非意圖復古；今日我們不可能要小學生去讀《三字經》、《千字文》，社會結構已變，時代變遷快速，教材改變也大。傳統的啟蒙教材（不論民間教材或學者編寫者）雖然已不合今日兒童閱讀；然而這是我國昔日的啟蒙教材，也可以說是我們的傳統，若我們棄之而不顧，則不通古者何能變今？徒知彼而不知己，則只是削足適履而已。我們知道，歷代啟蒙教材，要皆出之於文人手筆；且不論其內容與難易度，至少他們都是以韻文寫作，叶韻易讀，就詩教而言，是深且遠，或許能作為我們今日的借鏡。

附錄三
關於《蒙求》？[*]

問：我們在檢索歷代圖書目錄時，常發現古代兒童啟蒙讀物以《蒙求》命名，如晁公武《郡齋讀書志》有《左氏蒙求》；《宋志》有洪邁寫的《次李翰蒙求》、吳逢道寫的《六言蒙求》，請問《蒙求》應如何解釋？（新竹讀者，陳朝陽）

答：《蒙求》原是一本古代的兒童啟蒙書。現存本共六二一句，每句四字，全文計二四八四字。編採的都是歷史人物的事蹟。但一般人都以為《蒙求》是後晉李瀚（或作翰）所撰，這是誤引《四庫全書總目提要》的資料（見卷二十六、子部・類書類）沿訛襲謬。其實陳振孫已題為唐李瀚撰。《直齋書錄解題》卷十四：

> 唐李瀚撰《蒙求》三卷，本無義例，信手肆意，雜襲成章，取其韻語易於訓誦而已，遂至舉世誦之，以為小學發蒙之首，事有甚不可曉者。余家諸子在褓，未嘗令誦此也。[1]

李瀚生平事蹟不詳，當是盛唐時代的人。蘇樺先生於〈敦煌石窟的兩種兒童讀物〉[2]一文裡，認為《蒙求》至晚完成於天寶五年（西元746年）。

　　《蒙求》的書名，當源於《易經・蒙卦》，其卦辭：「蒙，亨。匪

---

[*] 本文摘錄自《國文天地》第6卷第4期（1990年9月）。

[1] 陳振孫：《直齋書錄解題》（臺北市：臺灣商務印書館《人人文庫》本），中冊，頁404。

[2] 《國語日報・兒童文學周刊》第480期（1981年7月19日）。

我求童蒙，童蒙求我。初筮告，再三瀆，瀆則不告。利貞。」〈彖〉辭：「蒙以養正，聖功也。」又〈序卦〉云：「物生必蒙，故受之以蒙。蒙者物之穉也。」《經典釋文》卷二「周易音義」：「蒙，莫公反。蒙，蒙也，稚也。稽覽圖云：無以教天下曰蒙。方言云：蒙，萌。」[3]又《左傳‧僖公九年》：「春，宋桓公卒，未葬，而襄公會諸侯。故曰：子，凡在喪，王曰小童，公侯曰子。」杜預注云：「小童者，蒙童幼末之稱。」[4]

　　《蒙求》盛行於唐、宋、元、明時代，且開創了《蒙求》之體。就書名而言，後代就出現了很多各式各樣的「蒙求書」，如《左氏蒙求》、《兩漢蒙求》、《文字蒙求》等，即指明該書是屬於兒童讀本。又就內容而言，後代的《三字經》、《龍文鞭影》、《幼學瓊林》等書，都是取材於《蒙求》，尤其是《龍文鞭影》一書，簡直就是《蒙求》的翻版。又蘇樺先生有《蒙求新編》的選述，亦即演繹《蒙求》每句四字為故事一篇。宋朝徐子光就李氏原書加以注釋。清朝張海鵬《學津討原》收錄有徐子光《蒙求集註》。又王灝輯「畿輔叢書」、《全唐詩》卷八百八十一亦收有《蒙求》原文。至於敦煌鈔本，編號為伯二七一○、五五二二。

3　《經典釋文》（臺北市：鼎文書局），卷2，頁20。

4　《左傳》（臺北市：藝文印書館《十三經注疏》本），頁218。

下編
朗誦研究

自序

　　身為語文教師，經常探求語文理解與欣賞的途徑，於是有了朗誦之研究。歷時多年，幾經易稿，始於一九八四年七月完稿；並得到「行政院國家科學委員會」一九八五年度研究成果獎助。

　　全文曾分上下兩次刊登；上篇原刊於一九八六年四月《臺東師專學報》第十四期頁一～七八；下篇原刊於一九八八年四月《臺東師院學報》創刊號頁四九～一四九。而今收錄成書，自當感謝王國昭兄；由於他的引見，認識了古道熱腸的彭正雄先生，才有此書的出版。

　　　　　　　　　　　　　　　　　　　林文寶謹識於臺東師院

壹
緒論

　　朗誦是人類的語言行為，其起源也該起於先民。《周禮·大司樂》：

> 以樂語教國子：興、道、諷、誦、言、語。[1]

鄭玄注：

> 興者，以善物喻善事。道讀曰導，導者，言古以劃今也。倍文曰諷。以聲節之曰誦。發端曰言。答述曰語。[2]

鄭玄對「興、道、諷、誦、言、語」的解釋，實在不足以說明什麼是樂語。所謂樂語，當是有其腔調，它既不同於音樂的唱，也不會是同於說話。《漢書·藝文志》引傳云：

> 不歌而誦謂之賦。[3]

而「賦者，古詩之流也。」可知朗誦與文學作品息息相關。文言時代，朗誦雖然無助於說話的學習，但卻有助於寫的練習，所以文言時代很重視朗誦，尤其是古文，更重視朗誦，他們認為非高聲朗誦則不能得其雄偉之概，非密詠恬吟則不能探其深遠之趣。因此從前的私

1　《周禮》（臺北市：藝文印書館《十三經注疏》本），卷22，頁337。
2　《周禮》（臺北市：藝文印書館《十三經注疏》本），卷22，頁337。
3　《漢書》（臺北市：鼎文書局），第2冊，頁1755。

塾，老師照例範讀，學生循聲朗誦。早年學校裡教古文，也還是如此。五四以來，中等以上的國文教學不興這一套；僅小學裡國語還用著老法子。而學校的課本，也由早期的「讀本」，改為《國語講義》、《國文選》，或乾脆的只用「國文」二字。總之，對朗誦功夫漸漸不講求了。其實就語文心理而言，中國及日本的小孩在初學文字時，比較難達到形→音轉換的自動化，因此我們小時候唸書都需要「朗讀」來增強我們的學習。

爾後，白話時代來臨，朗誦不但可以幫助寫，還可以幫助說，而說話也可以幫助寫。於是使人感到朗誦的重要；可是大家都不知道白話文應該怎樣朗誦才好。私人在這方面做試驗的，一九二六年左右就有了。一九三一年以後，朗誦會也常有了，朗誦廣播也有了。抗戰以來，朗誦成為文藝宣傳的重要方法，自然更見流行了。其間有黃仲蘇的《朗誦法》[4]為朗誦開理論研究之先。一九四六年十一月洪深新著《戲的唸詞與詩的朗誦》，由大地書屋出版後僅僅一個月，適逢在臺灣從事於國語推行工作的一幫人，深感朗誦的迫切需要，於是北京大學中國語文系教授們，立即起了反應，在一九四六年十二月十三日舉辦了一個「朗誦方法座談會」。當時出席發表者，有黎錦熙、朱光潛、馮至、顧隨、朱自清、游國恩、魏建功、孫楷第、鄭天挺、周祖謨、徐炳永、毛準、潘家洵等，皆當世知名之士。一九四七年夏，傅庚生、邢楚均分別寫了兩篇論文，發表在《國文月刊》（五十六期、五十七期），可以作為一九四六年那次座談會的輔助讀物（座談會記錄見《國文月刊》第五十二期）。這個時期，真正為朗誦奠定基礎理論，並影響至今者，不得不首推朱自清。朱氏有關朗誦論文可見如下：

論朗讀

4　黃仲蘇：《朗誦法》，開明書店，1936年7月。

論誦讀

論朗誦詩

朗讀與詩

誦讀教學與文學的國語[5]

　　爾後對於朗讀的理論與實際，並未有所進展，雖然臺灣區國語文競賽裡有朗讀的項目，但對於朗誦的推廣並沒有助益。其間所謂的朗誦僅止於新詩而已。反觀香港的中文朗誦活動，自一九七○年起已由略具規模逐漸發展起來，本來屬於學校音樂節的中文朗誦項目，在容宜燕先生的建議與爭取下，與音樂比賽取得了同等比重地位。

　　至於中小學的語文教學，亦僅止於閱讀的「朗讀」與「默讀」而已，對朗誦的推廣也沒有助益。雖然艾偉早在一九四一年左右，曾對朗讀與默讀進行過連串的研究，[6]但他的興趣是在閱讀，而不在教學上及藝術形態上。

　　就小學閱讀教學而言，無論是在理論方面或實施方面，民國初年左右，朗讀是占著優勢。後來，則特別重視默讀，這種的重視與轉變，皆受西潮之影響。影響所及，《國民小學課程標準》中有關閱讀的說明是：

　　　　（九）朗讀和默讀的分配：第一、二學年朗讀要比默讀多，第

　　　　三、四學年朗讀默讀各半，第五、六學年默讀要比朗讀多。教

　　　　學朗讀時，要注意發音、語調以及姿勢的正確、自然，並且迅

　　　　速（養成有規律的眼動，免除暗發喉音，注意閱讀時間的減

　　　　縮……）扼要（就是提綱挈領，例如劃分段落，尋求要點等）。

5　以上崔收存於《朗誦研究論文集》一書。

6　詳見艾偉：《國語問題》（中華書局），頁34-106。

（十）讀書的聲調，要像說話那樣自然，為使別人聽得明白起
見，可以像話劇表演時那樣地慢而高聲，但斷不可像讀古書那
樣地呼唱。[7]

　　朗讀在小學裡的地位，由於意見的分歧，是以阻礙了朗讀的推
廣。其間，曾有水心教授在一九五四年二月於《教育輔導月刊》上，
發表〈小學朗讀教學的改進〉一文[8]，但收效似乎不大。
　　直到一九七六年，始有邱燮友教授指導師大國文系學生錄製唐詩
的朗誦，邱教授指導錄製的朗誦錄音帶有：

　　唐詩朗誦　　1976年6月
　　詩葉新聲　　1978年10月
　　唐宋詞吟唱　　1979年10月
　　散文美讀　　1981年1月[9]

又臺灣省國民學校教師研習會資料中心出版有：

　　中國詩歌朗讀示例　　張博宇編寫　　何容校訂　　1979年　　12月

朗誦至此，可說立下了規範。至七十學年度，省教育廳指示各縣示國
民教育輔導團加強中小學詩歌朗誦教學，以涵養德性，變化氣質。可
是所謂的詩歌朗誦，皆是歌唱而已，為詩歌朗誦教學應時而出版的古
體詩錄音帶有：

7　《國民小學課程標準》（臺北市：正中書局），頁101。
8　收入《國民教育論叢》（臺北市：臺灣商務印書館），頁62-71。
9　以上皆由東大圖書公司印行，錄音帶兩卷、書一本。

　　兒童唐詩吟唱集（第一集）　無缺點出版社　1982年11月

　　詩歌吟唱　華文唱片文具行　1983年1月

　　中國詩詞吟唱（唐詩部分）　華一音樂視聽中心　1983年1月

　　中國詩樂之旅　幼福文化事業公司　1983年1月

其中《兒童唐詩吟唱集》「兒童詩歌吟唱」可以不論，而華一音樂視聽中心出版的《中國詩詞吟唱》，唐詩部分收唐詩六十首，錄音帶八卷。四卷是美讀與吟唱，另四卷是歌唱，不論吟唱與歌唱，皆用相同的曲調。吟唱說明十六開一本。由許漢卿先生指導，凌晨說明，並引導兒童美讀。所收吟唱調有：鹿港調、宜蘭酒令調、福建流水調、歌仔調、黃梅調、閩南調，以及江西調、天籟調。編製的方法是沿襲邱燮友的路子。其間所謂的吟唱，即是指用固定的調子加以歌唱，事實上已不是吟，已類似清唱，或如西洋歌劇中的吟唱調。一般說來，編製有失草率，並未能有勝邱燮友採錄之處。若說有可取之處，則在於通俗而已。

　　至於《中國詩樂之旅》的錄製，可說華麗之至。包括演唱曲錄音帶五卷，而演唱者除個人外，另有原野三重唱、中山兒童合唱團、松江兒童合唱團；演奏曲錄音帶五卷。又有《詩之造境》，八開畫冊一本，《詩樂飄香》八開一冊，計譜唐詩新曲七十二首，售價高達二二八〇元。許常惠為〈寫在中國詩樂之旅出版之前〉說：

　　　　我相信這一套《中國詩樂之旅》必能獲得關心於我國音樂與兒童教育的社會大眾的歡迎，並且帶給我們未來音樂文化的發展希望與光明（見《詩樂飄香》序）。

溫隆信〈為中國詩樂之旅的出版喝采〉裡，認為有以下幾點意義與創見：

一、策劃時間長達三年，態度嚴謹

二、以音樂配合詩與王劼的畫，確是做到聲、韻與美的獨特
　　造境。

三、讓中國的傳統文化能深入淺出的介紹給讀者。

四、嘗試以詩成為中國人生活的一部分。

五、由林綠博士的英譯可看出進軍國際文壇的雄心。

六、為消沈與眼盲的軟體業界帶來一股新生的衝擊。

七、幫助國人對傳統的詩再認識（見《詩樂飄香》序）。

又該製作總編輯陳寧貴在〈從傳統到現在〉一文裡，曾說明譜曲的
看法：

要為唐詩譜曲，當然不得不研究中國傳統的吟唱調，現今在臺
灣一般流行的曲調有五種：（1）天籟調、（2）宜蘭酒令、（3）
福建流水調、（4）恆春調、（5）江西調——這五種調性都受南
方戲曲的影響，比較靡麗，並不見得都適合唐詩的吟唱，有許
多唐詩較為豪放，非運用北方（如山東）調吟唱，否則無法
表現出其真味。譬如我曾聽過有人用宜蘭酒令吟唱唐詩〈塞下
曲〉——月黑雁飛高，單于夜遁逃。欲將輕騎逐，大雪滿弓
刀。——用南方曲調吟唱北方背景的詩，顯然並不理想。吾友
青年作曲家高明德，與我談起這件事，他感到非常不滿，認為
這種事的發生極令人痛心；因此他有意將多年採集到的北方曲調
公諸於世，我想這對國內傳統詩的研究者，大開了一道方便之
門，使之免除許多不必要的錯誤。他為了實現這個理想，於年
前邀集了作曲家溫隆俊、尹宏明……等，組成「中國詩樂之
旅」製作小組，特別選了七十二首家喻戶曉的唐詩予以譜曲，
他們運用中國南北方的曲調加上作曲經驗，製作了十卷錄音

帶，即將在市面發行。我試聽過好幾首詩歌，如崔顥的〈長干行〉：君家何處住，妾住在橫塘。停船暫借問，或恐是同鄉。家臨九江水，來去九江側。同是長干人，生小不相識。採用問答方式作曲，前奏運用琵琶和流水聲表現。主旋律分成三段，前段由女歌手唱出愛慕與羞怯的女子情懷。第二段以趙燕黃梅調式，表現男子豪爽的個性。第三段齊唱，歌聲最後漸去漸遠，表現出歸屬的同鄉情緒。而現今臺灣流行的〈長干行〉是用宜蘭酒令唱出的。[10]

該公司為配合市面發行，曾舉辦演唱會。但聆聽錄音帶與觀賞書冊之餘，除讚嘆魄力之外，令人激賞之處，並不如前列諸君所言。又歌林公司，一九八三年二月份推出古詞新曲「淡淡幽情」唱片一張，採用唐詩宋詞，譜以現代歌譜，由鄧麗君主唱。據一九八三年二月四日《中央日報》第七版報導，該唱片在香港推出兩三天，銷路已打破三萬張，而當時在島上也頗流行。借流行歌曲的推波助瀾，或可使唐詩宋詞滿天飛。另有成功大學中文系李勉教授，稱歷經千辛萬苦的發掘考據，終於又現「宋詞古唱」，並有錄音帶兩卷及書冊一本發行。書全名為「李勉詩詞第四集及詩詞作法唱法通考」，由人文出版社印行。其間唱譜有十四闋，（見頁146-168）而所謂〈唱詞通考〉，亦僅四百字左右而已，試引錄如下：

> 詞必可唱，姜夔過垂虹詩云：「自作新詞韻最嬌，小紅低唱我吹簫」，詞之可唱，由此得證，詞不唱而以讀代之，則枯槁而不見情味，詞既可唱，故必具音律，此平仄句法之不可亂也。宋代作詞皆可唱，惜唱法久佚，幾至泯滅，吾師余氏略能傳

授，惟所唱音節稍有不符，且僅能四五闋而已，余遂往各省採
訪，足涉數千里，深具考證，多有發掘。大陸沈淪，來臺避居
者數達百萬，能唱詞者不見一二，余恐唱法失傳，遂將當年所
學者加以考訂，述之於書，標以音符，使中國文化能不絕於
世；余教授詩詞，每課必授弟子以吟詩唱詞，弟子咸感興趣。
詞之唱法，著重板眼與神韻，板眼即拍子，歌無拍子即亂，詞
無板眼亦亂，三眼一板，有慢三眼，快三眼，流水板，散板，
快板，與平劇略同，惟流水板，散板，快板係陪襯用，有時雜
在慢三眼快三眼之中，今標以音符，成為唱譜，以利學生學
習，其中襯音、尾音、音波及各種變化之音，皆有標誌，能來
聽余面授或聽錄音帶，庶可得我衣鉢也。（頁144-145）

個人見識有限，對於「宋詞古唱」，不敢置評。但衡之於學術界，對
此事反應似乎淡然。

　　有關古典詩詞古譜的收集，可從文獻資料入手，但必須經過詳實
的考證工作，始具價值。所謂文獻的「文」，是指古代的典籍，「獻」
是指當今傳誦於人口的資料。有關文獻資料，邱燮友教授在〈中國詩
詞古譜蒐集與整理〉一文中，有詳實的說明，試轉錄如下：

　　首先從「文」的資料談起，古代書籍中，有關曲譜的記載為數
不少，略舉現存詩譜如下：
（1）敦煌的樂譜、舞譜、琵琶譜：敦煌卷是清光緒二十五年
　　（1899）在敦煌石室所發現唐五代人的寫本，約三萬卷。
　　其中有舞譜一卷，伯希和編三五〇一號：樂譜一卷，伯希
　　和編三八〇八號，存於巴黎，其解說可詳見日本林謙三著
　　敦煌琵琶譜的解讀研究。有傾杯樂、西江月、心事子、伊
　　州、水鼓子、急胡相問、長沙女引、撒金砂、營富等曲
　　調。饒宗頤的敦煌曲也收輯有敦煌的舞譜和樂譜。

（2）開元風雅十二詩譜：該詩譜收錄在朱熹的儀禮經傳通解中，包括詩經國風關雎、鵲巢、采蘩、葛覃、卷耳、采蘋、小雅鹿鳴、四牡、皇皇者華、魚麗、南有嘉魚、南山有臺等十二首，每首都用律呂譜來記譜，且一字一音，是古代雅樂中現存最古的樂譜，也是宋人傳唐人唱詩經的樂譜。

（3）白石道人歌曲：南宋姜夔的自度曲，共十七首，即隔溪梅令、杏花天影、醉吟商小品、玉梅令、霓裳中序第一、揚州慢、長亭怨慢、淡黃柳、石湖仙、暗香、疏影、惜紅衣、角招、徵招、秋宵吟、淒涼犯、翠樓吟等，均用俗字譜，但無板眼。

（4）樂律全書：明代朱載堉所撰輯。其中律書第五冊，收錄有《釋奠大成樂章新舊譜同異考》，比較元代和明代祭孔的樂譜，用律呂譜寫成。該書尚輯有《靈星小舞譜》，為孩童的八佾舞，附有六十餘幅圖，為我國現存祭孔雅樂和八佾舞最珍貴的資料。

（5）魏氏樂譜：明代魏皓所輯，共收五十三首詩譜。計：詩經關雎一首，樂府古辭十八首，唐五代宋明人詞三十二首，每首均註以工尺譜。

　　魏譜係明末傳鈔流入日本，所收明人的詞，有顧潛的洞仙歌，陳繼儒的風中柳。顧潛為明弘治九年（1496）進士，而陳繼儒（1558-1636）卒於崇禎十二年，是在明代末葉，所以魏譜成書正值崑腔盛行之時。今觀其宮調，尚有宋樂的遺音。魏皓，字子明，號君山，從元琰學音律，傳其業，並著有魏氏樂器圖。

（6）九宮大成南北詞宮譜：簡稱九宮大成譜。為清代莊親王允祿奉敕編纂的，周祥鈺、鄒金生、徐興華、王文祿等分任其事，書成於乾隆十一年（1746），共八十二卷。包括南

曲的引、正曲、隻曲，北曲、隻曲等共兩千零九十四個曲牌，連同變體共四千四百六十六個曲調。此外，尚有北曲套曲一百八十五套，南北合套三十六套。詳舉各種體式，分別正字、襯字、並註明工尺、板眼。

書中收有唐宋詩詞、諸宮調、元曲、元明散曲，以及明清傳奇的曲調。書中每一曲調，均註明出處，如雍熙樂府、太古遺音、九九大慶等，以明該曲譜的來源，是今人研究唐詩、宋詞、元曲，在音律方面最豐富的參考資料。今國立中央圖書館收藏有四部，中央研究院傅斯年圖書館、臺大圖書館各藏有一部。

（7）納書楹曲調：清代葉堂編纂，王文治參訂。有正集四卷，續集四卷，外集二卷，補遺四卷，共十四卷。收集乾隆時舞臺上流行崑劇，以及一小部分地方戲、折子戲劇本，共三百餘齣。另收有玉茗堂四夢曲譜八卷，共為二十二卷，西廂記曲譜二卷，書成於乾隆五十九年（1794）。書中所收曲詞未附科白，注有工尺，板眼，是崑曲戲曲最豐富的選集。今有生齋出版社影印本。

（8）碎金詞譜：清代謝元准輯。包括碎金詞譜、續譜兩部分，收集詞譜共五百四十闋。每闋注有「原」、「增」、「補」等字樣。「原」指依照九宮大成譜的曲譜，而「增」、「補」均為謝氏採集而增列的詞譜。詞句右側為工尺譜，並註明板眼，詞句左側，注四聲格律、韻腳，可供知聲律者唱詞填詞之用。書成於道光十年（1830）。為歷代收輯詞譜最完備的書籍。原刊本為國立中央圖書館所珍藏，共兩函十冊，今由學海出版社印行，共三冊。

（9）集成曲譜：今人王季烈、劉富樑合撰。全書分金、聲、玉、振四集，每集八卷，共三十二卷，共收元明清三代崑曲可

演出之戲曲約四百餘齣。書成於民國十三年，書中對於宮
譜曲牌，詳加訂正，賓白鑼段，也注明甚詳，是研究元人
雜劇、明清傳奇重要的參考書。今有古亭書屋印影本。

（10）與眾曲譜：今人王季烈編輯。因集成曲譜篇幅繁雜，通行
不易，於是王氏更以王錫純的過雲閣曲譜為藍本，精選舞
臺常演的時劇、開場劇、散套等共一百齣，曲中詳注工尺
板眼，取名與眾同樂的意思，編訂成冊。書成於民國二十
九年。今臺灣印書館有影印本。

（11）琴府：今人唐健垣所編輯。收集歷代琴譜而成，其中包括
六朝邱明的碣石調幽蘭、宋姜夔的古怨、宋田芝翁輯、明
袁均哲注的太古遺音，明朱權的神奇秘譜，明石國禎、陳
泰合編的龍湖琴譜，清徐祺的琴況，清曹尚絅、蘇璟合編
的春草堂琴譜，清吳灴的自遠堂琴譜，清張鶴的琴學入門，
清慶瑞的琴瑟合譜，今人楊宗稷的琴學叢書等，網羅古今
琴譜，不下數百曲。其中曲譜，均為指法譜，可作倚歌，
以吟唱詩文。一九七一年，由聯貫出版社出版，共三冊。

此外，日本流傳唐人詩譜甚多，如陽明文庫所藏的五絃譜，載有
王昭君、如意娘、秦王破陣樂、飲酒樂、聖明樂、何滿子、天長久、
昔昔鹽、三臺、平調火鳳、韋卿堂、六湖州等二十二曲，為唐人石大
娘的寫譜，保有唐音的聲調。韓國方面，也保存唐宋人樂譜約百餘
篇，其彈法與聲調猶傳於樂工者，尚有三十餘調，見樂學軌範與進饌
儀軌等書。如歐陽修的洛陽春，便是其中最稱著的詞譜。

其次，民間詩社及各地的戲曲中，保持有詩詞的吟唱方式和曲
調，這是文獻中「獻」的資料。

中國詩歌可以唱和贈答，由男女情歌的唱和，到朋友的贈答，合
乎「以文會友，以友輔仁」的古訓。於是詩人墨客發起組織吟社、詩

社，利用春秋佳日，登高賦詩，或定期集會，擊缽聯吟。從古籍的記載，詩人的結社，以及詩社的活動，時有所見。如晉王羲之的《蘭亭集序》、陶淵明的白蓮社，唐李白的〈春夜宴桃李園序〉、杜甫的〈飲中八仙〉、裴度的〈綠野堂〉雅聚，都是詩人聯吟的記錄，至今傳為美談。

宋代詩社風氣已開，如浦江人吳渭發起組織「月泉吟社」，並訂有社規。明代加入詩社，尚有考選的對象。所以明清以來，詩人的結社至為普遍。就以臺灣地區而言，則始於明代沈光文的「東吟社」。

在日據時代，臺灣各地的詩社很多，而詩社的存在，便是宣揚中華文化、民族意識的所在。臺灣光復後，民間詩社仍保留舊有的傳統，定期聯吟，就以一九七三年世界第二屆詩人大會為例，在臺北孔廟聯吟，當時全省參加的詩社，便多達兩百多個詩社。其中以臺北的瀛社、天籟社，臺中的櫟社、芸香社，臺南的南社，宜蘭的東明社等，最具實力。而每一詩社，均保有吟詩唱詞的曲調和方式，頗具古風音韻，可供今人學詩吟詩的參考。

同時民間戲曲中，仍保存有古人吟唱詩詞的曲調。就以今日閩南仍盛行的「南樂」，臺灣的「南管」、「北管」，其中或存有南朝時清商樂的遺音。讀其字譜，與敦煌樂譜及日本現存的唐五絃譜所用的字譜，頗為接近。如今民間詩社吟詩唱詞的風氣已漸式微，然而如能善加蒐集與整理，其間口耳相傳的詩聲，必能延續，且可探索古人吟詩的規格與風貌。

古譜的整理工作，要求真，也要求完美。古人的詩詞記譜的方法，約有律呂譜、工尺譜、俗字譜、指法譜，其中以工尺譜最為常見。整理古代詩譜，首先要學會讀譜。而古人的詩詞曲譜，多為單一的唱譜，尚無合聲譜與伴奏譜，因此曲調的處理，也需要經過一番綜合的處理，才能達到唱的效果。

有關吟唱古詩詞的技術問題，李殿魁教授曾在〈從音樂觀點看古

詩詞的吟唱〉一文中，提出他的看法，試引錄如下：

1. 尊重古樂古譜的處理：

既然吟唱是有意義的，那麼如何唱呢？如果發掘出古譜，怎麼去解讀？讀通了又如何去唱呢？用什麼聲音，原嗓？假嗓？國語？方言？這些先決的問題，我們應該要探討，為了求真，還其本原是有必要的。但傳統中國音樂的演奏或演唱技術，在長期的忽視中，大部分已經失傳。比方說，劉天華用五線譜記下了梅蘭芳的唱腔，但是把譜子交給學音樂的人，他並不能唱得到梅蘭芳的十分之六，因為具體的部分容易體會，抽象的部分便不容易捉摸了！比如姜白石的詞譜，音符全有了，但照譜唱起來，總覺令人懷疑南宋人便是如此唱歌嗎？所以我們從平劇譜、崑曲譜和南管譜的記譜與實際的演唱，有若干的距離，最明顯的就是字的咬法和旋律中的表情與裝飾音，這是相當重要的音樂色彩條件，但又最難傳達給不懂的人。

又如伴奏樂器，在古詩詞吟唱中，也是很重要的課題。樂器不調和，或者不是這種樂器可以表現的，這些事情也都該研究，所以古譜的解讀，吟唱語音的選擇，樂器的配合，都應該有人用心去研究，否則吟來誦去，並無法對傳統音樂有多大幫助。

2. 即興吟唱的評論：

目前，被音樂界及有識之士所詬病的，便是一些自以為不傳之秘的「古唱法」，如果用一些傳統古譜分析一下，都不能符合音樂創作上的基本理論如：「起調，畢曲」，韻拍和句法等，都是規則斑斑，沒有例外，因此在發掘古代元音以為今日中國音樂創作的借鑑下，理論的根據是很重要的！大家都是即興吟唱，只能造成一種風氣，便不能提高什麼。

　　其實，中國詩歌的美讀，不僅止於吟唱，尚有徒誦的變化。而詩譜的應用，僅供詩歌吟唱的依據。一般文人學者朗誦詩歌，大半採用徒誦的方式，先將一首詩或一闋詞背熟，然後依聲律來吟誦，並將自己的情感融洽其間，發出抑揚頓挫的聲音，將詩詞中的情意表達出來。當然，詩歌與音樂的結合是可行的途徑。但出版界如果真是有心的話，或者可先行錄製前輩作曲家所譜的出色唐詩演唱曲，成果或許會好些。日前，又見幼福文化事業有限公司，擬推出「中國詩樂之旅」第二套，此套精選七十二首家喻戶曉的詩詞，由當代作曲家再度為古詩譜曲創新聲。

　　總之，就目前所見有關古體詩吟、唱的錄音帶而言，就傳統方式說，仍以邱燮友所採錄的為最好。至於創新曲部分，亦未有超越前輩作家，我們只能再拭目以待。

　　詩歌朗誦教學之所以流為歌唱，乃是對朗誦沒有正確的認識所致。因此，我們認為對於朗誦應有下列的認識：

　　一、朗誦不是歌唱：朗誦的本質是語文的活動，歌唱是音樂的活動。如果把詩文譜曲，用以歌唱，這是音樂教師的責任，已不屬於語文活動的範圍。

　　二、朗誦是屬於口頭傳播，同時更是屬於完整的語文行為。一般說來，完整的語言行為，包括書寫語言、口頭語言及肢體語言。而朗誦的活動，也包括書寫語言、口頭語言及肢體語言。因此朗誦是屬於完整的語言行為。

　　三、朗誦的特質在於聲律，而聲律在於節奏。節奏就詩文而言是音節，而音節在於平仄。也就是說音聲調中最概括、最起碼的單位是平仄。因此我們可以說平仄的排列是詩文聲律最基本的法律。又節奏大致可分為兩種：一種是語言的，自然的和個別的；另一種是文章的，音樂的和形式的。前者的節奏音節是以意義為單位，適用於語體詩文，就朗誦腔而言是「讀」與「說」。後者的節奏音節是兩字為一

節，適用於文言詩文，就朗誦腔而言是「吟」與「誦」。

　　四、朗誦的基本關鍵，在於有正確的句讀。能有正確的句讀，才能理解文義。能理解文義，自然能把握住詩文之停逗和抑揚頓挫。其實這種詩文之停逗和抑揚頓挫，就是標點符號的作用。

　　語文教育，不能只教「動手」，不敢「動口」；處理教材，不能只知訓詁，不理朗讀。事實上，一篇文章，朗誦得宜，講解的效果，就已收到一半。因此，朗誦的本質是語文教學的一環，這種口才訓練的朗誦，不但能增加語文活動的多元化，同時也有助於語文的瞭解和寫作能力的提高。

　　申言之，朗誦不但是語文教育的一環，同時就表演方面而言，它更是一門藝術。完整形態的朗誦是由朗誦材料、朗誦者、聽眾三方面組成的。優美的朗誦，讓聽眾對文學作品有具體的認識，不只要有聲音的美和形象的美，更要投入作品，流露出真摯的感情，才能具有深刻的感染力。可見朗誦是一種聲情藝術、視覺藝術的綜合。

　　個人認為朗誦在本質上，是屬於語文的活動，而就表演方面而言，則是一門藝術。在語文課程中，是一個使求學者入耳會心促進教學成果的重要步驟。我們知道朗誦與演講最大的區別是：演講是演講人表達自己的意思，朗誦乃是朗誦者表達原著作人的意思，也就是自己表達他人的觀念和感情。朗誦的方法不外運用聲音與姿態、表情，就是要以聲音和姿態表情適當表達原著作者的意思與感情。這時候，朗誦者必須聽從原著作者的「指引」，而不是你自己愛怎樣做就怎樣做。所以說，朗誦有時猶如演戲，談吐與動作越接近劇中人的談吐與動作越好，而根本上把自己忘掉。原作者是創作人；朗誦者是再創作人；這是很重要的基本觀念。是以朗誦在口頭傳播中最基本的功用，是幫助學生減輕怯場的程度；而最大的功用，則是獲得對他人思想與感情的理解。

　　身為語文教師，頗思借助朗誦，以協助學生的語文的理解與欣

賞，於是多方尋求有關朗誦的資料，又加上省教育廳指示加強中小學
詩歌朗誦教學，因此決定探討有關朗誦的問題，在尋求與探討過程
中，始發現資料的貧乏。淪陷前的資料不可見，而黃仲蘇的《朗誦
法》、洪深的《戲的唸詞與詩的朗誦》更是尋求無門。雖然我們有所
謂朗誦的表演，但有關朗誦的探討，皆屬吉光片羽，其間僅見：

> 朗誦與國文教學之研究　羅首庶編著　環球書局　1978年4月
> 文學與音律　謝雲飛　東大圖書公司　1978年11月

前者僅就語文觀點論之，有失簡陋，而後者，雖非全書皆論朗誦，但
其中有兩篇：

> 語言音律與文學音律的分析研究　頁1-30
> 作品朗誦與文學音律　頁31-50

對於文學音律，則有詳實的解說。本論文有關音律部分，則借助於此
書之觀點。除外，祝振華先生在《口頭傳播學》一書中，第六章是：

> 文學作品朗讀　見大聖書局　1982年10月3日版　頁107-130

可說較具規範，但於基本原理部分，則缺而不談。除外，亦偶見零星
論述，但亦皆失於簡陋，不得已而求其次，則有：

> 朗誦研究論文集　簡鐵浩編　香港　嵩華出版事業公司　1978
> 年10月初版

此書按文章性質分兩輯。第一輯的文章內容，主要集中在朗誦表演及

訓練方面。第二輯的文章內容，主要是集中談朗誦教學。全書計三七五頁，綜觀本書，可說具體而微，有待補述之處仍不少，是以堅定我探討的信心，而全文亦已於一九八三年四月完成，並擇抽部分論述而成〈朗誦及其基本腔調〉一文，參與一九八三年五月由臺東社教館主辦的臺灣省東區文藝研討會。爾後，幾經思索，深以為有再詳加補述的必要。其間，正披閱郭紹虞《語文通論》正續編合訂本，《語文通論》是為了出版《學文示例》而結集的一本書，所以可視為《學文示例》的序。本書是針對當時大學的國文教學問題而發。是以討論到語體與文言的問題，以及從語言文字之特性以解決文白之爭。其中所論，對朗誦問題頗多啟示。於是，決定重新改寫。而改寫全文於一九八四年七月底完成。全文計分：

　　緒論
　　朗誦的意義
　　朗誦的基本腔調
　　朗誦與音律
　　朗誦與節奏
　　節奏與聲律
　　節奏與文氣
　　朗誦的藝術

其間所論，要皆以基本的原理與原則為主，且以古詩文較為詳實。

　　行文至此，見聯副有散文週的活動（自七月二十一日起至二十七日）。這次聯副散文週，是以散文朗誦會為高潮。因此，有梁實秋的〈散文的朗誦〉為序，並有編者的話，編者的話說：

　　聯副大力提倡小說已不止十年。這期間，高才輩出幾度雲湧風

飛，創造了十分令人振奮的前景。而散文亦聯副一向所重視；
從過往刊登的多量與多樣性到近年散文獎之附設，從去夏「散
文果盤」的推出以至現在「散文週」的設計……，我們深信，
一個華風異采、宏肆壯麗的「散文年」，已到成熟的時候。「聯
副散文週」除選載十餘家清新沁涼的散文作品供您品茗消夏；
同時舉辦中國新文學史上第一次的「散文朗誦會」，藉以討論
當代中國散文在聲律上「錯綜」「變化」「順適」「秩序」的和
諧之理。十一位朗誦者都是知名作家，在內在情思的掌握及聲
音抑揚的節控方面，將有創發性的示範作用。（七月二十一日）

　　散文可朗誦是不用爭辯的，而聯副誇稱為新文學史上第一次的
「散文朗誦會」，則有失事實。當然，聯副能重視散文的朗誦，確實
使人興奮，說它是一次壯舉亦無不可。該朗誦會是由聯合報和雲門舞
集研究會聯合主辦。又時間、地點與朗誦者如下：

時　　間：第一場──七月二十五日下午三時
　　　　　第二場──七月二十五日晚上七時三十分
地　　點：臺北市南海路國立藝術館
朗 誦 者：亮軒、張曉風、林懷民、周夢蝶、管管、楊牧、瘂
　　　　　弦、子敏、蔣勳、白先勇、席慕蓉（出場序）
舞臺指導：林克華
音樂指導：王正平
演 奏 者：向新梅、李慧、陳思仔、陳家琦、莊鶴鳴

　　本人身處東隅，未克前往聆聽，頗為遺憾。謹祝朗誦成功，並希
望由此使人更能瞭解朗誦的意義。
　　本文雖歷時多年方行完成，但由於學淺才疏，忽略與不週之處頗

多，但期望博雅君子，不吝指教。又有時為行文方便，雖有襲用他人
之處，未能一一註明出處，未敢有掠美之意，讀者仍可以從參考書目
中得知。

貳
朗誦的意義

　　朗誦的媒體是語言，因此朗誦是口頭傳播的方式之一。所謂口頭傳播就是說話，以訴之聽覺為主、視覺為輔的傳播工具表達意念。是以本章，擬就傳播的角度，略述我國朗誦的源流，並說明一些與朗誦有關的用詞，而後對朗誦做個界定。

一　朗誦的源流

　　根據統計，除了睡眠時間外，我們的生活裡，有百分之七十的時間是花在與人口頭溝通上。而各種溝通方式中，其比例如下：

　　　　聽：40%
　　　　講：35%
　　　　讀：16%
　　　　寫：9%[1]

由此可見，口頭溝通或傳播是人類行為中的主要行為。

　　歐美學者一致認為，口頭傳播的歷史，應是與人類有記載可考的歷史同樣悠久。身為口頭傳播方式之一的朗誦，雖不能說與人類有記載的歷史同樣悠久，但至少是伴隨人類有藝術尋求之時而生。

　　朗誦的媒介是語言，而語言是人類達意傳情的主要標記，也就是

1　《聽》（哈佛大學出版社），頁8-9。

表達思想、交流思想的工具。語言有聽覺的口頭語言，普通所謂的語言，便是指這種口頭語言而定。其次，為了留久傳遠起見，又有用文字做媒介，把口頭語言寫錄做文字。如果，我們承認人類自始就會有藝術活動的話，那麼朗誦的起源也該始於先民，並且是始於先民的歌謠。上古無文字，只有口語之際，先民的歌謠唱誦大概是合一難分的。

　　在紙筆未曾大量流通以前，一般人是沒有機會看到書寫在竹帛上的文字，師徒相承，可能用的是口、耳，口耳相互為用。就是漢代絳帳傳經，恐怕也是用誦的方式來教給子弟們。所以，《漢書・藝文志》上說：

> 孔子純取周詩，上采殷，下取魯，凡三百五篇，遭秦火而全者，以其諷誦，不獨在竹帛故也。[2]

又孔門，言語是為四科之一，〈先進篇〉：

> 德行：顏淵、閔子騫、冉伯牛、仲弓。言語：宰我、子貢。政事：冉有、季路。文學：子游、子夏。

近代的朗誦，雖然是受西方的影響較大。但是，在我國由於語言文字特性所致，事實上是根深柢固，且源遠流長。

　　我們認為，自有作品以來，朗誦便已開端；而自古至今，朗誦的歷史已綿衍幾千年了。《周禮・大司樂》：

> 以樂語教國子，興、道、諷、誦、言、語。[3]

2　《新校本漢書》（臺北市：鼎文書局），第2冊，頁1708。

3　《周禮》（臺北市：藝文印書館《十三經注疏》本），卷22，頁337。

鄭玄注云：

> 背文曰諷，以聲節之曰誦。[4]

又《尚書‧舜典》：

> 詩言志，歌永言，聲依永，律和聲；八音克諧，無相奪倫，神
> 人以和。[5]

爾後〈詩大序〉更引而申之：

> 詩者，志之所之也，在心為志，發言為詩。情動於中而形於
> 言，言之不足故嗟嘆之，嗟嘆之不足故永歌之，永歌之不足，
> 不知手之舞之、足之蹈之也。[6]

這種「言」、「嗟嘆」、「歌詠」、「舞蹈」的不同表達「心志」的方式，
雖視表達內容及對象而言，但要皆不離「朗誦」的範圍。詩經遇秦火
而不亡，可說就是朗誦的功勞。

朱自清在〈詩言志辨〉一文裡，認為詩言志，其歷程有：

> 獻詩言志
> 賦詩言志
> 教詩言志
> 作詩言志[7]

4　《周禮》（臺北市：藝文印書館《十三經注疏》本），卷22，頁337。
5　《尚書正義》（臺北市：藝文印書館《十三經注疏》本），卷3，頁46。
6　《毛詩正義》（臺北市：藝文印書館《十三經注疏》本），頁13。
7　《朱自清集》（臺北市：河洛圖書出版公司），頁1119-1162。

而詩經時代「作詩言志」不與焉。錢穆曾論說其中原由如下：

> 中國文學開始，乃由一種實際社會應用之需要而來，乃必與當
> 時之政治教化有關聯。此一傳統，影響及後來文學之繼起，因
> 此中國文學史上之純文學觀念乃出現特遲。抑且文學正統，必
> 以有關人群，有關政教，有關實際應用與事效者為主；因此凡
> 屬如神話、小說、戲劇之類，在中國文學史上均屬後起，且均
> 不被目為文學之正統。此乃研治中國文學史者所必需注意之大
> 綱領、大節目，此乃不爭之事實。抑且不獨文學為然，即藝術
> 與音樂亦莫不然，甚至如哲學思想乃亦復然；一切興起，皆與
> 民生實用相關。此乃我中華民族歷史文化體系如此，固非文學
> 一項獨然也。[8]

詩與民生實用結合，因此藉朗誦傳達民心或宣導政令，當是可想像的
事實。《論語‧子路篇》：

> 孔子曰：誦詩三百。

又《墨子‧公孟篇》：

> 誦詩三百，弦詩三百，歌詩三百，舞詩三百。[9]

爾後《詩毛傳》：

8　錢穆：《中國學術思想史論叢（一）》（臺北市：三民書局），頁150-151。
9　《墨子閒詁》，收於《新編諸子集成》（臺北市：世界書局），下冊，卷12〈公孟第四十
　　八〉，頁275。

> 古者教以詩樂：誦之、歌之、絃之、舞之。[10]

詩的起源，與歌、舞同源，要皆緣於先民的娛樂需要，陳世驤曾就古文「詩」字，論其原始意義：

> 詩些和以足擊地做韻律的節拍，此一運動極有關係，此尤其於古文字的象形。以足擊地做韻律的節拍，顯然是原始舞蹈的藝術，和音樂，歌唱同出一源。[11]

朗誦，是緣於娛樂，也是緣於民生實用。《漢書·藝文志》引傳云：

> 不歌而誦，謂之賦。登高能賦，可以為大夫。[12]

可知登高能賦，乃是為大夫的必備條件之一。

從以上引述，可知朗誦實在是源遠流長。而與朗誦傳播有關的第一種專業者，可能是瞽者之流。《周禮·春官宗伯下》：

> 瞽矇掌播鼗、柷、敔、塤、簫管、弦歌，諷誦詩，世奠繫，鼓琴瑟。[13]

這種瞽者，既然失去勞動能力，口頭傳播就很可能是他們的重要技能之一。而俳優侏儒，在口頭傳播的歷史亦占有重要的地位。《禮記·樂記》：

10　《毛詩正義》（臺北市：藝文印書館《十三經注疏》本），頁179釋「嗣」。
11　《陳世驤文存》（臺北市：志文出版社），頁227-228。
12　《新校本漢書》（臺北市：鼎文書局），第2冊，頁1755。
13　《周禮注疏》（臺北市：藝文印書館《十三經注疏》本），卷23，頁358。

及優侏儒，獲雜子女。[14]

《孔子家語‧相魯》：

齊秦宮中之樂，俳優侏儒戲於前。[15]

當然，在綿衍的時間，自亦有其他相輔相成的因素在，以下試分述之：

（一）與名家的關係

名家因為專決名實，執名為實；於是他們的辯論，主要是順著語言的自身所展開，離開了具體的經驗事物的辯論；而做抽象推理的辯論。總之，名家之立場為純作認知探究之立場，其特性可分三方面言之：

其一，在課題方面：名家只是探索邏輯問題及形上學問題；而非政治及道德問題。

其二，在立說之依據及歸宿方面：名家只依據純粹思考，歸於邏輯理論或思辨形上學理論之建構，既不依於傳統，亦不落在歷史文化方面問題上。

其三，就名家已有理論觀之，其思想成熟程度實在早期形上學之階段，故多用詭辯。此點亦是最為當時及後世論者所注意之特性。[16]

---

14 《禮記注疏》（臺北市：藝文印書館《十三經注疏》本），卷39，頁691。

15 《孔子家語》（臺北市：中國文學名著集成編印基金會），頁12。

16 勞思光：〈名家與名學〉，收於《中國哲學思想論集》（臺北市：牧童出版社），第2冊「先秦篇」，頁294-295。

　　名家一詞，出於司馬談論六家要旨。《漢書・藝文志》，列有〈名七家三十六篇〉，並敘之云：

　　　　名家者流，蓋出於禮官。古者名位不同，禮亦異數。孔子曰：
　　　　必也正名乎。名不正，則言不順；言不順，則事不成；此其所
　　　　長也。及訾者為之，則苟鉤鈲析亂而已。[17]

自孔子倡導正名思想之後，先秦各家，幾乎都有正名思想。而這種「正名」的思想，與公孫龍等人的辯論，以今日言之，皆屬語言哲學領域。戰國時代的稷下學者，亦皆以言辯稱著，所謂「談天衍，雕龍奭，炙轂髡」，即為其中之翹楚。這種抽象推理的詭辯，自會助長朗誦的普及。

（二）與漢賦的關係

　　賦，起初並非文體之名，而是詩歌的表現形式與唱法之名。作為詩六義之一的賦，其界說是：

　　　　敷陳其事，而直言之也。[18]

就表現的形式而言，是：

　　　　不歌而誦，謂之賦。[19]

不歌而誦，是表示其朗誦性；春秋之時，已有各國外交使節朗誦詩經

17　《新校本漢書》（臺北市：鼎文書局），第2冊，頁1737。
18　徐師曾：《文體明辯序說》（臺北市：長安出版社），頁100。
19　《新校本漢書》（臺北市：鼎文書局），第2冊，頁1755。

以溝通意志的賦詩形式；到了漢代，它就成為兼具這些特質的文體之名。

賦，是以楚辭為胚胎，並更形發展；但是春秋、戰國的諸子百家以及游說等的辯論技術，也給它很大的影響。爾後，終於在漢代完成了成長。

漢統一天下，那些喪志於游說的才子，乃傾注其才於這種文體之上。以楚辭的調子做為基礎。敘事性更強的朗誦形式的文學——賦，就這樣勃興了。這種文體，極力開發言辭的機能，玩味文字，追求聽覺與視覺兩面之美，並且寓含諷諫之意。

（三）魏晉清談

話說經過東漢末年兩次黨禍的大屠殺以後，讀書人不敢評論實際的政治了。他們的談論，由政治方面轉到人物的方面去。所謂人物，並不是指當朝掌政的偉人，只是古代的或鄉黨的人物而已。採取這種題材，較可自由發揮議論，不至於觸國法；而自己的牢騷憤慨，也可借此發洩一點，在這種情形之下，於是談論的風氣就一天天的興盛起來。

所謂清談，就語言的角度而言，其實，就是尊重言語的風氣以及對言語藝術的修練。更由此，縱橫術與詭辯又在讀書界復活了。

其中，言意之辯是清談中主要的論題之一。所謂言意之辯，有三種不同的意見：

　　言不盡意論
　　徒意忘言論
　　言盡意論[20]

---

20 有關言意之辯，請參見《魏晉思想甲編五種》（臺北市：里仁書局）。其中湯錫予：

其實，所謂的言意之辯，討論的內容是言辭和意念的關係。這種思想，對於我國古代文藝理論，特別是詩論和畫論，產生過深遠的影響。

　　總之，清談議論，皆精心尋理，妙口修詞，才藻新奇，花爛映發，大有助於語言的進步。

（四）轉讀唱導

　　轉讀、唱導是印度人讀經與念唄之法。《高僧傳》卷十三〈經師論〉云：

> 天竺方俗，凡是歌詠法言，皆稱為唄。至於此土，詠經則稱為「轉讀」，歌讚則號為「梵唄」。[21]

印度的文體注重音韻，以入絃為善。初期的和尚多為西域人，故輸入印度人的讀經與念唄之法。在當時佛教徒傳教的方式有三：

> 是經文的「轉讀」。
> 是「梵唄」的歌唱。
> 是「唱導」的制度。[22]

這種誦經之法，要念出音調節奏來，是中國古代所沒有。是以南齊永明之時，周顒、沈約等人，於是創為四聲之說，並撰四聲譜，借轉讀佛教之聲調，應用聲律美化文學。[23]於是乎一變傳統的朗誦為吟。因

　　〈魏晉玄學論稿〉、〈言意之辯〉，頁23-45，及袁行霈：〈魏晉玄學中的玄意之辯與中國古代文藝理論〉一文。

21　《高僧傳》（臺北市：新文豐出版社影印大正本《大藏經》），第50冊，卷13，頁415。
22　胡適：《白話文學史》（香港：文光出版社），頁144。
23　陳寅恪：〈四聲三問〉，收於《陳寅恪先生論文集》（臺北市：三人行出版社），下冊，頁441-453。

四聲而有永明體，而後有律體的出現。律體的完成，是語言本身的一種進展。就韻文而言，這種進展是要使韻文不經由音樂的途徑，而成功為另一種「樂語」。也就是不唱而諧。

再從另個角度來看，轉讀唱導也是俗講的來源。唐代所謂俗講，乃講講唱唱，宣揚佛經。俗講見之於文字即為變文；而變文之現場演出為俗講。這種俗講即是源於印度的轉讀唱導。俗講不知興始於何時。唐人書中紀及俗講二字，為段成式的《酉陽雜俎》。《酉陽雜俎續集》卷五〈寺塔記述〉及〈長安平康坊菩提寺〉有云：

> 佛殿內槽東壁維摩變舍利弗角而轉睞。元和末俗講文淑裝之，筆蹟盡矣。[24]

其後，寺院內的俗講，因為太聳動愚夫愚婦的關係，再加上內容「淫穢鄙褻」，竟有人諷刺為「和尚教坊」，是以被禁。至宋真宗時，變文可是真正銷聲匿跡。然而，變文名雖不存，也就是說雖然不能再在寺院講唱，卻化身為諸宮調、為鼓詞、為彈詞、為說話。趁機跑到了「三瓦兩舍」，反而因此壯大，流行不輟，在後來之通俗文學上處處留下痕跡。

其後，俗講經過內容與形式上的改良，由宗教宣傳演化成為一種「說話」藝術。這種說話藝術盛於宋代。

說話，經過俗講的洗禮，始成為藝術。說話藝術在敘事抒情之時，為了更加細緻多采，更好地刻劃形象，表露盛情，來吸引和感染聽眾，自然而然地和歌唱朗誦結合起來，發展成為帶說帶唱的形式。這種形式，比純粹散說或通篇歌誦要自由靈活，更適合於細緻描寫和抒情，更受聽眾的歡迎，就成為我國說話藝術的最重要的形式。

---

24 《酉陽雜俎續集》，收於《筆記小說大觀‧九編》（臺北市：新興書局），第1冊，頁273。

（五）古文家對「氣」的重視

因轉讀唱導之影響，而使韻文不經由音樂的途徑，而成功為另一種的「樂語」。更因為俗講而成就了宋人的說話藝術，但對於古文的朗誦，則有賴於古文家對氣的重視。

古文運動的興起，本在救由駢文而來的文體卑弱之弊，使其能挺拔飛動，因此特別重視氣。而所謂古文，即是一種典雅的散文。駢文的藝術性，主要表現於文詞的色澤。古文家為了矯駢文的藻飾太過，勢必以聲調的變化，代替色澤的華美，於是氣的藝術性，對古文家而言，較駢文更為重要。

嚴格說來，文氣之說，不過是指行文之氣勢而言。與駢文之家所謂聲律，實在有同樣的性質。蓋古文家之所謂文氣，近於自然的音調，而駢文家的聲律，則屬於人為的音律。文氣以有聲律的性質，所以清朝的古文家，以為欲氣盛全在段落清楚，須於古人段落分束張起中領取其妙境妙用。而劉大櫆的〈論文偶記〉中，有更落實的說明：

> 凡行文多寡短長，抑揚高下，無一定之律，而有一定之妙；可以意會，而不可言傳。學者求神氣而得之於音節，求音節而得之於字句，思過半矣。[25]

所謂文氣，是指把人們在講話時，語言本身的抑揚頓挫，輕重急緩的語氣，度到文章裡。而度到文章裡，就要借章法、句法、修辭與虛字等去安頓它。總括起來說，便是「文氣」。氣是文章的音節，表情達意實在離不了它。音節在漢以前的散文中是一任自然的，在駢文中是指借人工去求整飾的。在唐宋以後的古文中是透過人工仍以合於自然為極詣的。

---

25 劉大櫆：〈論文偶記〉，收於《中國歷代文論選》（臺北市：木鐸出版社），下冊，頁139。

古文家因聲求氣，所以特別重視朗誦。企圖透過朗誦，而能深切體會到文章的神理、氣味、格律、聲色。這種注重朗誦的風氣，至民國以後始漸式微。

綜觀以上所述，可知朗誦的源流，及其相互相成的有關因素。

郭紹虞曾有〈中國文字型與語言型的文學之演變〉一文[26]，其中說明中國文學正因語言與文字之專有特性，造成了語言與文字之分歧，造成了文字型、語言型、與文字化的語言型三種典型之文學。郭氏曾綜括全文，表列說明如下[27]：

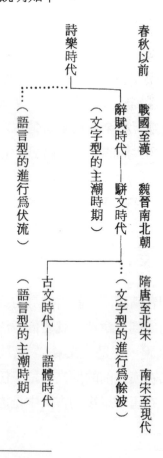

---

26 詳見郭紹虞：〈中國文字型與語言型的文學之演變〉，《語文通論》，頁67-75。
27 郭紹虞：〈中國文字型與語言型的文學之演變〉，《語文通論》，頁75。

　　申言之，我國的詩詞曲等韻文學的發展，是與音樂不可分。過去每一種新詩體都依附音樂而起，然後再脫離音樂而存。也在脫離音樂獨立之後，才有長足的進步，這種的進步，即是文學性的增加，而音樂性的減少。唐詩宋詞怎樣唱，目前已沒有完整的曲譜流傳下來，而元曲目前還能唱，四聲之外，更辦陰陽，就口頭傳播而言，詩、詞、曲由唱而吟、至誦讀，可見其本身文學性的增加。

　　至宋代，古文替代駢文，詩也跟著散文化。七律有意用不諧平仄的句子，所謂「拗調」。這或許是表示重讀而不重吟，且向口語的腔調。後世說宋詩以意為主，正是著重讀的表現。

　　在宋代已有在群眾之前朗誦的風氣。宋《五百家播芳大全》中便收集有一百幾十篇〈當廳致語〉和〈當筵致語〉。宴會之前在廳堂朗誦的稱為〈當廳致語〉；入席時朗誦的稱為〈當筵致語〉，在樂隊未演奏前又有〈小兒致語〉。所有的〈致語〉，主要是四六駢體和七律詩，或其他詩，都是當眾朗誦的祝賀詩文，和現代在公私集會朗誦祝辭一樣。此種活動，可惜只盛行於上層社會。[28]

　　文學的基礎在於語言文字，而所謂語言文字，無非是音節而已。所以，郭紹虞另有〈論中國文學中的音節問題〉一文[29]，從音節本身以說明中國文學作品中如何利用語言、文字之特性，以增加變化，並使之富於音樂性。且附音節與文體的關係如下[30]：

28　臺灣學生書局《中國史學叢書初編》有《聖宋名賢五百家播芳大全文粹》。

29　郭紹虞：《語文通論續集》，頁1-38。

30　郭紹虞：《語文通論續集》，頁38。

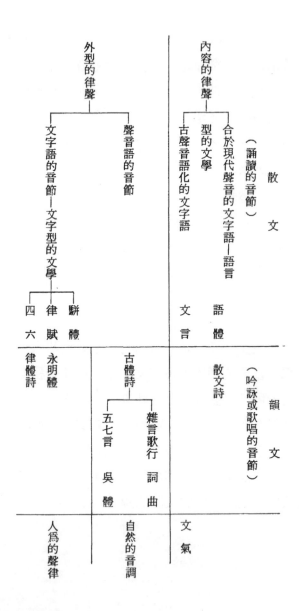

二　朗誦的意義

誦讀，在我國可說源遠流長，且早已非常重視。但誦讀之成為專門藝術，卻是受西方的影響。文學作品朗誦是美國大學中口頭傳播學

系的重要課程之一；除了專門研究戲劇的學生必須修習之外，口頭傳
播學系高年級和研究院的學生也是必修科。在美國大學中，文學朗誦
一般區分為三門課程：一是詩朗誦（Oral interpretation of poetry），一是
散文朗讀（Oral interpretation of prose），一是劇本朗讀（Oral interpret-
ation of dramatic literature）。

　　朗誦一辭，似乎興於民國初年，而當時亦是針對「詩歌」而言。
朗是明亮、清澈的意思。《說文》：

　　　　朖　　明也。从月良聲。[31]

段注：

　　　　大雅高朗令終。傳曰：朗，明也，釋言曰：明朗也。盧黨切。
　　　　十部，今字作朗。[32]

徐諧《說文繫傳》謂「月之明為朗」[33]，故朗从月，又良本作「善」
解，含有圓滿高潔的意味，月圓月潔，則益見其明，故朗从良聲。惟
隸變易作左形右聲字。因此，我們認為朗誦的「朗」字，並沒有「高
聲」的意思。應該解釋為「清楚明晰」。朗誦一般說來，就是讀出
來，讀得清楚，且把意思完全表達出來。

　　朗誦是給人聽的，不是給人看的。

　　朗誦單是聽得懂還不夠，還要聽起來好聽。

　　朗誦，聽得懂，好聽，還不夠，最主要的是要有感染力。有感染
力，才能夠打動聽眾的情感，引起聽眾的共鳴。

31　〔清〕段玉裁：《說文解字注》（臺北市：漢京文化事業公司），頁316。
32　〔清〕段玉裁：《說文解字注》（臺北市：漢京文化事業公司），頁316。
33　丁福保輯：《說文解字詁林》（臺北市：臺灣商務印書館），第8冊，頁2999引。

　　朗誦，就是指把作品用有聲的語言誦讀出來。語言和感情是有非常密切的關係的，所以一個能體會到作品感情的人，與一個不能體會到的人相比，他們相互的誦讀效果是差別很大的。因為文學作品的內容表面上雖然已由文字敘述出來，可是最重要的可能是言外之意。因此，在朗誦之前，必須先充分瞭解它明示的與暗示的意思，否則就可能失去了原意，技術還是次要的。

　　朗誦就語文而言，是一個使學者入耳會心，促進教學成果的重要步驟。它是語文教育的一環；因為語文教育，不能只教「動手」，不敢「動口」，處理教材，不能只知訓詁；不理誦讀。事實上，一篇文章朗誦得宜，講解的效果就已收到一半。因此，朗誦，這種的口才訓練，就值得重視，且必須重視。

　　朗誦，就表演方面而言，是一門藝術。

　　朗誦是聽覺藝術，也是視覺藝術，更是一種綜合性的藝術表現。這種藝術必須在時間的先後中順序發展。朗誦者誦讀詩文時，以明亮、清澈的腔音，配合句子音節的高低、強弱、重輕、緩急和停頓構成抑揚頓挫的語調，和聽眾（觀眾）在一起共同欣賞，它和戲劇的性質相近。故優美的朗誦，讓聽眾對文學作品有具體的認識，不只要有聲音的美和形象的美，更要投入作品，流露出真摯的感覺，才能具有感染力。所以有的語言學家說：用詩的語言，音樂的語言，讓語言跟音樂結合起來，加強咱們對文字感人的力量，不但有韻的美文——詩、詞、歌、賦、戲曲、民間曲藝等應該朗誦，或是能唱，就是散文也應該朗誦。

　　文學朗誦是一種藝術形式，是表演出來，供大家欣賞的，它和戲劇表演性質相近。大家欣賞了表演者的藝術，也欣賞了原作品。通過這個形式，大家獲得生動活潑的美的享受，既有聲音的美（詩歌的韻律、文句的節奏、語氣的摹擬、情緒的流露、……），也有形象的美（眼神的交流、面容的表情、手勢的活動，「特定情境」的處

理、⋯⋯），也可以把聽眾的感情、思想引入一定的內容的情境中去。朗誦者就是詩人、作家的替身，同時又是歌手，他的表演有如放聲歌唱。詩歌、文章，在他的口中重新燃起火燄，插上翅膀，變成生氣勃勃的東西。歌頌什麼？抨擊什麼？肯定什麼？嘲諷什麼？聽眾也隨同他揪起了心底的共鳴，接受了原作的思想，受到深刻的教育。

朗誦的基本腔調，一般認為可分為二種：「吟誦法」與「臺詞誦法」。吟誦法又稱吟哦式，或韻律誦法；臺詞誦法又稱為語讀式。吟誦法特重四聲，有時不顧語法，聲音旋轉有韻。臺詞誦法，特點是以語法和口語為基調。

朗誦有一般朗誦和造形朗誦之分。一般朗誦較為隨意，以詩文朗誦為主，表情應限於面部，以及發乎自然，適可而止的頭部、手部動作；其他外加的技巧，不應鼓勵。至於造形朗誦，即指藝術的表演而言，可利用科技或者非語言之人聲伴奏，以至化裝、道具之類，目的在加強形象化的藝術效果，有類似於戲劇。

一般說來，朗誦是由朗誦教材、朗誦者、聽眾三方面組成的，三者缺一不可。朗誦者選好材料經過一定時間的準備，即到一定場合去給聽眾朗誦。當給聽眾朗誦的時候，切記絕不是客觀的介紹作品。朗誦者此時是代表作者，是以作者的身份出現在觀眾面前，因此必須要有高度的自信。同時也要仔細地研究一下作者對自己作品的態度和這篇作品的意義。作者是第一次創造，而朗誦者是第二次再創造。

我們朗誦一篇作品，不是要像演員那樣去扮演一個什麼樣的角色，因此不需要在臺上去表演。而是對著聽眾敘說描繪一件事、朗誦一首詩、講一個寓言，主要的是說而不是表演。有人在朗誦的時候，指手劃腳，面部表情十分複雜，甚至裝腔作勢，拚命地想把作品的內容表演出來，結果他要說什麼誰也沒有聽明白，這就失去了朗誦的效果，也失去朗誦藝術的特點了。

朗誦也包括文學、歌唱、戲劇三方面的要素。確切的掌握一篇文

章的內容和風格，需要某一程度的文學修養；朗誦時的聲調運用和節奏變化，很像歌唱的原理；眼神投射、面部表情，以致整體的動態，則無異戲劇的做作。

前者著重個人學習，後者偏於公開表演。個人學習，不斷切磋，當有進步；公開表演（或比賽），須以個人學習為基礎，因為經過嚴謹的學習與訓練，才會有成功的演出。所以就朗誦來說，學習是本質，表演是藝術。

從以上的描述，可知本文所說的朗誦，乃是採廣義的解釋。一般說來，朗誦最重要的是忠實地服從誦材。也就是誦者要「投入」地表達原著者的意思。如果朗誦的是自己的作品，則是在現身說法。

總之，做為口頭傳播方式之一的朗誦，絕不是照本宣科，因為朗誦者的任務，是要把他所朗誦的作品中所包含的整個經驗表達出來。而這個任務並非容易。也許瞭解口頭傳播的過程，對朗誦會有所助益。

口頭傳播的過程，乃是由傳播內容的源頭，經由一條通道，流向接受傳播的對象與發生的效果的一種循環；也可以說是一種首尾互為因果或相互影響的循環。這種循環中不可缺少的步驟，歸納起來共有六個，以下分別予以簡略的說明：

1. 源頭（The Source）：在口頭傳播過程中，「源頭」就是說話人，或稱口頭傳播人。這個人要表達他的意思，因而發動了傳播行為。他要傳播的內容，可能包括經驗談；提供某種知識或資料、信息；對某一問題提出解決之道；爭取聽眾的支持；以及完成某一件社會公益事業等等。

2. 內容（The Message）：他把他的意思用語言組織成有系統的傳播內容，這種因素乃是口頭傳播中的重要條件，也是傳播中的主要思想。這個因素中包括傳播的原因，以及傳播者所希望傳達出去而使人接受的主題及有關資料。

3. 通道（The Channel）：在傳播過程中，所謂通道就是傳播工具；

口頭傳播者把他的話經由一切可以聽見、看見的符號或訊號，以及聽不見也看不見的電波等等的通道，傳到聽眾那裡去。這種工具（Media 或 Vehicles）也有人叫它們「媒介」或「媒體」（Medium）。它們在傳播中的重要性與任務，猶如人們旅行時所必需的交通工具。「傳播」在英文裡也可以作「交通」解釋，原文為 Communication。有些教會裡把 Communication 這個字就解釋作「交通」，並且用到口頭上，例如「愛言交通」就是。實際上，「傳播方便」與「交通方便」、或「傳播不便」與「交通不便」，具有相似的意義：例如使用暢通的電話，既可以說是「傳播方便」；又可以說是「交通方便」；如果像我們國內目前的自動電話，動不動就發生故障或停話，既可以說是「傳播不便」；也可以算是「交通不便」。總之，交通工具也好，傳播工具也好，口頭傳播如想收效，必須先把工具準備好，而且善加利用。

4. 接受者（The Receiver）：在口頭傳播上說，「接受者」就是聽話人或聽眾。聽眾也瞭解說話的人的意思，必須把內容不但聽進耳朵裡去，而且聽到腦子裡去；然後，再用他自己的語言「翻譯」一遍，才是他所「收」到的真正的「意思」；換句話說，如果他不能瞭解這種內容，就是沒有人接受，傳播就失去了意義。

5. 效果（The Effect）：「效果」也可以說是反應、結果或影響。傳播的內容只有在接受人瞭解之後，才能引起對它的反應。這種反應就是前面所說的「精神受到外來刺激」所引起的反應，或是「內心的反應」。

6. 把內心的反應表示出來（The Feedback）：這一個因素，足以代表全部口頭傳播過程中各階段的現象；換句話說，不但對傳播循環的每一個環節發生影響，對整個的過程都很重要。因此，口頭傳播人如果瞭解聽眾所表示的反應的重要性，就會明白在說話時用眼睛看看聽眾而且注意他們的反應是必要的了。同時，還要明白聽眾的某些反應

可能代表著什麼意思。[34]

　　當然，原則、方式與方法雖然重要，可是最重要的仍是朗誦者本身的學養與智慧。

---

34 以上有關口頭傳播過程，詳見祝振華：《口頭傳播學》（臺北市：大聖書局），頁59-61。

參
朗誦的基本腔調

本章所論，包括有關朗誦用語釋例及基本腔調兩部分。

一　有關朗誦名稱釋義

朗誦的起源，大抵是原始於先民的歌誦謠諺。當上古尚無文字但有口語之際，先民的歌謠唱誦大約是合一難分的，到了創制文字，有文學作品產生以後，先民的歌樂文詞合一的情況依然存在。不過漸次發展的結果，歌謠與諷誦慢慢地形成兩種不同的意義，有固定樂譜者謂之歌樂；無固定樂譜而高低抑揚由唱誦者任意自然發揮者謂之諷誦。所以，實際上諷誦就是今人所謂的朗誦。凡是不入樂的歌謠，固當入於諷誦的範疇，即使是「擊壤」、「康衢」等風謠，「南風」、「卿雲」等和歌，也當入於諷誦之列。在口頭傳播源流裡，瞽者可能是最早的專業者。《左傳‧襄公十四年》云：

> 史為書，瞽為詩，工誦箴諫。[1]

孔穎達疏：

> 工亦瞽也，詩詞自是箴諫，而箴諫之詞或有非詩者，如虞箴之類，其文似詩而別已。且諫者萬端，非獨詩箴而詩必播之於

---

[1] 《左傳正義》（臺北市：藝文印書館《十三經注疏》本），卷32，頁562-563。

樂，餘或直誦其言。與歌誦小別。[2]

工就是樂官，藉樂官所誦之詩以規諫為政，因而謂其辭為「箴諫」。孔氏所謂之規諫王政之失，其中有虞人（掌田獵之官）之箴，因謂「虞箴」。「虞箴」是中國最早見諸載籍的諷誦之辭。前人的諷誦，有許多不同的名稱，如吟、唱、詠、誦、哼、吟詠、吟誦、吟讀等，而我們稱之為美讀。以下試就幾個常用的名稱，略加說明與解釋：

（一）諷、誦

諷、誦是我們所能見到的最早朗誦用語。《說文解字·三篇上》：

> 諷　誦也，从言風聲。
> 誦　諷也，从言甬聲。[3]

諷字，段注云：

> 大司樂以樂語教國子：興、道、諷、誦、言、語。注：「倍文曰諷，以聲節之曰誦。」倍同背，謂不開讀也。誦則非直背文，又為吟詠以聲節之。周禮經注析言之，諷誦是二，許統言之，諷誦是一也。[4]

可知朗聲讀書，以達背書，謂之諷。朗聲讀而有節奏謂之誦。古代的誦是有腔調的，是有節奏的。

2　《左傳正義》（臺北市：藝文印書館《十三經注疏》本），卷32，頁562-563。
3　〔清〕段玉裁：《說文解字注》（臺北市：漢京文化事業公司），頁91。
4　〔清〕段玉裁：《說文解字注》（臺北市：漢京文化事業公司），頁91。

（二）吟、詠

樂府詩題有吟，詞牌亦有吟。《說文解字》：

> 吟　嗯也，從口今聲。[5]
> 詠　歌也，從言永聲。[6]

吟、含通。詠，段注：

> 堯典曰：歌永言。樂記曰：歌之為言也，長言之也。說之故言也，言之不足，故長言之。[7]

《詩·周南·關雎·序》：

> 吟詠情性以風其上。[8]

疏云：

> 動聲曰吟，長言曰詠。作詩必歌，故言吟詠情性也。[9]

長言，或為延長字音。學記「今之教者，呻其占畢」。呻是長詠，有近於歌。而吟本義為口中含物。六朝時佛經「轉讀」盛行，影響詩文的朗誦很大，於是乎朗誦轉變為吟誦。吟特別注重音調節奏。趙元任

5　〔清〕段玉裁：《說文解字注》（臺北市：漢京文化事業公司），頁56。
6　〔清〕段玉裁：《說文解字注》（臺北市：漢京文化事業公司），頁95。
7　〔清〕段玉裁：《說文解字注》（臺北市：漢京文化事業公司），頁95。
8　《詩經》（臺北市：藝文印書館《十三經注疏》本），頁17。
9　《詩經》（臺北市：藝文印書館《十三經注疏》本），頁17。

在《新詩歌集》序裡對「吟跟唱」曾有詳細的說明：

> 所謂吟詩吟文，就是俗話所謂嘆詩嘆文章，就是拉起嗓子來把字句都唱出來，而不用說話時或讀單字時的語調。這種吟法，若是單取一兩句來聽，就跟唱歌完全一樣，比方拿本集瓶花起頭「滿插瓶花罷出遊」那四句的調兒唱給一個外國的音樂家聽，他很難聽出來還是一個中國人在二十世紀新編的調兒還是說不定幾百年前早就有的一個老調兒。可是聽了許多詩之後，就曉得了。無論是「滿插瓶花」，或是「折戟沉沙」，或是「少小離家」，或是「月落烏啼」，只要是「仄仄平平仄仄平」，就總是那末吟法；就是音高略有上下，總是大同小異，在音樂上看起來，可以算是同一個調兒的各種花樣（variations）。所以吟跟唱的不同，不是本身上的不同，是用法的不同。唱九連環就是九連環，單哼調兒不唱字也還是九連環，絕對不是湘江浪。可是把吟詩的調兒單哼哼不用字，人家就聽不出是多少萬首詩中的哪一首，因為這些調兒是公用的，是全無個性的，他頂多只能說這是「仄仄平平仄仄平」起句而不是「平平仄仄仄平平」起句的罷了。在中國吟調兒用法的情形，大略是這樣：吟律詩是一派，吟詞又是一派，吟古詩又是一派，吟文又是一派；吟律詩的調兒跟吟詞的調兒相近而吟文的調兒往往與吟古詩的調兒相近；論起地方來，吟律詩吟詞的調兒從一省到一省，變得比較的不多，而吟古詩吟文的調兒差不多一城有一城的調兒（所謂調兒，並不是什麼正宮調小宮調（Key）或八十四調（note）的意思，乃是一隻調子（melody, tune）的意思，不過用起來略變花樣（variations）就是了。倘使有人把全部左傳、通鑑、古文辭類纂，以及新民叢報等等，都用九連環的調兒來吟（隨平仄長短略變花樣），理論上並沒有什麼不可

能，──也許某省某縣吟文的調兒的確是這末樣的，咱們沒有調查過全國吟文的調兒，焉能知其沒有吶？這樣吟跟唱兩樣事情比較起來，有兩點可以注意的：（一）從一段詩文上看起來，吟詩沒有唱歌那麼固定；同是一句「滿插瓶花罷出遊」，不用說因地方不同而調兒略有不同，就是同一個人念兩次也不能工尺全同，不過大致是同一個調兒（tune）就是了。要是跟著笛子唱九連環，那就差不多一定是照那個工尺唱，就不然至少也可以說唱唱兒每次用同樣工尺是照例的事情，每次換點花樣是（比較的）例外的，而在吟詩每次換點花樣是照例的事情，兩次碰巧用恰恰一樣的工尺倒是例外的了。（二）從詩歌的全體看起來吶，那就唱歌反而不及吟詩那麼固定了。吟調兒是一個調兒概括攏總的同類的東西，連人家還沒有寫的詩文，已經有現成的這個調兒擺在這兒可以用來吟它了。唱歌可就不然。這個歌是這個調兒，那個歌是那個調兒；惟其每個歌詞要有它的固定的合乎它的個性的歌調兒，所以歌調兒這東西在詩歌的全體中便是一個歌歌不同而不能固定的活東西。[10]

　　總之，吟是根據歌詞的平上去入來定大致的調子，可是不一定每次吟那個調兒。也就是說有調而無定譜。

（三）讀

《說文解字‧三篇上》：

讀　籀書也。[11]

---

10 趙元任：《新詩歌集》（臺北市：臺灣商務印書館），頁1-2。
11 〔清〕段玉裁：《說文解字注》（臺北市：漢京文化事業公司），頁91。

段注：

> 籀，各本作誦，此淺人改也，今正。竹部曰：籀，讀書也，讀
> 與籀疊韻而互訓。邶風傳曰：「讀，抽也。」方言曰：「抽，讀
> 也。」蓋籀抽古通用。史記紬史記石室金匱之書，字亦作紬，
> 抽繹其義蘊至於無窮，是之謂讀。故卜筮之辭曰籀，謂繹易義
> 而為之也。尉律學僮十七已上始試，諷籀書九千字，乃得為
> 吏，諷謂背其文，籀謂能釋其義。……諷誦亦為讀，如禮言讀
> 賵、讀書左傳公讀其書皆是也。諷誦亦可云讀。而讀之義不止
> 於諷誦，諷誦止得其文辭，讀乃得其義蘊，自以誦書改籀書而
> 讀書尟矣。孟子云：誦其詩，讀其書，則互文見義也。[12]

讀，是「抽繹義蘊」的意思。只有朗讀才能玩索每一詞每一語每一句
的意思，同時吟味他們的節奏。讀腔是口語的腔調。朱自清認為讀書
是兼指朗讀、默讀而言。

（四）朗誦、朗讀

朗誦、朗讀是較為常用的用詞。朗，就是明亮。明亮的用誦腔說
出來，即為朗誦，而明亮的用讀腔說出來，即為朗讀，一般說來，朗
誦和朗讀都不是吟、唱，只是說話的調子，吟唱是將文章音樂化。而
朗誦和朗讀卻注意意義。就「同」的立場說，二者似乎可以通用。但
就「異」的立場說，二者所用腔調有區別。朗誦是全稱，朗讀是特
稱。是以朗誦可包括朗讀。更詳細的說，朗誦是一種藝術形式，是表
演出來，供大家欣賞的，多少有點戲劇性質，大家欣賞表演者的藝
術，也欣賞了原作品。通過這個形式，大家獲得生動活潑的美的享

---

12 〔清〕段玉裁：《說文解字注》（臺北市：漢京文化事業公司），頁91。

受，既有聲音的美（詩歌的韻律、文句的節奏、語氣的摹擬、情緒的流露……），也有形象的美（眼神的交流、面容的表情、手勢的活動）可以把聽眾的感情、思想引入一定的內容的情境中去。朗誦者就是詩人、作家的替身，同時又是歌手，他的表演有如放聲歌唱。至於朗讀不過是語文教學裡的一種手段，也是朗誦裡腔調之一而已。通過朗讀，學生可以更有效地學習語言、文學、文章。教師朗讀，除給學生示範外，還可以輔助講解，用聲音使現出語言文字的表達作用。教師範讀，不能離開課本，學生聽教師範讀也不能離開課本，必須用心注視課文，把教師範讀的聲音和課文的字、詞、句、段落章節結合起來，這時就是很好的語言文字的學習。因為教師範讀得生動，已賦予紙面上的文字以生命力，已經變成活的語言了。學生的試讀、學讀當然更不能離開課本。如能把課文讀好，讀得自然流暢，把書面變為口頭的，就說明已經瞭解，已經能夠運用了。教師、學生的朗讀，完全不需要眼神、手勢，更不需要什麼面容、體態。只要注意運用聲音，把原作讀好，忠實地發揮原作的精神，用聲音表示出原作的語言運用、修辭、文章結構，體現作者的意圖，達到教學目的。目前臺灣區國語文競賽項目之一的朗讀，即是此種形態。又朱自清於〈論誦讀〉一文裡，亦曾說明如下：

　　誦讀是一種教學過程，目的在培養學生的瞭解和寫作的能力。教學的時候先由教師範讀，後由學生跟著讀，再由學生自己練習著讀，有時還得背誦。除背誦外卻都可以看著書。誦讀只是誦讀，看著書自己讀，看著書聽人家讀，只要做過預習的功夫，當場讀得又得法，就可以瞭解的，用不著再有面部表情和肢體動作。這和戰前的朗誦差不多，只是朗誦時聽眾看不到原作；和戰後的朗誦卻就差得多。朗誦是藝術，聽眾在欣賞藝術。誦讀是教學，讀者和聽者在練習技能。這兩件事目的原不

一樣。但是朗誦和朗讀都是既非吟，也非唱，都只是說話的調
子，這可是一致的。[13]

　　從以上的解說，我們知道所謂朗誦即是指把作品用有聲的語言誦
讀出來，其間語言和感情是有非常密切的關係的。又誦讀時的語言離
不開節奏，而節奏就是指聲音的高低、抑揚、長短、強弱，以及傳遞
感情的音色的適當處理。總之，朗讀者誦讀詩文時，以明亮、清澈的
腔音，配合句子音節的高低、強弱、輕重、緩急和停頓構成抑揚頓挫
的語調，和聽眾在一起共同欣賞，它和戲劇的性質相近。故優美的朗
誦，讓聽眾對文學作品有具體的認識，不只要有聲音的美和形象的
美，更要投入作品，流露出真摯的感情，才能具有深刻的感染力。持
此，可知朗誦是一種聲情藝術、視覺藝術的綜合。也就是說，朗誦包
括文學、歌唱、戲劇三方面的要素。確實地掌握一篇文章的內容和風
格，需要某一程度的文學修養；朗誦時的聲調運用和節奏變化，很像
歌唱的原理；眼神投射、面部表情，以致整體的運動，則無異戲劇的
做作。

二　朗誦的基本腔調

　　古代的諷、誦、讀、吟，統稱為美讀；而今人則稱為朗誦。美讀
的目的是在以聲傳情，使靜態的文學，變成跳動的音符，讓作品經由
聲音的組合，重新展現作者潛藏的生命力。所以美讀是一種聲情藝
術、視覺藝術的綜合創造。

　　前人怎樣美讀？怎樣朗誦？今日可見且較為詳盡的文獻是《周
禮・大司樂》：

---

13 朱自清：〈論誦讀〉《朗誦研究論文集》，頁149。

以樂語教國子：興、道、諷、誦、言、語。[14]

鄭玄注：

興者，以善物喻善事。道讀曰導，言古以劃今也。倍文曰諷。
以聲節之曰誦。發端曰言。答述曰語。[15]

鄭玄對「興、道、諷、誦、言、語」的解釋，實在不足以說明什麼是
樂語。所謂樂語，當是有其腔調，它既不同於音樂的唱，也不會是同
於說話，或者是從歌蛻化而出。

其次，《詩·大序》亦有記載：

詩者，志之所之也。在心為志，發言為詩，情動於中而形於
言；言之不足，故嗟嘆之；嗟嘆之之不足，故詠歌之；詠歌之
不足，不知手之舞之，足之蹈之也。[16]

邱燮友教授在〈中國詩詞古譜蒐集與整理〉一文裡，曾加以解釋的說：

從這裡我們可以知道，詩歌的美讀可分三個層次：第一層次是
徒誦，是詩聲，便是「言」和「嗟嘆」。舉凡，默讀、耳語、
說話、念書、誦讀、諷誦（背誦）、吟哦等皆屬此範圍。第二
層次是吟唱，是詩樂，便是「詠歌」。包括行吟、吟詠、歌
唱、嘯歌、引吭高歌，只要有曲譜可據，便是屬於吟唱。第三
層次是踏歌，是詩舞，載歌載舞，配合舞蹈。因此詩歌朗誦包

14　《周禮注疏》（臺北市：藝文印書館《十三經注疏》本），卷22，頁337。
15　《周禮注疏》（臺北市：藝文印書館《十三經注疏》本），卷22，頁337。
16　《毛詩正義》（臺北市：藝文印書館《十三經注疏》本），頁13。

括徒誦、吟唱和舞蹈，何況三者可以混合使用，加上腔調、道
白、和聲、送聲、疊唱、滾唱、幫腔、泛聲、引聲等，詩歌朗
誦的變化便很複雜而多樣了。[17]

從古籍記載：周代的詩經三百篇，皆可以誦讀，也可以弦歌、歌
舞。《墨子・公孟篇》：

誦詩三百，絃詩三百　歌詩三百，舞詩三百。[18]

而《論語・子路篇》也說：

孔子曰：誦詩三百。

且詩歌謠諺，皆可長言，即拉長聲調來直讀或采讀。戰國時的楚辭，
文中有「亂曰」、「倡曰」、「少歌曰」，便告訴我們楚辭除了徒誦外，
尚可以吟唱，而九歌便是巫覡祭祀用的歌舞曲。漢賦只能徒誦，因為
篇幅較長的緣故，只宜誦而不宜歌。漢以後的樂府詩，大半是徒歌的
謠或合樂的民歌；至於古詩，是文人徒誦的詩。

如何地美讀？有人說是歌唱讀，有人說是拉長聲唸。

王更生教授在〈美讀與國文教學〉一文裡說：

美讀不是默讀，不是朗讀，也不是吟唱。它接近音樂，但只具
有音樂的感性，卻不受樂譜、聲調的節制，名之曰「朗誦」，
也許比較接近實情。《論語》云：「誦詩三百，授之以政」，《漢

---

17 見中國詩詞傳統吟唱研究會研討會論文（1），頁2。

18 《墨子閒詁》，收入《新編諸子集成》（臺北市：世界書局），下冊，頁275。

> 書・藝文志》引傳云：「不歌而誦謂之賦」。鄭玄注《周禮・大司樂》：「以聲節之曰誦」，可見詩文朗誦，其來已久。更何況我國文字在造形上、音樂上，均富有整體美的特點。如果我們能運用明亮、清澈的腔調，配合文句音調的高低、強弱、輕重、緩急，一旦發於脣脗，必能將作者在作品中所呈現的喜、怒、哀、樂，構成抑揚、曲折的節奏感。而作品就自然形成了教師和學生間心靈溝通的橋樑，發生潛移默化的作用。[19]

不論是美讀，或是朗誦，皆沒有說明其使用的是何種腔調。

朗誦之成為專門藝術，是民國以後從西方傳過來。其中黃仲蘇先生的《朗誦法》[20]一書，可說是最具貢獻。遺憾的是此書搜購不得，據朱自清在〈論朗誦〉一文裡說，黃仲蘇先生在〈朗誦法〉裡分「朗誦腔調」為四大類：

> （一）誦讀　誦謂讀之而有音節者，宜用於讀散文。如四書、諸子、左傳、四史以及專家文集中之議、論、說、辨、序跋、傳記、表奏、書札等等。
> （二）吟讀　吟，呻也，哦也。宜用於讀絕詩、律詩、詞曲及其他短篇抒情韻，又如誄、歌之類。
> （三）詠讀　詠者，歌也。與咏通，亦作永，宜用於讀長篇韻文，如駢賦、古體詩之類。
> （四）講讀　講者，說也，譚也；說乃說話之說，譚則謂對話，宜用於讀語體文。[21]

---

19 見華陽文教出版社《中國詩詞曲史》。

20 黃仲蘇：《朗誦法》，開明書店，1936年。

21 以上見原書頁126-128。本文錄自《朗誦研究論文集》，頁156。

而朱自清先生於〈論朗誦〉一文裡說：

> 這四分法黃先生說是「審辨文體，並依據『說文』字義及個人
> 經驗」定的。按作者所知道的實際情形和個人的經驗，吟讀和
> 詠讀可以併為一類，叫做「吟」；誦講該再分為「讀」和
> 「說」兩類，誦讀照舊，只叫做「誦」。

另外，朱光潛在〈中國語文誦讀方法座談會記錄〉裡說：

> 我對於誦讀問題發生興趣，是偏重在詩的方面。詩文的諧和與
> 否，大半寄託在他的節奏上面。所謂節奏，就是音長、音高、
> 音勢三方面的起伏變化。節奏大致可分為兩種：一種是語言
> 的、自然的、個別的節奏；另一種是音樂的、形式化的、原型
> 的節奏。從語言的節奏方面說，又因為各人的呼吸循環器官不
> 能完全相同，就生出生理的節奏；對於一篇詩文的理解有深淺
> 之別，就生出理解的節奏；喜怒哀樂的變化無常，就生出情感
> 的節奏。從音樂的節奏方面說，詩本來是伴樂的，詩的節奏即
> 是音樂的節奏。過後詩離開音樂而獨立，仍能從變化雜多的節
> 奏中求得整一的形式，即所謂原型（Pattern），使大家誦讀詩
> 詞時還有大致相同的標準可循。

　　寫作時，節奏對於表現有什麼功用呢？我以為過去所謂詩文中
「氣勢神韻」，所謂「諧與拗」等等問題，都是生理的反應而已。作
者把這種反應表現於詩文中，叫讀者也感到相應的生理節奏。每個作
者和每個時代又各有一種原型的節奏，這種節奏我們是可以從誦讀中
去學習模仿的。
　　其次我們要問到誦讀時要用哪一種節奏好呢？在詩歌方面，我從

前在英國嘗聽英國詩人誦讀他自己的作品，音調都極平穩，很少極高極低或極快極慢的變化，其特別著重處，只在協韻的地方。過後，在法國聽詩人誦詩也是這樣。不過我以為誦讀詩歌通常可以用這兩種方式：即戲劇式與歌唱式，都是在形式的節奏之中流露語言節奏的讀法。至於在散文方面，我以為誦讀古文的法子原則上應該與唸詩相同，才可抓住原作的氣勢神韻，無形中得到某一作家或某一時代文章的空架子。等自己下筆為文時，也就不期而然的有某一作家或某一時代的氣勢神韻了。所以從學習和模仿的觀點來說，我是主張誦讀文言文應注重形式化的節奏。至於語體散文，誦讀要依語言的節奏為主。何時參互並用兩種節奏，則誦讀人應當看文意而定。[22]

朱氏在〈詩與樂──節奏〉一文裡也說：

> 詩的節奏是音樂的，也是語言的。這兩種節奏分配的分量隨詩的性質而異：純粹的抒情詩都近於歌，音樂的節奏往往重於語言的節奏；劇詩和敘事詩都近於談話，語言的節奏重於音樂的節奏。它也隨時代而異：古歌而今誦，歌重音樂的節奏而誦重語言的節奏。

誦詩在西方已成為一種專門藝術。戲劇學校常列誦詩為必修功課，公眾娛樂和文人集會中常有誦詩一項節目。誦詩的難處和作詩的難處一樣，一方面要保留音樂的形式化的節奏；一方面又要顧到語言的節奏，這就是說，要在牽就之中流露活躍的生氣。現在姑舉我個人在歐洲所見到的為例。在法國方面，誦詩法以國家戲院所通用者為標準。法國國家戲院除了排演詩劇以外，常有誦詩節目。英國無國家戲院，Oldvic 戲院「莎斯比亞班」誦詩戲的方法也是一個標準。此外私

---

22 《朗誦研究論文集》，頁201-202。

人集團誦詩的也不少。詩人 Harold Monro 在世時（他死在一九三二年）每逢禮拜四晚邀請英國詩人到他在倫敦所開的「詩歌書店」裡朗誦他們自己的詩。就我在這些地方所得的印象說，西方人誦詩的方法也不一律。粗略地說，戲院偏重語言的節奏，詩人們自己大半偏重音樂的節奏。這兩種誦法有「戲劇誦」（Dramatic recitation）和「歌唱誦」（Sing-song recitation）的稱呼。有些詩人根本反對「戲劇誦」，以為詩的音律功用在催眠實際生活的聯想，造成一種一塵不染的心境，使聽者聚精會神地陶醉於詩的意象和音樂。語言的節奏太現實，易起實際生活的聯想，使心神紛散。不過「戲劇誦」也很流行，它的好處在能表情。有些人設法兼收「歌唱式」與「戲劇式」，以調和語言和音樂的衝突。[23]除外，時人蘇文擢在〈談朗誦〉一文裡也說：

> 形式方面：古典文學有散文、駢文、詩、詞、歌、賦、曲等。因文章的結構不同，朗誦的方法便有異。例如：歌行體的篇幅較長，變化律強，應用昂揚的語調，詞以婉約為主，基調不必高亢，舊詩忠於四聲，宜用有韻律的吟誦法（腔調）；新詩講究語法，應用臺詞誦法，逐字逐詞交代清楚。[24]

在此不妨提到一般人所視為「吟誦」的問題。現在本港校際之流行的，我們叫它做「臺詞誦法」。其特點是以語法和口語為基調，有如戲劇的對白。此法用於白話詩文是毫無疑問的。但用於高度韻律的古典詩、詞、曲，往往缺少其應有的韻味。所以我主張用「韻律誦法」，但為什麼避免用「吟誦」一詞呢？正恐部分人士不理解，以為一如從前老先生搖頭晃腦，頭殼打

---

23 朱光潛：《詩論》（臺北市：漢京文化事業公司），頁132-133。
24 蘇文擢：〈談朗誦〉，《朗誦研究論文集》，頁35。

圈子的讀法；又容易誤解為隨意拉長腔子，加上無限制的泛聲。由於近年來部分學校的嘗試，證明韻律誦投入某種詩詞曲，其音色之優美，感染力之強度，有勝於臺詞誦者。例如前年某校集誦〈長恨歌〉，今年某校集誦〈哀江頭〉和〈牡丹亭驚夢〉，都有極佳的成績。當然二者之間，各有長短，又是看誦材而定，我常常以臺詞誦比之西方的「戲劇誦」（Dramatic Recitation），而以韻律誦比之歌唱誦（Sing-Song Recitation）。臺詞朗誦的優點是字詞語法交代清楚，如龍行虎步，一步一步，跳動得非常鮮明，適用於一切白話文和陽剛性的古典詩文。韻律誦特重四聲，有時不顧語法，聲音旋轉有韻，如跳圓舞曲般美妙，適用於輕快而幽怨的作品。中國的詩詞歌賦曲皆忠於四聲，音律優美，不妨用韻律誦來表達。[25]

又時人陳耀南在〈中文集體朗誦座談紀要〉裡云：

一、所謂腔調，指傳統的「吟哦式」和近時經常採用的「語讀式」。

二、應常運用那種腔調，這也是看誦材的性質體裁和內容而定。大抵語體作品，不能用吟哦，文言作品而屬陽剛一路的，吟哦也不是適宜的辦法。至於訓練集體朗誦，因吟哦式更較語讀式為困難，這也是有經驗者共知的了。不過，文言文的輕清陰柔一類作品，不妨斟酌採用吟哦式，文言詩詞，本來絕大部分是純書面語，作品裡的聲韻，不單是語法、結構的關鍵，也是聲情、美感的表現；搖曳抑揚，所謂低徊往復，一唱三歎，不能不說是藝術之一。自然，用

---

25 蘇文擢：〈談朗誦〉，《朗誦研究論文集》，頁41。

吟哦式的時候，字音的開合洪細，會比較不夠明朗，又欠
缺噴薄雄偉的力量，運用不善，會變成熟滑柔靡，這是應
當慎重考慮的。

三、一篇文中，也可以「吟哦」、「語讀」二式合用。譬如王維
桃源行的中段和收結兩節，敘寫仙境，押平聲韻，又如杜
甫的秋興八首之中，用支微韻的，都可以這樣嘗試。不過
當然要十分謹慎，一則極難處理得好，再則容易失去統一
和諧的美感。至於如果四聲的分別，也不大了了，作品的
主題風格，也掌握不牢，那就更無謂輕易於求變創新，弄
巧反拙了。

四、與會者亦有強烈主張朗誦必然是語讀，而絕不是吟哦，而
吟哦亦絕非今日青年所接受、所欣賞者。

五、上面幾種意見，見仁見智，本來難以統一，而且也不必統
一：因為文非一體，藝非一端，執一廢百，藝術創造就會
淪為機器製造了。如果訓練純熟，妙契自然，所謂聲與情
符，情以聲顯，則吟哦也好，語讀也好，可以各具其美。
總之，主辦和評判者客觀地衡審，不武斷、不宰制；參加
和訓練者自然地表現，所謂「新變代雄」而不造作，不牽
強，這是最重要的一點。幾年來的誦藝日進，因為如此；
以後之能夠繼續進步弘揚，也必因為如此。[26]

　　總結以上各家的說法，所謂朗誦的腔調，一般認為可分為兩種，
即「吟誦法」與「臺詞誦法」。吟誦法又稱「吟哦式」，或「韻律誦
法」。臺詞誦法又稱為「語讀式」。吟誦法特重四聲，有時不顧語法，
聲音旋轉有韻，是屬於音樂的、形式的、原型的節奏。而臺詞誦法是

---

26 陳耀南：〈中文集體朗誦座談紀要〉，《朗誦研究論文集》，頁84-85。

以語法和口頭為基調,是一種語言的、自然的、個別的節奏。而本文則依照黃仲蘇、朱自清兩位先生的說法,依次說明如下:

(一)吟

　　吟是將文章音樂化,音樂化可以將意義埋起來,或使意義滑過去。六朝時佛經「轉讀」盛行,影響詩文的朗讀很大。一面沈約等發現了四聲,於是乎朗讀轉變為吟誦。到了唐朝,四聲又歸納為平仄,於是有了律詩。這時候的文章也愈見入耳。這種律詩與入耳的駢文,可以稱為諧調,也是語言本身的一種進展。就詩而論,這種進展是要使詩不經由音樂的途徑,而成為另一種「樂語」,也就是不唱而諧,因此吟特別注意音調節奏。吟的原則是二字一頓,每頓又都可以延長字音。趙元任在《新詩歌集》裡說過,吟律詩吟詞,因字數固定,平仄諧暢,各地的腔調相近。而吟古詩吟文就相差得多,因為古詩和文,平仄沒有定律。吟是根據歌詞的平、上、去、入來定大致的調子,可是不一定每次吟那個調兒。黃仲蘇在〈朗誦法〉裡說:

> 所謂吟者,……聲韻應叶,音節和諧。吟哦之際,行腔使調,至為舒緩,其抑揚頓挫之間,極盡委婉旋繞之能事。……蓋吟讀專以表達神韻為要。[27]

古人所謂吟,往往已進入「吟唱」的範圍,不論是高聲朗誦或簡單的吟誦,實際上幾乎已等於歌唱。這種的吟,往往各自為政,既不合語言的節奏,又不合音樂的節奏。不過就一般吟舊詩的方法看,音樂的節奏重於語言的節奏,性質極不相近而形式相同的詩往往被吟成同樣的調子。

---

27 據《朗誦研究論文集》裡朱自清〈論朗讀〉一文引,頁159。

總之，古文和舊詩、詞等都不是自然的語言，非看不能知道它們的意義，非吟不能體會它們的口氣——不像白話詩文有時只聽人家讀或說就能瞭解欣賞，用不著看。吟，將那些不自然的語言的口氣慢慢顯示出來，讓人們好捉摸著。桐城派的因聲求氣就是這個意思。這種吟法，有人稱它為搖頭晃腦，頭殼打圈子，有時可以隨意拉長腔子，甚至加上無限的泛聲，頗具旋律的效果。前人有「一字三聲」，即指一字分「字頭、字腹、字尾」的唱法，如此的吐字，自能正確且優美。

（二）誦

以聲節之曰誦，誦不僅是背文而已。可見古代的誦是有腔調的，有人說誦腔頗類似和尚唸經。目前腔調雖不可確知，但「長言」或「永言」，就是延長字音的部分。它與吟最大的區別是：吟是有旋律的性質；而誦僅具節奏感。以前私塾兒童誦讀《百家姓》、《千字文》、《龍文鞭影》以及《四書》等腔調，大致兩字一頓，每一停頓處字音稍稍延長。又有一字一頓的。兩字一頓是用在整齊的句法上，一字一頓是用在參差的句法上。前者是音樂化，後者逐字用同樣強度誦出，讓兒童記清一個字的形和音，像是強調的說話。這後一種誦，機械性卻很大，不像說話那樣可以含糊幾個字甚至吞咽幾字，反而有姿態，有味。目前小學生讀國語教科書的腔調，即是誦，又鄭大挺記憶黃季剛等人的唸書腔調，亦屬誦。試引錄如下：

> 以為從前的文人朗誦詩文，實際上是有個腔調的，不過因地、因人、因文互有差異而已。我小時生長在北平，初唸國文並沒有特殊的腔調，如《三字經》、《百家姓》以及《論語》都只以語音本調一字一字規規矩矩地唸。不過讀到《孟子》，如〈梁惠王〉章，就漸需要腔調，然而字音仍不離語音。入中學後，國文先生是桐城馬氏，他唸古文很講究，聽起來令人神往。到

北大後，才曉得黃季剛先生唸書有自創的特別腔調，當時名之
曰「黃調」；由此也可以知道各人自有其唸書的腔調。黃晦聞
先生講詩並不朗讀，不能知道他的腔調。碰見任何妙的句子，
他只反覆唸之而已。沈尹默先生亦大致如此。我誦讀教育的師
承也不過如此。[28]

（三）讀

　　現在的朗誦，其實是朗讀。朗讀該是口語的腔調。是用說話的語
調去讀，一般說來，讀只是讀，看著書自己讀，看著書聽人家讀，只
要做過預習的功夫，當場讀得又得法，就可以瞭解的，用不著再有面
部表情或肢體動作，是注重意義。宣讀文體就是用說話的語調。讀雖
然用說話的調子，可是究竟不是說話。讀比不上說話的流暢，多少要
比說話做作一些。讀第一要口齒清楚，吐字分明。讀之所以比不上說
話，那是因為古代詩人並非語文一致。而現代的散文、新詩，也並非
是口語，其語言有歐化、古代文言等，並不可能順口說出。從前誦讀
詔書，現代法庭裡宣讀判詞，都是讀的腔調。讀注重意義，注重清
楚，要如朱子所謂「舒緩不迫，字字分明。」不管文言、白話，都用
差不多的腔調。這裡面也有抑揚頓挫，也有口氣，但不顯著；每字都
該給予相當分量，不空滑過去。整個的效果是鄭重，是平靜的。現在
讀腔是大行，除恭讀〈國父遺囑〉、〈蔣公遺囑〉外，還有青年守則。
青年守則聽眾必須循聲朗讀。又一切應用的文言都只宜於讀。

（四）說

　　說是指照最自然最達意的語調的抑揚頓挫來說的，也就是本於口
語，只要說就成。而事實上口語和文字究竟很難一致。一般說來，戲

劇是預備演，所以他的對話是最自然的，非用口語不可。戲劇雖然不止是預備說的，但既然是最自然的對話，當然最合適於說；要訓練說腔，戲劇是最合適的材料。小說和散文雖然也有對話，可是口語比較少。因此，語體詩文還是以讀為主腔，說是輔腔。趙元任在《中國話的文法》一書，曾說及有關「談話的類型」，試引錄如下：

> 言語是行為的一種，除了長篇大論的談話以外，通常都是夾雜在別的行為裡。咱們語言學者總有個錯覺：因為常常處理長篇語料，就覺得獨白或連續的對話就是日常用的話。其實，這也是早期有聲電影劇作家所犯的錯誤。那時的影片沒有一刻沒有對白，好像要撈回那麼多年來無聲電影的損失似的。慢慢的他們才知道，說話只是故事發展的一部分，而且電影技術也比較靈活，動作跟布景方面不如舞臺劇有很多限制，需用對話的地方也就少了。
>
> 以下按彼此間的連繫程度，順序列出談話的各種類型，從比較咬文嚼字的，到日常生活實用的言語的片段：
>
> （1）照著稿子呆板唸的獨白。例如教授的無線電廣播演講。
>
> （2）劇本上的對白。雖然寫得活生生的，但是沒有經驗的學生念起來就死板板的。
>
> （3）只有大綱，甚至連大綱也沒有的臨時演說。
>
> （4）連續的對話。好比丁西林早期仿王爾德（Oscar Wilde）的作品裡的對話；或是兩位女士上午十一、二點鐘時聊天的電話。
>
> （5）摻雜著動作或在事情發生中的獨白，而這種動作或事情又影響甚至決定下一句話該說什麼。比方一個示範某種操作的演說。
>
> （6）上項情況下的對白。

（7）動作或事情發生中偶然的插話。比如：打麻將、看比賽或
　　者在宴會上，尤其是上了一道新菜後說的話。

（8）對某種情況的反應，或突然想起一件事時說的話。比如
　　「對了！」就是突然想到一件要緊的事情，得馬上說出
　　來，不然又忘了。

該注意的是，各類談話之間，在句子結構跟表情上的不同，要
比在文法的其他方面來得顯著。[29]

　　總結以上四種腔調，吟、誦即屬於吟誦法；讀、說即屬於臺詞誦
法。前者適用於古詩文，其吟、誦關鍵在於「兩字為一節」與「平
仄」上。後者適用於語體的詩文，而朗誦重點在於以意義單位為主的
音節上。其中「讀腔」亦可適用於古詩文上。又朗誦時，除「說腔」
外，皆以讀「讀音」為主。

　　申言之，朗誦的腔調可交互應用，其原則端視應用之妙。朗誦是
聲音的藝術、聲音的出版，也是聲音的雕刻。在以前朗誦是屬於時間
的藝術，朗誦後便消失，無法重視；如今科技的進步，已能將音、儀
態、動作全部過程記錄下來。因此，朗誦不妨用錄音機或錄影機；不
斷的改正和嘗試，便可以發現怎樣的朗誦，才是最有效果，最為成
功。在比賽中，為求公平競賽，彼此條件均等，在可能的範圍內，仍
以純然倚賴朗誦者聲情的表達，不借助配音襯托為佳。

　　至於聲音表達之中，也應該防止過分的誇張，過分的表演。有人
就因為聽到語文教學中的朗讀帶有「戲劇腔」、「舞臺腔」而產生反
感。這就是一個「適度」和「不適度」的問題。一般人所說的腔調，
實際就是節奏。舞臺表演，場面大、觀眾多，舞臺的對白、獨白，需
要在聲音上加以誇張；同時，因為它是藝術，也就需要美化，充分把

29　趙元任：《中國話的文法》（香港：香港中文大學），頁10。

音樂性的節奏吸收進去。而朗讀除了詩歌、韻文也要講求節奏外，就不必這樣突出了。當然，誇張也要有一點，藉誇張突出語言運用的效果，但要適可而止。節奏也要有一些，不如此則不能感覺口齒清晰，但不要太顯，太顯就有生硬不自然的感覺。

肆
朗誦與音律

　　朗誦是用清晰明朗的語言，把誦材的詞句和它所蘊藏的意思表達出來，而後傳播給觀眾。因此，朗誦離不開語言（包括聲音語與書面語）。語言是人類傳播思想的媒介。瞭解語言與語音，實在是有助於思想的傳播。是以本章首論語音與及其形成因素。我們知道，語言本身為達傳播思想目的，首先，要使別人聽起來較為悅耳。其實，語言內在就有一種悅耳的音律存在，只要有語言的活動，就必然有語言的音律。但我們卻不能因為語言中必定會附有音律，不必去特別經心就自然存在，而忽視了他的重要性。儘管語言的音律是天生自然的，要充分地運用語言的音律，把握語言音律的重點，使語言發揮更高的功能，那實在不是一件容易的事。本章乙節的「文學音律」，即是說明把語言音律運用到文學上，所形成的各種類型的文學音律。文學音律的瞭解，乃是朗誦者所必須具備的文學知識。本文所論文學音律，則以謝雲飛先生的〈語言音律與文學音律的分析研究〉、〈作品朗誦與文學音律〉兩文為主。[1]

　　現代的朗誦，其實就是以朗讀為主，這種朗讀要注意語氣的配合、句讀的清楚、字音的正確、聲調的自然。也就是說，現代的朗誦是以中國語、國語為媒介，是以兼論漢語與國語的特質。而國語的特質部分，則錄自正中版的《國音學》（見頁62-64），此書是師範大學國音教材編輯委員會編纂而成，自有其權威性，是以錄之。

1　謝雲飛：《文學與音律》（臺北市：東大圖書公司），頁1-50。

一　語言及其形成因素

完整的語言行為，包括口頭語言、書面語言與身體語言。其中口頭語言的傳播是人類行為中的主要活動。我們瞭解口頭語言是人類一種以聲音為主的溝通信號。在此一定義下，語言為人類專有的、聲音為主的、約定俗成的、具有系統的、構成信號、具有溝通效能的諸性質。

語言的形成，是由於人類有一套相當完整的能發出聲音的器官，這些器官能發生並調整語音。它們包括兩個部分，第一部分叫做「呼吸器官」，靠肺部的一呼一吸，發出源源不斷的氣流，這就是發音的原動力，但是並不是發音的本體，人類的發音體是藏在喉頭裡面的聲帶。我們說話的時候，利用從肺裡呼出來的氣流，經過喉頭，使聲帶顫動而發音，然後從氣流到了口腔、鼻腔，又受到了節制，發生種種的變化，因而形成種種不同的聲音。

無論任何人在說話的時候，他都不是把要說的話一口氣地、不分高低地、不停頓地說完或間歇，而是配以適當的高低抑揚，把話分成若干小的段落，很有節律地說出來，這種小的段落即形成適切的停頓和間歇，不完全是標點符號斷句的地方，而且每個說話的人所停頓的地方，不完全一樣，但說話必須有適切的停頓和間歇，再配以抑揚頓挫，把它生動地表達出來，這是天經地義的事，這就是語言的音律。音律就是一種聲音的節奏。所謂節奏是指在一定的時間之內，規則化地重複某種感覺的印象。所以，音律只是許多種節奏中的一種，因為這種節奏是因聲音而形成的，所以稱之為音律。音律是語言內在的成素，只要有語言的活動，就會有語言的音律存在。因為只有具有規律、有一定頻率的音波，聽起來才較為悅耳。因此，語言音律的形成，乃是緣於生理上與語義上的需求所致。

說話和人的呼吸活動是有密切的關係，呼吸供給說話必須的空氣

量，不呼吸，人便不能說話，人的呼吸是有一定的規則的，說話為了配合呼吸上的要求，不得不有規則。一般人的正常呼吸，大約是每分鐘十七次左右，呼出的空氣要由吸入的空氣來補充。為了適應人類本身呼吸上的需求，所以人們在說話的過程中，不得不做適當的停頓或間歇，否則，人的生理上就有不自然和不舒服的感覺。於是在口語裡自然而然地分成若干段落，這種段落叫做「呼吸段落」。

　　說話除了和人的呼吸相關以外，同時，也和人使用語言的目的有關。人類使用語言的目的是為了要表達情意，以完成交際、思想交流，使人與人之間能互相瞭解、互相合作、互相幫助。為了要清楚的、明確的傳達思想、情感，而使對方能清楚、明確地瞭解和接受你所表達的情意，就必須用盡方法使自己的語詞之語義能顯明的表達出來，而在一些語詞和另一些語詞之間作適切的停頓、間歇、升高、降低、拉長或縮短音調、加重或減輕語氣，就是使語氣更顯明化的一種方法，這樣，也就自然而然地產生語言的音律。

　　一般說來，我們人類的耳朵能夠辨別千變萬化的聲音，而聲音的發生卻是由於物體的振動。那麼我們究竟是憑什麼去辨別這些聲音呢？一般語音學家都是從音高、音勢、音長、音色等四個聲音要素來著手。

（一）音高

　　就是聲音在音階上的高低程度，簡單的說，就是聲音的高低。從聲學的觀點來看，音高是由發音體在一定的時間裡所發生的顫動次數或音波次數來決定的。這種在一定時間內的顫動數，叫做「頻率」，所以也叫做「音頻」。一次顫動，就構成一個音波，音波振動次數多，聲音就高；音波振動次數少，聲音就低。我們說話的聲調有高有低就是這樣構成的：說陽平調的時候，音波振動次數由少到多，聲調就上揚；說去聲調的時候，音波振動次數就從多到少，聲調就下降。如果有甲、乙兩個音：甲音在每秒鐘內顫動一百次，乙音在每秒鐘內

顫動一百五十次，那麼我們就說乙音的頻率比甲音大，也就是乙音比甲音高。

從生理的角度來看，音高是由於人類聲帶的長短、鬆緊、厚薄的不同而產生的。聲帶長、鬆、厚的，發的音就低；聲帶短、緊、薄的，發的音就高。人類聲帶是天生的，無法加以改變或調整，但要鬆要緊是可以控制的，因此，同一個人發的音，可以有高低的不同。

我們漢語的音高，在音位上的辨義價值是極高的，如「媽」、「麻」、「馬」、「罵」四個詞的音長、音強、音色大體上是一樣的，但因為音高變化的不同，也就構成了他們之間的聲調之異，於是它們之間的詞義之異也就藉著聲調的不同而大有區別。除此之外，大部分的語言更利用音高的變化，來表達不同的感情；同時利用音高的適切調配而使形成音律上的高低升降之美。所以「音高」是形成音律的要素之一。

（二）音長

音長決定於顫動時間延續的久暫，它只計算一個音從開始發音到停止發音的總時間，而不計算它的音高跟音量。計算音長的方法，在音樂上是用拍子（可按實際需要作長短的調整）；在聲學上是用時間來計算的。在語音學上，元音的音長較長，輔音的音長較短。而輔音中，濁音跟清音、鼻音跟塞音的音長又有所不同，這都不能用拍子來計算的。

音長就是發音在時間上的長短，也就是發一個音素時所經歷的時間之久暫。語音的長短與發音器官緊張時間的長短有關。音長也是構成語音的四大要素之一。一切音素都沒有固定的音長，完全憑發音人的意志來自由決定，通常說話快的人，個別音素的音長所占的時間較短；說話慢的人，個別音素的音長所占的時間也就較長。這是由人而定的，並無絕對的標準。從聲音的本質來說，摩擦音一定比閉塞音容

易延續時間。其他同種類的音素也可以比較的長，比較的短，主要是以它們的地位和功用如何而定。我們無法找到典型的音長或音長單位。所謂「長短」，沒有絕對的標準，只是比較的結果。通常是元音較長而輔音較短，輔音則閉塞音較短，而摩擦音較長。

　　在一般的語言裡，輔音的音長都沒有辨義作用，因此同一音素的輔音之長短就沒有音位上的分別，但元音的長短之別，卻是語言學家早就注意到的了。印歐族的語言很早以前就有長短元音的區別，梵語、希臘語、拉丁語等都有長短元音、長短音節之劃分的。元音的長短既有區別，則它在「辨義」上就必發生作用，而在文學語言的表現上，也就必會發生長短調配以成音律的現象了。所以，用元音的長短之適切調配以成音節諧和的文學作品，在印歐族的語言中是很常見的事實。

（三）音勢

　　又叫做「音量」或「音強」，是指聲音的大小、強弱而言，這大小、強弱是由聲音傳到耳朵的鼓膜的力量來斷定的。它跟音波的長短沒有關係，而是按照音波的波幅的大小來決定的。波幅的大小，就水波來說，是從波峯和波谷的高低程度來決定的，峯頂跟谷底的距離大，波幅就大，波浪就高；就音波來說，是由密部跟疏部的疏密程度來決定的，疏密相差大，波幅就大，聲音就大就強，疏密相差小，聲音就小就弱。因此，音波波幅的大小，跟聲音的強弱是成正比的。

　　人類說話的聲音的大小強弱，是看呼出的氣流壓迫發音器官各部位的力量的大小強弱而定。

　　在很多語言中運用音強的不同構成重音和輕音，以區別語言的「詞彙意義」或「語法意義」。在句子中把某些詞特別讀的重一些，還可以表現不同的感情色彩，同時也是強調這些重音的意義。

　　音強因表現的所在不同，可以分成以下幾種不同的類別：

1　強調音

　　一般人所謂的「強調音」，其實就是「重音」，強調音可分為兩種：第一種是「音的強弱」，也就是我們通常所說的「重音」；第二種是「音的高低變化」，即在同一音節中的音素之前後音調的高低變化。語言學家稱這第二種強調音為「聲調」或「音節聲調」，聲調除重音的音素外，高音的音素還更占重一些，這不當在討論「音強」時討論它，我們這裡只討論一般純粹音強的「重音」。

2　元音重音

　　一個詞的重音有時是在前一音節，有時是在後一音節，但無論如何，它只表現在元音之上的，我們稱之為「元音重音」。一般語言中，表現它們的重音的，多數都在元音上，也就是說，以元音重音為最多。語言音律中以輕重音為音律音素的，也多數是元音重音。

3　輔音重音

　　重音的表現是落在輔音上的，謂之為「輔音重音」。輔音重音能把普通輔音變成更長更強的輔音，當然這輔音之後的元音也同樣地受影響，雖然它比輔音弱，卻能到達一般重音的程度。以多音節語來說，重音輔音一定是第一個輔音，無論它的前面有無元音，在它的前面總不會再有輔音的。不過，有的時候，前面有元音的詞，也可以和它的前一個詞的輔音收尾連在一起，而把重音落在它自身的輔音之上。

4　音節重音

　　許多語言都運用重音來表現不同的詞、不同的語法作用。落在不同音節上的重音，能使音素節構相同的詞有不同的詞義，而成為不同的詞，或具有不同的語法作用。

5　詞組重音

許多語言都有詞組重音，詞的重音是以重音落在不同音節的情況來辨義的；詞組的重音則是以重音落在詞組之中的哪一個詞來定詞性組合的規則的。譬如說：法語的詞組只有最後一個詞有重音，如「beaucoup de monde」[bo-ku de mod] 就是詞組的重音。

6　邏輯重音

有些語言特有一種使某一個詞的意義突出的重音，這種重音語言學稱之為「邏輯重音」。由於邏輯重音，才能使句子裡要想強調意義的某個詞（或某些個詞）突出，同樣的，在整段話中，因為有了邏輯的重音，才能使有特殊意義的整個句子（或某一些句子）突出，這種重音叫做「意義的重音」或「邏輯的重音」。

上述六種不同的重音，也就是六種不同的「音強」，在一般的語言中往往利用上述那些不同類型的音強，來形成不同的語言音律，以顯示語言進行時的節奏之美的。

（四）音色

也叫做「音品」。是指聲音的品質跟特點來說的，也就是聲音的個性。我們試把鋼琴、提琴、笛子、喇叭……等等樂器，按照同樣的音高、同樣的音量、同樣的旋律來合奏，聽起來雖然是一個調子，可是我們仍然能夠分辨得出哪個聲音是鋼琴的、哪個聲音是提琴的、哪個聲音是笛子的、哪個聲音是喇叭的……，這就是因為各種樂器所發出的聲音都有它們特有的個性的緣故。人類說話的聲音也是如此，每個人都有自己特有的音色，就跟人的面孔一樣，不容易彼此完全一樣。

從聲學的觀點來說，音色就是顫動形式的不同，或者說是由於音波式樣的不同、波紋的曲折不同。而音波形式的不同，則是隨著基音

與陪音之間的強弱比例的不同而產生的。在單純音中，無所謂音色的不同，通常所謂的音色之不同，都是指複合音而言的。

在複合音中，基音與陪音的強弱是不成單純比例的，有些複合音的陪音強，有些複合音的陪音弱，正因為有這種複雜的變化，才會產生各種不同「音色」的複合音。

音色的差別是因下列幾種因素的影響而產生的：

1　發音體與音色

發音體的不同，最能影響音色，也就是說：發音體不同，音色也就大異。如簫、鼓、鑼、胡琴等所發出來的聲音都不同，那就是因它們的發音體不同，所以音色也就大異；不僅如此，即使是同一把胡琴，因為用粗絃、細絃、鋼絃、絲絃之異，也往往影響音色而使互不相同。

2　發音體的發音方法與音色

發音體的發音方法不同，音色也就因而有異。以同一架絃樂器來說，雖然它的「絃的質地」（如：絲絃、鋼絃）、「絃的長度」、「絃的鬆緊」及「共鳴器」等都絲毫不改變，但用「弓」去拉，用手指去彈，或用小棍去敲，它所發出來之音色也就不同。

3　發音體所具有的發音狀況與音色

這裡所謂的「發音狀況」是指同一發音體，同一發音方法，但因發音體本身受到壓抑，或發音後以手掩住振動部分，或空氣不同，或絃的鬆緊改變等不同的狀況，往往也是促使產生不同音色的音素。人體發音時，口腔、鼻腔的狀況乃是可以任意變化的，如鼻腔的開閉、咽頭的收放、聲門的大小、舌頭的高低等狀況的變化，所以同一個人的發音，音色就有說不盡的複雜和差異，這種音色的不同，簡直不是

任何樂器所能與之相比擬的。

　　音色的運用，在一般語言中可形成音律上的美感，尤其是文學語言之音律中的「諧韻」（Rhyminy），完全是利用音色來造成的，這在詩歌和有韻的文學作品中，是一項不可或缺的要素，所以研究音律的人，對語音的音色是十分重視的。

　　總之，語言音律形成有四個要素：顫動次數的多寡──音高，顫動波幅的大小──音量，顫動時間的久暫──音長，及顫動形式的差異──音色。

二　文學音律

　　用語音來表達語言，是有一定的規律和一定的節拍的，表達語言及語詞組織的規律，我們稱之為語法，語言用語音表達時的節奏，我們稱之為音律，一般語言表達時所顯示的音律，是指語言在表達過程中，其語言聲音所表現出來的高低、強弱、長短及音色的變化之適切分配而言的。因此語言音律的瞭解和適切的運用，至少有下列三種好處是可以依賴它來表現的，那就是：

　　（一）增加一般語言和文學語言的美感。
　　（二）加強文學作品的藝術生命，增加文學語言的音樂性。
　　（三）加深表現語言所要表現的各種感情。

語言的表達，本來就是要帶一點兒音樂性，如果特別強調語言音律的話，則其音樂性也就更濃，所以美好的文學作品是不可忽視語言音律的；而平常說話，語言音律的運用，也是有其必然不可忽視的良好效果的。

　　如果把語言運用到文學上去，尤其是需要特別顯示音律的詩歌，

及組織嚴密的有韻文字，則其語音所表現的高低、強弱、長短及音色的變化，更需有十分精密和適切的調配，這種文學語言的音律，我們稱之為文學音律。

申言之，文學作品是以語言來表現，因此文學作品中牽涉到音律部分，其實也就是所謂的一般語言音律。在文學作品當中，特重音律的韻文和詩歌，尤其是在詩歌的語言中，音律幾乎就是它的生命。但是，在詩歌中的音律，實際上就是語言的音律，因為詩歌的音律，主要的是通過語言的音律來形成的，只是從詩歌的藝術成就來說，它比普通語言更強調音律而已。因為詩歌是最強調音律的一種文學作品，所以我們稱為「文學音律」也就是詩歌的音律。實在的說，儘管詩歌的音律是通過語言的音律而形成的，但我們日常說話並不會說成像詩歌那樣，也就是說：不會把普通語言說成有「韻腳」、有固定的「節拍」、有固定的「平仄」、有固定的「音之長短」；普通語言只講自然，雖有音律，也只是自然的音律，如風吹林梢，水流山澗，其所表現的音律是一種天籟，是極其自然而不勉強的。詩歌的音律則是富有人工雕琢的「強調」的，如刻意求工的歌劇，節奏顯明的交響樂，雖其中也儘量設法表現「自然」，但與真正大自然的「天籟」總是大有區別的。這是「文學的音律」和「語言的音律」不同之處。

以下分別說明文學音律的類別：

（一）長短律

古代的印歐族的語言，如梵語和希臘語，都是用音的長短來表現音律的，表現的方法是：使長音作週期性的重複。在我們漢語中，用音長表現音律的現象，雖不如用音高表現音律那麼明顯，但舊詩中的「平仄格律」，裡面就包含了「長短律」的成分，王了一先生在討論「平仄」中「為什麼上去入聲合成一類（仄聲），而平聲自成一類？」的問題時說：

聲調自然是以「音高」（Pitch）為主要的特徵，但是長短和升降也有關係。依中古聲調的情形看來，上古的聲調大約只有兩大類，就是平聲和入聲。中古的上聲最大部分是平聲變來的，極小部分是入聲變來的；中古的去聲大部分是入聲變來的，小部分是平聲變來的（或者是由平聲經過了上聲再轉到去聲）。等到平入兩聲，演化為平上去入四聲這個過程完成了的時候，依我們的設想，平聲是長的，不升不降的；上去入三聲都是短的，或升或降的。這樣，自然地分為平仄兩類了。「平」字指的是不升不降，「仄」字指的是「不平」（如山路之險仄），也就是或升或降。（「上」字應該指的是升，「去」字應該指的是降，「入」字指的應該是特別短促。古人以為「平」「上」「去」「入」只是代表字，沒有意義，現在想來恐不盡然。）如果我們的設想不錯，平仄遞用也就是長短遞用，平調與升降調或促調遞用。[2]

自來人們對近體詩格律中的「平仄」，只把它看成是單純的「聲調」問題，殊不知「聲調」本身就是相當複雜的一個問題，因為「聲調」之中包括了「高音」（Pitch）、「音長」（Long or short），而且，某些情況之下有時還包括了「音強」（即音的輕重〔Accent or stress〕，如漢語中經常有「輕聲調」的出現）等成素。因此我們對「平仄」就不能把它看成是單純的聲調問題，尤其是漢詩中把平仄的間隔調配來表現其音律，是頗有西洋詩中「長短律」的意味的，所以王了一先生在討論「為什麼平仄遞用可以構成詩的節奏？」問題時說：

　　英語的詩有所謂輕重律和重輕律。英語是以輕重音為要素的語

2　王了一：《中國詩律研究》（臺北市：文津出版社），頁6-7。

言，自然以輕重遞用為詩的節奏。如果像希臘語和拉丁語，以長短音為要素的，詩歌就不講究輕重律或重輕律，反而講究短長律或長短律了。（希臘人稱一短一長律為 iambus，一長一短律為 anapert，一長二短律為 dactyl，英國人借用這個術語來稱呼輕重律和重輕律，這是不合理的。）由此看來，漢語近體詩中的「仄仄平平」乃是一種短長律，「平平仄仄」乃是一種長短律。漢語的詩律和西洋詩律當然不能盡同，但是它們的節奏的原則是一樣的。[3]

這種說法是完全正確的，事實上，漢語近體詩中的「平仄」遞用，主要的就是要把音的長短作適切的調配，使產生長短律或短長律所表現的節奏之美。

利用音長組成的文學音律，我們就稱之為「長短律」，細分之可有「短長律」、「長短律」或「一短一長」、「一長一短」、「二短一長」、「一長二短」，甚或可演為「二短二長」、「三短二長」、「二長三短」等等不同的類別，但總而言之，我們可概稱之為「長短律」。

（二）輕重律

利用語音的輕重而形成詩句的節奏，我們概稱之為「輕重律」，以調配方法之異則又可分為「重輕律」、「輕重律」兩種。希臘詩利用一個長音和一個或兩個短音配合（或其他不同的長短音配合），成為一個節奏上的單位，叫做一個「音步」（foot），拉丁語的詩歌中也有這樣長短音相配的音步。到了法語、英語和德語中，因沒有長短音的分別，於是就用輕重音的相配來形成音步，也就是說用語音的輕重配合以形成詩歌中的節奏。

3　王了一：《中國詩律研究》（臺北市：文津出版社），頁7。

　　漢語詩歌中雖很少人特別去留意輕重律，但在實際朗誦的過程中，輕重音的表現也是非常顯明而能感覺得出來的，如近體詩中的七言詩和五言詩，在朗誦時其奇數音節顯然是要比偶數音節重得多的，如：

　　　　可憐──無定──河邊──骨　猶──春閨──夢裡──人
　　　　（〔唐〕陳陶〈隴西行〉三、四句）
　　　　明月──松間──照　清泉──石上──流
　　　　（〔唐〕王維〈山居秋暝〉三、四句）

一般的讀法是重音落在奇數的音節上，但偶數音節的音要長出一倍。

　　以現代詩來說，輕重音的節奏也是自然便具備了的，至於輕重的位置則也差不多是規則而固定的。因為漢語自來便愛用兩個單音詞結合成的詞組，所以在詩的用語中，兩字形成一組的詞特別多，而習慣上都是把重音落在兩個字的第一個字上，如：青山、綠水、清泉、明月、白雲、藍天等等，在現代詩的用語中也依然是利用兩個單音形成一個音步，再由若干音步完成一個詩行，因此它的輕重音之表現，也依然是在奇數音節之上重讀，在偶數音節之上輕讀。

　　其實不僅詩歌中用到「輕重律」，就是散文中也是常用輕重音來表現節奏的。散文語句之適當停頓或間歇，也多數是用輕重音來表現的，凡是這種用「音重」來表現音律的現象，我們統稱之為「輕重律」。

（三）高低律

　　利用「音高」以組成音律的，以漢語為最明顯。因為漢語的語詞都有聲調，而形成聲調的主要音素是音高，所以漢語詩歌便特別重視各音節間的音高之調配。凡是利用音高的適切調配而產生節奏的，我們就稱這種音律為「高低律」。前人所謂的「若前有浮聲，則後須切響」，（見《宋書・謝靈運傳》論）就是指音高的調配必須恰當使成有

幽美的音律之謂。尤其是漢語的律詩，把平仄字音的音節作規律性的
規定，如「平平仄仄仄平平」、「仄仄平平平仄仄」及「二四六分明」
之類，就是音高律的嚴格規定，規定第幾句詩的第幾個字必須是平或
必須是仄，是一點不可隨便的。如五言律詩的格式是：

1　仄起式

> 仄仄平平仄，平平仄仄平。
> 平平平仄仄，仄仄仄平平。
> 仄仄平平仄，平平仄仄平。
> 平平平仄仄，仄仄仄平平。

2　平起式

> 平平平仄仄，仄仄仄平平。
> 仄仄平平仄，平平仄仄平。
> 平平平仄仄，仄仄仄平平。
> 仄仄平平仄，平平仄仄平。

其中的首句是可以入韻也可以不入韻的，如果首句入韻的話，則「仄
起式」的首句應是「仄仄仄平平」；而「平起式」的首句應是「平平
仄仄平」。因為近體詩都是用平聲韻的，所以偶數句的末一字一定是
「平」。

　　這種平仄的調配而成規律，是以兩個字為一節的，最後一個奇數
字則單獨成為一節，每一節中以第二字為最重要，只要第二字的規律
不亂，其高音的錯誤也就始終不亂。每一節中第一字永遠是以跟隨第
二字為原則的，但有時因為選詞困難，恐怕因律以害義，因此第一字
也就勉強可以作通融性地改變，這就名之為「一三五不論，二四六分
明」了。至於每句最後一字，則完全看入韻不入韻，入韻的就用

「平」，不入韻的就用「仄」，變換起來是很方便的。如「仄起式」的
七言律詩（首句不入韻），其「二四六」及每一節的關係是：

我們把它按二字一節，每一句分成四節以後，就可看出其中「二四
六」字的規則是如何地分明了，凡第二字必然與第四字相反，第六字
又與第四字相反；第一聯的「二四六」必與第二聯相反。第三聯又與
第二聯相反，第四聯又與第三聯相反。其規律是整齊而美觀的，而其
在音高上的表現也就自然是「高」、「低」相間，錯綜「升」、「降」的
了。這是音高律的妙用，看起來似乎很機械、很刻板，但卻是非常科
學而有趣的，事實上，音律的錯綜妙用，也必須是如此「規則化」的
才行。

聲調主要是由「音高」形成的，所以用聲調的平仄以調配音律，
也就是用音高來調配音律，因此我們稱這種音律為「高低律」。

（四）音色律

音色也就是「音質」，詩歌中所謂的「押韻」，就是用音色去表現
音律的一種方法。也就是把同一音色的「音節」間隔多少時間就讓它
重複出現一次，使這種「重複出現」顯得相當的規則化，而這時在詩
歌的語言中便出現一種因音色而形成的音律，此之所謂「音色律」。

音色律的表現，通常都是在一行詩的最後一個音節。也就是所謂
的押韻。在我國詩歌裡，古體詩詩和近體詩的習慣是隔句押韻，韻腳
都落在偶數句的最後一字上；唯第一句則是自由的，它可以入韻，也

可以不入韻。如：

山暝聽猿愁，——（愁，[dʒiəu]）

滄江急夜流。——（流，[liəu]）

風鳴兩岸葉，

月照一孤舟。——（舟，[tɕiəu]）

建德非吾土，

維揚憶舊遊。——（遊，[iəu]）

還將兩行淚，

遙寄海西頭。——（頭，[dəu]）

（孟浩然〈宿桐廬江寄廣陵舊遊〉）

漢語詩歌的押韻，是指從該音節的「主要元音」（即「韻腹」）算起，直到韻尾為止的元音相同，至於「介音」（即韻頭）則是可以棄而不顧的。所以上錄詩句的韻腳中，有的複合元音是[-iəu]，有的則是[-əu]也仍算是「複合元音」的相同。

申言之，所謂「音色」相同，是指音節的「音峰」到音節的結束為止的相同，音峰以前的音素可以不計，換言之，也就是從「主要元音」開始到「韻尾」為止的相同，就算是「音色」相同了，「介音」不同是可以不管的。以音色之相同而施之於押韻，以表現文學的音律，是各種語言都慣用的，同時也是表現音律最重要的方法之一。

（五）節拍律

把語言的節奏表現在「節拍」上，這種音律我們稱之為「節拍律」。希臘語和拉丁語的詩歌，就是以節拍來表現詩律的。他們規定一個短元音為一個拍子，一個長元音等於兩個拍子，不同的拍子在詩句中重複均勻地出現，而形成詩的節奏，這叫做「詩格」，不同節拍

的詩格有如下四種，它們是：

（一）揚抑格：由一個長音節和一個短音節所構成的雙合格謂之「揚抑格」。

（二）抑揚格：由一個短音節和一個長音節所構成的雙合格謂之「抑揚格」。

（三）揚抑抑格：由一個長音節和兩個短音節所構成的三合格謂之「揚抑抑格」。

（四）抑揚抑格：由兩個短音節的中間夾了一個長音節所構成的三合格謂之「抑揚抑格」。

這種詩歌的特點是：以格的數目構成了詩歌的節拍，如「六節拍詩」，就是帶有六個詩格的詩，它的前五個詩格是「揚抑抑」格，最後一個詩格是「揚抑格」。

在漢語詩歌的近體詩裡，也自然顯示著一種節拍的音律，只要是朗誦上口時，節拍便必然是清晰地可以感覺得到的。它們是以每兩個字（即兩個音節）為一小節，或稱為一頓，最後一個字獨自成為一小節，平聲字所占的時間約為仄聲字的一倍，如：

五言詩每句可分為三節，它們的拍子是：

仄　仄＝平——平——＝仄
平——平——＝仄　仄＝平——
平——平——＝平——仄＝仄
仄　仄＝仄　平——＝平——

七言詩每句可分為四節，它們的拍子是：

平——平——＝仄仄＝平——＝仄
仄　仄＝平——平——＝仄　仄＝平——

仄　仄＝平──平──＝平──仄＝仄

平──平──＝仄仄＝仄平──＝平──

在現代的漢語詩歌中，如果是朗誦上口，這種因節拍而產生的音律也是顯然可遇的。

　　綜觀前述，可知我國的文學音律的關鍵在於平仄。平仄是語音聲調中最概括、最起碼的單位。平仄的排列是詩文聲律最基本的法則，而選用陰陽聲、分別上去入，則屬於藝術加工的範疇。

　　雖然，平仄的區別就是平調與非平調。上、去、入所以合成仄聲因為它們都不是平調。其中入聲可能由於其短促的特色，與平聲調大不同，才歸入仄聲。但我們要知道平仄本身即為四聲的聲調，而中國語文的單字，就個體來說，有四聲而無重音，有旋律而無強弱。換句話說，四聲只是音調高低和長短的變化，本身並沒有強弱輕重的不同：強弱輕重來自「表情」的外在因素，乃是字與字的連結應用，加添了主觀的意趣和情感而產生的。因此，我們相信平仄本身具有輕重、長短、高低的性質。當然，平仄律，是由「平調」與「不平調」組合而成，而平調最大的效果是能夠曼聲吟詠，仄聲的非平調由於調型不平或特別短促都無法拉長。[4]

　　我們可以更落實的說，所謂文學音律，即是由語言文字形成的節奏，由於語言文字有別，致使節奏亦有基本形式的區別，也因為節奏有別，於是所謂的文學音律，亦有明律、暗律的區別，有關節奏明律、暗律等問題，另有專章討論。

4　有關平仄問題請詳見丁邦新：〈從聲韻學看文學〉，《中外文學》第4卷第1期（1975年6月），頁128-147。

三　中國語的特點

　　所謂中國語，通常即指「漢語」，是漢藏語族中的一支，正和其他許多漢藏族的語言一樣，它的特點通常被認為單音節的、孤立的，或分析的；在語音方面，則除了具有聲母、韻母之外，還用不同的聲調來區別語意。試分述如：

（一）單音節

　　所謂單音節，是就意義和聲音兩方面說的。從意義上說，並不是漢語所有語詞都是單音節性的，而是指漢語的最小語言單位（morpheme）──語位、言、詞素──絕大多數是單音節的。至於少數例外的雙音節語位，如「玫瑰」、「琵琶」、「玻璃」、「囉嗦」、「疙瘩」等，可能都是外來語的音譯；此外也有些雙語位的單音節，如「甭」、「叵」、「花兒」之類，是音韻省併的結果。從聲音上說，單音節是指漢語詞素中只有一個聲母和一個元音群（可能有韻化輔音韻尾）構成的。尤其近代漢語完全沒有複輔音作聲母，而元音群中的輔音韻尾，也有消失或省併的現象。

（二）孤立性

　　所謂孤立性，是指不用附屬語形，也就是說，中國語不用或極少用語法上的形態變化。如「唱」字，英語有 sing，sings（第三人稱），sang（過去分詞），singing（現在分詞）諸變化，也就是說，英語的動詞，常隨時態而有現在式、過去式、將來式、完成式、進行式等不同，有些更隨人稱不同而改變；名詞常有單複數、主格、賓格等區別。法語名詞要分陰性陽性。這些附屬變化，在漢語是不必要的，所以漢語是孤立性的語言。

（三）有聲調

聲調是指一個音節中語音頻率高低變化的情況，它既非音長的不同，也不是絕對音高的不同；假使以統計圖來表示，則聲調是音高變化的曲線。漢語中有句調（語調）來幫助表達情意，這一種是跟別種語言類似的；不過漢語的任何詞素（語位）中音高變化情況就具有辨義作用，是其他語言所趕不上的，所以我們說漢語是有聲調的語言。

四聲或許可以說為在同一聲（子音）韻（母音）中音長、音高、音勢三種變化相乘之結果。只是各聲的音長、音高、音勢都沒有定量，而且隨時隨地更動。

語言是人類用來溝通的工具，因此其發展的趨勢：一方面要求簡單；另一方面要顧及清晰。過去中國語發展趨勢大致如下：

（1）語音的單純化。
（2）複合成分的增多。
（3）助名詞的增多。[5]

在發展的趨勢裡，「簡單」與「清晰」往往不能兼顧，而生互相調劑節制之效。如語言趨向單純化，難免有含混不清的地方，便充分使用複合成分和助名詞來增加語言的清晰性。也因此，漢語朝向語文合一，日益擴展它的應用範圍，同時文法組織也更加精密與方便了。

身具單音節、孤立性、有聲調特點的中國語，雖有難學與使用不方便之譏；但也惟其為孤立，故宜於講對偶；惟其為單音，故宜於務聲律。由對偶與聲律所組成的文學作品，如詩、詞、曲、駢文、聯語，洋洋巨構，不一而足，遂蔚為中國文學之特有景觀。也因為有聲調，所以加添了主觀的意趣和情感。

5　詳見周法高：〈中國語的特質和發展的趨勢〉，《中國語文研究》（中華文化出版社），頁6。

　　總之，由於中國語具有單音節、孤立性、有聲調等特點，而加深了語言的情感，也因此與文學之關係頗深。以下試引周法高先生在〈中國語的特質和發展的趨勢〉一文裡的一條附註做為本節的結束：

> 有稱中國語為分析的，是對綜合的（synthetic）而言。勃龍菲爾特（Leonard Bloomfield）語言論（Language，頁207）；「一種分類法區別：分析語，少用附屬語形；綜合語，多用附屬語形。……別的分類法分語言為四種形態上的型式：孤立語、黏著語（agglutinative）、多合語（polysynthetic），和曲折語（inflecting）。孤立語如中國語，不用附屬語形。」此外，有人提出中國語之具體性。法人葛蘭言（Granet）說：「中國人所用的語言是特別為描繪而造的，而不是為分類而有的，一個特為喚醒特殊感覺而不是為著定義或下判斷而有的語言，一個詩人或歷史學家所崇拜的語言。」高名凱《漢語語法論》，頁六十八說：「如果我們要說明中國語的特性的話，我們可以說中國語是表象主義的，是原子主義的。表象主義就是中國人的說話是要整個的具體的把他所要描寫的事體表象出來。原子主義的意思是把這許多事物一件一件的單獨的排列出來，不用抽象的觀念，而用原子的安排讓人看出其中所生的關係。結果中國的語言在表現具體的事實方面是非常活潑的，而在抽象觀念的說明方面則比較的沒有西洋語言的那樣的正確。」[6]

四　國語的特點

　　成為國音標準的現代北平音系，原是漢藏語族中漢語系裡北方官話的一種。我國除了漢藏語族以外，雲南省中南部及中緬邊界有南亞

6　周法高：《中國語文研究》，頁10-11。

語族的崩龍語和佧佤語，約有五千人以上；新疆、蒙古、東北地方、
察哈爾、綏遠、熱河、寧夏、甘肅、青海一帶有阿爾泰語族的突厥
語、蒙古語、通古斯語，約有五百六十一萬二千人；新疆西南有屬於
印歐語系的塔吉克語，約有一萬人；臺灣山地有屬於南島語族的高山
語，約有十六萬人，（以上據周法高「中國語文研究」中所引的資
料）五大語族中漢藏語族占百分之九十八點七五；而漢語系使用人數
占全國的百分之九十六點四一；北平音系能流通的語區（官話區）就
占了百分之七十五的人口了，這絕大多數能懂的條件，是北平音系成
為我國標準音的重要因素；因此，流通區域廣是國音的一大特點。

　　國音（北平音系）本身，分為二十一個聲母及零聲母，四個字
調，至於韻的方面，有十一個單純音位，而下降複元音都特別另製韻
母，上升複元音用兩個符號表示，所以有十六個韻母及一個另增符號
（因為帀平常省略，所以只算為說明用的另增符號而非韻母）。二十
一個聲母是「ㄅㄆㄇㄈ，ㄉㄊㄋㄌ，ㄍㄎㄏ，ㄐㄑㄒ，ㄓㄔㄕㄖ，ㄗㄘ
ㄙ。」十六個韻母是「ㄧㄨㄩ，ㄚㄛㄜㄝ，ㄞㄟㄠㄡ，ㄢㄣㄤㄥ，ㄦ。」
另增符號用以代表「ㄓㄔㄕㄖ」之後的韻母，其音值為舌尖後高元音
[ʐ̩]，用以代表「ㄗㄘㄙ」之後的韻母，為舌尖前高元音[ɹ̩]，共用
「帀」為符號。四個字調是陰平、陽平、上聲、去聲。以此國音（北
平音系）跟其他漢語的語音比較，具有下列特點：

（一）入聲消失

　　從歷史上看，唐宋的切韻系統韻書研究的結果，都有入聲與平上
去分立；但是現代北平音系裡，入聲完全消失，變成另一聲調了。再
從地理上看，湘、粵、閩、贛及客家、吳語、下江官話、部分西南官
話都保持入聲韻；所以入聲消失的情況，是北方官話的特性之一；其
併入平上去之中，也與部分西南官話併入陽平為多者不同。

（二）鼻音韻尾合併

從歷史上看，《廣韻》裡有「侵、覃、談、鹽、添、咸、銜、嚴」等雙脣鼻音韻尾，中原音韻也有「侵尋、監咸、廉纖」等雙唇鼻音韻尾，但是現代北平音系這些雙脣鼻音都消失了，都變入舌尖鼻音裡了。從地理方面的比較，客家話及閩、粵、贛語也有雙脣鼻音韻尾，可見鼻音韻尾合併是官話及吳、湘語言的特性。

（三）部分濁聲母清化

北平音系的濁聲母，比較上要減少了一些；例如中原音韻保有的 [v]，蘇州話中的 [b']、[d']、[g']，閩南話中的 [b]、[g]，都已清化了；大體上濁塞擦音、濁擦音的清化，是北方官話的特性。

（四）舌尖前及舌尖後聲並立

梅縣及福州、廈門方言只有 [ts]、[ts']、[s] 的舌尖前音作聲母，廣州方言只有 [tʃ]、[tʃ']、[ʃ] 的舌尖面音作聲母，蘇州方言雖有舌尖前音和舌面音的並存，但都沒有像北平音系既有舌面音，又有舌尖前、舌尖後聲母並立的；所以具有捲舌聲母是北平音系的特點之一。

伍
朗誦與節奏

朗誦藝術，離不開節奏。是以本章專論節奏。

一　節奏的意義

節奏一詞最早見於《禮記‧樂記》：

> 廣其節奏，省其文采。[1]

> 文采節奏，聲之飾也。[2]

> 使其曲直繁瘠廉肉節奏，足以感動人之善心而已矣。[3]

> 比物以飾節，節奏合以成文。[4]

前人對節奏，並未有明確的解釋。就字義言，節是停止，奏是進行。一止一行，是一切事物動的規律，如以等速進行，或以等高發音便無節奏。節奏是宇宙中自然現象的一個基本原則。自然現象彼此不能全同，亦不能全異。全同全異不能有節奏，節奏生於同異相承續，相錯

1　《禮記注疏》（臺北市：藝文印書館《十三經注疏》本），卷38，頁680。
2　《禮記注疏》（臺北市：藝文印書館《十三經注疏》本），卷38，頁683。
3　《禮記注疏》（臺北市：藝文印書館《十三經注疏》本），卷38，頁700。
4　《禮記注疏》（臺北市：藝文印書館《十三經注疏》本），卷38，頁700。

綜，相呼應。寒暑晝夜的來往、新陳的代謝、雌雄的匹耦、風波的起
伏、山川的交錯、數量的乘除消長，以至於文理方面反正的對稱，歷
史方面興亡隆替的循環，都有一個節奏的道理在裡面。藝術返照自
然，節奏是一切藝術的靈魂。在造形藝術，則為濃淡疏密陰陽向背相
配稱；在詩樂舞諸時間藝術，則為高低長短急徐相呼應。

　　就音樂而言，節奏、旋律、和聲與音色是為四種基本的要素。而
節奏可以說是音樂的始點。節奏是傳達情緒最直接且最有力的媒介。
節奏只論強弱長短而不論高低，所以任何連續或斷續的音，不論有無
高低，一律用一種平的聲音唱出來就是它的節奏。

　　就語言而言，節奏就是音長、音高、音勢三方面的起伏變化。我
們日常語言中的字音，有時輕，有時重，這些輕重長短反覆錯綜地出
現，就跟語言所表達的思想感情有密切的關係。那麼，朗誦時要使觀
眾不致感到平板乏味，就要好好的處理節奏的韻律。洪深在〈戲的唸
詞與詩的朗誦〉一文裡，對節奏的解釋是：

> 所謂節奏，乃是相當的即同長的「時隔」，被再現（即迴覆）的
> 「加強」所刻劃、所說出的意思。如果沒有若干個相等的「時
> 隔」（至少兩個）連接在一起，即不成其為節奏；而如果沒有
> 「加強」的迴覆或再現，我們無法得知「時隔」的起訖。[5]

　　節奏應用在語言音律時，在意義上稍嫌不明確，致使常與拍子、
音節、音步、頓等詞混淆，以下試分別說明之：

　　所謂拍子，只是一種強弱的變化。這是音樂中非常重要的一項。
因此，欣賞拍子，可以說是欣賞音樂的起點。節奏和拍子只有一種關
係，節奏要合拍子，每一個音必須能夠用拍子的單位來計算，也就是

5　洪深：〈戲的唸詞與詩的朗誦〉，《朗誦研究論文集》，頁221。

說，節奏裡的每一個音都能等於相當數目的「拍」。

　　音步，可以說是「時隔」，一個單詞很少能造成音步的。當然，在詩文句中，是除去句中領、襯、尾字來算的。如：

　　　帝　　高陽　之　苗裔　兮　（〈離騷〉）

音步也稱為字團。中文的每一個字團，普通只有兩個字，它是詩文朗誦中最小的音群，也是節奏的精髓核心。音步是從詩文的分隔中產生的，通常是一個詞或語代表一個概念。故誦讀時必須分隔清楚，使概念明晰。但只有清楚，仍未能掌握到節奏感，因為語詞與語詞間的距離，有時間上的快慢和音調上底強弱的不同，好比我們在走路，一步一步以等速、等重前進，便成了機械人，必須步與步間有其輕重、長短、緩急的差別，也就是說音步與音步間，因為語意和語法的關係，致使有疏密的不同。所以朗誦詩文既要明確劃分音步，還要在語詞交替爭取節奏。

　　而所謂音節（syllable），就是漢字的一個字音而言，它是詩文節奏的最小單位。一般說來，一個音步可以包括兩三個以至好幾個音節。一個音步中包括音節（字）多的，讀時就緊促；少時，讀時就舒緩。音節的成分，正如《文心雕龍・聲律篇》所說「同聲相應謂之韻，異音相從謂之和」。由音節言必須有節奏，而節奏的表現即在於相當距離上能有規則的重複。重複的表現，又有賴於所謂相當距離中間各一音節單位之變化。

　　頓，又稱逗或節，相當於英文詩的音步。舊詩的節奏不易在四聲上見出，全平全仄的詩句仍有節奏，它大半靠著「頓」。舊詩一頓通常含兩字音，奇數字詩句則句末一字音延長成為一頓。舊詩的頓是屬於形式化的音樂節奏。

　　從上述的解說中，我們知道，中國語文的單字，就個體來說，有

四聲而無重音，有旋律而無強弱。換句話說，四聲只有音調高低和長短的變化，本身並沒有強弱、輕重的不同，強弱輕重來自表情的外在因素，乃是由字與字的連結應用，加添了主觀的意趣和情感產生的。我們朗誦詩句時，如果一字一字的讀，那只是衡量它的韻律單位，只有音節的感覺，而沒有節奏的感覺。如果我們著眼於整句的抑揚頓挫時，那就有節奏了。也就是說，朗誦必須要根據全句的涵意，才會產生節奏。

字與字連結使用時，由於使用者所欲表達意義和方式的不同，臨時給每個字加上主副輕重，變化萬端的不同角色，因而產生了抑揚頓挫，起伏呼應，主屬關係，和節奏輕重的往返與延續。可見這些變化都是外來的、偶然的、近似主觀的，與語法習慣和臨場心情有著密切的聯繫。

詩文朗誦，除了文詞的內容以外，在它的外形結構上，文詞節奏是絕對的主人。這裡主要的倒不是文詞的美與醜，而在於文句中節奏的進行，「力」的表達；也就是各字句連續起來的，強與弱、輕與重、長與短、明與暗，以及休止的分布、快慢的變化、高潮的層次等等，無論是寫作、對話，或朗誦、歌唱，都需要以節奏不停地推進，來發揮它內在的生命活力。

中文節奏的基本組織細胞，在於音步，有稱為字團，每一個字團，普通只有兩個或三個字。這種由二、三字組成的字團，就單獨的個體來說，雖然還沒有真正的進行意義，但它卻已具有節奏的起與伏、強與弱兩種必要成分的「胚胎」，這正是節奏的精髓核心。但節奏的真正進行，則在於字團與字團的連續上。但我們也該知道，節奏本身各音的強弱、長短固然可以作不少變化給人許多美感，若是加上音色的變化，則效果會更美、更有趣味。

二　中國語文的節奏

不論是自然的節奏，或是形式的節奏，要皆以自由的語文節奏為主。雖然，詩的節奏是以形式的為主，但也不能完全拋棄語言的節奏。好的詩和成功的詩朗誦，一方面要保留音樂的形式化的節奏，一方面又要顧到語言的節奏，也就是說，在規律之中流露活躍的生氣。因此本節擬就李振邦在《中國語文的音樂處理》的觀點，試錄他對中國語文節奏的音樂性處理方式，以供朗誦者分析音步時參考。[6]

中文的語文節奏可分為正常節奏與不正常節奏兩種，其目的皆在有「週期反復」，而沒有「固定拍數」（字數）的節奏，試分述如下：

（一）正常節奏

中文節奏的基本組織細胞，在於字團，字團普通只有兩個或三個字，而且在正常的情形之下，都是第一字帶有重音的，而後的同字團各字，都是弱拍字。這種由二、三字組成的字團或音步，就單獨的個體來看，雖然還沒有真正的進行意義，但卻已具有節奏的精髓核心。中文字團的節奏可分為：

（1）基本節奏。由一個字團組成。
（2）單純節奏。由兩個字團組成。
（3）複合節奏。由三個或更多字團組合而成。

三種字團之間，各有不同的主屬關係；無論是意義的確定、語氣的強調，或旋律力度的設計，都可以由文詞的「字團」或「重音」上，得到寶貴的啟示。

6　李振邦：《中國語文的音樂處理》（臺北市：天主教教務協進會），頁3-48。

　　總之，今日中文的構成，基本上仍是單音的，它的強讀（重音）不在於綴音的凸出，而在於自然韻節中重要字句的強調，強調的效果，也只是音量上的強與重，並不影響的調子（四聲）的旋律方向，反而把它原來的方向更加擴大增深，高的更高，低的更低；換句話說，重音與平仄無關，陰陽上去都可以作「重音字」用。也就是說，我國語文的基本節奏是由強拍開始的，詩經、書經、唐詩、宋詞、甚至散文、白話，幾乎都是強起的，弱起只是少數的例外。因此，基本的觀念上，我們是由強拍上開始領會節奏進行的意義；這大約也是我國傳統「單音字」語文，在今日口語和白話文中，日漸趨於「雙字複合」的原因和後果吧！

（二）不正常節奏

　　中國語文的節奏進行，可以說完全繫乎字團的形成。上節所述，是最常見到，也是最多用到的「正常節奏」和「正常字團」，它的特徵是強起弱落，重音常在字團的第一個字上；字團與字團的連續，則是二、三字一組地任意交互使用，而形成以下不同數字的連接可能：

$$2+2，2+3，3+2，3+3，$$
$$或\ 2+2+2，2+2+3，2+3+2，3+2+2，\cdots\cdots$$

　　逐此類推下去，同句內的字團數字越多，複合節奏的起伏變化也越大，但是基本原理的應用，卻是始終不變，十分簡單的。組成每個字團的二字或三字，在語法上所占角色不同，有名詞也有動詞，有副詞也有虛字等，甚至多種成分合併組成也是常見的，而節奏與重音的位置，起伏與呼應的方式卻無二致。

　　現在論到的「不正常字團」，在節奏進行和重音位置上，要比上節所論更較複雜些；其中不少是常可見到的，因此在聲樂處理上，不能不給予合理的解決。

（一）**單音字**。中國語文的自然節奏，是不喜愛單字獨用的，因此有「國語複合化，韻節字團化」的普遍現象。一個孤立的單字，就如同一聲砲響，沒有呼應，沒有起伏，甚難產生進行的意義，聽起來也十分乾枯，因此在習慣上有種種不同的解決：

1. **單音字的連續：**數個單音字連述時，往往每次加一個「頓號」，代表音樂上某指定音符四分之一的休止。如：食、衣、住、行。

這種解決，在慢讀的時候，聽起來比較清楚；為了加深人們對每個字的注意，我們會逐步強調，使各字都有重音（伏落），然後用後半的延長及休止，代替弱音的再起部分。換句話說，使每個字都作成一個「基本節奏」的形態；用手勢符號表達出來，就成為數個「平波節奏」的連續：

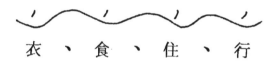

衣　、　食　、　住　、　行

按照上例的讀法，每個字都一般重要；但是在普通情形之下，我們讀起來會用略微快些的速度，近似雙雙出現的字團形態，因此上例會隔一間一地強調「衣」字和「住」字，成為兩個「複合節奏」：

衣　、　食　、　住　、　行

例中「衣」字是第一個複合節奏的起，「食」字是它的伏，「住」字是另一個複合節奏的再起，「行」字又是它的伏。但是如果所舉各項是當作盡人皆知，無需特別強調的事物，如平淡說出「衣食住行」的例，我們就往往會作成普通字團的處理方式，使它真正成為兩個不

同性質的字團，也就是等於一個「複合節奏」起與伏的兩極，前面二字是強力的躍起，後面二字作弱音字團的伏降，手勢符號也作成一個較大的節奏形態：

　　2. **游離單音字：**所謂「游離單音字」，就是句子中間的單音字，有時屬於前面字團，有時屬於後面字團，全看它有沒有被強調的「重音」意義而定，弱聲單字就屬前團，「重音」單字就屬後團。其中第一種是「單音字加入前面節奏」的連續法，這是中西語文所共有的，普通都是連結前後兩個字團的中間單音字，我們特稱為橋樑單音，如：在、有、是、和、同、與等。依照節奏進行的法則，這些中間單字必須盡量歸屬在它前面的字團裡，因為它的本身性質，大都是些屬於弱意義的字，常用在「不被強調」的情形中。如：

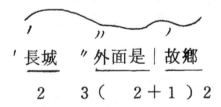

　　相反，如果這個「單字」是被強調的，就必須歸入後面的字團，而且把它放在強拍上，不能與前面字團合併為一個節奏了。如：

滴不盡　相思　血淚　拋紅豆　　　（劉雪厂：紅豆詞）
3　　　＋2　　＋2　＋3（＝1+2）

　　本曲作者的處理是非常正確的，句中強單音「拋」字，是被強調的動詞單字，無論就意義或韻節來看，都是連於後面「屬格」而成為一個「一加二」的三音字團，因此當讀作「拋紅豆」，不能作「血淚拋」──「紅豆」。可惜像這類字團連結上的嚴重錯誤，我們在歌曲中、朗誦中，以及新聞報導中，已經是聽得太多了！

　　3. **弱起單音字：**我國語文，習慣上有盡量避免單字獨起的趨勢，但實際上往往仍遇得到。所謂「弱起」，就是句子不由字團強音開始，而是在強音字團前面有一個不能屬於該字團的單字，這個單字沒有重音，也不能強調，更不能放在強拍。如：

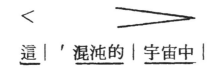

　　4. **句尾單音字：**這種單音字，有的是「句尾強單音」，有的則是「句尾弱單字」。所有詞句單位或樂節樂句等的最後一個單字，普通要略微延長些。或至少以休止符來代替延長，這是節奏進行的一般法則。歌謠中用單字收尾的情形，尤其多見，而且大半是句尾「強單音字」。這種節奏有時是以單字的延長，來補充字團的「空虛」的（節奏補充）。如：

（陳田鶴：採蓮謠）

　　一般說來，韻文中的三字短句，實質上都是二音字團加上了一個句尾強單音字，如杜牧「阿房宮賦」的「六王畢，四海一，蜀山兀，阿房出」，每句的最後單字，都是用休止取代了散文中的完整字團，

因此本賦中「畢、一」等字，實際上是「滅亡了，統一了，砍光了，建立了」等的省寫。

（二）**反節奏**：這是中國語文最獨特的一種節奏：語氣的最重音，落在字團的第二個字上，而第一個字雖然相對地減弱了，卻仍保持著相當的強度。如：

$$\underline{買魚} \mid \underline{買菜} \mid \underline{都可以} \mid$$

$$2 + 2 + 3$$

$$或：\underline{買 \mid 魚} \quad \underline{買 \mid 菜} \mid \underline{都可以}$$

$$2 \qquad 2 + 3$$

所謂「反節奏」，就是字團的重音位置反背了節奏的正常進行，因此這個「反」字並不是「反對」或「不要」之意，只是一種「反常的節奏」而已。中國文字雖然是單音的，但是在口語中和今日的語體文（白話文）中，為了求意義的明朗，或聲響的諧和，以及節奏的優美，往往集合兩三個字來表達一個完整的意念。這種用更多的字，來表達同樣意念的作法，看來好像並不經濟，卻為中國語文賺取了更美的音樂節奏，更確切的文詞含意，尤其更多的新詞組合可能，藉以表達極精密的文詞指向及內涵微差，多彩多姿，變化萬千，不再像古文那樣乾枯、生澀、含混不清了！

反節奏的另一種特性，是主副二強音的「爭奪戰」：隨著字團在句中所占位置的不同，朗誦方式的「連」或「頓」，朗誦速度的「快」或「慢」，這兩個強音就會產生彼此傾壓的趨勢，各有勝負，甚至有時勢均力敵：反節奏字，如果占在句的最後字上，一定要很強地讀出來，近似上節的「強單音字」收尾，而其前面的半強音，反而失去了「強」的地盤，幾乎成為弱音字的性質了。如：

當｜ ˊ晚霞 ⁽¹⁾滿 ˝天

1＋　　2　＋　　2

　　此外當特別注意的，是這種反節奏字的「反」與「不反」，不是由字音或四聲來的，而是與字音、口氣、和上下文息息相關的，如「玫瑰」是一個反節奏字團，「紅玫瑰」仍是反節奏，而「玫瑰花」就已經失去了反節奏的性質，而須強調「玫」字和「花」字，因為語氣重點已從「瑰」字移到「花」字這個句尾單強音上去了。

　　除了「輕聲」以外，任何字聲都能當「反節奏字」來用，如：

　　　陰平：火車、房間、茶杯、香煙。
　　　陽平：麵條、牧羊、古琴、教堂。
　　　上聲：呆板、進展、白薯、雨傘。
　　　去聲：文字、禱告、致敬、強調。

　　這些節奏的反常進行，在我國語文中到處都可以看到，而且習慣已成自然，我們幾乎拿它當作正常的進行了，正常到甚難覺察的程度。

　　最後，所謂「反」的力度也不相同，有時十分濃厚，有時則略帶反意而已，譬如「說明」的「明」是強反，「聯考」的「考」是弱反，「考慮」的「慮」則最多只可說是輕反；而單獨念起來反意相當強的字，連與上下文時則反意又往往相對減退，必須依實際情況，直覺體會。

　　（三）多音字團。另一種「不正常節奏」，是由三個以上的字組成的大型字團（很少四個字以上），這類情形遠不如「反節奏」的多見。

　　首先我們必須分清「多音字團」的「真」和「假」：有許多「合成名詞」和「慣用成語」等，是由兩個甚至多個字團組合而成的，雖

然習慣上我們當作一個單位來看，讀起來卻是各字團分別加以強調的，因此「字團」與「詞」並不常相吻合，不能視為一物：「字團」只是韻節上輕與重的最小單元，「詞」則是字與字在意義上的組合單位，一個詞可能包括兩個甚至更多的字團數目，或韻節單元。如：

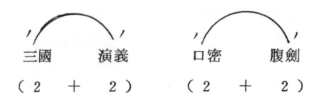

　　三國　　　演義　　　　　口密　　　腹劍
　　（2　＋　2）　　　　（2　＋　2）

　　除外，中文的語法構造上，有許多同字重複（疊字），和同詞重複（疊詞）的情形。這些重複字的重音位置和節奏進行，一般地說，是以語法、習慣和口氣的強調位置為標準的，我們可以假定以下幾種法則來推求：

1　副詞、名詞和形容詞的重複

　　（1）如果是一個單字「副詞」的重複，「重音」在第二個字上，而且為了加強其重要性，後面的字往往變調成為陰平，且可加「兒」尾音。如：好好（兒）地、慢慢地、輕輕地；黃黃的紙、寬寬的袍、亮亮的眼睛等，都是強調第二個字的。有時在兩個重複字的前面，另加了一個形容事物性狀的字，重音效果仍然相同，如：笑嘻嘻、酸溜溜、淚汪汪、靜悄悄等，也都是強調重複字的第二個字，即尾字的。

　　（2）如果是一個單字「名詞」的重複，重音常在第一個字上，第二個字變作輕聲。如：奶奶、姐姐、哥哥、弟弟等。

　　（3）如果是雙字的分別重複，「重音」則在第一個和第四個字上。如迷迷糊糊、平平淡淡、嘻嘻哈哈、轟轟烈烈。

2　動詞的重複

　　無論是單字自身的重複（疊字），或雙字的分別再現（疊詞），「重音」都在第一個字上；雙字再現時，第三個字只略加表示而已，並不作顯著的強調。如：

　　　　看看、走走（即看一看，走一走，都是強調第一個字）。
　　　　考慮考慮、商議商議（即考慮一下，商議一下，也只強調第一個字）。

如果四個字不是雙字一團的分別再現，而是兩個單字的自相重複，則「重音」位置與上節形容詞和副詞等一樣，落在首字和尾字上了。如：

　　　　吵吵鬧鬧、哭哭啼啼、瘋瘋癲癲等，因為這些動詞實際上是當作形容詞或副詞來應用的。

3　特殊意義的名詞自身重複

　　重音也在首字。如：人人、天天、個個、頓頓（即每一個人……等）。

　　有關中國語文的節奏，李振邦先生解說如上述，並進而提出節奏的音樂處理方式如左：

　　　　詞句極峯的追求。
　　　　字團處理的假定法則。[7]

7　李振邦：《中國語文的音樂處理》（臺北市：天主教教務協進會），頁27-48。

詞句極峯的追求，來自詞句本身。文詞對聲樂作曲，是一個強而有力
的啟示和豐富想像的泉源，在聲樂的範疇裡，音樂對文詞「內在性
靈」的拋射，二者必須相互為用，才能達到詞句極峯的尋求。至於字
團處理的假定法則有：

> 逐字地發揮
> 重音字的強調
> 長吟字的位置
> 字團的速度分配
> 弱起字的編排
> 同字數字團的運用
> 文詞的重複[8]

總之，節奏的音樂處理，是作曲聲樂的範疇，但亦可應用到文學音
律，當然，對朗誦更是有助益。

三　節奏與文體

節奏的基本細胞在於音節，而音節構成的原則，就郭紹虞在〈中
國文字可能構成音節的因素〉裡說：

> （1）各音本身的性質。
> （2）各音相互的關係。[9]

音節與音節的連結，而形成了節奏。所謂詩文節奏，則存在於兩方面：

8　李振邦：《中國語文的音樂處理》（臺北市：天主教教務協進會），頁35-48。
9　郭紹虞：〈中國文字可能構成音節的因素〉，收於《語文通論續集》，頁126。

（1）是句中各字平仄的運用，即是句式的問題。

（2）是篇中各式句子的排列，即是篇式的問題。[10]

可知句式與篇式即是節奏的具體表現。而語言節奏，又受三種的影響，朱光潛在〈詩與樂──節奏〉一文裡說：

> 先分析語言的節奏。它是三種影響合成的。第一是發音器官的構造。呼吸有一定的長度，在一口氣裡我們所說出的字音也因而有限制；呼吸一起一伏，每句話中各字音的長短輕重也因而不能一律。唸一般毫無意義的文字，也不免帶幾分抑揚頓挫。這種節奏完全由於生理的影響，與情感和理解都不相干。其次是理解的影響。意義完成時的聲音須停頓，意義有輕重起伏時，聲音也隨之有輕重起伏。這種起於理解的節奏為一切語言所公有，在散文中尤易見出。第三是情感的影響。情感有起伏，聲音也隨之有起伏；情感有往復迴旋，聲音也隨之有往復迴旋。情感的節奏與理解的節奏雖常相輔而行，不易分開，卻不是同一件事。比如演說，有些人先將講稿做好讀熟，然後登臺背誦，條理儘管清晰，詞藻儘管是字斟句酌來的，而聽者卻往往不為之動。也有些人不先預備，臨時信口開河，隨臨時的情感興會和思路支配，往往能娓娓動聽，雖然事後在報紙上讀記錄下來的演講詞，它儘管很平凡蕪瑣。前一派所倚重的只是理解的節奏，後一派所倚重的是情感的節奏。理解的節奏是呆板的，偏重意義；情感的節奏是靈活的，偏重腔調。[11]

節奏有主觀與客觀之分別，但其基本形式則有兩種。

---

10 《詩文聲律論稿》（臺北市：明文書局），頁12。

11 朱光潛：〈詩與樂──節奏〉，《詩論》（臺北市：漢京文化事業公司），頁130。

朱光潛說：

> 詩文的諧和與否，大半寄託在它的節奏上面。所謂節奏，就是
> 音長、音高、音勢三方面的起伏變化。節奏大致可分為兩種：
> 一種是語言的、自然的、個別的節奏；另一種是音樂的、形式
> 化的、原型的節奏。[12]

何家松在〈談朗誦的訓練與技巧〉一文裡說：

> 節奏大致可分為兩種：一種是語言的，自然的和個別的。人們
> 說話的速度，字音的強弱長短，是語言的節奏；人們走路的步
> 韻，敲擊物體的旋律，是自然的節奏。人體內心肺的活動，血
> 液的循環，呼吸的反覆，是生理的節奏。第二種是音樂的、形
> 式化的節奏。[13]

郭紹虞在〈論中國文學中的音節問題〉裡說：

> 由音節的性質言，又有規律與自然二種分別。……，總之，凡
> 極端自然的隨內容而規定的音節，是所謂內容的律聲，而規律
> 則是絕對的外形的律聲。[14]

又在〈中國文字可能構成音節的因素〉一文也說：

> 由音節言，可有腔調與律動之分。腔調屬於散文的音律，律動

12　《朗誦研究論文集》，頁201。
13　何家松：〈談朗誦的訓練與技巧〉，《朗誦研究論文集》，頁52。
14　郭紹虞：〈論中國文學中的音節問題〉，《語文通論續集》，頁3。

屬於韻文的音節。散文的音律，屬於語氣，不重在各音相互的
關係。[15]

又李振邦在《中國語文的音樂處理》一書裡也說：

> 字句的輕重強弱，無論是詩歌、散文、或日常會話，都有週期
> 性地交互出現的（輕重律）。但是所謂「週期性」，能夠以兩種
> 不同的方式出現，第一種是量音式的，死板的週期返復，如律
> 詩古詞等，也就像西洋古典音樂的小節豎一般，機械地強弱互
> 現。第二種就是國語中的自然節奏，如散文、會話，以及今日
> 較多用到白話歌詞之類，雖然也有韻節的週期返復，卻沒有死
> 板的、機械的桎梏，而是每二字一團，或三字一組的自由起
> 伏；這種有「週期反復」而沒有「固定拍數」（字數）的節
> 奏，叫做自由節奏，也稱為「語文節奏。」[16]

總之，所謂語言的、自然的、個別的、內容的、腔調的，即是指
自然的語文節奏；而所謂音樂的、形式的、原型的、律動的、量音式
的，則是指人為的節奏而言。郭紹虞在〈論中國文學中的音節問題〉
一文裡，曾就語言文字的觀點認為中國文學的音節可分為三種，即是：

> 內容的律聲
> 自然的音調
> 人為的聲律[17]

15　郭紹虞：《語文通論續集》，頁127。

16　李振邦：《中國語文的音樂處理》（臺北市：天主教教務協進會），頁8。

17　郭紹虞：〈論中國文學中的音節問題〉，《語文通論續集》，頁1-38。

所謂的音節，其實就是指語言文字的節奏而言，因為語言文字有別，致使文學有不同的類型，郭紹虞在〈新文藝運動的新途徑〉一文裡，曾就語言文字之特性，論述語言文字與文學之關係，他說：

> 我們若要說明中國語言文字之特性與文學之關係，則應著眼在兩點。其一、是語言或文字所專有的特性；其二、是語言文字所共有的特性。由前者言，造成了語體的文學與文言的文學，造成了文字型的文學與語言型的文學。由後者言，又造成了中國文學所特有的保守性與音樂性。現在先就語言或文字之專有特性言。文字原是語言的代表，所謂言為心聲，書為心畫，其關係本極密切，何以在文學上會有語體與文言之別，會有語言型與文言型之分呢？則以（一）中國文字既是整整方塊的形體，故能自由組合，成為文字的遊戲。其組合的結果，或成為對偶，或求其勻整，要之都與口頭語言的姿勢絕不相同，於是遂成為文字型的文學，如駢文是。又或說什麼話，寫什麼文，完全與口語相符合，則又造成為語言型的文學，如語錄是。（二）語言重在音，恆隨方域而不同，文字重在形，比較有統一的可能。故在以前「言語異聲文字異形」的時代，不易使語言統一，卻易奏同文的實效。文字既同，於是容易保存雅言，容易保存古語，而無形中遂使筆底的文辭與口頭的語言日漸距離而有所謂語體與文體的分別，易言之，即是現行語體與古化語體的分別。因此，中國以前諸種文體，由其所使用的工具而言，要不外上述三種：（一）文字型，（二）語言型，（三）文字化的語言型。[18]

---

18 郭紹虞：《語文通論》，頁102-103。

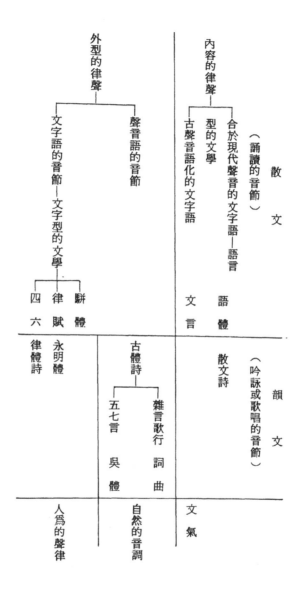

申言之，內容的律聲是文字化的語言型的文學，自然的音調是語言型的文學，而人為的聲律是文字型的文學。這種的差異，皆由於語言文字之特殊，周法高在〈中國語文與文學〉一文裡，亦曾說明中國語言文字對文學有如下的影響：

（一）由於中國文字非標音文字，而逐漸形成言文的分離；在文學方面，也形成了古文學和民間文學兩大主流。

（二）由於中國語言的單音節性，並且有聲調的特性，在詩歌或韻文方面發展成：

（甲）押韻，除了韻母相同或相近而外，有時還需要聲調相同；

（乙）平仄（上去入）相間而調和；

（丙）在音樂文學方面，注重聲調與樂調之配合；

（丁）雙聲疊韻的發達；

（戊）對偶。[19]

是以郭氏並謂音節與文體之關係如下[20]：

有關文學文體的分類，按一般分法，不外是詩歌、小說、散文、戲劇四大類，而唐鉞在〈中國文體的分析〉一文裡，則以非機能的文體式分類，並提出整、儷、叶、韻、諧、度等六項構成要素。他認為六要素，有的可以獨自構成文章的體制，有的要和其他要素合作，才能構成文體。他認為這種分析，對於舊文體可以有更清晰的領會，而對於新文體的創製，也許可以供給某度量的暗示。其文體表列如下[21]：

構成要素	文體
整。	偈，佛經文之一部分，公牘文字一部分。
韻。	古詩一部分，箴銘等之一部分，有韻的自由詩。
整，儷。	
整，韻。	駢文。
整，儷，叶。	古詩大部分，前期古賦。

19 周法高：〈中國語文與文學〉，《中國語文研究》（中華文化出版社），頁155。

20 郭韶虞：《語文通論續集》，頁38。

21 《國故新探》（臺北市：臺灣商務印書館），頁43-44。

構成要素	文體
整，儷，韻。	四六（律駢文）。
整，儷，叶，韻。	後期古賦。
整，叶，韻，諧，度。	律賦。
整，儷，叶，韻，諧，度。	絕句。
韻，諧，度。	律詩。
六素全缺。	詞，曲。
	散文，自由詩。

　　事實上，所謂的文體分類，其關鍵端在於語言文字，因語言文字而落實為音節，因音節而有節奏。節奏，其實就是朗誦的重心。節奏就古文而言是文氣；就韻文而言是聲律。因此本論文擬另列兩章，專論聲律與文氣。

陸
節奏與聲律

　　本文所指聲律，即人為聲律是也。而人為聲律則兼含韻文與非韻文之體製。

　　所謂律，是指形式排偶與聲調和諧的法則，也就是指整齊化和音樂化的規格，這種律又被稱為格律。至於詞、曲，根本就在音樂的聲律中，因此並無「律詞」、「律曲」等名稱。這種的聲律，就音節言，因為偏重於文字語的關係，只在文字的組合上求其平衡與規律，於是與聲音語之音節重在自然的音調不同。在我國諸種文體中，最適合於這種平衡而規律的條件的，為詩中之律體與文中之四六。

　　詩重在吟，須合吟的音節，所以律體比較更為規律化。文重在誦，即在駢文也不能不合誦的音節，所以不妨沒有一定的律格。因為詩要有一定的律格，以使其平衡，那麼音數便不適於偶爾適於奇。在偶數的句子中間再創造平衡而規律的格，就不免過於整齊而單調。所以律體以五七言句為最宜。至於「文」，因為是誦的音節而又是文字語的音節，所以一方面要平衡如四對四、六對六；而另一方面又不妨變化，有時一句四、一句六，四六相間以成對，有時兩句四、兩句六，四六相綴而又各成對偶，有時可以顛倒成為六四的格式，有時更可以參用三五七八的句式。這是中國文字型的文學之音節在詩文方面的分歧。

　　持此，本文所謂聲律，是指律體與四六文而言，而其間又以律體為主。

　　聲律的目的，在於文字本身見出詩的音樂。在歷史上詩與音樂有很久遠的淵源，在起源時，它們與舞蹈原是三位一體的混合藝術。聲

音、姿態、意義三者互相應合、互相闡明，三者都離不開節奏。詩由於牽就節奏，是以有了固定形式，而它的韻是點明一個樂調或一段舞步的停頓所必須；同時，韻也把幾段音節維繫成整體，免致渙散。而後三者分化，但仍保存節奏。詩的進化，就音與義關係而言，可分為四個時期：

　　1.有音無義時期
　　2.音重於義時期
　　3.音義分化時期
　　4.音義合一時期[1]

另外，劉大白分詩篇為：

　　1.歌唱的詩篇
　　2.吟誦的詩篇
　　3.講讀的詩篇[2]

而郭紹虞則認為如就外形律的應用，只須分二類：

　　吟的詩篇
　　誦的詩篇[3]

所謂吟的詩篇是可以拉長了調子放聲長吟的；誦的詩篇則只是諷誦而已。至於入樂歌唱的詩篇，則不入樂時往往與誦的詩篇相合；而所謂

1　朱光潛：《詩論》（臺北市：漢京文化事業公司），頁227-228。
2　引自郭紹虞：《語文通論續集》，頁112。
3　郭紹虞：《語文通論續集》，頁112。

講讀的詩篇是根本不具備外形律的，所以都與外形律無關。我們所以一定要分吟與誦的關係，即因「吟」是文字語的音節，而「誦」是聲音語的音節。中國文辭因為語言與文字之分離，語體與文體之分別，所以文字語可以運用文字的技巧，不必與聲音語相符合；而聲音語則發揮語言的長處，當然也不會與文字型的文學一致。

申言之，外形的聲律在於音節。

從美學上說，因節奏之組合而完成的風格，可有平衡與錯落二種。這是音節單位組合的標準。有時求其平衡，有時求其錯落，隨宜而施，方可於此顯出音節的作用。平衡近於規律，錯落則近於自然；因此，由音節的性質言，又有規律與自然二種分別。人為的聲律都是有一定規律的。至如散體中的駢語，古詩中的儷語，雖能於錯落中感到平衡之美，然以其都無定則，完全由內容來決定，所以也就不成為規律。總之，凡極端自然的隨內容而規定的音節，是所謂內容的律聲，而規律則是絕對的外形的律聲。假使說古詩歌謠重在內容的律聲，則律詩就是外形的律聲，而詞曲諸調即是內外相合的律聲。假使說散文是內容的律聲，則韻文就是外形的律聲，而駢文又是內外相合的律聲。

從文體上說，又有散文韻文之分。散文隨語勢之自然，雖有噓吸疾徐之妙，而論其音節是內容的律聲，韻文須短詠長吟，必有抗墜抑揚之節，其音節又多屬外形的律聲。我們稱前者為誦說的音節，後者為吟詠的音節。由誦說的音節言，從散文而進為駢儷，就漸離自然的音節而傾向於規律的音節。由吟詠的音節言，從律體而衍為長短句，又漸近自然的音節，但仍不離於規律。總之，誦說的音節合於語言之自然，所以音節的停頓與連續以意義為標準。吟詠的音節不必合於語言之自然，所以音節的停頓與連續又可以不一定與意義有關係。

從語性上說，又有語言文字之分。中國的語言與文字各有其特性，所以聲音語與文字語不相一致而成為分歧的現象。於是有語言型

的文學與文字型的文學之分。從大體言，聲音語的語詞趨向於複音綴
的傾向，而文字語又不妨保守單音語詞的習慣。因此，聲音語的音節
又可與文字語的音節不相一致。聲音語裡的複音語詞，到了文字語裡
仍舊可變為單音詞，有時並且可加以割裂。這即因聲音語的音節傾向
自然，是內容的律聲，而文字語的音節可以側重規律，成為外形的律
聲。因此，由散文言，則有重文氣與重聲律之分；由韻語言，則有雙
疊與用平仄之分。語體與古文都重文氣，而駢文則重在聲律。古詩與
曲的聲律重在雙聲疊韻，而律體與詞的音節則重在平仄。重在雙聲疊
韻，是由於複音語詞的關係；重在平仄，則只是單字的問題。

　　總之，內容的律聲是自然的音節，是誦說的音節，而同時也多是
聲音語的音節。外形的律聲是規律的音節，是吟詠的音節，而同時又
多屬文字語的音節。

一　律化的條件

　　中國詩文之所以走上律化，主要是由於漢字特質所致。漢字惟其
為孤立，故宜於講對偶；惟其為單音，故宜於務聲律；又惟其有聲
調，故旋律多變化。

　　漢字因孤立、單音，因而在語詞上具有伸縮分合之彈性，故能組
成勻整的句調，而同時亦便於對偶；又因有變化顛倒的彈性，故極適
於對偶，而同時亦足以助句調之勻整。因此，我國文辭之對偶與勻
整，為我國語言文字所特有的技巧，而這種技巧，卻完成了我國文學
的音樂性，所謂駢文律詩，實即是從這種趨勢演變來的。

　　詩文律化，可說是文字型的文學之極致。其律化的條件約有兩個
方面：

　　一是字句型式上的要求。

一是聲調配搭上的要求。[4]

字句型式整齊排偶這一方面比較單純。而聲調配搭的要求，則較為複雜，然而，詩文聲調的配搭，也是存在於兩方面：

一是句中各字平仄的通用，即是句式的問題。
二是篇中各式句式的排列，即是篇式的問題。[5]

　　總之，詩文律化，在理論上作出初步的歸納，是始於南朝的沈約等人，而至唐朝的律詩、駢文，則是理論與實際的完成。我們可以說，詩文聲律中最基本的因素是平與仄，也是漢語聲調中最低限度的差別。它是語音聲調中最概括、最起碼的單位，平仄的排列是詩文聲律最基本的法則。

　　就律詩而言，有兩大特色，一是意義的排偶，一是聲音的對仗。因此律詩的條件，約有四項：

（一）一句之中和句與句之間的平仄，都有特定的規格。
（二）平聲韻腳，除有時首句入韻外，都是單句仄腳不入韻，雙句平腳入韻。
（三）以每首八句為基本型式（唐人有六句的律調詩，但極少。八句以上的稱為長律或排律。唐代科舉考試用五言六韻，計十二句，稱為「試律詩」。清代科舉考試用五言八韻，計十六句，稱為「試帖詩」。一般的長律不限句數）。
（四）全詩首尾兩聯（每二句稱為一聯），對偶與否可以隨

4　《詩文聲律論稿》（臺北市：明文書局），頁2。
5　《詩文聲律論稿》（臺北市：明文書局），頁2。

意，中間各聯必須對偶。[6]

　　律詩就句式而言，句中的平仄大都是雙疊的，試將其平仄自相重疊，排列一行如下：

平　平　仄　仄　平　平　仄　仄　平　平　仄　仄　平　平……
1　2　3　4　5　6　7　8　9　10　11　12　13　14……

這好比一根長竿，可按句字的尺寸來截取它。五言的可以截出四種句式：

　　　　仄仄平平仄（3至7或7至11今稱 A 式句）
　　　　平平仄仄平（1至5或5至9今稱 B 式句）
　　　　仄平平仄仄（4至8或8至12今稱 C 式句）
　　　　平仄仄平平（2至6或6至10今稱 D 式句）

七言句是五言句的頭上加兩字，在竿上也可以截出四種句式：

　　　　平平仄仄平平仄（1至7或5至11，A 式句）
　　　　仄仄平平仄仄平（3至9或7至13，B 式句）
　　　　平仄仄平平仄仄（2至8或6至12，C 式句）
　　　　仄平平仄仄平平（4至10或8至14，D 式句）

再將平仄長竿截取句式的情形圖解來看：

6　《詩文聲律論稿》（臺北市：明文書局），頁6。

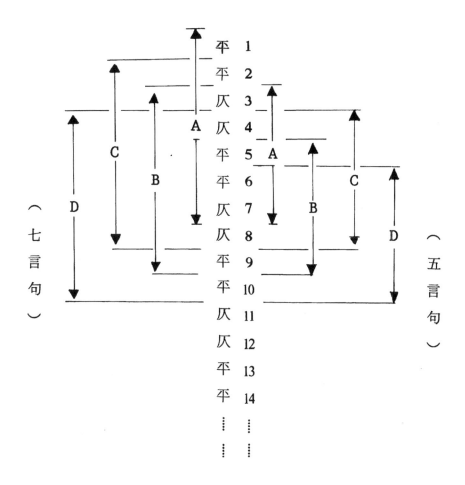

　　以上每句的平仄並非絲毫不能更動的，除了五言 B 式句外，無論五言、七言的首字，都可以更換。這是因為句子的發端處限制較寬。只有五言 B 式句首字不能更換，是因為它如換用仄聲，則下邊一字便成為兩仄所夾的「孤平」，聲調便不好聽。七言句是五言句上加兩字而成的，不但七言句本身的首字可以更換，即從五言句首帶進來的可換之字，也仍保留著可換的資格。下面排列來看：

七言句　二三四五六七　　五言句　壹貳叁肆伍

	D	C	B	A
五言		五言可變四式	五言不能變	五言可變四式
七言	七言可變四式	七言可變兩式	七言可變兩式	七言可變兩式
五言	五言可變兩式			

七言句　三四五六七　　五言句　壹貳叁肆伍

	D	C	B	A
一二	平仄平	仄平仄	平仄仄	仄平平
三四五六七	仄平仄仄平平	平仄平仄仄仄	仄平仄仄平	平仄仄平仄仄
	4　3　2　1	4　3　2　1	4　3　2　1	4　2　2　1

七言句　　　　五言句　壹貳叁肆伍

從上表來看，五言律句共有七種；七言律句共有十四種。在各式之內可以選用，但不能弄錯 ABCD 四式的界限。無論句子多少的律調詩篇，除拗句外，所用都不離這些句式。

至於篇式，五言律詩、七言律詩句式排列關係是相同的。共分首句不入韻和首句入韻兩類，每類又有起句句式不同的兩種。從前的人以句中第貳（二）字為標誌，稱之為五言、七言仄起、平起等等，也就是我們現在所說的 A 式起、C 式起諸式。

首句不入韻一類中，A 式起句的，五言律舊稱「五言仄起不入韻式」，七言律舊稱「七言平起不入韻式」，它們的排列次序都是 ABCDABCD。至於 C 式起句的，五言律舊稱「五言平起不入韻式」，七言律舊稱「七言仄起不入韻式」。它們的排列次序都是 CDABCDAB。這種排列關係，是因為每聯中除可換字外，名字平仄都須相反，所以 A 式的對句宜用 B 式，C 式的對句宜用 D 式。後一聯又須與前一聯不同，則 AB 後宜用 CD，而 CD 後宜用 AB。由於此外沒有其他句式，所以八句律詩的後半，只好沿著前四句的排列次序重輪一遍。

首句入韻即是把 A、C 式的首句換成 D、B 式的句子。這一類中，D 式起句的，五言律舊稱「五言仄起入韻式」，七言律舊稱「七言平起入韻式」。它們的排列次序都是 DBCDABCD。至於 B 式起句的，五言律舊稱「五言平起入韻式」，七言律舊稱「七言仄起入韻式」。它們的排列次序都是 BDABCDAB。這裡換用的首句，要有兩項條件：一是平聲句腳的，二是除句腳字和可換字外，名字平仄須與對句相反。所以 A 式句只能換用 D 式，C 式句只能換用 B 式句。由於只換一篇的首句，所以八句律詩的後半，仍沿著未換首句的排列次序重輪一遍。

至於排律，無論五言、七言，都是在八句律詩的後邊，沿著第五句至第八句的順序推排下去。

以上的排列關係如果錯誤，舊稱「失黏」，即算不合律。

由上述可知，律詩的聲律的基礎在於平仄。曾有楊國樞從實驗心理學的觀念，驗試舊詩平仄排列與快感度的關係，他的摘要是這樣：

本實驗的目的，在應用兩兩比較法，以研究中國舊詩平仄排列與快感度的關係。所用的受試者，為二十四名小學四年級的學生；所用的材料，為八種七言平仄排列——四種為古人所採用者，四種為古人所未採用者。至於所得的結論，則可撮述如下：

（一）不同的平仄排列，可引起不同的快感，換言之，快感度是平仄排列種類的函數。

（二）在所用的材料範圍內，大體言之，古人採用過的平仄格律多有較大快感度，此等平仄排列過去所以被採用與保留，可能原即取決於此。

（三）在古人未曾採用的平仄排列中，亦有與被採用過的平仄格律有相等的快感度者。為減少「因斟酌字音平仄的是否合律而有損詩意」的困難，吾人實可採用此等新的平仄排列。[7]

楊氏另有一文驗試舊詩每句字數與快感度的關係。他的結論有兩點：

（一）中國舊詩每句字數與其快感度間確有函數關係，亦即每句字數不同，所具的快感度亦異。

（二）在所用的九種字數中，五言有最大快感度，三、四、六及七諸言次之，八、九及十諸言又次之。二言則與其他

7　楊國樞：〈中國舊詩平仄排列與快感度的關係〉，《心理與教育》（晨鐘出版社），頁72。

　　　諸言皆無快感差異。[8]

　　總之，詩文律化，是緣於漢字的特點所致。而事實上亦有其理論的基礎存在。

二　聲律的源流

　　朱光潛對於中國詩何以走律的路？提出的答案是：

一、聲音的對仗起於意義的排偶，這兩個特徵先見於賦，律詩是受賦的影響。

二、東漢以後，因為佛經的翻譯與梵音的輸入，音韻的研究極發達。這對於詩的聲律運動是一種強烈的刺激劑。

三、齊梁時代，樂府遞化為文人詩到了最後的階段。詩有詞而無調，外在的音樂消失，文字本身的音樂起來代替它，永明聲律運動就是這種演化的自然結果。[9]

律體的出現，是文學工具之文字的應用之演進。律體就韻文的音節而言，可說是「韻」和「同」而已。韻在句末，和在句中。劉勰《文心雕龍・聲律篇》：

氣力窮於和韻，異音相從謂之和，同聲相應謂之韻。韻氣一定，故餘聲易遣；和體抑揚，故遺響難契。屬筆易巧，選和至

8　楊國樞：〈中國舊詩平仄排列與快感度的關係〉，《心理與教育》（晨鐘出版社），頁57。

9　朱光潛：〈「中國詩何以走上律的路（下）——聲律的研究何以特盛於齊梁以後〉，《詩論》（臺北市：漢京文化事業公司），頁233。

難，綴文難精，而作韻甚易，雖纖意曲變，非可縷言，然振其
大綱，不出茲論。[10]

聲律的形成，可分為永明體之前、永明體與律體等三個時期，試分述
如下：

（一）永明體之前

　　永明之前的韻文，其調諧音節重在雙聲疊韻。是重於內容的律
聲，節奏的組合可以跟著不同的內容規定不同的音節，長短錯落，沒
有一定。漢魏古詩即使也講平衡整齊，不重錯落，但是至少長短是沒
有固定的。又古詩重在自然的音節，所以雖是韻文，依舊和口語相接
近，它的音節重在合於語言的調協，所以可以利用語言中的雙聲疊韻
的優點，發揮語言的音節之美。今就韻、和說明如下：

　　因韻言，古詩由於長短句的關係，用韻的規律就比律體為錯落而
多變化：

　　　有時用韻，有時不用韻。
　　　由用韻言，有時又可以重韻。
　　　不僅重韻，有時可以同一字為韻。
　　　不僅同字為韻，有時再可疊為韻。
　　　至於由韻位言，又有種種不同，並有轉韻的現象。
　　　至由韻的本身言，更不必同聲相應，有時可以雙聲為韻。
　　　有時兼以雙聲為韻，而韻位又不一定在偶句。[11]

　　總之，永明之前韻文的用韻，是自然的音節，用韻與否，全看語

---

10 《文心雕龍註》（臺北市：明倫書局），頁553。
11 郭紹虞：〈論中國文學中的音節問題〉，《語文通論續集》，頁9-14。

氣自然需要，本無一定規律。至於和，因為是聲音語的音節，所以只取其調利脣吻，根本不必求其異音相從。於是有利用複詞助音節；有利用雙聲的地方，即雙聲助音節；有利用疊韻的地方，又以疊韻助音節。[12]

（二）永明體

永明乃齊武帝蕭頤年號（西元483-493），文學史上的永明時代，是在元嘉之後，《南史》卷四十八〈陸厥傳〉：

> 時盛為文章。吳興沈約、陳郡謝朓、琅邪王融，以氣類相推轂。汝南周顒，善識聲韻，約等文皆用宮商，將平上去入四聲，以此制韻。有平頭、上尾、蜂腰、鶴膝。五字之中，音韻悉異；兩句之內，角徵不同。不可增減，世呼為「永明體」。[13]

永明體注重聲韻之變化錯綜，以求節奏之美。永明體是由自然的音調進到人為的聲律中間之過渡。所以永明體，可以盡自然的音調之美，而同時可以明白人為的聲調之基礎。

永明體逐漸走上比較固定的長短規則，所以重在外形的律聲。永明體注意方塊文字的組成，所以在音節上，只能重在每個字的平仄四聲的關係，而對於雙聲疊韻，反而看作病犯了，因此永明體是屬於人為的音律。

當時怎樣提出聲律問題，創成永明體，郭紹虞認為可從兩方面講：

1. 從文學方面講，由辭賦逐漸演變為駢文，實在可以看作文學逐漸離開口語，而創成另一發以發揮文字特點為重點的書面

---

12 郭韶虞：〈論中國文學中的音節問題〉，《語文通論續集》，頁14-16。
13 《南史》（臺北市：藝文印書館《二十五史》本），卷48，頁551。

語。這樣，對於文字的配合也就很容易從形義的對偶，進一步注意到音節的問題。宋范曄與甥姪書中說：「性別宮商，識清濁，斯自然也。觀古今文人多不會了此處；從有會此者，不必從根本中來。言之皆有實證，非為空談」。齊梁間王融論音律亦謂惟范曄謝莊差能識之，（見鍾嶸《詩品序》）可見范曄對於音律是有些研究的。雖則他所謂從根本中會了的實證，不曾明白說出，但是他這樣自負，也的確可說是接觸到聲律的問題。所以就駢文演進的趨向言，從自然的音調，進到人為的音律，可說是符合當時一般文人的要求的。因為知其然，還要明其所以然；明其所以然，也就要把它定為規律，應用到寫作上去。

2. 從文字方面講，字音的研究，魏晉以來亦漸注意。魏時李登的聲類，晉時呂靜的韻集，都已開了研究聲韻的風氣。孫炎作爾雅音義亦已創立了反切。宋齊以來，加上佛經轉讀的風氣，於是為了要把單奇的漢語，適合重複的梵音，也就利用二字反切之學使聲音的辨析，更趨於精密。陳寅恪四聲三問一文以為中國文士依據及摹擬當日轉讀佛經之聲分別定為平上去三聲，合入聲計之適成四聲，於是創為四聲之說，撰作聲譜。因此，他說：「借轉讀佛經之聲調，應用於中國之美化文，四聲乃盛行。永明七年二月二十日竟陵王子良大集沙門於京邸，造經唄新聲，為當時考文審音一大事。故四聲說之成立，適值永明之世，而周顒、沈約之徒又適為此新學說之代表人」。（《清華學報》九卷二期）這樣看來，永明體之聲律說，一方面也是借助於文字審音的成果。所以這種音節，也就成為發揮文字特點的書面語之音節。[14]

---

14 《中國文學批評史》（臺北市：明倫書局，精簡本），頁71。

　　永明體所提出的問題，不外韻與和兩部分。韻即四聲，和同八病。韻是積極的條件，和是消極的條件。因為是積極的條件，所以劉勰說：「韻氣一定，則餘聲易遣」；因為和是消極的條件，所以劉勰說：「和體抑揚、故遺響難契」。又因為韻是積極的條件，所以四聲既分，後世奉為準繩，即進為律體，也不能有所變更。因為和是消極的條件，所以仍沒有一定的規律。因知劉勰所謂「屬筆易巧，屬和至難，綴詞難精，而作韻甚易」者，當著眼在這一方面，然後知其所由難易的所在。

　　永明體的聲律問題在於四聲八病。沈約所稱之為「聲」、「病」，在劉勰則稱之為「韻」、「和」。四聲的作用固然亦有關於病的方面，然而，更重要者實在於韻的分析。劉勰所謂「同聲相應謂之韻」，即指此而言。這是永明體的條件所謂「以平上去入為四聲，以此制韻，不可增減」者是。四聲之辨雖始於周顒，而四聲之制韻，與應用於文辭，則至沈約而始定。

　　至於八病，可說是屬於短篇的音節，重平仄，也就是文字型的音節。八病可分為四組：平頭、上尾為一組，是同聲之病；蜂腰、鶴膝為一組，是同調之病；大韻、小韻為一組，是同韻之病；旁紐、正紐為一組，是同紐之病。茲略加說明如下：

　　平頭：謂兩句十字之中，第一字不得與第六字同聲，第二字不
　　　　　得與第七字同聲。同聲者謂不得同平上去入四聲。此說
　　　　　即為律體調協平仄的濫觴，所以律體既定，此病自免。
　　上尾：第五字與第十字同聲為犯上尾，惟連韻者非病。此病在
　　　　　律體既定之後亦自免。蜂腰：謂五字中，四平夾一仄，
　　　　　四仄夾一平也。
　　鶴膝：謂下三字，累三平或疊三仄也。蜂腰鶴膝之說歧解最
　　　　　多。我於《中國文學批評史》上冊據仇兆鰲說，謂以仄

　　　　　夾平為蜂腰，以平夾仄為鶴膝。今覺李光地說亦可從，
　　　　　故引之。（說見李宗文《律詩四辨》）
　　大韻：指與押韻之字同韻之病。五字詩一句之中，非正用重言
　　　　　連語，不得復用同韻同紐之字。
　　小韻：除韻以外，而於一句中有同韻之字。
　　旁紐：謂五字詩一句之中，非重言連語，而有雙聲字。
　　正紐：謂於雙聲之外，兼以平上去入四聲相紐，如真軫震質之
　　　　　類。[15]

持此，可知永明體的和，只在兩句之間十字之中，求其異而不知運用平仄的抑揚律，所以始終只成為一聯一句的問題，而不曾注意到通篇的問題。總之，沈約諸人在文學史上的重要，即在能利用當時字音研究的結果，以為詩律的規定。於是以平上去入四聲制韻，而同聲相應者益見明晰；以平頭上尾蜂腰鶴膝諸目示病。而異音相從者，至少也有消極的規律可以遵循。阮元《文韻說》云：「休文所矜為剏獲者，謂漢魏之音韻乃暗合於無心，休文之音韻乃多出於意匠也。」一出無心，一出意匠，這即是從古詩到永明體的分別。

（三）律體

　　永明體聲律的主要問題是和，這是從古詩轉變到律詩的樞紐，所以不能以古詩的音節來解釋，也不能以律體的音節來傅會。因此，我們可以說從永明體到律體中間的聲律問題，也不過著重在「和」的問題而已。簡言之，即是「和」的問題，從消極條件，進為積極的條件而已。

　　和的問題，應當著重在兩部分：

15　以上皆引自郭紹虞：《語文通論續集》，頁30-31。

　　一是通篇的和，稱之為諧。

　　一是一聯的和，即音偶的和，稱之為叶。

叶的問題，在沈約諸人只提出「宮羽相變，低昂舛節」的原則；由此原則，只指出「五字之中音韻悉異，兩句之內角徵不同」的籠統方法；由此方法，只規定「平頭」、「上尾」、「蜂腰」、「鶴膝」等消極的條件。至於「諧」，則沈約諸人根本不曾注意到，所以律體的完成，即是音律上「諧」的問題推演的結果。

　　申言之，永明體所謂「宮羽相變，低昂舛節」者，固然包括平仄的問題，然而不全是平仄的問題，至少，猶有四聲的關係。沈約說過「十字之中顛倒相配，字不過十，巧歷已不能盡」，假如重在平仄問題，則至簡至易。因此我們可以說平仄問題的提出，實在是音律說之進步。永明體之調「和」，正以不限於平仄，是多方面的關係，所以遺響難契。律體之調「和」，只重平仄，所以研順聲勢之結果，會造成一定的聲律。蓋平仄之分，本從昔人長言短言中來，比較容易明白，而且重在音長，則噓吸疾徐之間，也容易見其抑揚。所以其他低昂，剛柔諸種關係漸漸不占重要。

　　不僅如此，自從側重在平仄的問題，於是抑揚律中遂漸漸發現音步的關係。永明體之所謂八病，往往只重在某一字與某一字的相對，而並不是某一音步與某一音步的相叶，所以說：「十字之文，顛倒相配。」蓋他顛倒相配以使「宮羽相變，低昂舛節」者，重在每一字，而不是每一音步。所以永明體的病犯，有平頭上尾蜂腰鶴膝諸稱；而等到律體既定之後，當然不會再有此種病犯了。

　　至於「諧」，是指通篇一切的字音都須合律。永明體所注意的，只是「一簡之內」、「五字之中」的問題而已。至多，也不過是「十字」，是「兩句」，從不曾注意到通篇的音節。蓋既在一句一聯之內，講究每個字的音韻盡殊，輕重悉異，當然不會注意到通篇音節的問

題。等到發現音步的關係，於是進一步就有黏綴的方法，而通篇的音
節遂於無意中間獲到解決了。董文煥聲調四譜謂絕句為詩之小成，言
平仄之式單備也；律詩為詩之大成，言平仄之式雙備，而各得其偶非
孤行之可比。他再說到何以必須雙備？「曰：此所以申黏法也。三二
句之黏明矣，而五四之黏，則實以首句黏四句，故必須八句雙備，而
後黏法乃大備也。」這話很重要，律體重在黏，永明體不重在黏。所
以律體注意諧，而永明體不注意諧。所以從永明體到律體又即是如何
進到諧的問題。

　　總之，律體的完成，即在於「平仄」的建立，平仄的排列是詩文
律化的最基本的法則，也由此而有音步、音節的發現，進而注意到通
篇的音律。詩至律體，才是「韻」與「和」達到平衡與規律的頂點，
才完成文字語的音節，吟詠的音節，也是人為聲律的完成。至於四六
駢文，因為篇無定句，句無定式，所以不用黏。但是對於以平仄為抑
揚，即是二者所共同的。以平仄為抑揚而使成儷對，所以一樣重在平
衡。不過因為兼有誦的音節之性質，所以又不需要如律體之定律。

三　明律

　　所謂明律，亦稱人工音律，即指人為聲律而言，丁邦新在〈從聲
韻學看文學〉一文裡說：

　　　　從聲韻上說，中國文學有兩種規律，一種明律；一種暗律。明
　　　律用在詩、詞、曲方面，明白規定一首詩或詞有多少字，哪些
　　　字該是平聲、仄聲，甚至更清楚地規定某些字該是上聲或去
　　　聲。這種明律是創作者每一人都要遵守的，如不遵守就是不合
　　　律。規律太嚴格難免使創作的形式顯得呆板，所以就有拗救、
　　　襯字等辦法作為補救。這些辦法慢慢形成明律的變則，也可以

說是明律的一部分了。[16]

　　律體的字句形式與聲調配搭，可從平仄、頓、聲、韻中見聲律。其中最基本的因素是「平」和「仄」。平是平聲字；仄是上聲、去聲和入聲字。平仄緣於四聲的簡化，而四聲當在同一聲（子音）韻（母音）中音長、音高、音勢三種變化相乘的結果。因此，平仄並非單純的輕重、長短、高低的問題，或許可稱之為平調與非平調的區別。由平仄而成的「平仄律」，就是「平調」與「非平調」的組合，平調能夠慢聲吟詠，仄聲的非平調由於調型不平或特別短促都無法拉長。

　　由平仄而有音步、音節的出現。這種音步的字團，在詩中常常是兩字一頓；奇數字句詩則句末一字音延長一頓，或稱為逗。例如仄仄或平平。因為它是前邊所說的那根平仄長竿上的小單位，所以可稱之為「節」。它又譬如一個盒子，有蓋有底。但有時每節並不一定是兩仄或兩平，因為一節之中的上一字聲調有時可以活動，也就是盒蓋可以更換；下一字聲調關係重要，也就是盒底需要穩定。所以應用仄仄的有時可用平仄，應用平平的有時可用仄平。於是仄仄平平有時可變成平仄仄平，平平仄仄有時可以變成仄平平仄。這種盒底既然重要，現在即用它為標誌來作節的稱呼，底是仄的（包括仄仄或平仄）稱為仄節，底是平的（包括平平或仄平）稱為平節。從前對於律詩篇式所稱的仄起、平起，都是指首句第二字而言，也就是以句中第一節的盒底為標準的。

　　有人由於看到盒蓋可以活動，盒底不能活動的現象，便創出「一三五不論，二四六分明」的歌訣來，這種歌訣的說法，似是而非，因為不能專因盒蓋能換而影響了全句的律。所以一、三、五的能換與否，是有條件的，不是任何句式中都可以不論的。簡言之，律詩不論

---

16 丁邦新：〈從聲韻學看文學〉，《中外文學》第4卷第1期（1975年6月），頁131。

五言或七言，以部位論，是下段比上段嚴格；以聲調論，是平聲比仄聲嚴格。

頓是詩文律化的關鍵。《馬氏文通》卷十：

> 凡句讀中，字面少長，而辭氣應少住者曰頓。頓者，所以便誦讀，於句讀之義無涉。然起詞、止詞、轉詞、與凡一切加詞，其長短之變，微頓，將安歸焉。故立象五論頓，頓之為式不一。[17]

頓是音的停頓，聲音到頓的位置時，並不必停頓，只是略延長、提高、加重。舊詩的節奏有時不易在四聲上見出，但全平全仄的詩句仍有節奏，它大半靠著「頓」。頓相當於音步，聲律中的頓注意聲音上的整齊段落，往往在意義上不連屬的字在聲音上可連屬。但在朗誦時，也不應該完全相信形式化的節奏，理當設法使它和自然的語言節奏愈接近愈好。

頓在字面上雖似少伸縮（大半兩字），但讀起來長短懸殊仍然很大，這是取決於語言的自然節奏，以及字音本身的調質。

總之，舊詩因為讀時長短有伸縮和到頓必揚的兩個緣故，因此舊詩的節奏第一就在頓的抑揚上看出。舊詩的頓是先抑後揚，與語文節奏不同。

漢字的四聲，具有聲調。因此，詩講究聲音，一方面在節奏，在長短、高低、輕重的起伏；不同聲調的組合，由其升降幅度大小變化的異同，便會產生不同的節奏感。至於詞曲裡嚴守四聲的句子，都是音律最諧美，足以表現該詞或該曲特色的地方。另一方也在調質，在

---

17 〈論句讀〉《馬氏文通》（臺北市：臺灣商務印書館），下冊，卷10，頁25。

字音本身的和諧以及音與義的協調。[18]

　　至於用韻，在於協。也就是把渙散的聲音聯絡貫串起來，成為一個完整的曲調，並且具有以韻為斷句的效用。這種韻協是運用韻母相同，前後復沓的道理，把易於散漫的音節，借著韻的迴聲來收束、呼應和貫串；它好比貫珠的串子，有了它，才能將顆顆晶瑩溫潤的珍珠，貫穿成一串價值連城，與美人相得益彰的飾物。

四　朗誦原則

　　詩文的朗誦，可從體製、音節與媒介等三方面來決定其腔調。在人為的聲律中，自以律體與四六駢文為主。而其間從律體而衍為詞、曲，雖又漸近自然的音節，但仍不離於規律，且詞、曲根本就在音樂的聲律中，也就是說，詞、曲都是入樂的，其中常有受到樂譜限制的句式。常見詞、曲家說，某句某字必須用某體唱時才好聽。於是重要處不但要講四聲，並且要講字聲清濁，發音部位（如脣、齒、舌、牙、喉、鼻等），所以詞、曲可依譜而唱，如要吟、誦，則亦當以詞、曲譜為依歸，並分辨四聲與音節；在詞、曲、駢、散文句中的音節，是除去句中領、襯、尾字來計算的。這些字關係不大，其功用在疏通或墊補，而後吟、誦，必有抗墜抑揚之頓挫，是以本節存而不論，其間僅論律體、四六駢文、賦、古詩。試分述如下：

（一）律體

　　律體即指近體詩而言，近體詩包括絕句、律詩與排律。
　　律體的格律頗為嚴整，是屬於人工的聲律，就媒介而言，是屬於

---

18 朱光潛：〈中國詩的節奏與聲韻的分析上──論聲〉，《詩論》（臺北市：漢京文化事業公司），頁155-176。

文字型的文學，但要皆以平仄的排列為最基本的法則。而平仄的排列，原則上又以兩個音節為一頓（或稱音步），最後的一個音節獨自成一頓。其音步平仄為抑揚，如：

仄仄——平平——仄
平平——仄仄——平

既規律又平衡。是文字語的音節，吟詠的音節，有法則不可亂，有偶則不可孤。其朗誦原則，即在於平仄的音步，以及「韻」、「和」的平衡與規律。一般說來，吟、誦近體詩，不能像古體詩那麼自由，尤其是二、四、六的音節字，要做到平聲拉長，仄聲連續的效果。也就是在句中平聲的地方要長停。這個停字是指音節所占的拍子，並不是音節與音節之間的停頓。聽起來長停似乎太長了些，短停又不顯著。其規則：兩個平聲正好是一頓，就延長第二個音節，否則就延長仄聲下邊那個平聲。每句最末的音節，都不長停，可是聽起來固然沒有長停那麼長，比短停似乎又長得多。如：

蓬門——今始——為君——開
蓬門——今始為君——開
蓬門——今始為君開

這種的區別，是由平仄與音步所造成。亦即是源於吟、誦之不同。一般說來，誦以兩字為一個音步，亦有一字為一個音步；而吟則為求聲律之美，是以加以彈性的調整，調整的原則，即以平仄和音步為據。而事實上，不論三個音節到五個音節為一個音步的吟，並不表示其間就沒有停或頓，這只是原則性而已。

　　律體的句式，是每兩個音節構成一個節奏單位。音樂節奏與意義

單位基本上是一致的，如：

無邊——落木——蕭蕭——下
不盡——長江——滾滾——來

反之，音樂節奏和意義單位不一致，在吟誦則以音樂節奏為先。對於律詩的節奏，王力在《中國詩律研究》裡有說明：

> 為敘述的方便起見，我們將把最後一個節奏稱為「腳節」，腳節之上為「腹節」，腹節之上為「頭節」，頭節之上為「頂節」。五言的詩句只有三節，沒有頂節。這些稱呼是與上文所說「七律的句子為五律的句子的延長」的理論配合的。但所謂加長，只是頭上加頂，不是腳下加靴。[19]

兩個字為一個節奏，或稱為一頓。這是近體詩的規定，而絕、律的形式句法固定，所以他的朗誦也有一定的規則和方式，也就是說，朗誦者所要強調的是詩句音節的劃分而已。

又律體的句式，往往是以三字結束。這最後三字保持相當的獨立性，這就是說，雖然三字尾還可以細分為二、一或一、二，但是，它們總是構成一個整體；如果五律，後三字和前兩字是可分成兩個較大的節奏，如果是七律，後三字和前四字是可以分開成為兩個較大的節奏的。

律體如用讀腔，則以意義單位為主，並注意入聲字即可。

律體喜歡用平聲做韻腳。因為平聲是個長音，便於慢聲長吟的緣故。因此吟者每每在平聲處加以慢聲，使其成為有似腔調。律體由於體製固定，所以各地吟法差不多。

---

19 王力：《中國詩律研究》（臺北市：文津出版社），頁76。

（二）駢文

駢文是漢以後的一種特殊文體，至唐以後而衰。駢文有廣狹二義：凡通篇以偶句連綴成文者，是為廣義之駢文，六朝末期以前對偶文章屬之。而狹義之駢文，通稱為四六文，六朝末期以後之對偶文章屬之。四六文構成之要件有五：對偶精工、用典繁夥、辭藻華麗、聲律諧美、句法靈動。此五者缺一不可。

駢文是屬於人為聲律的音節，就媒介而言，是文字型的文學，王力認為駢文的語言有三方面的特點：

> 第一是語句方面的特點，即駢偶和四六。
> 第二是語音方面的特點，即平仄相對。
> 第三是用詞方面的特點，即用典和藻飾。[20]

駢文的產生，源於中國語文的特質。這是中國語文獨具的特色，即孤立和單音。惟其為孤立，故宜於講對偶，惟其為單音，故宜於務聲律。駢文是文章中的詩。駢文與律詩的出現，是中國語文獨有特色使然。這種詩文不經由音樂的途徑，而成功另一種「樂語」，但由於過分用心於形式的追求，而暴露出內容空洞的弊害。

兩馬並駕叫做駢，兩人在一起叫做偶。駢偶就是兩兩相對。古代宮中衛隊的行列叫做仗（儀仗），儀仗是兩兩相對，所以駢偶又叫做對仗。駢偶、對仗都是比喻的說法。駢偶的基本要求是句法結構的相互對稱。這種對稱也就注意詞語的相互配對，並且更進一步要求對仗工整。這種文辭的對偶與勻整，乃源於漢文的特質。我國語詞有單複之分，而意義無別，於是在修辭上，尤其在音節方面，便有了選擇的需要。因此，我國語詞之彈性作用，在文學作品中格外的顯著。

---

20 王力：《古漢語通論》（臺北市：泰順書局），頁294-295。

　　利用單音語詞演化為複音的傾向，利用複音語詞之單音化的特質，於是語言文字之不調協性遂歸於調協，而文學作品中遂很顯著地表現著語詞之彈性作用了。綜合來說，不外四例：（1）語詞伸縮例，即是語詞成語之音綴長短，可以伸縮任意，變化自如。（2）語詞分合例，即是單音語詞可以任意與其他語詞相結合或分離，而複音語詞也可以分用如單詞。（3）語詞變化例，即重言連語任意混合的結果，演變孳生為另一新語詞。（4）語詞顛倒例，語詞既可以分合變化，於是順用倒用亦無限制。此四例對於音節的配合，極為方便，所以在駢文律詩中，此種現象尤為明顯。中國舊文學的修辭技巧，實在以選擇語詞為重要的條件。選辭得當，可以求其勻整，可以求其儷對，更可以求其音調之諧和，隨心所欲，無施不可；有時可使為諧穩，有時可使成迴文，更有時可以運用古典。我們即使說中國文辭上所有的種種技巧，都是語言文字本身所特具的彈性作用也未嘗不可。

　　駢文的勻整，可把複雜的意義曲折達出，而不流晦澀；駢文的對偶，在意義上雖覺難懂，而在誦讀上卻是方便。可知勻整與對偶二者皆具有斷句的意義在。

　　駢體文一般是用四字句和六字句，因此駢體文在晚唐被稱為「四六」，從宋到明都沿用「四六」這個名稱。清代才叫做駢體文。

　　駢體文句式基本結構有五種：

四四
六六
四四四四
四六四六
六四六四

這五種基本結構是由對仗來決定的，同時其平仄都可以由此推知。而

節奏的平仄是最嚴格的：四字句的第二第四字是節奏點。六字句如果是二四式，第二、第四、第六字是節奏點，如果是三三式，第三、第六字是節奏點。五字句如果是二一二式，節奏點就是第二、第五字，如果是一四式，節奏點就是第三、第五字。七字句如果是三四式或三一三式，節奏點就落在第三、第七字，如果是二五或二三二式，節奏點就落在第二、第五、第七字，如果是四一二式，節奏點就落在第二、第四、第七字。

　　至於用典的目的，主要是在使文章委婉、含蓄、典雅、精煉。

　　駢文具有「游移」、「說明」、「情緒」等性格。[21]駢文能醞釀濃厚的氣氛，也能塗染濃厚的感情。它在這兩方面的適用性是確切而事實的。它最能兌現對句的表現形式，這種駢文的優越機能，再加上那美麗均齊的韻律，洗鍊凝縮的用語，充實飽和內容的典故等要件，這些要件的輔佐，使它愈發能有效的發揮真價值。

　　一般說來，駢文的句讀，簡單明瞭，只要熟知典故，比其他任何文章都容易讀。因此，駢文的朗誦要以誦腔為主，首先要注意他的句式和節奏點，其次注意領屬性的詞、發語詞、或轉語詞，以及其他散行的文句。四六文因為篇無定句，句無定式，所以用不到黏。但是對於以平仄為抑揚則二者所共同的，以平仄為抑揚而使成儷對，所以一樣重在平衡。不過因為兼有誦的音節之性質，所以又不需要如律體之定律。試舉駱賓王「為徐敬業討武曌檄」的片段為例，以見其朗誦的音節：

敬業
皇唐　舊臣。
公侯　冢子。

---

21 洪順隆譯：《中國文學概論》（臺北市：成文出版社），頁158-161。

　奉　先君　之　成業。
　荷　本朝　之　厚恩。
　宋微子　之　興悲。　良有以也。
　袁君山　之　流涕。　豈徒然哉。
　是以
　氣憤　風雲。
　志安　社稷。
　因　天下　之　先望。
　順　宇內　之　推心。
　爰舉　義旗。
　以清　妖孽。

　　總之，從文章構造來看，駢文使讀者便於句讀；使讀者更容易瞭解意義而不迷惑；而且，使意味更具強烈鮮明的印象，它是為了讀者經過綿密的考慮，然後才完成的一種文體。這麼說，正表示它的說服機能已接近完美的境地。從而，由於典故的運用，對於當時的知識份子來說，更可促進他們對文章的瞭解，典故擔任了注釋的任務，更進一層地強化了文章的說服力。它是緩慢的，希望對方能透澈瞭解的說服性文章，而且，具備完美機能的駢文，無論是圍繞著限制好的一個主題而詳細論述的議論文以及序文，它都適用，都能受容豐富的內容；還有想把自己的意見和款曲，娓娓向對方細訴的書簡；以及類似的詔勅和表奏，它都能讓作者應用自如，多采多姿。駢文在這類實用文體中，毫無遜色地，發揮了它的真價值，相反的，對於散漫地排列事實的史書和故事集子，是不太受歡迎的，那是天性使然，不可強求。更不可因此對它有所軒輊。

（三）古體詩

舊詩分古體詩與近體詩。古體詩有四言、五言、七言、雜言等。

古體詩的特徵：總的來說，只重自然的音節，而沒有固定的格律。分開來說：

（一）在章法上，每首句數可自由伸縮，不受限制。（普通都屬雙數，但唐人也有奇數句子的古風。）

（二）在句法上，四言、五古，都屬整齊的形式；七古有整齊的，也有不整齊的；（有些七古或插入三、五、八、九、十言，以至十一言的長句。）雜言大都屬於樂府詩一類，句子長短不一。（樂府詩也有一些整齊的，但為數極少。）

（三）在韻法上，可分下列五項：

A 有連句韻，也有隔句韻。也有三句或四句一押韻，但不多見。

B 可全首用平聲韻，也可全首用仄聲韻。

C 在全首中，可自由變換韻腳。（平韻換仄韻或仄韻換平韻。）

D 可以在一定的範圍內通韻或轉韻。

E 可以用重複的韻腳。

（四）在平仄法上，是相當自由，但也有一定限度。[22]

我國詩歌源於詩經、楚辭，而詩歌的形式自詩經、楚辭後不斷有新的發展，唐代律詩興起後，詩歌更有了嚴密的格律，不瞭解詩歌的形式格律，不能徹底瞭解詩歌的內容，也談不上充分的欣賞。

---

22 《詩詞曲研究》（莊嚴出版社），頁7-8。

　　相對於唐代近體詩的我們稱它為古體詩，又叫做古風，古風每篇的字數是沒有一定的，至於每句的字數，則有三、四、五、七。而以五言為正統。

　　唐代以後的古風，是指依照古詩的作法寫成的，形式比較自由，不受格律的束縛。而一般稱為古詩，是指漢魏六朝詩，其中包括漢魏樂府古辭、南北朝樂府民歌，以及當時的文人詩。

　　王力認為古詩，就語言的形式說，和當時散文的區別並不很大，他在《古漢語通論》裡說：

　　　　就語言的形式說，漢魏六朝詩和散文的區別並不很大。五言詩
　　　　（或四言詩、七言詩）只有兩點不同於散文：（1）每句字數一
　　　　定；（2）押韻。至於雜言詩就更和散文近似，因為除了有韻以
　　　　外，和散文就沒有什麼顯著的差別了。當然，雜言詩的句子一
　　　　般要比散文的句子短些，但是那很難說就是雜言詩的語言特
　　　　點。隨著駢體文的興起，魏晉以後的詩比較多用對仗。謝靈運
　　　　的〈登池上樓〉和謝朓的〈晚登三山還望京邑〉都是對仗很多
　　　　的，特別是〈登池上樓〉，二十句中竟有十八句用了對仗。但
　　　　是這也不成為這個時期的詩歌語言特點，因為當時一般的散
　　　　文，由於受到駢體文的影響，也喜用對仗。再說這個時期詩用
　　　　對仗是帶有很大的隨意性的；用對仗，只是一種修辭手段，不
　　　　是形式格律上的固定要求。

　　從另一方面說，多用口語詞彙卻是漢魏六朝詩的特點。樂府歌辭多數來自民間，口語辭彙固然非常顯著。例如：

　　　　何用問遺君？雙珠瑇瑁簪。（〈有所思〉）
　　　　聞有他心，拉雜摧燒之。（同上）

> 長跪問故夫，新人復何如？（〈上山採蘼蕪〉）
> 將縑來比素，新人不如故。（同上）

就是當時文人的作品，也是比較接近口語的。例如：

> 河漢清且淺，相去復幾許？（古詩〈迢迢牽牛星〉）
> 男兒寧當格鬥死，何能怫鬱築長城？（陳琳〈飲馬長城窟行〉）
> 作書與內舍，便嫁莫留住！（同上）
> 報書與邊地，君今出語一何鄙？（同上）

　　詩歌口語化，這是優良的傳統。唐詩宋詞都是循著這條道路發展的。至於元曲，那就更加口語化了。

　　唐代以後的古風，避免合於近體詩的平仄格式。而事實上，古人並沒有刻意避免那一類的平仄形式，其所以很少合於後代的律句，只是當時寫作以自然為主，同時聲律說未興。我們相信，詩是給人吟誦的，古人雖沒有一定的平仄格式，是不是有一種自然的聲籟，詩人們不期而然地傾向於這一種聲籟，使它的音節諧和呢？這自然是很合理的猜測。甚至有人以為古詩的平仄也有一定的規律，只是和律詩不一樣罷了，趙執信把古詩的規律叫做「別律」，意思是另外一種律詩，其規律的嚴格不讓於近體詩。

　　儘管在詩律上有意見，但趙氏所提的一個定理，卻為一般詩論家們所公認：就是古體詩無論五言或七言，總以每句的下三字為主，而腹節的下字尤為重要（五言第三字、七言第五字）。平腳的句子，腹節下字以用平聲為原則；仄腳的句子，腹節下字以用仄聲為原則。

　　總之，古體詩是屬於文字化的語言型文學，它的音節是屬於自然的音調，它不同於文氣之為內容的律聲，根本無規律而言，但是又不同於聲律之有一定的規律。現在分別就韻與和兩方面說明：

　　由韻言，以文字型的文學為最呆板，除第一句有時可用韻外，此外都是偶句用韻的。律體詩即是如此。因為必須如此纔能平衡、纔合規律，而更適於吟詠。詞曲則比較進一步了。他每首的句式雖也有一定的限制，但因是長短句的關係，比較近於聲音語，所以用韻的規律就比律體為錯落而多變化。古詩則更進一步了，詩經尤其如此。顧炎武的詩本音、孔廣森的詩聲分例，諸書所舉，都可看出他用韻方法之變化多端而又合於自然的音調。

　　論到和，因為是聲音語的音節，所以只取其調利脣吻，根本不必求其異音相從，於是有利用複字的地方，即以複字助音節；有利用雙聲的地方，即以雙聲助音節；有利用疊韻的地方，又以疊韻助音節。

　　持此，可知古體詩的朗誦，當以吟為主。而其節奏是以兩字為一個音步。如形式節奏與意義單位相左時，自以意義單位為主。至於韻腳，具有協調渙散之效。一般說來，吟古體詩，節奏稍快，與讀古文相仿，有時整句連貫而下，激昂高亢或低徊纏綿，得視詩中的情意而定。申言之，古體詩因屬自然音節，所以吟古體詩的調兒差不多一城有一城的調兒。

（四）賦

　　賦是文體的一種，劉勰《文心雕龍・詮賦》說：

　　　然賦也者，受命於詩人，拓宇於楚辭也。[23]

這是說，賦是由詩經、楚辭發展出來的。詩經是賦的遠源，楚辭是賦的近源。是以又稱為辭賦。其實辭指的是楚辭系統的作品，是抒情；賦指的是漢賦系統，是敘事的。

23　《文心雕龍注》（臺北市：明倫書局），頁134。

　　古人把賦與詩經、楚辭分開，主要是從思想內容來看的。譬如楚辭之所以有別於詩經，是因為楚辭沒有詩經那樣純正，而有詭異譎怪等類的內容，而賦之所以異於楚辭，是因為賦是「鋪采摛文，體物寫志」的，而楚辭則長於言幽怨之情。

　　從形式上看，詩經、楚辭和賦都是押韻，這是三者的共同點，但是一般的說：詩經以四言為主，楚辭一般是六言，或加兮成為七言，賦則字數不拘，但多數以四言六言為主。典型的漢賦多夾雜散文句式，詩經、楚辭則基本上沒有散句。

　　因此賦與詩經、楚辭的分別，必須從內容和形式兩方面來考察。賦比騷抒情的成分少，詠物說理的成分多；詩的成分少，散文的成分多。由此可知，賦雖是散文，但如詩般的押韻，所謂「半詩半文」的體裁，正是它的特色。

　　賦，起初並非文體之名，而是詩歌的表現形式與唱法之名，作為詩的六義之一的賦，如所謂「數陳其事，而直言之也。」是表現的形式；而所謂「不歌而誦，謂之賦」（《漢書‧藝文志》）者，則表示其朗誦性。春秋時代，也有各國外交使節朗誦詩經之詩以溝通意志的「賦詩」形式，到了漢代，它就成為兼具這些特質的文體之名。

　　賦，固然是源於詩經，出於楚辭，並更形發達，但春秋、戰國的諸子百家及游說家等辨論技術，也給它很大的影響。因此我們可以說，賦是以楚辭為胚胎，辯論術為養分，而後在漢代完成了成長。惟其以楚辭的調子為基礎，敘事性更強的朗誦形式的文學——賦，就這樣勃興了。賦極力開發言辭的機能，玩味文字，追求聽覺與視覺兩面之美。

　　賦的形式有幾次大的演變，明代徐師曾在《文體明辨》裡把賦分為古賦、俳賦、律賦和文賦。簡述如下：

　　漢代的賦稱為古賦，古賦又叫辭賦。漢賦的篇幅一般比較多，多採用問答體的形式，韻文夾雜散文。句式以四言、六言為主。在用詞

方面，喜用許多僻字。這是當時的風尚，不能算是漢賦的語言特點。

六朝的賦，稱為俳賦。俳賦又叫駢賦。六朝賦篇幅一般比較短小。六朝賦除用韻與漢賦相同外，駢偶、用典是它與漢賦顯然不同的地方。由此可知，所謂駢賦實際上是押韻的駢體文。句式以四言六言為主，往往全篇都是四字對、六字對，而且盡可能避免同字相對。

律賦是唐宋時代科舉考試所採用的一種試體賦。律賦比駢賦更追求對仗工整。並注意平仄諧和。其最明顯的不同之處，在於押韻有嚴格的限制。一般是由考官命題，並出八個韻字，規定八類韻腳，所以說八韻律賦。律賦的字數，也有一定限制，一般不超過四百字。可知科舉考試，特別講究程式，因此律賦近乎一種文字遊戲。

文賦是受古文運動的影響而產生的。古唐以後，古文家所作的賦，逐漸以散代駢，句式參差，押韻也比較隨便。這種用散文方法寫的文賦，通篇貫串散文的氣勢，重視清新流暢。

以下說明賦的押韻情形。賦是半詩半文。其相似於詩之一的即是押韻，王力在《古漢語通論》裡曾就揚雄〈解嘲〉、江淹〈別賦〉和蘇東坡〈前赤壁賦〉為例，分析賦的押韻方法，並歸納出下列五點：

1. 由於賦的篇幅較長，往往需要換韻，一韻到底的賦極少。
2. 賦的換韻，往往與內容段落是一致的。
3. 賦的押韻，有的句句押，有的隔句相押，隔句相押是最常見的押韻方法。但古賦與文賦常夾有散句，押與不押比較自由。
4. 所謂韻腳，不一定在句末。如果句末是虛詞，往往在虛詞的前面押韻。
5. 韻腳以不重複為原則。[24]

---

24 王力：《古漢語通論》（臺北市：泰順書局），頁317-319。

　　又賦可以有三個部分：前面有序，中間是賦的本身，後面有「亂」或「訊」等。但序與亂等不是賦一定要具備的。大致說來，序不用韻。有的漢賦假設賓主對答，開始和結尾多用散文。

　　總結以上所述，我們知道賦本身即是屬於朗誦形式的文學。它是文字型的文學。賦家利用漢語的單音與孳化的複詞，使之單複相合，短長相配，因此具有韻文學的格律，這種格律具有音樂性的節奏；同時由於篇幅非固定、句法長短也不定，再加上散文句法，於是晚期的賦又具有語言的自然形式。真可說是寓規矩於形式的創造性作品，而非墨守音韻成規與機械式的形式。就朗誦效果而言，當有似朗誦詩。

　　因此賦的吟、誦，原則上仍是兩字一頓方式處理。而現代的朗誦，韻文部分似乎可用兩字一頓的韻律誦法，而散文部分則採臺詞誦法，或許會更富彈性。試舉蘇東坡〈前赤壁賦〉一段為例：

於是——飲酒——樂甚，
扣舷——而——歌之。
歌曰：「桂棹兮——蘭槳，
擊空明兮——泝流光。
渺渺兮——予懷。
望美人兮——天一方。」
客有吹——洞簫者，
倚歌——而——和之，
其聲——嗚嗚然：
如怨——如慕，
如泣——如訴；
餘音——嫋嫋，
不絕——如縷；
舞幽壑——之潛蛟，
泣孤舟——之嫠婦。（黑點表押韻所在）

　　賦中的散文句法，虛字發揮了它在文勢上的功用。有關虛字部分
擬在古文裡討論。

　　至於新詩，其緣起既不出於音樂，亦不起於民間，跟過去各種詩
體全異。相反的，卻是受外來的影響，因此有某些作者強調：新詩不
要唱，也不要吟，它的生命是在朗讀。而事實上，詩歌與音樂是情同
手足，詩歌當然不是音樂，但是詩歌如果離開了音樂，破壞了節奏，
則會日趨萎弱。

　　新詩一詞，始於胡適。當時是用來稱呼相對於舊的——以白話寫
作而不押韻的詩。又有稱為白話詩、現代詩。總之，新詩的形式變化
多端，各有千秋，依羅青先生的分類是：

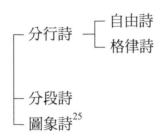

其中，格律的分行，有音步、押韻、對稱等限制，是新月派詩人的貢
獻。他們企圖從格式與韻律的研究中，為中國新詩找出一條全新的方
向。格律詩重視覺與聽覺的美感，因此頗適合於朗誦。而其他類型的
新詩，則以自然的語言音律為主，無固定的格律可言。

　　二十六年抗日戰爭以來，特別提倡朗誦詩。其實，詩歌朗誦在戰
前就有人提倡。那時是注意詩歌的音節試驗，要試驗白話詩用那一種
音節更聽得入耳些。這種朗誦運動，為的是要給白話詩建立起新的格
調，證明它可以替代舊詩。戰後的詩歌朗誦運動比戰前擴大得多，目
的也擴大得多。這時期注意的是詩歌的宣傳作用、教育作用，尤其是

25　羅青：《從徐志摩到余光中》，臺北市：爾雅出版社。

團結作用。這是帶有政治作用。而這種朗誦，邊誦邊表情、邊動作，又帶有戲劇性，可說是將詩歌戲劇化。戲劇化的詩歌總增加了些什麼，不全是詩歌的本來面目。而許多詩歌不適於戲劇化，也不適於朗誦。所以有人特別寫作朗誦詩。總之，朗誦詩的產生，主要是由於時代環境，外加俗典與標語的影響，於是抗戰時期，這種直接訴之於群眾的朗誦詩，遂成了有力的文學形式。這種朗誦的流行，可說是「民歌派」及「格律派」所努力的結果。

因此，我們可以說朗誦詩的興起，實在是我國詩壇的一件大事，因為它代表了新詩的獨立創造精神。朗誦詩也許算不上是一種真正的新詩，然而，它跳出了以往嘗試、模仿的窠臼，以一種前此所無的獨立精神，出現於「九一八」前後及抗戰前後的我國詩壇，不能說不是一個可喜的現象。朗誦詩最大的成就，乃是它使新詩接近民眾，使新詩為民眾所接受、所瞭解，並跟民眾結合起來。

抗戰初期，詩人們曾試作一些所謂「街頭詩」、「傳單詩」，然後才演變成朗誦詩。朗誦詩由於要適合朗誦，因而就不得不注重韻腳、注重通俗，並接受民間傳統的詞曲歌謠的語法與詞藻；於是，這種於抗戰前後興起的新體詩，便很自然地跟傳統結合起來，打破了前此新詩一味趨向模仿的路線。同時，也激發許多從來不寫新詩的作家們，在民族戰爭的號召下，在朗誦詩蓬勃發展的洪流中，開始寫鼓舞全民抗戰的詩篇。

這種具有獨立創造的朗誦詩，可說是屬於中華民族的，它不沾帶洋味，並且能與傳統相結合。這種獨立創造的精神，不僅在四十多年前值得重視，就是四十多年後的今日，仍然應該予以大力的鼓舞與提倡。可惜並沒有機會繼續發展，也沒有被發揚光大；實在是我國新詩壇的一大損失。

柒
節奏與文氣

　　古文就媒介而言，是屬於文字化的語言；就音節而言，是屬於內容的律聲。內容的律聲隨語言變遷及內容而不同。因此，內容的律聲似乎無規律可循。

　　古文，不像韻文，有叶韻約束其渙散，也不像駢文，有匀整、對偶，使其自有規律。一般說來，古文，是利用語勢之浩瀚流利以見其氣之貫，利用語勢之頓挫收斂以見其氣之縮。這就是古文家所謂文氣。有關文氣，是歷代古文家的話題。郭紹虞在〈文氣的辨析〉一文裡，曾論古文與文氣的關係如下：

　　　　蓋古文家之所謂文氣，與駢文家之所謂聲律，實在有同樣的性
　　　　質，——至少有一部分屬同樣的性質。駢文家為什麼要講聲律？
　　　　即因為不欲其文之「吃」。劉勰《文心雕龍・聲律篇》云：「凡
　　　　聲有飛沉，響有雙疊。雙聲隔字而每舛，疊韻雜句而必睽。沉
　　　　則響發而斷，飛則聲颺不還。並轆轤交往，逆鱗相比，迂其際
　　　　會，則往蹇來通。其為疾病，亦文家之吃也。」古文家為什麼
　　　　要講文氣？即因為欲其文之「貫」。李德裕窮愁志文章論云：
　　　　「氣不可以不貫，不貫則雖有英辭麗藻，如編珠綴玉，不得為
　　　　全璞之寶矣。」曰「吃」，曰「貫」，本是同一意思，不過一就
　　　　消極言，一就積極言耳。劉氏又云：「聲畫妍蚩，寄在吟詠；吟
　　　　詠滋味，流於字句；字句氣力，窮於和韻。」這不是說駢文家
　　　　的聲律，也所以調其吟詠的氣勢嗎？李氏又云：「古人辭高者蓋
　　　　以言妙而工；適情不取於音韻；意盡而止；成篇不拘於隻耦。

故篇無足曲，辭寡累句。譬諸音樂，古辭如金石琴瑟，尚於至音；今文如絲竹鞞鼓，迫於促節。則知聲律之為弊也甚矣！」這不又是說當重文氣不當重聲律，而文氣也有代替聲律的作用嗎？蓋古文家之所謂文氣，近於自然的音調，而駢文家之所謂聲病，則屬人為的音律。文氣以有聲律的性質，所以曾國藩以為欲氣盛全在段落清，須於古人段落分束張起中領取其妙境妙用。則已有揣摩其音節的意義了。聲律也以有文氣的性質，所以陸厥與沈約書說明昔人亦明音律之理，舉「魏文屬論深以清濁為言，劉楨奏書大明體勢之致」為例。竟以氣勢之說，為音律論之先聲了。此所以謂文氣與聲律至少有一部分屬同樣的性質。文學工具不外兩種：直接的是文字，間接的是語言。中國文字以有單音與孤立兩種特質，故適於駢儷韻律的體裁。駢文家之講究聲病，不外利用文字的特點以完成人工的音律而已。古文家之好論文氣，也不外利用語勢之浩瀚流利以自然的音調見長耳。「出辭氣斯遠鄙倍矣」，文而論氣，其最初本是指語言說的。聲律所以成文字之美，氣勢所以顯語言之長。其性質相近而異其作用，此所以文氣與聲律又得以相濟而相代。[1]

　　至於，語錄體以後的聲音語，可說充分發揮了語言的特點，我們相信它是有節奏的，這種節奏是以意義單位為主，它是屬於自然的音節。散文雖沒有律、韻，但它仍然有節奏。唐鉞在〈散文節拍枘測〉一文裡，曾說明散文節拍的大概如下：

（一）散文中字數參差奇偶雜出處，讀時不知不覺地用種種方法彌縫他。這種方法如（1）字數太少則把字音延長，

1　郭紹虞：〈文氣的辨析〉，《語文通論續集》，頁150-152。

以補足那拍的時間。（2）字數太多時，則縮短每字的時間，使該拍不致歷時過長，這方法與唱歌所用的相似。

（二）誦讀的停頓，與文義應用的停頓，雖然大體一致，卻不必嚴格地脗合。就是誦詩，也有此種情形。

例如：

　　自君之出矣，
　　不復理殘機——
　　思君如滿月
　　夜夜減清輝。（張九齡〈自君之出矣〉五言絕句）

上詩如「滿月夜夜減清輝」照文義應連成一氣讀，但因為詩的節拍的關係，卻不得不於「月」後略頓。又如杜詩：

　　萬里悲秋常作客，
　　百年多病獨登臺。

「獨登臺」三字，照文義，應於「獨」下略頓，而「登臺」則宜一氣讀。但為音調的關係，好些人均把「獨登」連讀，而於「登」下微作頓挫。這樣看來，無論在詩，在散文，誦讀的停頓同文義的停頓都是多少有點不一致的。

（三）英文詩每行（Verse）分為數音步（foot），各步構造以音之輕重為準，每步只有一個最重的音。步的種類：有輕重步（iambus）、重輕步（trochee）、輕輕重步（anapest）、重輕輕步（dactyl）等。（英文音步名目出於古希臘，原按音之長短而分的。）這種區別在吾國的散文節拍上，也可以適用。前列兩段，「趙燕……」是重輕步所合成，間夾以輕重步；「雨吾見……」是重輕輕步所合成。不

過有時以漢字一音（漢字一字一音）抵英詩二音或以漢字二音抵英詩的一音，罷了。

（四）因為節拍不是完全為文義所規定，所以有散文中只是一句而誦讀時要分作兩拍或更多的。「燕趙古稱多慷慨悲歌之士」句，共十一字，分為六拍；「雨吾見其所以濕萬物也」句，分作兩拍。此句所以於「以」後「濕」前分拍者，因為本句「雨」字重讀後，「吾見其所以」輕讀，而每字占時也較少，至「濕」字又重讀，「也」字因在句末略帶餘音。因此，「雨吾見其所以」和「濕萬物也……」……占時相同。（誦讀的節拍，並不須各拍占時絕對相同，只須聽來相同就夠了。）

（五）前說一拍中字太多則每字占時較短，太少則占時較多；這種延長縮短的程度以使各拍占時相等為準。因此，在一拍中，各字所占的時間有確定的比例。試以「雨吾見其所以濕萬物也」句為例，若假定「雨」為四分音，則「吾」、「見」各分為八分音，「其」為八分音，「所」「以」各為十六分音，「濕」為四分音，「萬」、「物」各為八分音，「也」延長為四分音。每拍含六個八分音。

（六）每秒時中所念的平均數字之多少隨文勢之緩急而變。如上示兩例，〈樂論〉比〈送董序〉每秒平均字數多一倍（前者平均每秒二・四字，後者一・二字），而他的文勢也比送董序急得多。文勢的緩急是關乎文中所表的情境。今若把這兩例誦讀速度交換，則聽來覺得語氣完全與文情不類。但是，速度卻不是絕對一定的，不過每篇文字的誦讀速度，縱有變動，也須在一定限度以內，罷了。[2]

2　唐鉞：〈散文節拍楠測〉，收於《國故新探》（臺北市：臺灣商務印書館），頁75-79。

　　唐氏所謂的節拍，即是指音步而言。唐氏所謂節拍，是根據他個人的讀法，他認為雖然或許仍有別的讀法，但無論如何，文學的散文是有節拍，不過節拍可以隨讀法而變動。

　　節拍隨讀法而變動，不只是散文，詩也是。只是散文節拍的變化更多而已。因此我們只可說：通常詩歌中，每節拍所含字數的多少是有規則的，在散文則各節拍所含的字數無一定的規則。

　　由上可知，散文的節拍是無一定的規則，不幸散文朗誦卻必須從節拍入手。但我們瞭解語文的朗誦，首在明句讀。而明句讀則必先理解文義，能理解文義則誦讀時，自有停頓和抑揚頓挫。而這種停頓與抑揚頓挫，即是所謂標點符號的作用。在朗誦裡能把文章的標點符號很清楚的表達出來，即是成功的朗誦，古文如此，現代的散文也是如此。而這種標點符號的標示，主要的憑藉即是語言的、自然的、個別的節奏，這種節奏是以意義單位為主。因此所謂的散文朗讀當以意義單位為主。

　　持此，可知語體散文的節奏與朗誦，要皆以意義單位為主。是以本章專論古文的文氣。

一　古文與語言

　　文學是以語言文字為媒介，因此，文學的基礎亦當是建築在語言文字的特性上的。郭紹虞有〈中國文字型與語言型的文學之演變〉一文，[3] 以散文為例，從文學史方面以說明文字型與語言型的文學之演變現象。試轉述如下：

　　一、春秋以前為詩樂時代。這是語言與文字比較接近的時代。語文合一，聲音語與文字語在此時中猶沒有什麼分別。阮元〈文言說〉有云：

3　郭紹虞：〈中國文字型與語言型的文學之演變〉，《語文通論》，頁66-75。

> 古人無筆硯紙墨之便，往往鑄金刻石，始傳久遠；其著之簡策
> 者亦有漆書刀削之勞，非如今人下筆千言，言事甚易也。……
> 古人以簡策傳事者少，以口舌傳事者多，以目治事者少，以口
> 耳治事者多。故同為一言，轉相告語，必有衍誤，是必寡其
> 詞，協其音，以文其言，使人易於記誦，無能增改，且無方言
> 俗語雜其間，始能達意，始能行遠。[4]

此種經過改造的口語，雖與習常所說的不必盡同，然仍是人人所共曉
的語言，所以此時代的語言與文字最為接近，最不分離。正因如此，
所以在此期也無駢散之分。這種文學是近於語言型的。

二、戰國至兩漢為辭賦時代。進至辭賦時代，因改造語言之故，
遂造成漸離語言型而從文字型演進的時代，同時也可稱為語言文字分
離的時代，在此時，語言與文辭始逐漸分離，語體與文言也顯生差別。

這是中國文學史上一個極重要的時代，因為語文變化最顯著的時
代。此種變化，分為兩途：其一，是本於以前寡其詞協其音，改造語
言的傾向以漸進行，終於發現單音文字的特點，於是文學中發揮文字
的特長，以完成辭賦的體製，使文學逐漸走上文字型的途徑；於是始
與語言型的文學不相一致。其又一，是借統一文字以統一語言，易言
之，即借古語以統一今語，於是其結果成為古語為文辭，而語體與文
言遂趨於分途。前一種確定所謂駢文的體製，以司馬相如的功績為
多；後一種又確定所謂古文的體製，以司馬遷的功績為多。

以古詞為文辭，即是所謂文字化語言型。此種文辭，雖近語言，
實則語法語詞有時都不免古的傾向。究其原因，是由於當時語言文字
本身分裂之故。

三、魏晉南北朝為駢文時代。這是充分發揮文字特點的時代，利

4　《中國歷代文論選》（臺北市：木鐸出版社），下冊，頁277。

用字形之無語尾變化，是一種孤立語，於是可對講偶；利用字音之一形一音，有時一音一義，是一種單音語，於是可講聲律。對偶是形的駢儷。再加上文學的技巧，又重在遣詞運典，剪裁割裂，以使錯綜配合，所以進入此期，文字的運用之能事已盡。

　　四、隋唐至北宋為古文時代。駢文之變為古文，昔人稱之為復古，今人稱之為革新。古文家有時為復古觀念所誤，徒作形式上的摹擬，於是故使古奧艱澀，以詰屈聱牙為能事。然而，韓柳之文則一改古人著述之體，而成為單篇，又能融化古人已成之語而別創面目，這實在是文學史上嶄新的奇蹟。蓋駢文家所注意者，只重在發揮文字之特長，而不曾顧到語言的方面；所以有時褱積累疊，甚至氣不能舉其辭。至古文家則雖用文言，似與口語不同，然而，卻是文字化的語言。因是語言型，所以駢文家講聲律而古文家講文氣，文氣出於語勢之自然。又因為是文字化，所以不合口頭的聲音語，是以古文古詩是準語體的文字，與駢文、律詩之純粹利用文字的特點者不同。

　　五、南宋至現代為語體時代。這是應用當時聲音語以充分發揮語言的特點。於是，語錄體的流行、小說戲曲的發展，甚至方言的文學亦以此時為盛。語體時代語言的應用之能事亦可謂發揮殆盡，由古文時代而語體時代實在也可說是文學以語言為工具而演進的時代。

　　至於，現代的語體文，更力求語文合一，因此，語言本身就有抑揚、頓挫、輕重、急徐的語氣。這種語氣便很道地的形成了語體文中自然的音節。這「自然」是文章的極致，就朗誦來說，它也是極致。

二　文氣的流變

　　所謂文氣，乃是漢末曹丕，到清代桐城文派，在創作理論上，所樹立之共同主張。姚鼐在《古文辭類纂‧序目》云：

> 所以為文者八。曰：神、理、氣、味、格、律、聲、色。神、
> 理、氣、味者，文之精也；格、律、聲、色者，文之粗也。[5]

粗跡易知，精義難明。所以，「神、理、氣、味」四者，比較不易明
曉，而文氣之說，其界限尤混淆不清。「氣」字有失抽象，似乎沒有
人下過明確的界說。前人強調只能於誦讀時，從感覺上去領悟。

氣，本作「气」，《說文》：

> 雲气也，象形。凡气之屬皆从气。[6]

引申為呼吸之氣，以後統寫做氣。但論其本義，初非絕對抽象的名
詞。其後一再引申，以指天地之元氣，以指吐納之氣息，以形容流動
之氣象，於是由具體而進於抽象了。由是再輾轉引申，以指個人之氣
稟，以指修養之氣質，以指環境之氣習，於是，復由述自然現象者一
變而為倫理之術語。其後再進一步以指行文之氣勢，於是始為文學批
評上之術語。

　　古文運動的興起，本在救由駢文而來的文體卑弱之弊，使其能挺
拔飛動；是以會特別重視氣。而最重要的是，所謂古文，即是一種典
雅的散文。駢文的藝術性，主要表現於文詞的色澤。古文家為矯駢文
的藻飾太過，勢必以聲調的變化，代替色澤的華美。於是氣的藝術
性，對古文家而言，較駢文家更為重要。加以氣之行於散文中者，較
之行於駢文中者，實容易而顯著。駢文不是不重聲調，沈約等人四聲
的提出，正是代表駢文聲調的完成。但駢文是由「浮聲」、「切響」等
的配合運用而來的聲調之和，以表達文氣之和。氣是生命，它本身是

5　姚鼐：《古文辭類纂‧上》（臺北市：世界書局），序目頁26。

6　《說文解字注》（臺北市：漢京文化事業公司），頁20。

活的；它在活動中是不斷地在變。駢文的固定格局，可以表現氣之和，而不能表現氣之變，及由氣之變而來的高次元的和。於是對一般地駢文作者而言，不是由氣的節奏以規定文字的節奏；而是由既成的文字節奏的格式去限定了氣的發抒。駢文的卑弱、虛偽，皆由此而來。氣由變而易見，氣以變中之節奏而易奇、易高。古文之興起，在這種地方也可以看出它的重大意義。氣在變化自由的字句中，無所阻滯；所以作者的生命力，可以全注入於文字之中。在司馬遷及韓愈的文章中，他們每句都在變化，並在變化中形成一種節奏。若說駢文的節奏，多是外鑠的；則散文的節奏多是內發的，是直接由氣而來。古文家之所以特別重視氣的原因，蓋在於此。既特別重視氣，當然會特別重視養氣。

文氣，以今日言之，是指文章之氣，也就是指文章中的氣勢和情韻。這種氣勢和情韻是表現於文章的聲調、音節之上，於是所謂氣者，乃始有了著落，氣始可以為人所把握。也就是說，文氣是表現於句的組織和音調上的。文句短而促的，其氣急；文句長而抑揚跌宕的，其氣紓。所以，傅庚生在〈談文章的誦讀問題〉一文裡，即說：

> 人們在講話時，可以藉許多動作、手勢、面部的表情表幫助完成表達情意的效果，在語言本身的就是抑揚頓挫、輕重急徐的語氣。把語氣渡到文章裡，就要借章法、句法、修辭等去安頓它；總括起來說，便是「文氣」。氣是文章的音節，表情達意實在離不了它。[7]

古文有文氣，類似於律體有聲律。近人有關文氣的研究，較為著名的有：

7　傅庚生：〈談文章的誦讀問題〉，《朗誦研究論文集》，頁238。

　　文氣說之五目　傅庚生　見《中國文學批評通論》第5章，華
正書局，頁51。

　　文氣的辨析　郭紹虞　《原刊小說月報》第20卷第1號，後收
存《語文通論續編》，頁146-154。

　　中國文學中的氣的問題——文心雕龍風骨篇疏補　徐復觀　見
臺灣學生書局版《增補四版中國文學論集》，頁297-349。

而後，劉百閔引申傅氏說法，有〈中國文學上所謂氣的問題〉一文，[8]
並有陳偉的《文氣衍論》。[9]綜觀歷代所論文氣，在中國文學上所用的
範圍，似乎包括下面五個觀念：

　　一、有指氣的剛和柔而言。
　　二、有指氣的清和濁而言。
　　三、有指氣的利和鈍而言。
　　四、有指氣的充和餒而言。
　　五、有指氣的病和長而言。[10]

氣的剛和柔，便是指「個性」而言；清和濁，便是指「風格」而言；
利和鈍，便是指「靈感」而言；充和餒，是指「情感」而言；短和
長，便是指「聲調」而言。

　　以下分別論述有關文氣的流變：

8　劉百閔：〈中國文學上所謂氣的問題〉，收於《中國古典文學論文精選叢刊‧文學批
　評、散文與賦類》（臺北市：幼獅文化），頁13-27。
9　陳偉：《文氣衍論》，新竹：楓城出版社，1977年。
10　劉百閔：〈中國文學上所謂氣的問題〉，收於《中國古典文學論文精選叢刊‧文學批
　評、散文與賦類》（臺北市：幼獅文化事業公司），頁13-14。

（一）曹丕——文以氣為主

文氣說，始於曹丕的〈典論論文〉。該文有云：

> 文以氣為主，氣之清濁有體，不可力強而致。譬諸音樂，曲度雖均，節奏同檢，至於引氣不齊，巧拙有素，雖在父兄，不能以移子弟。[11]

該文並有提到氣：

> 王粲長於辭賦，徐幹時有齊氣，然粲之匹也。……孔融體氣高妙，有過人者。[12]

又〈與吳質書〉有云：

> 公幹有逸氣，但未遒耳。[13]

文氣之說，雖始於曹丕。但《論語‧泰伯篇》曾子曾說「出辭氣，斯遠鄙倍矣。」「辭氣」連詞，即係已注意到語言與氣之不可分；亦可引申為文學與氣之不可分；所以「辭氣」便成為後來論文中的成語。至孟子知言養氣章所主張之浩然之氣，更可說是後人文氣說的活水源頭。

王夢鷗先生在〈試論曹丕怎樣發現文氣〉[14]一文裡，認為氣是當

---

11 《中國歷代文論選》（臺北市：木鐸出版社），上冊，頁125。

12 《中國歷代文論選》（臺北市：木鐸出版社），上冊，頁124。

13 見《全三國文》，收於《全上古三代秦漢三國六朝文》（臺北市：世界書局），第3冊，卷7，頁6。

14 王夢鷗：〈試論曹丕怎樣發現文氣〉，《古典文學論探索》（臺北市：正中書局，1984年3月），頁69-83。

時的清議從人物的評論另外發展為專對文學作品的評論，這是很自然的轉進，而曹丕於寫作人物的品評之餘，而轉為文章的品評，同樣是很自然的事，於是從口說的言辭的氣而轉為書寫的文辭的氣了。

　　曹丕「以文氣為主」的文，實指「文體」而言；「文以氣為主」，是說文章的體貌，乃由作者的生理的生命力所決定。這句話，直接觸發到了文學的最根本的問題。從文學的立場來說，文體是生命的直接表現，因而文體決定於生命力，這可以說是論文的第一義。但曹丕最大的貢獻，乃在「氣之清濁有體，不可力強而致」的兩句話。成功的文學作品，必成為某種「文體」。若追索到文體根源之地，則文體的不同，實由作者個性的不同。必個性之自身，有不同之形貌、體貌，然後才通過文字的媒介以形成各種不同的文體。

　　曹丕〈典論論文〉，雖著墨不多，且意見皆有所前承；但他卻能活用已有的頭緒而作加深一層的闡釋，導致後人對於語言構造物進向更詳審的考察之路，也成為正式的文學批評的發端。

（二）劉勰──主情性

　　曹丕對文氣的陳述，還在素樸與不完全的階段。由此向前發展到比較完全的階段，則有劉勰的《文心雕龍》。

　　綜考《文心雕龍》一書，除有〈養氣〉一篇外，計用「氣」字凡七十四次。試轉錄如下：

> 慷慨以任氣，磊落以使才。[15]
> 氣變金石[16]
> 撮齊楚之氣[17]

15　《文心雕龍‧明詩第六》（臺北市：明倫書局），頁66。以下所列頁數皆以明倫本為主。
16　〈樂府第七〉，頁101。
17　〈樂府第七〉，頁101。

氣爽才麗[18]

氣截雲倪[19]

辭盈乎氣[20]

放懷寥廓，氣實使之[21]

則氣含風雨之潤[22]

氣似欐槍所掃[23]

氣盛而辭斷[24]

法家辭氣，體乏弘潤[25]

氣揚采飛[26]

砥礪其氣[27]

氣流墨中[28]

辭氣質素[29]

漢來筆札，辭氣紛紜[30]

志氣槃桓，各含殊采[31]

故宜條暢以任氣[32]

18　〈樂府第七〉，頁102。

19　〈祝盟第十〉，頁178。

20　〈雜文第十四〉，頁254。

21　〈雜文第十四〉，頁254。

22　〈詔策第十九〉，頁360。

23　〈檄移第二十〉，頁378。

24　〈檄移第二十〉，頁379。

25　〈封禪第二十一〉，頁393。

26　〈章表第二十二〉，頁407。

27　〈奏啟第二十三〉，頁422。

28　〈奏啟第二十三〉，頁423。

29　〈議對第二十四〉，頁439。

30　〈書記第二十五〉，頁456。

31　〈書記第二十五〉，頁456。

32　〈書記第二十五〉，頁456。

而志氣統其關鍵[33]

王充氣竭於思慮[34]

然才有庸儁，氣有剛柔[35]

肇有血氣，氣以實志[36]

公幹氣褊[37]

才氣之大略哉！[38]

志氣之符契也[39]

情之含風，猶形之包氣[40]

意氣駿爽，則文風清焉[41]

是以綴慮裁篇，務盈守氣[42]

思不環周，索莫乏氣[43]

相如賦仙，氣號凌雲[44]

故魏文稱文以氣為主，氣之清濁有體，不可力強而致；故其論孔融，則云體氣高妙；論徐幹，則云時有齊氣；論劉楨，則云有逸氣。公幹亦云，孔氏卓卓，信含異氣，筆墨之性，殆不可勝，並重氣之旨也。……骨勁而氣猛也[45]

---

33 〈神思第二十六〉，頁493。
34 〈神思第二十六〉，頁494。
35 〈體性第二十七〉，頁505。
36 〈體性第二十七〉，頁506。
37 〈體性第二十七〉，頁506。
38 〈體性第二十七〉，頁506。
39 〈風骨第二十八〉，頁513。
40 〈風骨第二十八〉，頁513。
41 〈風骨第二十八〉，頁513。
42 〈風骨第二十八〉，頁513。
43 〈風骨第二十八〉，頁513。
44 〈風骨第二十八〉，頁513。
45 〈風骨第二十八〉，頁513-514。

情與氣偕，辭共體並[46]

文辭氣力[47]

風味氣衰也[48]

負氣以適變[49]

公幹所談，頗亦兼氣[50]

聲含宮商，肇自血氣[51]

氣力窮於和韻[52]

韻氣一定，故餘聲易遣[53]

所以節文辭氣[54]

若氣無奇類[55]

至若氣貌山海[56]

獎氣挾聲[57]

氣靡鴻漸[58]

氣寒而事傷[59]

昔王充著述，制養氣之篇[60]

46　〈風骨第二十八〉，頁514。
47　〈通變第二十九〉，頁519。
48　〈通變第二十九〉，頁520。
49　〈通變第二十九〉，頁521。
50　〈定勢第三十〉，頁531。
51　〈聲律第三十三〉，頁552。
52　〈聲律第三十三〉，頁553。
53　〈聲律第三十三〉，頁553。
54　〈章句第三十四〉，頁571。
55　〈麗辭第三十五〉，頁589。
56　〈夸飾第三十五〉，頁609。
57　〈夸飾第三十五〉，頁609。
58　〈夸飾第三十五〉，頁609。
59　〈隱秀第四十〉，頁632。
60　〈養氣第四十二〉，頁646。

鑽礪過分，則神疲而氣衰[61]

長艾識堅而氣衰[62]

氣衰者慮密以傷神[63]

於是精氣內銷[64]

蹙迫和氣[65]

調暢其氣[66]

斯亦衛氣之一方也[67]

素氣資養[68]

宮商為聲氣[69]

辭氣叢雜而至[70]

故梗概而多氣也[71]

因談餘氣，流成文體[72]

蓋陽氣萌而玄駒步[73]

英華秀其清氣[74]

天高氣清[75]

---

61 〈養氣第四十二〉，頁646。

62 〈養氣第四十二〉，頁646。

63 〈養氣第四十二〉，頁646。

64 〈養氣第四十二〉，頁647。

65 〈養氣第四十二〉，頁647。

66 〈養氣第四十二〉，頁647。

67 〈養氣第四十二〉，頁647。

68 〈養氣第四十二〉，頁647。

69 〈附會第四十三〉，頁650。

70 〈總術第四十四〉，頁656。

71 〈時序第四十五〉，頁674。

72 〈時序第四十五〉，頁675。

73 〈物色第四十六〉，頁693。

74 〈物色第四十六〉，頁693。

75 〈物色第四十六〉，頁693。

寫氣圖貌[76]

氣形於言矣[77]

孔融氣盛於為筆[78]

阮籍使氣以命詩[79]

方聲氣乎風雷[80]

　　曹丕主「氣」以說明文體的根源，及至劉勰則主「情性」以說明文體之胚胎。「情性」二字，為六朝論文所常言，劉氏《文心雕龍》全書於此，闡釋尤為詳盡。蓋劉氏所說的「情性」是包括才、氣、志三種因素。文學所表現的是情性，與文體以決定作用的也是情性。「情性」不僅指的是生理的生命力，同時也包括了心知、理性的生命力。劉氏的說法，若套用曹丕的口氣，應當是「文以情性為主」；這便比「文以氣為主」說的完全得多了。

　　經過劉氏之分析，我們瞭解僅憑「氣」並不能創造文學，必須「才、氣、志」三者一貫，互不相失，乃構成文學創作活動之衝力。是以，徐復觀在〈中國文學中的氣的問題〉一文裡，曾為劉氏文氣說做了三點結論：

　　　綜上所述，應當可以得到三點結論：（1）由氣在文學、藝術中的提出，而人與文學藝術互相連結的通路，得以具體地把握到。每一個人，當拿起工具以從事創作時，都可以體認到自己的氣，正在對創作中的作品，發生作用。（2）由氣的把握，對

76　〈物色第四十六〉，頁693。

77　〈才略第四十七〉，頁698。

78　〈才略第四十七〉，頁699。

79　〈才略第四十七〉，頁700。

80　〈序志第五十〉，頁725。

文學藝術中的個性問題，才可澈底加以說明。思想、生活環
境，可以說明作品的大地方向；但並不能說明每一作品的個
性；因為在相同的思想與生活背景中，因作者生理構造的作用
（氣）及創作時的身體狀態，互不相同，依然可以發現個性的
互不相同；否則不能算是成功的文學、藝術作品。（3）因為自
覺到氣在文學、藝術中的作用，於是為了提高作品的境界和創
作時的力量，便提出了養氣的觀念。養氣，實際是通過一種修
養的功夫，突破氣對於人的局限性，使其向精神上昇華，並給
精神以向外實現的力量。這是以提高作者自身的人地存在，來
提高創作能力和作品。在養氣的功夫中，當然含有知識的重大
因素；但知識必須融入於情性，必須成為人格中的一成分，才
可達到養的目的。假定承認人與文學、藝術，有不可分的關
係，則由提高人，以提高作品的養氣工夫，必然地，是每一偉
大文學家，乃至藝術家的最根源地工夫。在過去所說的養氣工
夫中，社會性的意義，不夠明顯。但養氣效驗的重大證驗之
一，即是在作者個性中所能涵攝的社會性。衡量作者的水準，
應當以他個性中的社會性為重要的尺度。「先天下之憂而憂，
後天下之樂而樂」的氣，這即是浩然之氣，即是文學藝術創造
地無窮動力。[81]

　　文氣之說，雖得古文家而大明。但古文家言氣，卻非劉氏的全
貌。蓋古文家言文氣，是以氣勢為主。所謂氣勢，乃氣在文章全篇中
貫注之力。這種貫注之力的氣勢，亦即文章的文勢。

---

81 徐復觀：〈中國文學中的氣的問題〉，《增補四版中國文學論集》（臺北市：臺灣學生
　　書局），頁346-347。

（三）韓愈──主氣盛言宜

古文家之論文，雖非始於韓愈。但以韓愈最為有名，則為事實。唐以前無以文為教者，以文為教自韓愈始。

韓氏教人，雖重在文，而不離道。以為學文之旨，即在學道。唯昌黎「因文見道」之說，與劉勰「因文言道」之說不同。蓋劉氏所言者，為天地自然之道；而昌黎所言者，為堯、舜、禹、湯、文、武、周公、孔、孟之道。故劉氏所言者，僅藉以說明文體應爾；而昌黎所言者，則是為文之中心思想。明白昌黎「文以載道」之說，然後可以進窺其論文之精義。〈送高閑上人序〉有云：

> 苟可以寓其巧智使機應於心，不挫於氣，則神完而守固；雖外物至，不膠於心。堯、舜、禹、湯治天下，養叔治射，庖丁治牛，師曠治音聲，扁鵲治病；僚之於丸，秋之於弈，伯倫之於酒，樂之終身不厭廢，奚暇外慕！夫外慕徙業者，皆不造其堂，不濟其裁者也。[82]

〈答李翊書〉云：

> 至於古之立言者，則無望其速成，無誘於勢利。養其根而俟其實，加其膏而希其光。根之茂者其實遂，膏之沃者其光曄；仁義之人，其言藹如也。
>
> 抑又有難者：愈之所為，不自知其至猶未也。雖然，學之二十餘年矣！始者非三代兩漢之書不敢觀，非聖人志不敢存；處若忘，行若遺，儼乎其若思，茫乎其若迷；當其取於心而注於手也。唯陳言之務去，戛戛乎其難哉！其觀於人，不知其非笑為

---

82 韓愈：〈送高閑上人序〉，《韓昌黎文集校注》（臺北市：世界書局），頁157-158。

非笑也。如是者亦有年，猶不改；然後識古書之真偽，與雖正而不至焉者，昭昭然白黑分矣。而務去之，乃徐有得也。當其取於心而注於手也，汩汩然來矣。其觀於人也，笑之則以為喜，譽之則以為憂，以其猶有人之悅者存也。如是者亦有年，然後浩乎其沛然矣。

吾又懼其雜也，迎而距之，平心而察之，其皆醇也，然後肆矣。雖然，不可以不養也；行之乎仁義之途，游之乎詩書之源，無迷其途，無絕其源，終吾身而已矣。

氣，水也；言，浮物也。水大而物之浮者大小畢浮。氣之與言，猶是也。氣盛則言之短長與聲之高下者皆宜。雖如是，其敢自謂幾於成乎？[83]

兩文參互比證，可交相映發。尤其是〈答李翊書〉示人以治學、作文之途徑與階段，而歸本於養氣，雖千百世無以易其說，尤為昌黎文學批評精義之所薈萃。亦即孟子「其為氣也，配義與道，無是餒也」之引申。陳偉在《文氣衍論》裡曾歸納其說，列表如下：

程序 學文途徑	第一階段	第二階段	第三階段
（一）所讀之書	三代兩漢之書	三代兩漢之書	三代兩漢之書
（二）所存之志	聖人之志	聖人之志	聖人之志
（三）寫作	務去陳言，戛戛乎其難哉。	汩汩然來矣	浩乎沛然，言之短長聲之高下皆宜。
（四）他人之批評	不知其非笑為非笑也	笑之則喜，譽之則憂	其敢自謂幾於成乎

---

83 韓愈：〈送高閑上人序〉，《韓昌黎文集校注》（臺北市：世界書局），頁99。

程序　　　學文途徑	第一階段	第二階段	第三階段
（五）養氣之功	行乎仁義之途——從行為中增加體驗 游乎詩書之源——從書籍中積累新知		

　　要之，昌黎所謂「非三代兩漢之書不敢觀」者，何也？蓋我國之文章學術，以先秦兩漢為最盛故也。所謂「非聖人之志不敢存」者，何也？聖人之志，仁義而已，利民澤物而已。此則昌黎欲因學文而求道之言，且思以一身兼荷二者之重耳。至於所謂「汩汩然來矣」與「浩乎沛然」，則就文章之辭氣言之。而「氣盛言宜」之論。更為後代古文家所宗述，凡古文家言氣勢浩瀚者，皆從此入。

　　而其養氣之道。一者從行為中增加體驗；二者從書籍中累積新知。即於天賦才氣之外，復益以人為之「行」與「知」二事。天賦才氣，情性之謂也；而「行」，事之境，「知」，理之境。故氣者，情性與事境、理境之總和也。此三者，交融氤氳，昇華之為氣，而至文生焉。

　　是故，以文氣為主之說，曹丕導其先路，劉勰暢其宗風，而紹述明揚，蔚為千古論文不易之論者，則昌黎是也。

（四）方苞——倡古文義法

　　清代文論，以古文家為中堅；而古文家文論，又以桐城派為中堅。桐城之所以成派，即因桐城文人之文論，有其一貫之主張。

　　桐城文人以「古文義法」之說，為其文論之中心。號稱桐城三祖的方苞、劉大櫆、姚鼐，學問造詣或有不同，文學批評之說亦不必盡同，然其間相互關係密切。

　　方苞為桐城派的初祖。方苞論文以法為中心。《望溪文集》中談到義法的很多。所謂義法，〈又書貨殖列傳後〉有云：

義即易之所謂「言有物」也；法即易之所謂「言有序」也。義
以為經而法緯之，然後成體之文。[84]

所謂古文義法，就其完整的概念來說，是指有內容、有條理，結構謹
嚴，合乎體製的文章；分開來說，則兩者有一經一緯，相輔相成的關
係。是要求形式服從內容，內容與形式的統一，用意極為明白的。桐
城派的文論，是在義法論的基礎上逐步發展提高而形成一個體系。
《古文約選》一書，是古文義法的示範，其序例，闡明選錄標準，綱
張目舉，可以看出義法論精神實質之所在，試節錄如下：

太史公自序，年十歲，誦古文，周以前書皆是也。自魏、晉以
後，藻繪之文興，至唐韓氏起八代之衰，然後學者以先秦、盛
漢辯理論事質而不蕪者為古文。蓋六經及孔子、孟子之書之流
餘肆也。⋯⋯蓋古文所從來遠矣，六經、語、孟其根源也。得
其枝流，而義法最精者，莫如左傳、史記，然各自成書，具有
首尾，不可以分刊。其次公羊、穀梁傳、國語、國策，雖有篇
法可求，而皆通紀數百年之言與事，學者必覽其全而後可取精
焉。惟兩漢書疏及（原本作兩漢書及疏，誤）唐、宋八家之文
篇各一事，可擇其尤。而所取必至約，然後義法之精可見。故
於韓取者十二，於歐十一，餘六家或二十、三十而取一焉。兩
漢書疏，則百之二三耳。學者能切究於此，而以求左、史、
公、穀、語、策之義法，則觸類而通，用為制舉之文，敷陳論
策，綽有餘裕矣。雖然，此其末也。先儒謂韓子因以見道，而
其自稱，則曰「學古道，故欲兼通其辭。」群士果能因是以求

---

84 方苞：〈又書貨殖列傳後〉《望溪文集》，收於《中國歷代文論選》（臺北市：木鐸出
　　版社），下冊，頁113。

六經、語、孟之旨，而得其所歸，躬蹈仁義，自勉於忠孝，則立德立功以仰答我皇上愛育人材之至意者，皆始基於此。是則余為是編以助流政教之本志也夫。[85]

三傳、國語、國策、史記為古文正宗，然皆自成一體，學者必熟復全書，而後能辨其門徑，入其窔奧。故是編所錄，惟漢人散文及唐、宋八家專集，俾承學治古文者，先得其津梁，然後可溯流窮源，盡諸家之精蘊耳。

周末諸子，精深閎博，漢、唐、宋文家皆取精焉。但其著書主於指事類情，汪洋自恣，不可繩以篇法。其篇法完具者間亦有之，而體製亦別，故概弗採錄。覽者當自得之。

在昔議論者皆謂古文之衰，自東漢始，非也。西漢惟武帝以前之文，生氣奮動，倜儻排宕，不可方物，而法度自具。昭、宣以後，則漸覺繁重滯澀，惟劉子政傑出不群，然亦繩趨尺步，盛漢之風，邈無存矣。是編自武帝以後至蜀漢，所錄僅三分之一，然尚有以事宜講問，過而存之者。

韓退之云：「漢朝人無不能為文。」今觀其書疏吏牘，類皆雅飭可誦。茲所錄僅五十餘篇，蓋以辨古文氣體，必至嚴乃不雜也。既得門徑，必縱橫百家而後能成一家之言。退之自言「貪多務得，細大不捐」是也。古文氣體，所貴澄清無滓。澄清之極，自然而發其光精，則左傳、史記之瑰麗濃郁是也。始學而求古典，必流為明七子之偽體，故於客難、解嘲、答賓戲、典引之類，皆不錄。雖相如封禪書亦姑置焉。蓋相如天骨超俊，不從人間來，恐學者無從窺尋，而妄摹其字句，則徒敝精神於蹇淺耳。[86]

---

85 以上為序，見《中國歷代文論選》（臺北市：木鐸出版社），下冊，頁106。

86 以上為凡例，見《中國歷代文論選》（臺北市：木鐸出版社），下冊，頁106-107。

　　方氏以義法論文，從內容來考慮形式，使學者有規矩可尋。又本於義而言法，則法不至成為死法，而導致生搬硬套，模擬剽竊的流弊。並指明義法的尋求，須從唐宋八家入手。蓋古文是屬於文字化的語言型。去唐宋不遠，與當時語言慣例仍多相似。

　　但所謂論文言法，所能夠闡明的，只是文章的某些規律，如謀篇、布局、修辭等方法，這些義法，於語言文字的刪繁就簡、言簡意賅，是有所助益。而對於「古文氣體，所貴澄清無滓。澄清之極，自然而發其光精」的至文，則似乎非義法所能範圍。是以，姚鼐在〈與陳石士〉書中不得不承認「望溪所得，在本朝諸賢為最深，而較之古人則淺。其閱『太史公書』，似精神不能包括其大處、遠處、疏淡處及華麗非常處，只以義法論文，則得其一端而已。」[87]

（五）劉大櫆——主因聲求氣

　　方苞倡古文義法，所謂義，指學與理；法，指文而已。劉大櫆繼承之。劉氏在桐城派古文理論的發展中，是承先啟後的人物。他在方苞義法論的基礎上進一步探求散文的藝術問題，也就是專從「文」之方面發揮，使義法之說成為具體化，於是頗有新的闡發。其主旨見於〈論文偶記〉：

> 行文之道，神為主，氣輔之。曹子桓、蘇子由論文，以氣為主，是矣。然氣隨神轉，神渾則氣灝，神遠則氣逸，神偉則氣高，神變則氣奇，神深則氣靜，故神為氣之主。至專以理為主者，則猶未盡其妙也。蓋人不窮理讀書，則出詞鄙倍空疏；人無經濟，則言雖累牘，不適於用。故義理、書卷、經濟者，行文之實；若行文自另是一事。譬如大匠操斤，無土木材料，縱

有成風盡堊手段，何處設施？然即土木材料，而不善施者甚
多，終不可為大匠。故文人者，大匠也；神氣音節者，匠人之
能事也；義理、書卷、經濟者，匠人之材料也。

古人文字最不可攀處，只有文法高妙。

神者，文家之寶。文章最要氣盛，然無神以主之，則氣無所
附，蕩乎不知其所歸也。神者氣之主，氣者神之用。神只是氣
之精處。

古人文章可告人者惟法耳。然不得其神而徒守其法，則死法而
已。要在自家於讀時微會之。李翰云：「文章如千軍萬馬；風
恬雨霽，寂無人聲。」此語最形容得好。論氣不論勢，文法總
不備。

文章最要節奏；譬之管絃繁奏中，必有希聲窈渺處。

神氣者，文之最精處也；音節者，文之稍粗處也；字句者，文
之最粗處也。然論文而至於字句，則文之能事盡矣。蓋音節
者，神氣之跡也，字句者，音節之矩也。神氣不可見，於音節
見之；音節無可準，以字句準之。音節高則神氣必高，音節下
則神氣必下。故音節為神氣之跡。一句之中，或多一字，或少
一字；一字之中，或用平聲，或用仄聲；同一平字仄字，或用
陰平、陽平、上聲、去聲、入聲，則音節迴異，故字句為音節
之矩。積字成句，積章成篇，合而讀之，音節見矣；歌而詠
之，神氣出矣。

近人論文，不知有所謂音節者；至語以字句，則必笑以為末
事。此論似高實謬。作文若字句安頓不妙，豈復有文字乎？但
所謂字句音節，須從古人文字中實實講貫過始得，非如世俗所
云也。文貴奇，所謂「珍愛者必非常物」。然有奇在字句者、
有奇在意思者、有奇在筆者、有奇在丘壑者、有奇在氣者、有
奇在神者。字句之奇，不足為奇；氣奇則真奇矣；神奇則古來

亦不多見。次第雖如此，然字句亦不可不奇，自是文家能事。揚子太玄、法言，昌黎甚好之，故昌黎文奇。奇氣最難識；大約忽起忽落，其來無端，其去無跡。讀古人文，於起滅轉接之間，覺有不可測識，便是奇氣。奇，正與平相對。氣雖盛大，一片行去，不可謂奇。奇者，於一氣行走之中，時時提起。

文貴變。易曰：「虎變文炳，豹變文蔚。」又曰：「物相雜，故曰文。」故文者，變之謂也。一集之中篇篇變，一篇之中段段變，一段之中句句變，神變、氣變、境變、音節變、字句變，惟昌黎能之。文法有平有奇，須是兼備，乃盡文人之能事。上古文字初開，實字多，虛字少。典謨訓誥，何等簡奧，然文法要是未備。至孔子之時，虛字詳備，作者神態畢出。左氏情韻並美，文彩照耀。至先秦戰國，更加疏縱。漢人欲之，稍歸勁質，惟子長集其大成。唐人宗漢多峭硬。宋人宗秦，得其疏縱而失其厚懋，氣味亦少薄矣。文必虛字備而後神態出，何可節損？然枝蔓軟弱，少古人厚重之氣，自是後人文漸薄處。

理不可以直指也，故即物以明理；情不可以顯出也，故即事以寓情。即物以明理，莊子之文也；即事以寓情，史記之文也。凡行文多寡短長，抑揚高下，無一定之律，而有一定之妙，可以意會，而不可以言傳。學者求神氣而得之於音節，求音節而得之於字句，則思過半矣。其要只在讀古人文字時，便設以此身代古人說話，一吞一吐，皆由彼而不由我。爛熟後，我之神氣即古人之神氣，古人之音節都在我喉吻間，合我喉吻者，便是與古人神氣音節相似處，久之自然鏗鏘發金石聲。[88]

　　首先，他認為「義理、書卷、經濟者、行文之實；若行文自另是

---

88 劉大櫆：〈論文偶記〉，《中國歷代文論選》（臺北市：木鐸出版社），下冊，頁137-139。

一事。」這就是說，文章的思想內容雖然和藝術形式有密切的關係，思想是居於首要的地位；但藝術本身卻有相對的獨立意義。就行文而言，他認為「古人文章可告人者惟法耳」；然文章「無一定之律，而有一定之妙」，藝術的深廣涵義，絕不僅僅停留在法度上。即使於義理以求法度，也還只是法度而已。所以說：「專以理為主者，則猶未盡其妙也。」由於這「一定之妙」，「可以意會，而不可以言傳」，因此他論文就著重在藝術的體會。

從藝術方面著眼，強調藝術上的體會，於是他拈出神氣作為論文的極致。神和氣分開來講，氣在更多的地方，可以說是指語言的氣勢；而神則是「氣之精處」，是形成一種獨特風格的最本質的東西，亦即作者性格特徵在藝術上完滿而成熟的表現。離開了神而言氣「則氣無所附，蕩乎不知其所歸」，不免流於虛矯、矜張、浮滑和淺易。故曰：「神者氣之主，氣者神之用。」「神為主，氣輔之。」他以為：「古人文字最不可攀處，只是文法高妙。」這高妙的文法，正是指以神運氣，以氣行文，不恃法度而又不離法度的境界。這樣，雖不言法度，而法度自在其中。故云：「神者，文家之寶。」他說文貴奇、貴高、貴大、貴遠、貴簡、貴變、貴瘦、貴華、貴參差，都是從藝術方面著眼，在以神氣為極致的前提下立論的。

以神氣論文，確實是找到了一把開啟關鍵的鑰匙，然而神氣畢竟太抽象了，於是他指出了於音節以求神氣，於字句以求音節。文學是語言的藝術，人的思想感情是有激昂、平靜和起伏的，發為聲音就會有抗墜抑揚的自然節奏。所以說：「神氣不可見，於音節見之。」聲音的符號是文字，散文句式結構的特點，在於長短相間，錯綜配合以表達作者的語氣和神情；而漢字異音同義的又很多，更充分地提供了調聲以有利的條件。所以說：「音節無可準，以字句準之。」字句、音節、神氣，由表及裡、由粗入精，從具體到抽象，這樣，以神氣論文，就不會蹈入玄虛了。韓愈〈答李翊書〉曾說：「氣盛則言之短長

與聲之高下者皆宜」，這話的精蘊，直到劉大櫆才闡發得透闢。我國
古代優秀散文之所以富於音節美，其秘奧就在於此。後來桐城派文人
都把因聲以求氣奉為不易之論；而縱聲朗誦或低聲諷誦，更成為他們
學習和欣賞文章所採用的重要手段和方法。

　　由音節證入，是劉大櫆論文獨到之處，但也有其片面性。因為構
成文學語言因素的不是聲音一個方面，單純的強調音節，僅僅得其一
端；倘若把模擬古人的腔調當作文章能事，則流弊更不可勝言了。

（六）姚鼐 ── 主陰陽剛柔說

　　方苞論文，首重義法，劉大櫆承之，又益以音節神氣之說；而姚
鼐亦守方氏家法，但姚鼐兼從「學」與「理」方面推闡入微，於是義
法之說又趨於抽象化。〈答翁七書〉云：

> ……鼐聞今天下善射者，其法曰：平肩臂、正胠、腰以上直，
> 腰以下反句磬折，支左詘右。其釋矢也，身如槁木，苟非是不
> 可以射。師弟子相授受皆若此而已。及至索倫蒙古人之射，傾
> 首、欹肩、僂背，發則口目皆動，見者莫不笑之。然而索倫蒙
> 古之射，遠貫深而命中，世之射者，常不逮也。然則射非有定
> 法亦明矣。夫道有是非而技有美惡，詩文，皆技也，技之精者
> 必近道。故詩文美者命意必善。文字者，猶人之言語也。有氣
> 以充之，則觀其文也，雖百世而後，如立其人而與言於此，無
> 氣則積字焉而已。意與氣相御而為辭，然後有聲音節奏高下抗
> 墜之度，反復進退之態，彩色之華，故聲色之美，因乎意與氣
> 而時變者也。是安得有定法哉？[89]

---

89 姚鼐：〈答翁七書〉，《中國歷代文論選》（臺北市：木鐸出版社），頁221-222。

姚氏認為文字千變萬化，不應繩之以刻板之法，文章為技藝之一，必須力求「精美」；詩文與言語，同為一理。言辭之美，或詩文之美者，應具有兩大要素：其一命意宜佳；其二宜有氣以充之。意與氣相御而為辭，然後高下抑揚，發生種種聲色之美。若使其必遵守某種固定之法則，未有不困怠而顛蹶。

姚氏取「義法說」之「義」，而特注意文章之「命意」，又取劉大櫆的「神氣說」。就姚氏的觀點，「意」與「氣」相合而為「辭」，則其「辭」必能暗合於「法」。

至於古文陰陽剛柔之說，是姚氏論文精義之所在，也可說是古文家在文學風格理論方面的概括和總結。有關陰陽剛柔之說，以〈復魯絜非書〉最為完密：

> 鼐聞天地之道，陰陽剛柔而已。文者，天地之精英，而陰陽剛柔之發也。惟聖人之言，統二氣之會而弗偏，然而易、詩、書、論語所載，亦間有可以剛柔分矣。值其時其人，告語之體各有宜也。自諸子而降，其為文無弗有偏者。其得於陽剛之美者，則其文如霆、如電、如長風之出谷、如崇山峻崖、如決大川、如奔騏驥；其光也，如杲日，如火、如金鏐鐵；其於人也，如馮高視遠、如君而朝萬眾、如鼓萬勇士而戰之。其得於陰與柔之美者，則其文如升初日、如清風、如雲、如霞、如煙、如幽林曲澗、如淪、如漾、如珠玉之輝、如鴻鵠之鳴而入廖廓；其於人也，漻乎其如歎，邈乎其如有思，暖乎其如喜，愀乎其如悲。觀其文，諷其音，則為文者之性情形狀舉以殊焉。且夫陰陽剛柔，其本二端，造物者糅而氣有多寡，進絀，則品次億萬，以至於不可窮，萬物生焉。故曰：一陰一陽之為道。夫文之多變，亦若是已。糅而偏勝可也，偏勝之極，一有一絕無，與夫剛不足為剛，柔不足為柔者，皆不可以言之。

今夫野人孺子，聞樂以為聲歌絃管之會爾；苟善樂者聞之，則五音十二律，必有一當，接於耳而分矣。夫論文者，豈異於是乎？宋朝歐陽、曾公之文，其才皆偏於柔之美者也。歐公能取異己者之長而時濟之；曾公能避所短而不犯。觀先生之文殆近於二公焉。抑人之學文，其功力所能至者，陳理義必明當，布置取舍，繁簡廉肉不失法，吐辭雅馴，不蕪而已。古今至此者，蓋不數數得，然尚非文之至；文之至者通乎神明，人力不及施也。先生以為然乎？[90]

方苞「義法」說，側重文章之遣詞、造句、謀篇等方面；而姚氏「陰陽剛柔」說，遠紹易義、文心，近則本於劉大櫆「神氣、音節」之論而衍化之。蓋惟有注重文章之節奏，運用高聲朗誦，或恬詠密吟之方法，始能體會此「如霆、如電，或如升初日、如清風……」之種種不同境界，而得其「陽剛」與「陰柔」之美；而作者之才氣、性情，靡不畢見。論文至此，堪稱達於「巧奪天工」之境界。

（七）曾國藩

曾國藩私淑姚鼐，嚮慕桐城，治古文於桐城派式微之後。曾氏以其勳業才學，登高一呼，群山四應，使清代古文運動發展至極峰。雖曾氏卒後，古文運動復趨衰微，而其影響仍及於清末民初。曾氏的古文，號稱為湘鄉派，湘鄉派可說為中興桐城派之功臣。

曾氏論文之說，處處可見其受桐城派之影響。曾氏雖時時引用方苞、姚鼐二氏之說，然亦往往表示不滿；於方氏嫌其「不用華麗非常之字」，於姚氏嫌其「少雄直之氣，驅邁之勢」，而以為二氏之才不及

---

90 姚鼐：〈復魯絜非書〉，《中國歷代文論選》（臺北市：木鐸出版社），下冊，頁204-205。

古人。蓋曾氏之志趣，欲以「華麗之字」及「雄直之氣」，矯正桐城派之弊病。易言之，即是以瑰瑋飛騰之氣、運奇大句，為理想之標準。

　　曾氏倡「華麗之字」及「雄直之氣」，所以，論文每每從字句聲色間求之。今以家訓」上下兩卷為例，可見者如下：

　　咸豐八年七月二十一日：

> 讀書之法，看讀寫作四者，每日不可缺一。看者：如爾去年看史記、漢書、韓文、近思錄，今年看周易折中之類是也。讀者：如四書、詩、書、易經、左傳諸經、昭明文選、李、杜、韓、蘇之詩、韓歐曾王之文，非高聲朗誦，則不能得其雄偉之概，非密詠恬吟，則不能探其深遠之韻。譬之富家居積、看書，則在外貿易獲利三倍者也；讀書，則在家慎守不經花費者也。譬之兵家戰爭，看書則攻城略地開拓土宇者也；讀書，則深溝堅壘得地能守者也。看書，如子夏之日知所亡相近，讀書與無忘所能相近，二者不可偏廢。[91]

　　咸豐八年八月初三日：

> 汝讀四書，無甚心得，由不能虛心涵泳，切己體察。朱子教人讀書之法，此二語最為精要。[92]

　　咸豐八年八月二十日：

---

91 曾國藩：《家書家訓》，《曾文正公全集》（臺北市：文海出版社《近代中國史料叢刊續集‧第一輯》），第3冊，頁20362-20363。

92 曾國藩：《家書家訓》，《曾文正公全集》（臺北市：文海出版社《近代中國史料叢刊續集‧第一輯》），第3冊，頁20365。

爾七古詩氣清而詞亦穩，余閱之忻慰。凡作詩最宜講究聲調，
余所選鈔五古九家、七古六家，聲調皆極鏗鏘，耐人百讀不
厭。余所未鈔者，如左太冲、江文通、陳子昂、柳子厚之五
古，鮑明遠、高達夫、王摩詰、陸放翁之七古，聲調亦清越異
常。爾欲作五古、七古，須熟讀五古、七古各數十篇，先之以
高聲朗誦，以昌其氣；繼之以密詠恬吟，以玩其味，二者弁
進，使古人之聲調，拂拂然若與我之喉舌相習，則下筆為詩
時，必有句調湊赴腕下，詩成自讀之，亦自覺琅琅可誦，引出
一種興會來。古人云：新詩改罷自長吟。又云：煅詩未就且長
吟。可見古人慘淡經營之時，亦純在聲調上下工夫，有字句之
詩，人籟也。無字句之詩，天籟也。解此者能使天籟、人籟湊
泊而成，則於詩之道思過半矣。[93]

豐十一年正月初四日：

爾問文中雄奇之道，雄奇以行氣為上，造句次之，選字又次
之。然未有字不古雅而句能古雅，句不古雅而氣能古雅者。亦
未有字不雄奇而句能雄奇，句不雄奇而氣能雄奇者。是文章之
雄奇，其精處在行氣；其麤處全在造句選字也。余好古人雄奇
之文，以昌黎為第一，揚子雲次之，二公之行氣，本之天授，
至於人事之精能，昌黎則造句之工夫居多，子雲則選字之工夫
居多。爾問敘事誌傳之文難於行氣，是殊不然。如昌黎曹成王
碑、韓許公碑，固屬千奇萬變不可方物，即盧夫人之銘、女挐
之誌，寥寥短篇，亦復雄奇崛強，爾試將此四篇熟看，則知二

---

93 曾國藩：《家書家訓》，《曾文正公全集》（臺北市：文海出版社《近代中國史料叢刊
　　續集・第一輯》），第3冊，頁20368-20369。

大二小，各極其妙矣。爾所作雪賦，詞意頗古雅，惟氣勢不
暢，對仗不正，兩漢不尚對仗，潘陸則對矣，江、鮑、庾、徐
則工對矣。爾宜從對仗上用工夫。此囑。[94]

同治六年八月初四日：

余近年頗識古人文章門徑，而在軍鮮暇，未嘗偶作，一吐胸中
之奇。爾若能解漢書之訓詁，參以莊子以詼詭，則余願償矣。
至行氣為文章第一義，卿雲之跌宕，昌黎之倔強，尤為行氣不
易之法。爾宜先於韓公倔強處揣摩一番。[95]

同治四年六月初一日：

爾寫信太短，近日所看之書，及領略古人文字意趣，儘可自攄
所見，隨時質正。前所示有氣則有勢，有識則有度，有情則有
韻，有趣則有味，古人絕好文字，大約於此四者之中必有一
長。[96]

同治四年七月初三日：

……皆有最盛之氣勢，爾當兼在氣勢上用功，無徒在揣摩上用
功。大約偶句多，單句少，段落多，分股少，莫拘場屋之格

94　曾國藩：《家書家訓》，《曾文正公全集》（臺北市：文海出版社《近代中國史料叢刊
　　續集・第一輯》），第3冊，頁20407-20408。
95　曾國藩：《家書家訓》，《曾文正公全集》（臺北市：文海出版社《近代中國史料叢刊
　　續集・第一輯》），第3冊，頁20446。
96　曾國藩：《家書家訓》，《曾文正公全集》（臺北市：文海出版社《近代中國史料叢刊
　　續集・第一輯》），第3冊，頁20483。

式。短或三五百字，長或八九百字、千餘字，皆無不可。雖係
四書題，或用後世之史事，無論目今之時務，亦無不可，總須
將氣勢展得開，筆仗使得強，乃不至於束縛拘滯，愈緊愈呆，
嗣後爾每月作五課揣摹之文，作一課氣勢之文，講揣摹者送師
閱改，講氣勢者寄余閱改。四象表中，惟氣勢之屬太陽者最難
能而可貴，古來文人雖偏於彼三者，而無不在氣勢上痛下工
夫。兩兒均宜勉之，此囑。[97]

從引述文中，可知與劉大櫆於「神氣、音節」中求行文之能事，可說
大同而小異，只是曾氏之所謂行氣，主張駢散兼顧。

至於曾氏言陰陽剛柔，亦本於姚鼐。其說見於庚申三月的日記：

吾嘗取姚姬傳先生之說：文章之道，分陽剛之美，陰柔之美。
大抵陽剛者氣勢浩瀚，陰柔者韻味深美；浩瀚者噴薄而出之，
深美者吞吐而出之。就吾所分十一類言之，論著類、詞賦類宜
噴薄，序跋類宜吞吐；奏議類，哀祭類宜噴薄，詔令類、書牘
類宜吞吐；傳誌類、敘記類宜噴薄，異志類、雜誌類宜吞吐。
其一類中微有區別者，如哀祭類雖宜噴薄，而祭郊社、祖宗則
宜吞吐；詔令類雖宜吞吐，而檄文則宜噴薄；書牘類宜吞吐，
而論事則宜噴薄。此外各類，皆可以是意推之。[98]

曾氏於聖哲畫像記亦伸陰陽剛柔之說。而在日記裡，更進一步制定「古
文八字訣」，以區別文氣。《求闕齋日記類鈔》裡「文藝」目有云：

---

97 曾國藩：《家書家訓》，《曾文正公全集》（臺北市：文海出版社《近代中國史料叢刊
　續集・第一輯》），第3冊，頁20487-20488。

98 曾國藩：《求闕齋日記類鈔》，《曾文正公全集》（臺北市：文海出版社《近代中國史
　料叢刊續集・第一輯》），第2冊，頁18104-18105。

往年余思古文有八字訣曰：雄直怪麗，澹遠茹雅。近於茹字，似更有所得。而音響節奏，須一和字為主，因將澹字改作和字。（庚申）

文章陽剛之美，莫要於慎湧直怪四字；陰柔之美，莫要於憂茹遠潔四字，惜余知其意而不能竟其學。（癸亥九月）

嘗慕古文境之美者，約有八言，陽剛之美曰雄直怪麗；陰柔之美曰茹遠潔適。蓄之數年，而余未能發為文章，略得八美之一以副斯志。是夜，將此八言者，各作十六字贊之，至次日辰刻作畢。附錄如下：（乙丑正月）

雄　劃然軒昂，盡棄故常，跌宕頓挫，捫之有芒。

直　黃河千曲，其體仍直，山勢如龍，轉換無跡。

怪　奇趣橫生，人駭鬼眩，易玄山經，張韓互見。

麗　青春大澤，萬卉初葩，詩騷之韻，班揚之華。

茹　眾義輻湊，吞多吐少，幽獨咀含，不求共曉。

遠　九天俯視，下界聚蚊，窈寐周孔，落落寡群。

潔　冗意陳言，類字盡芟，慎爾褒貶，神人共鑒。

適　心境兩閒，無營無待，柳記歐跋，得大自在。[99]

曾氏於此，意猶未足，又創四象之說。同治五年十一月初二日家書有云：

沅弟左右：古文四象目錄鈔付查收，所謂四象者識度即太陰之屬，氣勢即太陽之屬，情韻少陰之屬，趣味少陽之屬。其中所選之文，頗失之過於高古，弟若依此四門而另選稍低者，平日

---

99 曾國藩：《求闕齋日記類鈔》，《曾文正公全集》（臺北市：文海出版社《近代中國史料叢刊續集‧第一輯》），第2冊，頁18106-18108。

所嗜者鈔讀之，必有進益。但趣味一門，除我所鈔者外，難再多選耳。[100]

析陰陽為太陽、少陽、太陰、少陰四類。實皆緣於一氣之變化；以此判定文體，未始不是一種便宜之假設。然而，曾氏之於文氣，正是愈辨而愈明。所纂輯「古文四象」，是以古文境詣立論，非傅會於易說，更非宋儒所謂太極之說。

三　暗律

　　暗律是相對明律而言，亦稱為自然音律。這種音律，可說是訴諸於感悟，只要能使文辭「口吻調利」、「滋潤婉切」的音律，就叫做自然音律。這種音律，可說是聲音語的音節，重自然的言調，故由散文言，重在利用語勢之浩瀚流利以見其氣之貫，利用語勢之頓挫收斂以見其氣之縮。

　　自然音律是本於情，生於心。因此，不易捉摸，自曹丕以氣勢聲調是文章的主體起，更引起大家的興趣。鍾嶸可說是自然音律的擁護者，他在《詩品序》云：

余謂文製，本須諷讀，不可蹇礙，但令清濁流通，口吻調利，斯為足矣。[101]

這種自然的音律，是以內容為主，根本無規律可言，可說其運用之妙存乎一心，可以隨意自如，但如果不是涵養功夫深，則又殊難把握。

---

100 曾國藩：《家書家訓》，《曾文正公全集》（臺北市：文海出版社《近代中國史料叢刊續集‧第一輯》），第3冊，卷10，頁20299。

101 《中國歷代文論選》（臺北市：木鐸出版社），上冊，頁273。

丁邦新先生〈從聲韻學看文學〉一文中，稱人工音律為明律，自然音律為暗律。他對於暗律有極其精闢的見解：

> 暗律是潛在字裡行間的一種默契，藉以溝通作者與讀者的感受。不管散文韻文，不管是詩是詞，暗律可以說無所不用。它是因人而異的藝術創造的奧秘，每個作家按照自己的造詣與穎悟來探索這一層奧秘。有的人成就高，有的人成就低。
>
> 明律是合轍與否的根據，每個人都可以作出合轍的作品，但是不見得每一篇作品都有文學上的成就，其原因之一即在於暗律的運用。正如歌曲的創作一樣，音階只有幾層，節拍只有少數的幾種，但是作曲家可以譜出無限的歌。每一首歌各有不同的格調，這種格調來自歌曲中的和諧與節奏，不同的和諧與節奏正是作曲家賦予每一首歌曲的不同的生命。文學作品的情形跟歌曲類似而不同。歌曲的內涵完全由聲音來表示，文學作品則大部分決定於文字的意義，小部分決定於聲音。我們相信老杜所謂的「詩律」，主要在於指稱這裡說到的「暗律」，那麼暗律與聲音的關係能否具體地尋釋出來呢？[102]

自然音律，無一定之律而有一定之妙。桐城古文家倡義法之說。但義法講得太死，則令人拘泥，只成為古人的影子；講得太活，則又無從捉摸，不易窺古人之神明。所以從前人講來講去都不得要領。我們可以說，所謂文氣的流變，其實就是古文聲律的尋求，這種聲律是自然的音律，而文氣就是古文的聲律。在古文家中論文氣而側重在音節方面的，當以劉大櫆說得最明暢。他分文章的能事為三個步驟：

102　丁邦新：〈從聲韻學看文學〉，《中外文學》第4卷第1期（1975年6月），頁131。

（一）字句，文章最粗處。

（二）音節，文之稍粗處。

（三）神氣，文之最精處。

神氣是文章最精處，也最抽象，因此，不容易說明，所以求之比較具體之音節。但是散文的音節還是內容的律聲，於是再求之字句。可是字句的應用又是如何？卻是語焉而不詳。

曾永義先生有〈影響詩詞曲節奏的要素〉一文，其中論及「自然音律的因素」有：

（一）雙聲疊韻。

（二）疊字襯字。

（三）拗句。

（四）選韻。

（五）意象的感受。[103]

又丁邦新在〈從聲韻學看文學〉一文中，認為暗律：

除長短與各別字調以外，暗律中還有雙聲疊韻等。[104]

另外，郭紹虞在《語文通論》合訂本中有：

中國語詞之彈性作用，正編，頁1-40

中國詩歌中之雙聲疊韻，續編，頁39-75

---

103 曾永義：〈影響詩詞曲節奏的要素〉，《說戲曲》（臺北市：聯經出版事業公司），267-277。

104 丁邦新：〈從聲韻學看文學〉，《中外文學》第4卷第1期（1975年6月），頁142。

中國語詞的聲音美，續編，頁137-145

亦討論到所謂的暗律問題。以下擬從標點符號、文法、修辭等方面，來說明所謂的暗律。

（一）標點符號

　　我國標點符號成立甚晚。就朗誦的觀點言之，各地的腔調雖有不同，然而朗誦詩文之停逗和抑揚，即是標點的作用。

　　古人沒有標點符號，所以只有在句法上加以注意。句調可以成誦者，古文即能夠成功。有關古人句法與句讀之關係，郭紹虞在〈中國語詞之彈性作用〉一文中，有詳細的解說：

> 古人為了沒有標點符號，所以只有在句法上注意。第一求其勻整。勻整則無論如何複雜的意義均可曲折達出，而不流晦澀，如佛經的翻譯是。第二求其對偶。駢文在意義上雖覺難懂，而在朗讀上卻是方便。所以韓柳雖創古文，而唐宋四六依舊有其地位。第三求其叶韻，不勻整的固須用韻以為斷句的標識，如長短句是；即勻整的也以用韻以後更覺琅琅上口，如史記龜策傳宋元王一段，雖是口頭言語，卻全是韻語。所以中國文辭重在音句而不重在義句。中國歌訣之多，以此，舊時欲使家喻戶曉的告示而偏用六言韻語者亦以此。以上數項均是就韻文駢文或如佛經之準韻駢文言的。所以戲曲語錄之類儘管運用語言，自會傾向駢麗。
>
> 至於散文，則不能有此便利，然而古文家卻利用文法上的關係以分句。宋陳騤文則云：「文有數句用一類字，所以壯文勢廣文義也。然皆有法。韓退之為古文伯，於此法尤加意焉。」不錯，文句用重複的字，誠所以壯文勢廣文義。而我們更須知道

於此二者之外尚有斷句的關係，恐怕斷句或是更根本的問題。
如韓愈畫記：「行者、牽者，奔者，涉者，陸者，翹者，顧者，
鳴者，寢者，訛者，立者，齕者，飲者，溲者，陟者，降者，」
諸語，假使用標點符號的話只須說「有行、牽、奔、涉……諸
狀」足矣。易說卦云：「乾為天、為圜、為君、為父、為玉、
為寒、為冰、為大赤、為良馬、為老馬、為瘠馬、為駁馬、為
木果。」莊子齊物論之狀風吹竅穴云：「似鼻、似口、似耳、
似圈、似臼，似窪者、似污者。」都是這一類的句法。

不僅如此，即在普通句法不必用複字者，亦以意義完足，句讀
分明為標準；所以不適於長句而只適宜於短句，不適宜於表達
複雜的意思而只適宜於表達簡單的意義。愈在這一方面考究，
所以文辭愈求其鏗鏘可誦。其所表現的意義雖不如歐化文字之
複雜而音節卻遠勝之。[105]

　　我國的古書不講究標點，上一句話和下一句話之間，沒有符號隔
斷；有的一篇文章從頭到尾，沒有一個符號。當然，漢朝以前就有
了，只是那時極不完備。關於古代對於標點符號使用的進展，胡適在
〈請頒行新式標點符號議案〉一文有詳細的說明。[106]，又鄒熾昌在
《國語文法講義》裡亦加以增補。今分述如下：

　　（一）古代──最古有「離經辨志」的方法。（見《學記》，鄭玄
注，離經，句絕也。）大概把每句離開一二字寫，如宋版《史記》
「索隱」、「述贊」的寫法。

　　（二）漢唐──漢朝的學者講究章句，才開始用「句讀」。（何休
《公羊傳》序云：「援引他經，失其句讀。」讀字，徐邈音豆，見

---

105 郭紹虞：〈中國語詞之彈性作用〉，《語文通論》，頁38-39。
106 《胡適文存》第一集（臺北市：遠東圖書公司），頁115-128。

《經典釋文》。）又稱「句投」（馬融〈長笛賦〉），又稱「句度」（〈皇甫湜與李生書〉），或名句逗（見《法華經》）。大概語意已經完的叫做句，語氣沒完而必須停頓的叫做讀。《說文》裡有「、」字，說是「有所絕止、而識之也。」又有「乚」，說是「鉤識也」，補滑稽傳「上方讀之止，輒 乚 （坊間的本子作乙，非）其處。」以此推斷，當時用的符號只有兩個，就是「、」和「✓」，它的用法就是絕止和鉤識。

　　（三）唐末到五代──這時已經有刻版書，但是大概沒有標點。

　　（四）宋──宋朝館閣校書，開始用旁邊加圈點的方法。宋岳珂九經三傳沿革例說：「監蜀諸本皆無句讀，惟建本始仿館閣校書式，從旁加圈點，開卷瞭然，於學者為便，然亦但句讀經文而已。惟蜀中字本與興國本併點注文，益為周盡。」增韻也說：「今秘省校書式，凡句則絕點於字之旁，讀分則微點於字之中間。」這兩條引證，把宋代用句讀符號說得很明白。現在所傳宋相臺岳氏本五經，就是用這種符號。

　　至於清末民初的情形，胡適之先生曾說：「後來的文人用濃圈密點來表示心裡所賞識的句子，於是把從前文法的符號，變成了賞鑑的符號，就連古代句讀的分別都埋沒了。」（見〈請頒行新式標點符號議案〉，以下同）又說：「現在有些報紙書籍，無論什麼樣的文章，都是密圈圈到底，不但不講文意的區別，連賞鑑的意思都沒了。這種圈點和沒圈點有什麼分別？」胡先生所說的這種情形，到現在仍然存在。無論大、中、小學的學生，多半不會用標點符號。他們所用的只是點號（，）和句號（。）。有些老師們因為時間的限制，也很少注意到學生們對標點符號使用的是否正確。我們往往會看到經過這些老師批改的學生作文簿上，對於好的句子，多半用圈圈或點點的方法，無論是該用什麼符號，都一律圈一個圈或圈兩個圈。

　　民國初年，胡適與馬裕藻等學者極力鼓吹採用新式標點符號，擬訂了一個〈請頒行新式標點符號議案〉，呈送教育部審議，教育部於

民國八年公布實施。所謂新式標點符號，其實是從西洋來的。西洋最
初的時候，標點符號也不完備，相傳是由亞歷山地利亞的文法家亞里
士多芬 Aristophanes 所創造，在西元前二百年傳入希臘。那一個時期
的符號比較簡單，而且各人所用有相當大的差異。直到西元一五〇〇
年，意大利威尼斯一位印刷家馬奴提斯（Aldus Manutius）加以整理
增訂，以後歐洲各國文字普遍採用。故馬奴提斯實為西方標點符號之
父。我國現行新式標點符號亦以馬氏符號為藍本，加以修訂而成的。

　　標點符號的改革與廣泛使用，是民國初年「文學革命」後的另一
重大發展。所謂標點符號，總括起來說，就是文章裡用來分別句讀和
標明詞句性質、種類的符號。民國八年，教育部根據國語統一籌備會
決案，頒布了新式標點符號，計分句號、點號、分號、冒號、問號、
驚歎號、引號、破折號、刪節號、夾注號、私名號等十二個，通令全
國一律遵用。當時沒有頓號，頓號併在點號內。

　　分開來說，標是表示認識。文選孫綽〈遊天台山賦〉：「赤城霞起
以建標。」[107]現在說作「記號」，用來識別的叫「標」。也就是用來標
記詞句的性質種類，都屬於「標的符號。」書名號、私名號、引號、
夾注號、問號、驚歎、刪節號、破折號，都屬這一類。點，也是認
識。《宋史・何基傳》「凡所讀無不加標點」[108]案點，就是識別它的句
讀。亦即是點斷，凡用來點斷文句，使人明白句中各部分在文法上的
位置和交互的關係，都屬於點的符號，又可稱為「句讀符號」。句
號、點號、冒號、分號，屬這一類。由此，更可以知道，「標點」這
一名詞，從前就有人應用過了。

　　胡適認為舊有「文字符號」、「句讀符號」等名稱，不能包括上述
的兩項意義，所以採用高元先生〈論新標點之用法〉一篇（《法政學

107　《李善注昭明文選》（臺北市：河洛圖書出版公司），上冊，頁224。
108　《宋史・何基傳》（臺北市：鼎文書局《二十五史》本），第16冊，列傳第179卷，
　　　頁12979。

報》第八期）所用標點兩字，定名為標點符號。[109]

　　胡適在〈請頒行新式標點符號議案〉一文中，曾說文字沒有標點符號，便發生種種困難；有了符號的幫助，可使文字的效力格外完全、格外廣大。他認為沒有標點符號的小害處不勝舉，而大害處約有三種：

（一）沒有標點符號，平常人不能「斷句」，書報便都成無用，教育便不能普及。此害易見，不須例證。

（二）沒有標點符號，意思有時不能明白表示，容易使人誤解。

（例）歸有光的寒花葬志有「孺人每令婢倚几旁飯即飯目眶冉冉動孺人又指予以為笑」二十四字，可作兩種讀法，便有兩種不同的解說。

　（1）孺人每令婢倚几旁飯，即飯。目眶冉冉動。

　（2）孺人每令婢倚几旁飯；即飯，目眶冉冉動。

又如荀子〈正名篇〉的「異形離心交喻異物名實互紐」十二個字，楊倞注讀成三個四字句；郝懿行讀成兩個六字句，意思便不大相同了。假使著書的人用了標點符號，便不須注解的人隨意亂猜了。

（三）沒有標點符號，決不能教授文法。因為一篇之中，有章節的分段；一章一節之中，有句的分斷；一句之中，有分句（Clause）、兼詞（Phrase，嚴復譯為「仂語」）、小頓（Pause，高元譯為「讀」）的區別；分句之中，又有主句和從句的分別；凡此種種區分，若沒有標點符號，決不能明白表示；既不能明白表示這些區別，文法的教授必不能滿意。

---

109 胡適：〈請頒行新式標點符號議案〉，《胡適文存》第一集（臺北市：遠東圖書公司），頁115。

（例）《左傳‧昭公七年》：

匹夫匹婦強死，其魂魄猶能憑依於人，以為淫厲；況良霄——
我先君穆公之胄，子良之孫，子耳之子，敝邑之卿，從政三世
矣，（鄭雖無腆，抑諺曰，「蕞爾國」，而三世執其政柄，其用
物也弘矣，其取精也多矣），其族又大——所憑厚矣，而強
死，能為鬼不亦宜乎？

這一長句，若從文法結構上分析起來，非用許多符號不可。若
沒有符號，必至囫圇吞下去，文法上各部分互相照應的地方必
不能看出來。若全用一種圈子，豈不成了十幾句了，那能表示
造句的文法呢？[110]

　　反之，標點符號的功用，並不僅是為美觀，它的真正功用是使我
們讀的時候，可以節省許多時間和精力。標點符號的功用，依劉玉琛
先生在〈標點符號用法〉中，則歸納為四種：[111]

　　（一）容易瞭解：沒有標點符號的書，我們讀的時候必須自己斷
句，非常麻煩且不容易瞭解。如果有標點符號，一目瞭然，就不必浪
費時間和精力來斷句。

　　（二）不致誤會：這是標點符號最重要的功用。由於我國語文的
結構關係，往往因斷錯句讀而成笑話的事例很多。從這些事例中，我
們更可以看出標點符號在肯定語文含意上的重要性。

　　（三）節省時間：文章有了標點符號，閱讀起來可以節省時間。

　　（四）增加興趣：沒有標點符號的書，實在不易引起一般人的閱
讀興趣。

　　綜觀以上所述，可知新式標點符號是用以表示句子的結構。如果

110　胡適：〈請頒行新式標點符號議案〉，《胡適文存》第一集（臺北市：遠東圖書公
　　司），頁126-127。

111　劉玉琛：〈標點符號用法〉，《國語日報》，頁2-8。

能正確應用標點符號，可說是已經掌握了文章最粗處的字句的處理。字句處理得當，亦即是暗律的應用。我們知道，標點符號是文辭中的表情和手勢，能有助於文辭的明順，使人容易瞭解。如果不注意標點符號，也許會導致文章不能明白的表示出來，而且還有被人誤讀誤解的可能。標點符號用得巧，可以增強文章中氣勢的通暢，調和語句音節的和諧，文辭上的美妙。彷彿是在錦上綉花，可收美上加美的功效。因此，我們可以說，標點符號的應用，即是暗律的初步。

（二）駢文

文法是指文章的結構方式，也就是研究詞句結構方式的學問。文法學的學習，可以知道怎樣構成通順的說詞或文章，主要是指書寫的語文。又有稱為語法，則包括口語和文語。而本文取用文法，實乃通稱。

文法是民族語言結構的方式。在文法裡只有習慣，沒有天經地義。文法只是把許多作家認為文辭妥切的標準和使其實現的方法歸納起來的一種智慧，而不是創立文章的法則的，又每一民族自有它個別的文法。文法可說是民族語言的結構方式，因此離開了民族語言結構的特徵，就沒有了文法。

文法只是對於某一民族的語言事實加以分析。因此文法並不能使人的文章做得好，或語言說得漂亮；它只能令人的文章做得通，或語言說得合乎民族說言的結構。

凡是一種語言，總有它的文法，天下沒有一種沒有文法的語言，不過內容組織彼此有大同小異或小同大異的區別而已。但是文法和文法學不同。一種語言儘管有文法，卻未必一定有文法學。世界文法學發展最早的，要算梵文和歐洲的古今語言，而我國的文法學發生最遲。古書如《公羊傳》、《穀梁傳》，頗有一點論文法的話，但究竟沒有文法學出世。清朝王引之的經傳釋詞，用歸納的方法來研究古書中

「詞」的用法，可稱得是一部文法書。但王氏研究缺乏文法學的術語
與條理，故經傳釋詞只是文法學未成立以前的一種文法參考書，還不
曾到文法學的地位。直到光緒二十四年（1898），馬建忠的《文通》
出世，方才有中國文法學。

中國為什麼沒有文法學？胡適之先生在〈國語文法概論〉裡有一
段解釋，他說：

> 中國文法學何以發生的這樣遲呢？我想，有三個重要的原因。
> 第一，中國的文法本來很容易，故人不覺得文法學的必要。聰
> 明的人自能「神而明之」，笨拙的人也只消用「書讀千遍，其
> 義自見」的笨法，也不想有文法學的捷徑。第二，中國的教育
> 本限於很少數的人，故無人注意大多數人的不便利，故沒有研
> 究文法學的需要。第三，中國語言文字孤立幾千年，不曾有和
> 他種高等語言文字相比較的機會。只有梵文與中文接觸最早，
> 但梵文文法太難，與中文文法相去太遠，故不成為比較的材
> 料，其餘和中文接觸的語言，沒有一種不是受中國人的輕視
> 的，故不能發生比較研究的效果。沒有比較，故中國人從來不
> 曾發生文法學的觀念。[112]

這段解釋說得很明白，不過我們還應該更進一步問一問：中國文
法何以很容易呢？中國文法和另種語言（例如梵文）的文法比較起
來，在什麼地方可以看出它很容易呢？我想，這個問題可以這樣回
答：中國語言裡沒有那些繁複的「表意方法」；在別種語言裡有些要
由「方法」來表示的意思，在中國語言裡常是用「獨立表意的成分」
表示出來；更具體一點說，在別種語言裡有些由詞的「音變」或「附

---

112 《胡適文存》第一集，卷3，頁627。

加成分」等方法來表示的意思，在中國語言裡常是用一個獨立的「詞」來表示。表意的方法少，所以文法容易。而且在語句中各個詞彼此之間的關係既不由詞形的變易來分別表示，在聯詞以成句的時候，也就沒有符合、管制等那些講究；這樣也就比較容易了。這也就是所謂孤立性單音節有聲調語的特質。

這種語言的各種詞語，其用法有很大彈性，郭紹虞曾有〈中國語詞之彈性作用〉一文，討論中國語詞之彈性作用，在文學上的效用。[113]又甘居正在《中文文法與標點符號》一書中，曾以英文為對象作一比較，說明中文詞句結構的彈性，他認為有下列幾點：

（一）中文動詞本身沒有時態變化。
（二）中文動詞沒有人稱與數量的變化。
（三）中文動詞沒有被動語氣的特定公式。
（四）中文代名詞無主格受格之分。
（五）中文沒有動名詞的特別形式。

此外，中文也沒有冠詞、不定詞、動狀詞（Verbal noun）等，都使中文造句享有極大自由。[114]

不過，中國文法之所以發生較遲，何容先生認為還不僅是因為在語言的本質上文法就很容易；他認為記錄語言所用的文字，及語言裡有些表意方法，也是使文法學不能發生的原因。他說：

不過，中國文法學之所以發生較遲，還不僅是因為在語言的本質上文法就很容易；我們記錄語言所用的文字，也是使文法學

---

113 郭紹虞：〈中國語詞之彈性作用〉，《語文通論》，頁1-38。
114 甘居正：《中文文法與標點符號》（臺北市：黎明文化事業公司），頁4-8。

不能發生的一個原因。因為在語言裡有些應該由文法學來說明的現象，被我們記錄語言所用的文字給隱沒，甚至棄掉了。我們記錄語言，總是把一個有表意作用的音單位寫成一個單個的「字」，不管它是不是能夠獨立表意；那麼，即使在語言裡它是必須依附於另一個詞纔能表意的成分，在記錄語言的文字裡，我們也不容易辨別出它的性質來。這樣就有一部分應該由文學來說明的語言現象，被記錄語言的文字給隱沒了。而且，在記錄語言的時候，為了求簡，像這種必須依附於另一個詞纔能表意的成分，我們更常常把他省去不寫，──就是在所謂「言文一致」的白話文裡，也還是不免要省去一些語言成分；這樣就更有一些應該由文法學來說明的語言現象，簡直被棄掉了。至於一個詞的音變或聲調變化，即使有的話，在我們這不以記音為主的文字裡，就更不能表示出來了；極少的一些「長呼」、「短促」一類的註釋，和為高雅學人所卑視的字角記圈法，是不足以記錄這些語言現象的。且不管這些現象能不能成為一種表意的方法，總之它是被棄掉了。這些事實不僅是使中國文法學發生較遲的原因之一，而且造成了今日研究中國文法的一種很大的困難；因為我們對於歷史上的語言現象，既不能憑藉記錄語言的文字來完全認識，對於今日的語言中若干現象的來源，也就不容易知道，因此對於它的性質和作用，也就是不容易有正確的認識和說明。

此外還有一個原因，就是在語言裡有些表意方法，如詞的「順序」、「結合」、「重疊」等，我們的前代學人並不把它當作方法來研究，卻把它當作詞本身所能表的意思來說明。這也許是因為他們研究的對象是古籍中的文字；而不是當代的語言；古籍中的文字所需要研究的又不是其全部，而是一部分已經成為問題的字，因此他們是以單個的字為研究的對象；在研究單個字

的工作中，養成了一種分別觀察的態度，於是把聯字以表意的
「方法」也當作「字義」看待。這樣就又有些應該由文法學來
說明的現象，卻被他們歸在訓詁學裡去說明了。關於這一個原
因，黃侃季剛氏在《文心雕龍》札記（章句篇）裡有一段話說
得最明白，他說：

彥和此篇，言「句者聯字以分疆」；又曰「因字而生句」；又曰
「句之精英，字不妄也」；又曰「句司數字，待相接以為用」：
其於造句之術，言之晢矣！然字之所由相聯而不妄者，固宜有
共循之途轍焉；前人未暇言者，則以積字成句，一字之義果
明，則數字之義亦必無不明。是以中土但有訓詁之學，初無文
法之作。[115]

這就是說中國所以沒有文法學而只有訓詁學，是把「字之所由相聯而
不妄」的「共循之途轍」，也當作「字義」看待，而歸到訓詁學裡去
講了。那麼所謂字義，就不是單指一個字本身所表的觀念而言，連它
和別的字相聯以成句的時候，它所能和別的字成立的關係，也算是它
的義。這樣纔能作到「〔各個〕一字之義果明，則數字〔共表〕之義
亦必無不明」。但是因為訓詁之學是學人所研究的，在教育上並不像
別國的文法學應用得那麼普遍；所以對於這樣的字義，聰明的人也只
能神而明之，笨拙的人就只有靠「書讀千遍」以求其自見。[116]
　　由於文法學不發達，有些本來應該由文法學來說明的現象，卻只
好歸到訓詁學的領域去。可是在訓詁學裡，它們又顯示出特殊的性質：

　　第一，是那些記錄語言的依附成分的字，和記錄獨立成分的
　　字，在被訓詁的時候，顯示出差別，使人感到「實字易訓，虛

---

115 北平文化學社鉛印本，頁78。
116 何容：《中國文法論》（開明書店），頁22-24。

字難釋。」尤其是在經傳裡有些不同形的虛字，所記的只是同
一個依附成分的音，望文生義的去訓釋，會弄出許多錯誤。

第二，是句中之字的順序的變易，和由單詞結合而成另表一意
的複合詞等，在古書裡常成為疑義。[117]

由於這些事實，在訓詁學裡便不能不把這部分應該由文法學來說明的
現象另眼相看；於是我們有了劉淇的《助字辨略》，王念孫的《讀書
雜志》，王引之的《經傳釋詞》、《經義述聞》，吳昌瑩的《經詞衍
釋》，俞樾的《群經平議》、《古書疑義舉例》。這些書或多或少是以文
法現象為其內容的著作。

　　這些辨字釋詞或舉例釋疑的著作，雖然內容方面或多或少的是講
的文法現象，可是這些學人並不會把他們所注意到的現象當作方法來
研究。辨字釋詞之書都是「分字編次」，逐字辨釋；辨釋的方法是以
字釋字；遇到不容易釋的字，雖然也創立些名目，如斷辭、疑辭、指
事之詞、狀事之詞……等，可是並沒有把虛字的作用的普遍性找出
來，說明它們所能使不同的實字表示出的一點同一的意思是什麼。所
以他們的工作仍舊是訓詁學的工作，而不是文法學的工作；他們的
書，雖然也大致把內容分一分類，也只有字典的功用，而沒有文法學
的功用。舉例釋疑的書，不用說更不是文法學了。他們研究的對象，
只是文法現象的一部分，而且只限於在經傳或古書中較難的或有疑義
的，所取的材料又有些不是文法現象的東西；結果自然不會成為完整
的、有系統的文法學；可是就他們選取的對象的性質來說，也可以說
他們的著作是文法學的萌芽，不過這一點萌芽始終還沒有成長為中國
文法學。也因此認為古文難於在用虛字。朱光潛在〈散文的聲音節
奏〉一文中說：

---

117 何容：《中國文法論》（開明書店），頁25。

古文難於用虛字，最重要的虛字不外承轉詞（如上文「而」字）肯否助詞（如「視之，石也」的「也」字），以及驚歎問詞（如「獨吾君也乎哉？」句尾三虛字）幾大類。普通說話聲音所表現的神情也就在承轉、肯否、驚歎、疑問等地方見出，所以古文講究聲音，特別在虛字上做工夫。〈孔子家語〉往往抄襲〈檀弓〉而省略虛字，神情便比原文差得遠；例如「仲子亦猶行古之道也」（〈檀〉）比「仲子亦猶行古人之道」（〈語〉）「予惡夫涕之無從也」（〈檀〉）比「予惡夫涕而無以將之（〈語〉），「夫子為弗聞也者而過之」（〈檀〉）比「夫子為之隱佯不聞以過之」（〈語〉），風味都較雋永。柳子厚〈鈷鉧潭記〉收尾「於以見天之高，氣之迥，孰使予樂居夷而忘故土者，非茲潭也歟？」如果省去兩個「之」字為「天高氣迥」，省去「也」字為「非茲潭歟？」風味也就不如原文。[118]

　　如果我們能從文法學的角度看，我們自能瞭解，助語詞的也、矣、乎、哉等等，有時其所表的意義雖然相同，但人們偏選用甲詞而不用乙詞，這除了音調的關係外，恐怕沒有別的原因了。郭紹虞在〈中國語詞之彈性作用〉一文中，由語詞的彈性作用提出他對文法的看法，他說：

　　由文法言，昔人對於古籍中不甚瞭解的字眼，往往用「無義」、「發語辭」、「語中助詞」……一類的話搪塞過去，固然嫌其攏統；但在近人一定要把這些字眼逐一弄清，以西洋文法的觀念來講中國的文句，實在也不免有求之過密之失。蓋中國的語言，確隨語急語緩的分別而有助聲之辭。助聲之辭，只在音

---

118 朱光潛：〈散文的聲音節奏〉，《談文學》（開明書店），頁98-99。

節上有足句的作用，不在文法上有意義的作用；易言之，只表現語句之神態，而不表現語句之意義。元曲中之「也那」，即同於現在口語中的「來」，也有些近於以前古籍中之「之」。桃花女雜劇：「知他是您行兒也那我放潑，」意即是說：「知他是您行兒來我放潑。」金錢花雜劇：「莫不是醉撞入深宅也那大院，莫不是夢迷入瑤臺也那閬苑，」意即是說「莫不是醉撞入深宅來大院，莫不是夢迷入瑤臺來閬苑」。此類詞句為現代人所熟習，故可知道這些是語詞，只是助聲之辭，而不必鑿求其義。假使歷時稍久，後人不得其解，也即不能理會到說話的神情，而泥於文法以求之，那便將說「也那」與「來」均有「與」義，那便看成連詞而不是助詞了。古詩中之「言」，或解為「而」字，或解為「以」字，固然很妙；然而攏統地稱為語詞，也未嘗有什麼大不妥當之處。考工記：「梓人曰必深其爪，出其目，作其麟之而。」而謂頰毛，言作其麟與而也。孟子：「得之不得曰有命，」但言得與不得也。此類句中所用「之」字，若視同口語中之「來」字，也未嘗不可。詩經中如「亦孔之將」，「亦孔之嘉」諸語，於副詞形容詞之間，猶且可用助詞；何況在兩個意義相並的語詞中間。我並非贊同昔人攏統的解釋，而不欲由文法以治訓詁。我只覺得文辭中間每字每詞，都可精密地分別其詞性，乃是後起的事，而施於古籍則或不盡然。我又覺得每字每詞之能確定其詞性，只可施於散文中間，至施於韻語則又不盡然。大抵愈近於口語，則愈多助聲之辭；愈是古代的語言，愈不適合於後世精密的語法；而愈是韻文，也愈需要利用助聲之詞以足音句。語詞中說「荒唐」與「荒乎其唐」，是同樣意義，若必欲鑿求此「乎」字「其」字的詞性，便失之泥。詩經中之語詞，被昔人誤解以實義者，則應當糾正；若昔人攏統的稱為「發語辭」或「語中助詞」者，

便應當細玩詩人之語氣，應當體會現時口語的神情，應當顧到昔人韻語的詞例。文法的推求，固然是一種途徑，似也不必全重在這一方面。這是從語詞之彈性作用所想到的一點。[119]

文法可使人瞭解語言的結構方式。從其中能給我們的語句的構造一種邏輯的說明。所以馬建忠說《文通》的本旨是「專論句讀」，他在例言裡說：

是書本旨，專論句讀；而句讀集字所成者也。惟字之在句讀也，必有其所，而字字相配。必從其類，類別而後進論夫句讀焉。夫字類與句讀，古書無論及者，故字類與字在句讀所居先後之處，古亦未有其名。夫名不正則言不順。故曰：必也正名乎。是書所論者三，首正名，次字類，次句讀。[120]

申言之，文法是文章的結構方式。各種不同結構方式的句子，自然會有不同的句值。不同的句值自會有不同的文氣出現，趙元任在《中國語的文法》一書中，曾對句值有所說明：

在連續不斷的談話裡，大多數的句子都是（1）敘述句。而（2）命令句、（3）疑問句、（4）呼喚語，跟（5）感歎句就少得多。但在兩人對話或插入附帶動作或事情的話裡，（2）、（3）、（4）、（5）幾類就常見得多。以上五類句子，每一類都有自己的句值。

---

119 郭紹虞：〈中國語詞之彈性作用〉，《語文通論》，頁31-32。
120 馬建忠：《馬氏文通》（臺北市：臺灣商務印書館《人人文庫》特587-588），上冊，例言，頁1。

（1）敘述句的內容不是真就是假，因此有真實價值（truth value）。

（2）命令句（廣義的包括請求、建議等）的結果不是順從，就是拒絕，因此有順從價值（compliance value）。例如「送他這三本書！」跟「把這三本書送給他！」的順從價值是一樣的，但「送他三本書。」的順從價值就跟上兩句不一樣了，因為這話所期望的行動結果不一樣。

（3）疑問句有消息價值（information value）。同一消息若能滿足兩句不同的問話，那這兩句話就有相同的消息價值。比方：1.「你幾歲？」跟2.「你十幾歲？」的消息價值便不一樣，因為兩句話所要的消息範圍不同。實際上問話可以看作命令句的一種，形式上通常也可加以改寫，例如說：「告訴我……」。

（4）呼喚語有注意價值（attention value）。比如：「媽！」、「各位！」。在中國話裡，「早」或「你好」改用呼喚語，以一般的直接稱呼來代替。

（5）感歎句有表達價值（expressive value）。兩個感歎句，若能引起說者跟聽者同等程度跟同樣的感情反應，就有相同的表達價值。這一點通常很難決定，而這類價值也只能作大致上的說明。但在少數例子裡，咱們可以說出出現的條件。[121]

在文章結構中，承當語言結構的工具的虛詞，以及聲音關係構成的衍聲複詞，實在是居於重要的地方，我們可以說，瞭解句讀，是讀書的起步；而明白虛詞的用法，則是明白句讀的初步。因此，虛字的

---

121 趙元任：《中國語的文法》（香港：香港中文大學出版社），頁34。

應用，亦是暗律成敗的關鍵。以下試以許世瑛《中國文法講話》為據，略述虛詞與衍聲複詞的性質：

> 虛詞。詞分兩大類：實詞、虛詞。凡是本身能表示一種概念的，是實詞。凡本身不能表示一種概念，但為語言結構的工具，是虛詞。虛詞的意義空洞，是做為語言結構的工具的，依在句中的職務為根據，虛詞有兩類：
>
> （1）關係詞：它在句中的作用，只是用以介系或聯繫「詞」和「詞」或「句」和「句」的。例如：替、之、與、以為（ㄨㄟˋ）、為（ㄨㄟˊ）、而、則、因、故、雖、縱等。
> （2）語氣詞：凡是用來表示一種語氣──驚訝、讚賞、慨歎、希冀、疑問、肯定等──的詞，都是語氣詞。依它在句中的位置，可以分為四小類：
> 1. 句首語氣詞：夫、蓋等。
> 2. 句中語氣詞：豈、其（或用「之」）、庸、庸詎、難道、寧等。
> 3. 句末語氣詞：乎焉、耶、也、哉、耳、矣等。
> 4. 獨立語氣詞：噫、嗚呼等。[122]

虛詞不但影響語言的結構，同時也會影響到音節。另外衍聲複詞也會影響音節。所謂衍聲複雜，即是說構成這類複詞，不是以意義相結合的，它們純粹由於聲音的關係，增加一個音節總比不增加唸起來悅耳些、好聽些，這類複詞可分為四類：

122　以上見許世瑛：《中國文法講話》（臺北市：臺灣開明書店），頁32。

（1）雙音節衍聲複詞：就是古人所謂的聯緜字。所謂「合二字
　　　而成一語，其實猶一字也。」它們之間只有聲音關係，而
　　　無意義關係可言。又可細分為三類：

1. 雙聲雙音節衍聲複詞：衍聲複詞中上下兩個字的聲母相同即
　　是。如參差、崎嶇、躊躇。
2. 疊韻雙音節衍聲複詞：指同韻（不必同韻母）的雙音節衍聲
　　複詞。如荒唐、盤桓、窈窕等。
3. 非雙聲疊韻的雙音節衍聲複詞：即非雙聲，亦非疊韻，但卻
　　是以聲音關係合成的。如沙發、絡繹、倉庚、鸚鵡等。

（2）疊字衍聲複詞：就是古人所謂的重言。以形容詞為最多。
　　　又可分為二類：

1. 不疊不能用的疊字衍聲複詞：如丁丁、蓼蓼。詩經裡用得很
　　多。以摹擬事物的容狀聲音為主。
2. 不疊也能用的疊字衍聲複詞：如漸漸、輕輕等。

（3）帶詞頭的衍聲複詞：文言裡常見的詞頭有──阿、見、
　　　相、所。如阿嬌、見責、相邀、所愛等。
（4）帶詞尾的衍聲複詞：如領子、花兒、率爾、蕩蕩乎。[123]

（三）修辭

　　文法是使文辭妥切的科學，修辭學是使文辭美妙的科學。文法是

---

123 以上見許世瑛：《中國文法講話》（臺北市：臺灣開明書店），頁13-24。

把許多作家認為文辭妥切的標準和使其實現的方法歸納起來的一種知識；修辭學是把許多作家認為文辭美妙的理想和其實現的方法歸納起來的另一種知識。這兩種知識組織成為有系統的科學，是文藝理論家的事，而不是作家的事。但對於作家也不能說沒有用處。

　　至於欣賞文學的人，不懂得文法與修辭，固然，也可以直覺到文章的妥切和美妙，而感到心情的滿足。但是「知其然」，而「不知其所以然」，總是遺憾。是以文法與修辭的知識，乃屬必要。

　　所謂修辭之學，理當自有語言文字以來，即為人所注意。歷代文人對修辭的重視，遠勝於文法。早在兩千五百多年前，古人就已重視修辭。如《周易‧乾卦‧文言》載孔子所說：

　　　修辭立其誠。

便以誠意為修辭原則，而《詩大序》有六義。風雅頌，是詩的體裁；賦比興，是詩的作法。所謂作法，即指修辭而言。其後文人論著修辭，當以《文心雕龍》最稱完備。至元代王構著《修辭鑑衡》，始正式以修辭為名。而明朝嘉靖年間徐元太所編的《喻林》，更是我國古代比喻的百科全書。然而，修辭學在我國成為一門完全獨立的學問，乃是晚近數十年間的事。從先秦至晚清，言及修辭，為數甚夥，但多為零散的吉光片羽，對於修辭理論及方法做全面的研究闡述，而稱得上有系統的專著，卻是在民國五四以後的事。

　　所謂修辭，修就是調整，辭就是語言，所謂調整語言，乃是依照我們的意思去調整。也可說是咬文嚼字，在表面上像只是斟酌語言文字的分量，在實際上就是調整思想和情感。黃慶萱先生在《修辭學》一書裡說：

　　　修辭的內容本質，乃是作者的意象。
　　　修辭的媒介符號，包括語辭和文辭。

> 　修辭的方式，包括調整和設計。
>
> 　修辭的原則，要求精確而生動。
>
> 　修辭的目的，要引起對方的共鳴。
>
> 　修辭的性質，屬於藝術的一種。[124]

基於上面六點的認識，他為修辭學所下的界說是：

> 　修辭學是研究如何調整語文表意的方法，設計語文優美的形
> 式，使精確而生動地表出說者或作者的意象，期能引起讀者之
> 共鳴的一種藝術。[125]

申言之，修辭的手法，有消極與積極兩方面。消極方面，使當時想要
表達的表達明白，沒有絲毫的模糊，也沒有絲毫的歧解。這種修辭大
體是抽象的、概念的。對於語辭常以意義為主。其原則在於明確、通
順、平勻、穩密為主。至於積極方面，在於有力、動人，它是具體
的、體驗的。積極的修辭經常崇尚所謂音樂的繪畫的要素，對於語辭
的聲音、形體本身，也有強烈的愛好，走到極端，甚至為了聲音的統
一或變化，形體的整齊或調勻，破壞了文法的完整，同時，帶累了意
義的明晰。如雙關，析字之類，即利用形音。而回文、對偶，則利用
文言文的特性。郭紹虞所謂〈中國語詞之彈性作用〉，在文學作品中
格外顯著地表現著，事實上亦即修辭的應用，他說：

> 　何以語詞之彈性作用格外在文學作品中表現著呢？即因文人之
> 修辭技巧，正能利用這種不調協性而使之調協。利用文字之單
> 音遂成為文辭上單音步的音節；利用語詞之複音，遂又成為文

---

124 黃慶萱：《修辭學》（臺北市：三民書局），頁4-9。

125 黃慶萱：《修辭學》（臺北市：三民書局），頁9。

辭上二音步的音節。單複相合，短長相配，於是文章擲地可作金石聲了。然而實際上，這依舊與複音語詞的本身有關係。蓋中國之複音語詞，與他族語言之複音語詞不同。中國之複音語詞，也以受方方的字形之牽掣，只成為兩個單純化的聲音之結合。其孳化的基礎，依舊是建築在單音上的。由這一點言，即謂為單音化的複音語詞也未嘗不可。所以複音語詞以二字連綴者為最多，其次則三字四字。二字連綴者成為二音步，三字連綴者成一個單音步一個二音步，四字連綴者則成為兩個二音步。中國文學之得有一種特殊的韻律者，即因語詞的音綴，適合這種配合條件的緣故。

利用單音語詞演化為複音的傾向，利用複音語詞之單音化的特質，於是語言文字之不調協性遂歸於調協，而文學作品中遂很顯著地表現著語詞之彈性作用了。綜合來說，不外四例：（1）語詞伸縮例，即是語詞成語之音綴長短，可以伸縮任意，變化自如。（2）語詞分合例，即是單音語詞可以任意與其他語詞相結合或分離，而複音語詞也可以分用如單詞。（3）語詞變化例，即重言連語任意混合的結果，演變孳生為另一新語詞。（4）語詞顛倒例，語詞既可以分合變化，於是順用倒用亦無限制。此四例對於音節的配合，極為方便，所以在駢文律詩中，此種現象尤為明顯。中國舊文學的修辭技巧，實在以選擇語詞為重要的條件。選辭得當，可以求其勻整，可以求其儷對，更可以求其音調之諧和，隨心所欲，無施不可；有時可使為諧隱，有時可使成迴文，更有時可以運用古典。我們即使說中國文辭上所有的種種技巧，都是語言文字本身所特具的彈性作用也未嘗不可。[126]

---

126 郭紹虞：《語文通論》，頁3-4。

修辭技巧的來源有兩個：

> 第一是題旨和情境的洞達，這要靠生活的充實和豐富。
> 第二是語言文字可能性的明澈，這要靠平時對於現下已有修辭
> 方式有充分的瞭解。[127]

積極修辭的手法，在內容方面大體都是基於經驗的融合，對於題旨、情境、遺產等等為綜合的運用；形式方面，大體是我們對於語言文字的一切感性的因素的利用。

總之，對修辭的理論與規律，能有正確而具體的認識，則無論欣賞或創作都有實際的效用。因此，我們可以說修辭是文學的無上「金針」。以下就以黃永武先生在《中國詩學設計篇》自序裡的兩段文章做為本節的結束：

> 我自幼酷愛著詩，特別愛中國的詩歌。自幼反覆諷誦、涵泳體察，一直是只知其妙，不知其所以妙。前人那套拍案擊節，密圈密點的欣賞法，使中國的詩歌永遠是朦朦朧朧，說不清美在那裡！傳統的鑑賞停留在「熟讀百遍、其義自見」的階段太久了，對詩人慘澹經營的匠心，極少剖析，僅有一些零星的詩話或一些眉批箋釋之類的指引，這些傳統的文學批評書籍，本身缺少體大思精的體系，學者又贈給它們一個「陋書」的綽號，甚至危言聳聽地說「詩話興而詩亡」，所以千百年來，曲折艱辛的詩心，始終不曾講明。
>
> 詩人的匠心設計不講明，詩的意趣韻味就不易啜嘗。儘管詩心是那樣的空靈倏忽、隱微玄妙，但是一首不朽的詩既經設計完

---

127 《修辭類說》（臺北市：文史哲出版社），頁14。

成，便成為一個關節靈活、風韻萬千的有機體。不論是從造意、結構、音響、修辭，到神韻，無不有它具體地存在著的美。這些美往往可予分析；意象如何浮現、時空如何設計、如何濃凝字句以求密度、如何橫硬氣勢以求強度、音響之中藏著什麼奧秘、筆墨之外如何表現神韻……。本書就是想用細密剖析的方法，講明這些美如何形成。讓抽象的美具體起來；讓隱微的美顯現出來，讓可以意會的，都可以言傳。講明這些匠心設計，非但讓詩人自覺，也可供讀者欣賞。[128]

四　朗誦原則

古文在春秋以前，語文合一，聲音語與書面語在此時猶沒有明顯的分別。雖然書面語是經過改寫的聲音語，與習常所說的不盡相同，卻是人人所共曉的語言，是以嚴格說來無駢散之分。而後的古文，企圖藉統一文字以統一語言，於是有以古語為文辭出現。這種以古語為文辭，即是所謂文字化的語言型。此種文辭，雖近語言，實則語法語詞有時不免古的傾向。至唐宋古文，仍是文字化的語言型。也就是透過人工而仍以合於自然為極詣的。總之，文言的散文，只能說是準語體的文學。

古文是聲音語的音節，重自然的音調。其文雖有法，出乎自然而不可易。亦即是以內容為主的律聲，內容的律聲是隨語言變遷而不同。且古文句子長短不一，唸起來比大多數以整齊的句子或規定的聲音格律為主的韻文，它所具有的變化更多，尤其是漢以前的散文，其節奏更是一任自然的。誦讀這些文章，雖無一定的讀法；但是，為了它的本身是有組織的、有抑揚頓挫、疏密緩急，而且像一條繩索貫串

---

128 黃永武：《中國詩學設計篇》（臺北市：巨流圖書公司），頁1-2。

著，需要我們朗讀是無疑的。只是應該循著什麼腔調去誦讀呢？一般說來，漢以前的散文，我們為了求較深的瞭解，是可以朗讀的；從它的疏密急徐上，可以約略的領會到作者的神旨。唐、宋以來的古文，便有了它的「架子」，這「架子」怕只有透過朗讀方能摸索到，也就是說，古文朗讀形式必須抓住所謂氣勢神韻，這種氣勢神韻，即是節奏文氣。而要在古文上揣摹一番的，也只有學曾國藩常去「讀書聲出金石」。讀的腔調雖說沒有一定的格式，但為了它和語言的音節迥乎是兩回事，就自然是所謂「美讀」的——它難免帶有音樂性的誇張。也就是說，語文言文的朗讀應注重形式化的節奏。亦即是以吟、誦為主。

　　而吟、誦的原則，自當以明白句讀，及瞭解虛字、附加詞等之作用為首。明白句讀、瞭解虛字等，即掌握文章的氣勢。能明白句讀、瞭解虛字等，自是能理解文義，進而瞭解修辭之所以然，果如此，則體會到神韻。總之，誦讀古文之停逗和抑揚頓挫，即是標點的作用。

　　又古文的朗讀，頓亦為重要的關鍵。所謂頓，《馬氏文通・論句讀》裡云：

> 凡句讀中，字面少長，而辭氣應少住者，曰頓。頓者，所以便誦讀，於句讀之義無涉，然起詞、止詞、轉詞，與凡一切加詞，其長短之變，微頓、將安歸焉。故立象五論頓，頓之為式不一。[129]

所謂「頓之為式不一」，只能藉文法而瞭解它的屬性，而後決定誦讀。這種的停頓，是表達情感的重要條件之一；但也是比較艱深的技巧，朗讀者往往不容易做得恰到好處。因為事物與事物之間，都有著

129　馬建忠：〈論句讀〉，《馬氏文通》（臺北市：臺灣商務印書館），下冊，頁25。

不同程度及不同情況的關聯，停頓便是要把這些關聯性劃分清楚。一般言之，停頓有：

> 語法的停頓——大部分是根據標點符號而作出的。
>
> 邏輯上的停頓——為了易於掌握句子的意義，可以把一個句子分成幾部分，或突出其中個別的詞或短語，這種停頓不由標點符號來決定。例如：
>
> 風——在海面上輕拂
>
> 凡是有生活的地方——就有快樂和寶藏
>
> 邏輯的停頓，是要使聽眾有時間去領略內容。
>
> 心理上的停頓——這是按照情緒的不同（悲慘的、莊嚴的、莊重的等等。）而作出時間不等的停頓。有時為了有意地引起聽眾對某一事物的注意，讓聽眾清晰地覺察到事物的發生，於是便加以停頓，這種停頓具有激發、逗引的意味，引起聽眾對這停頓後的敘述加以注意和期待。有時甚至是強調這一停頓後的語句的重要性，使聽眾先有心理上的準備。不過這種心理上的停頓不能濫用，否則聽眾感到朗誦者是在故弄玄虛，得到反效果。[130]

當然，吟誦古文亦有讀輕聲的可能。吟誦古文除去使用各種不同的停頓外，有時並加以延長。這種延長與合詞、字調有關。如誦韓愈〈送董邵南序〉開頭一句：

> 燕趙古稱——多感慨悲歌——之士。

---

130 何家松：〈談朗誦的訓練與技巧〉，收於《朗誦研究論文集》，頁540。

「稱」、「歌」兩字平聲，故可慢慢引長。且歌字下照文法講似不應逗，但為了抑揚，各地吟誦，往往於此一逗而延曼其聲，以顯襯出所謂「氣勢神韻」的格架。氣勢神韻並不是什麼縹緲幻化的神秘之物，不過是一種腔調罷了。以下再舉兩段文章以見其節奏。其一，王安石〈讀孟嘗君列傳〉：

世皆稱——孟嘗君——能得士，士——以故——歸之——；而——卒賴其力——，以脫於——虎豹——之秦——。嗟乎——！孟嘗君——特雞鳴——狗盜——之雄耳——，豈足以——言得士——。不然——；擅齊——之強——，得一士焉——，宜可以——南面——而制秦——，尚何取雞鳴——狗盜——之力哉——？夫雞鳴狗盜——之出其門——。此士——之——不至也——。

其二，《禮運·大同篇》其中一小段：

大道之行也，天下為公！選賢與能，講信——修睦。故人——不獨親其親，不獨子其子，使老——有所終，壯——有所用，幼——有所長，矜——寡——孤——獨——廢——疾者，皆有所養。男——有分，女——有歸，貨——惡其棄於地也，不必藏於己，力——惡其不出於身也，不必為己。是故——謀——閉而不與，盜——竊——亂——賊——而不作，故——外戶——而不閉。是謂——大同！

　　由此可明白，所謂善於誦讀文章者，除了能傳出文中思想感情之外，還能把聲調的重要關鍵表現出來。例如把領、襯、尾和次要的字、句輕讀、快讀，把音節抑揚的重要地方和重要的字、句重讀、慢

讀。哪一句、哪一組是呼、哪一句、哪一組是應，藉此表現出來。聽者不但可以從聲調的抑揚中領會所讀文章的開合呼應，獲得更多的理解；又可在作文時把內容安排得與聲調相適應，而增強文章的藝術效果。只是從前提倡這種辦法的人和當時的讀者與聽者，都沒有具體地說出其中的所以然罷了。

　　至於語體散文的朗誦，自當要以語言的自然節奏為主。

　　這裡所說的散文，是指新文學的語體散文而言。廣義的散文包括所有散行的文章都是，如小說、戲劇，皆以散文寫。一般而言，散文可分實用性散文與文學性散文兩種。前者指言之有物，載之有道，有實用價值的文章而言，如公文。後者必須有欣賞價值，能使人產生美的境界，文學性散文偏於想像力和觀察力。本文所說的散文，當以文學性散文為主。

　　新文學語言是以生活的語體白話為泉源，加上文言文的遺產、西洋式的語法、日本的字彙、新生事物之名詞等等，經過藝術的加工，混合而成的現代語言。這種現代語言，追求的是語文合一，也就是接近口語。惟其近口語，所以容易上口，朗誦時只要依語言的節奏去誦讀即可，所用的是讀腔與說腔，不必用吟腔或誦腔。邱燮友採編有《散文美讀》，有錄音帶，可取為參考。其實散文的朗誦，就是把作品裡標點符號的作用完完整整的表現出來。

捌
朗誦的藝術

　　完整形態的朗誦是由朗誦材料、朗誦者、聽眾三方面組成的，二者缺一不可。朗誦者選好材料經過一定時間的準備，即到一定的場合去給聽眾朗誦，當給聽眾朗誦的時候，切記絕不是客觀的介紹作品，朗誦者此時是代表作品，是以作者身份出現在聽眾面前，因此，必須有高度的自信，同時也要仔細研究一下原作者對作品的態度和旨意所在，作者是第一次創造；而朗誦者是第二次的再創造。由此，可知朗誦者熱愛朗誦材料，並要能把它的思想、感情真實地確切地表達出來，是朗誦成功的一個基本條件。也就是說，在熱愛作品的基礎上，還必須正確理解和掌理朗誦材料的基本思想和基本格調，深入挖掘朗誦材料每段每句的內在含義。

　　朗誦作品，雖不妨具有歌唱與戲劇的成分，但絕不是唱歌，也不是演戲。朗誦就是讀出來，讀得清楚，同時，把意義完全地表達出來。也就是說，朗誦是要給人聽的，不是給人看的。朗誦的時候，一定要使人聽得懂，如果聽不懂，作品再好，也是枉然。當然，不但要聽得懂，還要好聽，更重要的是要有感染力。否則不能打動聽眾的情感，引起聽眾的共鳴。

　　有關朗誦的基本原理，已詳述如上。以下擬就朗誦材料、朗誦者、聽眾及朗誦方式等四方面，再說明有關朗誦的要點。

一　朗誦材料

　　這裡所說朗誦材料，可說是指朗誦者的準備工作，也可說是朗誦

者的應具備的文學條件而言。

　　朗誦者在選朗誦材料上，首先是要根據自己的文學程度和理解能力。自己不懂，朗誦起來聽眾也是聽不明。當然，如果非常喜歡它、非常想朗誦，可以請教別人來幫忙分析一下。其次，選擇的材料，必須是自己喜歡和感興趣的，這樣才會產生由衷的願望和熱情去朗誦。也就是說要能熱愛作品。

　　接著我們要瞭解，我國的文學作品雖然浩如煙海，作品類型很多，但是，並不是隨手拿來即可作為朗誦材料。簡鐵浩在〈詩文朗誦淺說〉一文中，曾從兩方面加以說明：

> 第一：體裁上不合適。朗誦是通過優美的旋律、流暢的調子，取得聽覺上的滿足和享受；另一方面，又通過作品的感情抒露，引起了欣賞者的內心共鳴，所以，朗誦作品，似乎以帶文藝性質為佳，在文體方面，如題、跋、制、誥、行狀、哀辭、墓誌、祭文等，則應避免選用。因為這類體裁的作品，不是內容枯燥、官樣文章、語氣高傲，便是對死者哀祭，實在不合適作為朗誦的材料。
>
> 第二：內容不適的。朗誦，除了朗誦者本身受作品的感染外，欣賞者同樣也受作品的內容所教育的。因此，選取朗誦材料，絕不能純粹以文章的技巧優劣作為標準，應該顧慮到作品內容的積極性和影響力。特別是作為給青少年用的誦材更宜注意，使聽眾通過朗誦的欣賞，而能提昇感情或思想。[1]

　　朗誦的基本要求，是在於能夠清楚表達誦材的內容，因此，在準

1　簡鐵浩：〈詩文朗誦淺說〉，《朗誦研究論文集》，頁134-135。

備朗誦之前，需要對作品進行分析。所謂的分析，指的就是文學的條件。文學的條件不外乎外在的形式和內在的內蘊兩個角度。朗誦先要將形式與內蘊分析清楚，配以適當的情感和聲音，才能變化萬端。本文所謂作品分析，包括分析誦材的內容、研究作品的情節、體會文章的風格等三項，試以何沛雄〈談怎樣準備朗誦〉一文為據，[2]並略加申述如下：

（一）分析誦材的內容

朗誦是以聲傳情，而作者的感情就蘊藏在作品之中，所以在朗誦之前，對教材的內容做徹底的研究與分析，是絕對必要的工作。而誦材內容的分析包括：題解、作者與結構。

文章的標題，就教材本身言，題目似乎是全文的附件，可有可無的部分，但它卻是作者用來標舉中心思想、統攝全文的關鍵。可是有些題目簡單明瞭、有些題目文字繁瑣、有些題目艱澀、有些題目明顯、有些文章有題，而與文義無關，有些文章有題，而不明標體裁。所以教師必須根據題目找出全文的主旨，確定文章的體裁。到底是記敘文、是論說文、是抒情文、是應用文？茲以記敘文為例，他記的到底是人、是事、是地、是時、是物？是真敘、是插敘、是倒敘、是遙接？都應該從主旨辨認體裁，從體裁分析作法，掌握了全文的重要關鍵，讀時才能心領神會，得心應口。

作者生平雖不是課文本身，但作者下筆時的心態、情緒、處境、時代，常表露於字裡行間，而有「紛披楮墨之外」的現象。所以研究作者生平，大有助於作品的理解。孟子說：「讀其書，誦其詩，不知其人可乎！」正是指此而言。例如讀韓愈的議論文，有長江大河，奇氣迫人；孟子的文章，有挺拔排戛，雄才偉辯之氣概；歐陽修的文章

2　何沛雄：〈談怎樣準備朗誦〉，《朗誦研究論文集》，頁59-72。

紆徐婉約，深得陰柔之美。這些咀嚼不盡，趣味無窮的作品，無一不
和作者的生平、個性、智尚，甚至交遊、師承有關。《文心雕龍‧知
音篇》云：「綴文者情動而辭發，覘文者披文以入情，沿波討源，雖
幽必顯，此遠莫見其面，覘文輒知其心」，作者生平之關係於作品，
於此可以得確證。

　　結構指的就是「章法分析」。大抵說來，文章由字、句、章、篇
四大單元組織而成。所謂「由字而生句，積句而為章，積章而成
篇」，如「舞容迴環，而有綴兆之位；歌聲靡曼，而有抗墜之節」，所
以章法分析就是將文章的部位和架構分析明白。一篇詩文，不管篇幅
長短，你必須先看作者怎樣立意？怎樣起筆？怎樣布局？怎樣聯絡？
怎樣照應？怎樣開闔？怎樣結尾？怎樣造句？怎樣練字？小而一字，
大而全篇，教師在一一分析之後，文義自然格外顯豁。從外在形式的
解剖，到內部思想的綜合，都是朗誦前不可或缺的準備工夫。只有明
白一字、一詞、一句的涵義，然後分析整篇文章的結構和段落大意，
找出它的主題。有些作品，文字淺顯，而含義隱晦；有些則字詞艱
澀，而主題明確，閱讀時不可一概而論。假如誦材備有前人的注釋或
近人的評論底話，應該博取參考，以幫助閱讀理解。節錄的誦材，除
非獨立成篇，否則必須披閱原文，以瞭解它的上文下理。例如賀知章
〈回鄉偶書〉：

　　少小離家老大回，鄉音無改鬢毛衰；兒童相見不相識，笑問客
　　從何處來？

本詩雖寥寥二十八字，試看作者對全篇文義的安排，由「少小」至「老
大」，由「鬢毛衰」而「不相識」，再由「不相識」，故「笑問」，層次
是如何井然不紊？起承轉合，又是如何吞吐相應？朗誦前，如能參透
此點，然後再發為聲調，自然大扣大鳴，小扣小鳴，若合符節了。

(二) 研究作品的情節

分析誦材的內容，著意於整篇的主旨，以句讀、文法為主；而研究作品的情節，則偏重於文章的特點，是以修辭為主。

同樣的事物，可從不同的角度去描寫；明確的主題，可用多種修詞技巧去表達：有平鋪直敘的、有婉轉曲說的；有據事析理的、有託物取譬的、有誇張鋪張的、有精鍊簡約的；或示現呼告、或假設問答、或反覆陳詞、或節縮省略、或層遞漸進、或跳脫急收，各種不同修辭技巧，直接影響朗誦時的形式。例如《孟子，公孫丑》：「城非不高也，池非不深也，兵革非不堅利也，米粟非不多也，委而去之，是地利不如人和也。」連用四個排句，五個也字，最後用肯定語，讀來一氣呵成，收結有力。

又如《論語·侍坐章》[3]，內容是記敘孔子閒居，子路、曾皙、冉有、公西華侍坐，夫子使各言其志。四人同是孔子弟子，但因於性格、資質、習染不同，表現亦各有異。因為這是一篇對話體的記敘文，故朗誦詩，要注意各人說話時的語氣、動作和神態。文中所見，子路率直而性急，冉有深於修養，公西華謙虛謹慎，曾皙則溫文爾雅。

(三) 體會文章的風格

完成作品的內容分析與情節研究之後，還需要進一步研究它的風格，才能掌握住其神韻。文章的風格是陽剛、是陰柔、是典雅、是豪放、是婉約、是悲壯，均直接影響朗誦時腔調之運用與情緒表現。例如以雄壯的聲調，激昂的表情去朗誦一篇紆徐委婉的作品，或以哀怨的聲音、憂鬱的神態，去處理一首壯懷激烈的詩歌，儘管音質再美，表情再真，也難產生良好效果。

一般說來，豪放派的作家，或有淒婉蘊藉的作品，但不會故作纖

3　見〈先進篇〉，文長不錄。

穠輕巧的文風；婉約派的作家，或有浩翰大筆的篇章，但不會表現壯
闊閎肆的氣息。因此，我們可以說：作家的風格，是他底作品的標
誌。但是一位作家的風格，亦會隨著時代、環境的遷移而改變。例如
李後主的詞，便有前期、後期的分別。還有才華卓絕的作家，能夠兼
善眾體，其作品風格，亦有多樣神貌，例如陶潛的詩，有自然峻潔的
一面，也有慷慨激越的一面（如〈詠荊軻〉），辛棄疾的詞，題材廣
泛，有抒情、詠物、敘事、說理等類，風格亦有委婉清麗、奮發激
越、悲壯慷慨、纖穠綿密等各種特色。然而正如劉勰所說：「辭理庸
儁，莫能翻其才；風趣剛柔，寧或改其氣。」（《文心・體性篇》）故
後主詩餘，不離清麗真摯之風；稼軒歌曲，難脫豪邁逋逸之氣。

　　風格一詞，是十分抽象的，且因人而異，劉勰《文心雕龍》分作
品風格為八種：即典雅、遠奧、精約、顯附、繁縟、壯麗、新奇、輕
靡。鍾嶸詩品所分三品，實亦風格的解說。而司空《詩品》的二十四
品，也是指風格之品而言。而近人蔣伯潛〈風格論〉一文，從文辭方
面分，有繁縟與簡約之別；從筆法方面分，有隱曲與直爽之別；從章
句形式分，有整齊與錯綜之別；從詩文格律分，有謹嚴與疏散之別；
從文章境界分，有動盪與恬靜之別；從聲調上分，有慢聲與促節、宏
壯與纖細之別；從色味上分，有濃厚與平淡之別；從神態上分，有超
脫與沈潛之別；從氣象上分，有陽剛與陰柔、正大與精巧之別。這種
分法雖非絕對正確，但在文章風格十分抽象的情況下，能夠作這樣多
方面的歸納，也足以使人舉一反三，作相當程度的參考了。茲以馬致
遠〈天淨沙・秋思〉為例：

　　　枯藤老樹昏鴉，小橋流水平沙，古道西風瘦馬，夕陽西下，斷
　　　腸人在天涯。

這首小令，前三句全部寫景，而「斷腸人在天涯」的一副淪落心情，

借著周遭事物的蕭索，已被烘托得淋漓盡致。王國維稱它「純是天籟」，可說是見而有得之言。

二　朗誦者

　　朗誦是通過朗誦者喉吻，用清晰明朗的語言，把作品詞句和它蘊藏的意思表達出來，傳播給聽眾的一種藝術，因此，朗誦者是決定朗誦成敗的主要關鍵，也是朗誦材料與聽眾的原動者。有關朗誦者應注意的要項，已有多人論述，試謹錄《朗誦研究論文集》一書中各家的說法如下：

　　　　顧隨主張中國語文的朗誦要具備三個先決條件：
　　　　（一）要有語言的「本錢」——好嗓子。
　　　　（二）要拉得下臉兒來——不怕羞。
　　　　（三）要能對作品理解。[4]

孫楷第認為朗誦要注意兩件事：

　　　　（一）明句讀。
　　　　（二）正音讀。[5]

容宜燕在〈詩文的朗誦藝術〉一文中，認為朗讀四要是：

　　　　（一）讀音吐字要準確。
　　　　（二）語句節段要清楚。

4　《朗誦研究論文集》，頁203-204。
5　《朗誦研究論文集》，頁210。

（三）音步的運用要注意。

（四）發音的方法要熟習，讀音吐字準確了，語句節段清楚了，
　　　音步運用明白了，就談到發音的技巧。[6]

容氏又在〈漫談集體朗誦〉一文裡，提到集誦的要點：

> 句讀要分明，讀音要準確，音色要優美諧和，語調要自然流
> 暢，才能使聽眾為之神往，引起聽眾心弦的共鳴。[7]

　　綜歸以上各家的看法，不離正音讀、明句讀、文學修養、表情與
動作等項。其中，文學修養一項，前小節「朗誦材料」即是。而做為
一個朗誦者，首先必須要有優美的音色，也就是所謂的好嗓子，這是
很殘酷的事實。音色亦稱音品、音質，是指聲音的個性而言，男聲最
好音量要寬宏雄壯，女聲要清脆圓潤，抑揚自如，朗誦並非演戲，以
保持自己的本來音色為主，不必顯著的矯揉造作，假若必須變換口
吻，可以借音長、音高來稍作區別。持此，可知優美的音色，乃屬先
決條件，是以本文亦存而不論，以下僅就正音讀、明句讀、表情與動
作三項說明之：

（一）正音讀

　　所謂正音讀，即是指發音正確而言，發音的方法要正確且熟習，
目前有國音學之類的書可參考，並可請教行家。所謂發音正確，含有
兩層意思，一是吐字純正；二是不讀錯別字。字是音節的單位，朗誦
者想把作品所蘊藏的思想情感，借自己之口，入聽眾之耳，當然要字

6　《朗誦研究論文集》，頁9-12。

7　容宜燕：〈詩文的朗誦藝術〉，《朗誦研究論文集》，頁33-34。

字傳神，聲聲入扣。為求減少引發的誤解，吐字純正和不讀錯別字，便成了朗誦的必然要求。

　　通常作品裡的字，雖然以常用字為多，是一般人熟悉其意義的；但是，偶爾也會有不認識的冷僻生字出現；就是認識了，也免不了一些音讀沒有把握，字義尚欠明確的地方；或者常覺得自己的念法與別人不同的。凡是這些字，應該立刻翻檢字典，查明確實音義，以免以訛傳訛、將錯就錯。至於語詞，由於詞義的不同，常會牽涉到歧音字或詞調，也要翻檢辭典，不可含糊籠統、得過且過。例如「漲價」的漲、「水漲船高」的漲，都是上聲；而膨漲卻是去聲；又如「撮合」的撮讀「ㄘㄨㄛ」，又可讀「ㄘㄨㄛˋ」，「撮取」、「撮要」也一樣，但是「一撮兒」卻有「一　ㄗㄨㄛˇ　ㄦ」、「一ˋ　ㄘㄨㄛ　ㄦ」兩音，在指碎末粉狀粒狀物品的時候讀「一　ㄘㄨㄛ　ㄦ」或「一ˋ　ㄘㄨㄛˋ　ㄦ」；而指毛髮草木之類則讀「一ˋ　ㄗㄨㄛˇ　ㄦ」，實在是非標準語區的人，常常一疏忽就會弄錯了的，這是因為我國文字一字多音，義隨音轉，便發生多音即多義的現象。因此，一個字除了本音以外，往往又有破音、讀音、語音、古音、今音。應該讀本音的，讀成破音，應該讀讀音的，讀成語音，這就叫誤讀，或錯別字，試想由音誤而義誤、由義誤而情誤，使一篇情韻不匱的文章，輕則破壞了它的美感，重則扭曲了它的主題，而產生不可思議的誤解。例如有人把李煜的一首〈玉樓春〉「鳳簫吹斷水雲閒」一句中的「閒」字，讀作「閑」音，使全詞氣氛因此字之誤讀而大為減色。又如孟子「思援弓繳而射之」的「繳」字應讀「灼」音，當名詞用，義指生絲縷之名，可以繫弓弋鳥。如果誤讀作「繳費」的「繳」，則當動詞用，這兩種讀法，不僅彼此詞性完全不同，就是解釋也大異其趣。所以一篇文章到手，為了不讀錯別字，使其吐字純正，首先應將全文材料細心推求，一有懷疑，便馬上翻檢字書，免得以訛傳訛。

　　一般說來，時有古今，地有南北，因此，有古音、今音不同之

外，又有「讀音」、「語音」之分，但語文是因時而變，應以現代活用
的為主。故讀音應以現代為準。遇到「語音」、「讀音」之時，除
「說」腔外，皆以「讀音」為主。至於，朗誦古詩文，遇有入聲字，
則以仍讀入聲為宜，一九二八年育部公布〈國音常用字彙〉的時候，
說明六有云：

> 入聲的讀法，還應該兼存。因為諷誦前代的韻文，尤其是律詩
> 與詞，若將某入聲字讀成陰平或陽平，或將一首詩中幾個押韻
> 的入聲字讀成陰平、陽平、上、去幾個不同的聲調，必至音律
> 失諧，美感消滅，所以這是應該依舊音讀為入聲的。[8]

（二）明句讀

　　明句讀，是指把正確的標點符號讀出來，其中包括音節清晰、聲
調自然。

　　所謂「音節清晰」，指咬字而言，因為發音純正，並不足以代表
讀音清晰。咬字是音節問題。須知音節與音節之間，各有一定的音
界，咬字就是把前一個音節，和後一個音節的界限，分得清清楚楚。
劉大櫆說過「凡行文多寡、短長、抑揚、高下，無一定之律，而有一
定之妙，可以意會，不可以言傳，學者求神氣得之於音節，求音節而
得之於字句，則思過半矣。」他所謂的多寡、短長、抑揚、高下，指
的就是音節問題。由音節的抑揚高下，一吞一吐之間，可以體會作品
的血脈氣勢。例如陸游的〈訴衷情〉：

> 當年萬里覓封侯，匹馬戍梁州，關河夢斷何處？塵暗舊貂裘。
> 胡未滅，鬢先秋，淚空流。此生誰料，心在天山，身老滄洲！

8　《增補國音字彙》（開明書店），頁107。

全詞共十句，四十四字，氣脈充足，層次分明。尤其過片後「胡未滅，鬢先秋，淚空流」三句，情辭悲憤，美讀時，如能把握此點，用緊湊著實的語氣讀出，則陸游晚年那種壯志未酬的報國心願，便可力透紙背，烘托音表了。所謂「求神氣得之於音節，求音節而得之於字句」，咬字清晰，使每個音節的界域不致混淆，這個例子恐怕是很好的證明了。

　　所謂「聲調自然」，就是生動活潑、不呆板。因為由字而生句，積句而為章，積章而成篇。一篇文章等於作者精神的再現，生命的組合。作者用字傳情，讀者因聲求意；用字傳神，神即宣洩於文字之中；因聲求意，意即蘊藉於音節之內。朗誦便是假音樂的節奏感，來使作品的主題突出，作者的神氣活現。如此，「自然生動」便成了美讀的要求。

　　申言之，所謂音節清晰、聲調自然，即是指朗誦時要注意字調、詞調及語調而言。字調是每一個字的本調，因為漢語的字調是有辨義作用的音位，所以字調千萬錯不得，否則會使人聽不懂，甚至會使人錯了意。詞調有些只是字調的連續，但有許多卻不完全是原來字調而已，例如輕聲調、上聲變調、一七八不變調等，可以根據本書中所介紹的原則去處理。至於句子，既然是由各個不同的詞所構成的，那麼其中每一個詞的讀法，常不是原來單詞的調式，必須看他在句中職務的分量來決定其輕重強弱；更進一步說，有些還不能夠只從一句話決定，必須從上下文的情節來決定輕重緩急了。這些情況假使不特別留意些，調子不明確，重則使人聽不懂意義，抓不住要點；最少也不能表達詩文中的情意，喪失許多文章的美感，更談不上引起聽眾的共鳴了。

　　朗讀任何文章的語調要隨著文章的內容與感情而異，很難說出普遍而具體的原則；不過，白話文的理想是「我手寫我口」，所以，好的白話文朗讀出來，應該是原作者口語的重視。首先，千萬不可拿起

一篇文章，機械刻板的兩字一停、三字一頓，也不可矯揉造作的使人聽了起雞皮疙瘩，看了噁心害怕；要按照普通的語言節奏，在音長、音高、音勢、音色上，作適度的調整與變化；一方面切合原作者的情感，同時也順應朗讀者生理上呼吸的自然情況。文章中作者所加的標點符號，不只表示了文法上的結構，也表示文意的斷續、語氣的種類；朗讀時就不只用以適應生理上必須的間歇，更要把標點符號也讀出來。例如句號「。」，就按普通（平常）重音或特強（對比）重音的原則讀得重；逗號「，」，只能略作停頓吸氣，前後仍要顧及連續的意義；分號「；」，是介於句號逗號間的符號，文義略轉而前後關聯，所以略變音勢或音色以顯出若斷而連續的情況；驚嘆號「！」的用法比較多，但總以強音高聲為原則：呼格則在該名詞末音節高揚而有拉長的降調，前面的音節，音高升降幅度縮小幾乎成陰平，整個驚嘆句則一開頭就必須用強音，如果是表示憤怒的驚嘆號，則全句高而強，表示沈重的驚嘆號全句降低而不減弱，表示簡單祈使句的命令口氣在末尾數音節加快速度，表示抱怨的口氣則在句子，其開頭音節的音程高低特別放大，表示贊成或急勸的驚嘆號末尾字音的尾音下壓；問號「？」，總是全句末尾數音節逐漸升高；夾注號「（ ）」中的字句有時不必讀出來，有時用不同的音色、音量或語速讀出來，以區別本文跟注文；破折號「 —— 」除了略為停頓以外，也要改變音色或音量；引號「『 』」則用不同的音色或口氣朗讀，一般都是變得更特別些：話語更口語化，文句更典雅化：頓號「、」及音界號「‧」似停而不停，一般只是在該符號前的音節略拉長就可以了，但是有時為加重並列意義，則把「、」號前音節延長作降調；刪節號「……」有時用了「等等」兩字來代替念出，有時則以略停三兩音節的時間來表示，要看情況而定。這裡所說的「音色變化」，常常是朗讀時共鳴器（口腔等）展開程度大小鬆緊的調節，有時則又加上嗓音（聲帶振動音）、氣音（聲門磨擦音）程度的區別，一般共鳴器展開程度大則意

興飛揚，拉緊則口氣堅定而冷漠；嗓音多則意義強，氣音多則情感重。

至於一篇文章裡，哪些詞應當讀得重些、哪些詞可以讀得輕些，也以語言上的自然為度；原則上，中心關鍵性的字詞或關鍵性的語句，都讀得比較強而重些；不很重要的語詞或輔助陪襯的字詞，就可以讀得弱而輕些了。只要按照語言的自然習慣去做，朗讀的輕重音可以得心應手。而白話文的朗讀，只要能做到別人不看文章也能夠聽得懂，就可算符合國音學中朗讀練習的要求了。

聲調自然生動是朗誦的要求。朗誦是以聲表情，聲有高低緩急，調有升降曲直，聲調的變化與文意的表達很有關係。那種聲調適合表達那種情態，朗誦前應細加揣摩。如孔尚任《桃花扇》中〈哀江南〉一段：

> 將五十年興亡看飽，那烏衣巷不姓王，莫愁湖鬼夜哭，鳳凰臺棲梟鳥。殘山夢最真，夢境丟難掉。不信輿圖換稿，諂一套哀江南，於悲聲，唱到老。

這是全劇的收場，作者有意藉著樵夫的悲感，連血帶淚，盡情傾吐國亡家破的哀傷，所以我們讀起來，真所謂「悲歌當哭」了。至於吞吐而出，搖曳生姿，幽咽委婉，欲言不盡的詞文，如秦少游的〈浣溪沙〉：

> 漠漠輕寒上小樓，曉陰無賴似窮秋，淡煙流水畫屏幽。自在飛花輕似夢，無邊絲雨細如愁，寶簾閒掛小銀鉤。

抒情寫景，輕婉柔美，纖細幽雅。怪不得卓人月《詞統》，說他巧奪南唐後主之美，梁啟超藝術館詞選，讚為奇語。用恬詠密吟之法，讀此委婉怨悱之情，將能更增懨惻。

　　過去有人根據聲調運用的理論，列舉了許多基本原則。如「緩聲」具有莊重沈鬱的意味，「急聲」具有快活憤怒的意味，「長音」含有閒逸紆緩的意義，「短音」含有急促激烈的意義，「強音」產生雄壯慷慨的感覺，「弱音」產生纏綿柔順的感覺，「升調」表示疑問驚訝的語氣，「降調」表示決心自信的語氣，「曲調」有鄭重暗喻之情，「直調」有誠實嚴肅之情，「輕清聲」可引起輕鬆愉快的聯想，「沈濁聲」可引起惡劣遲鈍的聯想。明白了這些聲調運用的原則，然後再參考這些原則，加以採擇會通、練習嫻熟，朗誦時，必能左右逢源，聲出我心。

　　總之，聲調的運用，即是節奏的處理。以下試列各家有關朗誦時，處理聲調或節奏所用的符號：

　　夏丏尊於《文心》書聲一文裡，所用標示符號如下：

　　△：表示全句須由低而高。

　　▽：表示全句須由高而低。

　　‧：表示句中某一字或幾字須重讀。（以上高低符號）

　　∨：表示句的上半部讀音須強。

　　∧：表示句的下半部讀音須強。

　　◇：表示句的中央部分讀音須強。（以上是強弱符號）

　　—：表示須急。

　　——：表示須緩。（以上是緩急符號）

　　〰〰：表示讀到這裡須搖曳。

△：表示昇調。昇調的用途：

(1)意義未完結的文句——例（一）再過三天就放暑假了。（二）得酒肉朋友易得患難朋友難。（三）香港上海天津漢口是中國的重要商埠。
(2)號令或絕叫的文句——例（一）愛自由的人團結起來。（二）快讓開馬來了。（三）中華民國萬歲。
(3)疑問句（句中無別的疑問詞）——例（一）他是你的朋友嗎。（二）你不相信我的話嗎。（三）你的母親病了，你的父親呢。
(4)驚愕的文句——例（一）他死了。（二）爸爸爸爸你怎麼了。（三）啊你就是裴多芬先生嗎。

▽：表示降調，降調的用途：

(1)意義完結的文句——例（一）我是第一中學的一年級生（二）得酒肉朋友易，得患難朋友難（三）今年是一九三二年。
(2)插入疑問詞的問句——例（一）你是來幹甚麼的（二）誰方才來看我的你看結果怎麼樣
(3)祈求的文句——例（一）請把這書給了我（二）明天早些請過來（三）但願我的學生成績好
(4)憤恨感激慨歎的文句——例（一）這人不是好東西（二）這位朋友真難得（三）嗚呼鑑湖女俠秋瑾之墓

—— 以上節錄自開明版，頁91-102。

又容宜燕在〈詩文的朗誦藝術〉一文裡，也有符號標示：

△：表示昂上調

▽：表示降抑調

∨：表示雄壯、快活，或意氣激昂的句子，句子的頭部加強。

∧：表示不平或表示確信的句子，句子的尾部加強。

〰：含有敬愛、仁慈、沈鬱、蒼淳等情感的句子，須緩誦。

──：含有憤怒、快樂等情感的句子，須急誦。[9]

又何沛雄在〈談怎樣準備朗誦〉一文裡，對節奏聲調之應用，亦例舉一些基本原則如下：

緩聲──具有莊重、敬畏、謹慎、仁慈、沈鬱、悲哀等意味。

急聲──具有快活、憤怒、驚怪、怨恨、恐怖等意味。

輕清聲──可引起優美、歡樂、愉快、輕鬆、活潑等聯想。

沉濁聲──可引起醜陋、惡劣、黑暗、遲鈍、懶惰等聯想。

長音──含有寬裕、紆緩、閒逸、廣大、空曠等意義。

短音──含有急促、激烈、煩擾、狹小、瑣碎等意義。

強音──產生雄壯、強健、軒昂、慷慨、遒勁等感覺。

弱音──產生委婉、柔順、纏綿、懦弱、纖靡等感覺

升調（前低後高）──表示疑問、命令、驚訝、語氣尚未終結。

降調（前高後低）──表示決心、自信、祈求、說話結束。

曲調（彎曲調）──表示鄭重、滿足、暗喻、倒反。

直調（平直調）──表示真實、誠懇、嚴肅、平凡。[10]

（三）表情與動作

所謂表情與動作，即是指非語文之傳播而言。所謂非語文傳播之傳播，即是指靠肢體表達思想、態度的行為。這是一種原始而有效的傳播方式，也是人類本能的傳播行為。這種非語文的傳播，也稱為

9　容宜燕：〈詩文的朗誦藝術〉，《朗誦研究論文集》，頁14-20。

10　何沛雄：〈談怎樣準備朗誦〉，《朗誦研究論文集》，頁68-69。

「身體語言」,「身體語言」是近幾十年來一門新而引人入勝的學問。凡是關於「身體語言」這一方面的著述或科學上的研究,都被統稱為身體語言學（Kinesics）。身體語言和身體語言學,是基於非語文傳播的行為型態而來。

在近代語言學家的探討之下,口頭語言與書寫語言,即使撇開字體上給讀者的影響不提,仍有著根本上的差異,一個完整的語言行為,是包括「語言性的」及「超語言性的」成分。超語言性的成分,又可細分為帶音的部分（如快慢、音質等）及不帶音的肢體語言部分。一般說來,語言性部分是主要擔任陳述的角色;而超語言性部分（說話時的音色、高低、快慢,及伴隨的手姿等）則洩露著抒情的及社會性的品質。口頭語言及書寫語言實際有著基本的差異。在文法上及詞彙上兩者亦有差異。口頭語言所伴帶的超語言部分,即語音及手姿等方面,只能在書寫語言裡用標點符號、斜體字或其他方法來粗略而不完整的代替。從這個角度來看,書寫語言顯然是一個不完整的語言行為;以其缺乏了超語言的成分之故。持此,可知完整的語言行為當包括書面語言、口頭語言及身體語言。而朗誦是屬於口頭傳播,亦當是一種完整的語言行為。朗誦是聽覺藝術,也是視覺藝術,更是一種聲情的綜合藝術,可以帶給觀眾感覺、聽覺、視覺的享受。朗誦本以聲音作為表情達意的媒介,但有些朗材,不僅依賴誦者的優美聲調而動聽,更藉著誦著的身體語言而出色。

朗誦時木無表情,固是朗誦大忌,但過分矯揉造作,也是一無可取。什麼時候用動作、姿態來加強朗誦的效果呢?這是值得討論的。大凡作品裡有感情突出的地方,不妨運用面部、目光甚至動作來增強表達能力。人的感情很複雜,喜、怒、憂、懼、愛、惡、欲,縱橫交錯,變化無窮。一般來說,「歡愉之詞難寫,愁苦之詞易工。」悲劇比喜劇容易描寫,就是這個緣故。所以朗誦悲哀愁苦詩文,比較容易表達,但是必須注意:愁眉苦臉、皺額蹙顰,不是表達悲苦詩文的唯

一方法，更重要的，還是聲調運用。其次，有些詩文，表面有淚、
哀、悲、悽等字句，未必一定表示窮愁極苦；相反，沒有這些字眼，
也未必表示作者心境泰然。

　　朗誦時應否加插動作呢？確是見仁見智，不必詳細討論。假如我
們認為朗誦的藝術具有戲劇性的成分，那麼適當的自然動作，是應該
容許的。「詩大序」說：「情動於中而形於言，言之不足，故嗟歎之；
嗟歎之不足，故詠歌之；詠歌之不足，不知手之舞之足之蹈之。」一
種能夠搖蕩性情的文學佳作，朗誦起來，令人感情興奮，聲音動作有
時是分不開的。所以，只要忠於朗誦材料，發於自然，那末從手勢到
身軀的動作，是應該容許的。尤其是有些誦材，根本選自戲曲小說，
富有動作性、渲染性，更不妨加插一些動作了。例如「武松打虎」、
「樊噲見項王」、「張良進履」、「溫酒斬華雄」等，可以根據內容的需
要，輔以表情動作。

　　朗誦時的身體語言，是指表情動作而言，其中包括頭部、面部的
方向、目力的投點、上肢的擺動、手勢的運用和足部的移動。一般說
來，目力和頭面，通常是三位一體的。眼睛的投射，切忌固定於正前
方一個焦點之中，無論你投射在臺下或中場，或遠射到場的盡頭，如
果固定了，不只神態呆板，連音都會受到影響。朗誦時，目光運用恰
到好處，效果當然不同。眼光和眼神是朗誦者心靈的鏡子，如果朗誦
者對他所朗誦的內容，具有真摯的感情，那麼，他的眼神也就一定能
把心靈中蘊藏著的感情流露出來，所謂眉目傳情，這樣便會引起聽眾
的共鳴，使朗誦者與聽眾之間產生精神上的交流。何家松先生在〈談
朗誦的訓練與技巧〉一文裡，認為在個人朗誦時要目光運用恰當，必
須注意下列三點：

　　（1）盡可能不看朗誦的材料來誦，使自己的目光與聽眾密切的
　　　　　接觸，達到心靈交流的目的。

（2）目光應照顧全場，掌握全場的氣氛，自始至終地把全體聽眾當作交流的對象。

（3）不要東張西望，更不要偏於只注意某些聽眾或某一角落，而妨礙了與廣大聽眾的接觸。[11]

　　至於在集誦方面，亦不可忽略面部的表情和目光的運用，把朗誦材料的意思、情感，傳達給聽眾（也是觀眾），讓彼此情感交流，大家呼吸在一起。集誦分散開來是數十人，集中起來只是一個整體，大家的表情、目光應該統一，所以不只是聲音要和諧一致，節奏要一致，整個隊伍的表情、目光也要一致，否則進行同一時間，聲音參差不齊，面部表情有悲、有喜、有笑、有怒，眼睛或東張、或西望、或仰觀、或俯視，本身已經精神不集中，怎能引導觀眾去欣賞、去接受呢？但這一定要經過嚴格訓練爭取得來的。

　　申言之，朗誦者的眼睛有兩個作用：其一是看見詩文中的形象；其次要在朗誦時看全場。這是很重要的。因為聽眾會從你的眼睛裡瞭解你的朗誦，而你也會從他們的眼睛裡瞭解他們的心理。如果眼睛看著稿本，就永遠不知道觀眾對你如何反應。你必須抬起頭來看你的聽眾，隨著他們的反應來控制你的感情、聲音和速度。你必須帶領著聽眾，和他們共同進退。

　　手勢也要視誦材而定的，但得注意聲情配合，尤忌一篇之中只用一手勢。如李白「宣州謝朓樓餞別校書叔雲」乃抒情之詩，原不必用手勢，只有「欲上青天攬明月」一句可用，但在一篇作品中忽然突出一個手勢，便會破壞統一的印象，不如省去，如果與聲音情感配合得不好，更弄巧反拙！如朗誦杜甫「詠懷古蹟」一詩，忽然在「宗臣遺像肅清高」一句，全體把右手向胸前一彎，使人有突兀不調和之感。

---

11 何家松：〈談朗誦的訓練與技巧〉，《朗誦研究論文集》，頁49。

上肢擺動時最忌抽搐肩膊或不斷左右甩動。應在文章段落及詩詞韻轉交替之處，亦即情感、聲音的交替點，適當地轉變一下上肢的方向，才能使觀眾起一種刺激。例如「哀江頭」一詩，由「少陵野老吞聲哭」至「細柳新蒲為誰綠」為一停頓點，又在「憶昔霓旌下南苑」以下至「一箭正墜雙飛翼」為一停頓點，在此兩句停頓時，上肢可以輕微地移動其左或右之角度，姿態便很美觀了。

詩文朗誦與戲劇朗誦、造形朗誦不同，不能有太大的足部動作。足部的移動，無論以哪一隻腳為支點，一步前後的移動便夠。如果碰上戲劇化的誦材，如「武松打虎」、「鴻門宴」之類，又當別論了。

總之，一個優秀的朗誦者，可以借助身體語言來傳播他的情緒心意於外界。也就是說，他可以靠他的眼神、語言及面部表情，傳達作品主題，而不需動作。但這不是說朗誦時不應有動作，而是要把所加入的動作來得自然，手的動作不能太多，也不能太瑣碎或太誇張，必須是動作小而清楚，優美而有力。因為無聲的身體語言，時常需要考慮到文化及環境上的差異。一般的人未能瞭解身體語言所表達的符號意義，常會誤解所見的表情與動作。是以，何家松先生在〈談朗誦的訓練與技巧〉一文中，認為加入動作時要注意：

（1）手臂的運動不要越出胸前的適當範圍，手臂揮得遠就失去力量，垂得太下就不能引起聽眾的注意。

（2）身體移動不能太多，因為身體移動會分散聽眾的注意力，只有在停頓時間較長或情緒極度激動時才可偶一為之，否則寧可不動。

（3）動作要與語言配合得緊密，因為聽眾的視覺比聽覺敏銳，所以動作要在語言稍前表現出來，使聽眾先從動作得到暗示，當後面的話說出來時，便容易理解它的內容，例如說：「我們要齊心合力！」該在「我們要」一說出時，立

即握拳伸出手臂，緊隨這動作就說出「齊心合力」。如果
說完了才加入動作，那動作便起不到作用。

（4）加入的動作要適當、要自然，不能機械地加入生硬的或牽
強的動作，這會得到反效果。朗誦者事先要經過細心研
究、設計和練習，把動作自然地、恰當地隨著作品的內容
表現出來。[12]

　　以上有關朗誦者解說，都是原則性的問題。孟子說：「能使人規
矩，不能使人巧。」只有多練習、多研究、多切磋，才能邁向「巧」
的境界。

三　觀眾及其他

　　對於朗誦者的最好回饋，就是和聽眾感情有了交流。如果你一開
始朗誦時，就平易近人，聲調、速度和表情也都適應了聽眾的感情，
你就很快和他們共同呼吸，打成一片。在這件事上，眼睛的作用很大。
　　申言之，要使朗誦在聽眾裡得到成功，首先應該注意朗誦的題材
和主題是否和聽眾的生活、思想、要求、希望相符合，朗誦者的感情
是否和聽眾的達到了一致的程度。其次，還要進一步具體的瞭解聽眾
的成分、集會的性質，來確定所要朗誦的作品是否適合。總之，越是
切合聽眾實際要求的，感染力就越大，越容易引起共鳴，結果一定是
成功的。
　　又朗誦本身具有文學、歌唱、戲劇三方面的要素。就戲劇要素而
言，它雖非演戲，但有關舞臺的布景、燈光、音樂、音響、雕塑、舞
蹈、服裝設計，都可徵召前來為朗誦服務。而這種服務都應配合作品

---

12 何家松：〈談朗誦的訓練與技巧〉，《朗誦研究論文集》，頁53。

情景而做適度的發揮，以象徵和提示為主，不可喧賓奪主。務必使觀眾不看原作品，也能聽懂看懂，並感到作品中的氣氛。至於用幻燈片打字幕，應是下策，非不得已，或有特殊原因時，不宜採用。

四　朗誦的方式

朗誦是一種藝術，除掌握朗誦的腔調，及瞭解朗誦的原理原則外，並需有待朗誦的演出方式的決定。一般說來，朗誦的演出，可以分為「導誦制」與「誦員制」，前者是一切以導誦者的決定為準，後者則對誦員的意見做較多的考慮，劉墉先生在〈詩朗誦團體的建立與演出〉一文中，曾詳加說明：

（1）導誦制：採用這個制度的導誦者在拿到一首詩之後，就可以策劃分部，並將在詩稿分給誦員的同時，對詩加以詮釋，由於誦員事先未看過該詩，所以導誦的詮釋能有先入為主的效果，同時，導誦也可以在詮釋的當時即示範朗誦，把大約需求的節奏效果，立即灌輸給每位誦員。至於訓練朗誦時，也是如此，導誦可以示範一句，再教誦員加以模仿，如此導出來的朗誦隊，完全表現了導誦者的感情與風格，對於強有力而極具天才的導誦者及初入門的誦員而言，這是一個很不錯的制度。

（2）誦員制：採用這種制度的朗誦隊，隊員間當有極佳的默契，個人的程度也要達到相當的水準。通常這一團體的導誦者拿到詩稿後即交予誦員回去看，交詩稿的當時，導誦不應對詩置予任何意見，以免干擾誦員個人的感覺。

　　在誦員細細咀嚼詩稿之後，導誦召集討論，並在可能的情況下將原詩作者邀請到現場解答誦員提出的問題，而後導誦再將自

己的構想提出並與誦員們交換意見，以決定詩句的分部及獨誦
的人選。

在訓練朗誦的過程中，導誦可以不示範，而任全隊自然發展，
起初一段時間必然會出現雜亂的情況，但是由於不斷朗誦的
過程中，誦員原本差異的感覺漸漸趨於統一，最後則能渾融
為一體。採用這種制度訓練成的朗誦，具有最豐富的情感與默
契，它不是導誦者的翻版，也不是斷續詩句的組合，而是一整
個生命。

採用「導誦制」的團體，隨著演出經驗，誦員間默契的增加，
可逐漸改用「誦員制」。[13]

　　至於朗誦方式，一般分為：獨誦、合誦、對誦、集誦。試說明
如下：

　　一、獨誦：獨誦，亦即個人朗誦，就是一人獨誦，是較為通用的
形式。個人朗誦的作品，能表現心理上的微妙及微細的感情，是最具
效果的作品。最好不用伴奏。不過在眾人之前，如果感到一人太單調
時，亦可輔以伴奏和聲等，增加情趣。獨誦，有男生獨誦、女生獨誦。

　　二、合誦：這裡的合誦，原則上是指二人以上，十二人以下而
言。可分男聲合誦、女聲合誦、男女合誦。因為是合誦，音色應當以
相近為主，而男女合誦的人數當以各占半數為主。

　　三、對誦：對誦原則上是二人相對的朗誦形式。有時亦可增到十
二人。可分男聲對誦、女聲對誦、男女對誦等三種形式。但這種形
式，未必一定要用對話的方式，只是將作品分節交互朗誦而已。雖
然，沒有個人朗誦的獨特味道，但由於兩人的對立，能夠令人感到背
後有社會的大世界的立體性，這種對誦的形式演出，如果沒有如戲劇

13　見《聯合報副刊》，1981年年6月7日。

性的對白，以及密切的合作，效果會大大減低。

　　四、集誦： 或稱團體朗誦，有人認為三人以上的朗誦形式即是。但個人以為十二位以上的人數較佳，人數少音量不足，聲勢顯然不夠。一般說來，獨誦、合誦和對誦應用的機會比較多一點，而所謂集誦，事實上即是這三種方式的綜合運用。集誦，必須事前有充分的準備和練習，否則不易收到良好的效果。常見集體朗誦的表達方式，約有下列三種：

（1）由全體朗誦者自始至終都是齊聲朗誦同一作品。這種形式比較適合於嚴整的詩篇，一般的散文或自由詩就不甚適宜，因為這種朗誦要求整齊一致。齊聲朗誦的優點是聲量較宏大，力量較強，激動觀眾的情緒也較大。不過表達細膩的感情上則不及分聲獨誦。

（2）全體朗誦者分別擔任作品中的不同部分或小節，由各個人的朗誦組成整體，這種形式基本上是獨誦，不過由於各個獨誦者所表達的音色、情感、語調的不同，便比較獨誦更豐富，使聽眾感受到不同情緒色彩的思想表達。

（3）以齊誦、分組誦、獨誦和混合形式而表達作品內容。這是最常見採用的一種，它有前兩種形式的優點，不過採用這種形式要小心研究作品中那些部分適宜獨誦、分組誦或齊誦，要配合得宜，否則會割裂文氣，斷續支離。[14]

其中第三種，或可稱為團體分誦，即是指多數男聲女聲的分組朗誦。這是朗誦的最高形式表現。也是最辛苦的朗誦形式。一般說來，為了達到多變化的朗誦效果，一個十二人以上的朗誦隊，最好能如合唱團

14　《朗誦研究論文集》，頁56。

一樣，分為女高音、女低音、男高音、男低音，加上男獨誦、女獨誦，最少有六個部分，至於演出時，加上男高音女高音合誦、男低音女低音合誦、男女獨誦合誦、全體合誦，則至少有十種表達方式。

　　將朗誦隊員分部時，應以音色做為主要考慮，也就是將音色尖細的入高音部，渾厚低沉的列入低音部。

　　在集體朗誦中，獨誦或分誦處理得適當，不特使集誦多些變化，更可將重點加以突出，增加作品的感染力。但要注意獨誦、分誦在誦材方面有此需要，方可採用，同時在整個集誦中的比重，不要占分量過多，以免喧賓奪主。

　　獨誦或分誦進行時，可以由一人或一組負全責，其他朗誦者概不發聲；也可以一人或一組負責，其他朗誦者用低聲朗誦作為襯音。

　　集體朗誦，是把作品的思想感情，透過幾十人的整體組合，統一且集中的表達出來，去感染聽眾。因此，進行朗誦時，便要特別注意：

　　（1）整體的合作──要做到音調劃一，起止停頓一致，全隊的目光、表情要集中，高低音變化時要節奏合拍，獨誦、分誦與齊誦之間要吻合。

　　（2）一氣呵成──整體合作得好，便會隨著一定的旋律，把作品的思想內容盡情表達，貫徹始終，給予聽眾一個完整的感受。

　　（3）整體的構想──演出時要整體都投入作品的情節中去，發揮共同的想像力，全隊的目光要集中，身體不宜移動，不東張西望，全神貫注地以聲情引起聽眾的共鳴，帶領聽眾進入整隊的構想境界中去。[15]

　　除外，朗誦也要注意隊形的排列。尤其是集誦，隊形的排列，首先要注意對稱。其次，要注意場地的環境和設備要相宜，不可過分侷促，亦不可稀鬆離奇，總以展開自然舒暢的畫面為是。至於獨誦、

───────────────

15 《朗誦研究論文集》，頁58。

合誦、對誦，則以配合作品內容，根據朗誦的主題，來作布置和排列為準。

又有在朗誦進行中變化隊形者，無非以新奇取勝，但仍以自然為主。

至於，集誦有時亦有指揮，劉墉在〈詩朗誦團體的建立與演出〉一文中有說明，他認為採用指揮時應有的認識是：

（1）指揮法通常用於導誦制的朗誦。

（2）其演出的情況約如合唱團，誦員不宜作區位的變換。

（3）由於語言的節奏不同於音樂節拍的準確，所以要求詩朗誦的齊整，不能如音樂般依靠指揮。

（4）中文為一字一音，在朗誦時與歌唱連綿的旋律大不同，指揮者需要較多提前暗示的手勢。

（5）合誦時重視齊整及氣勢，指揮手勢宜簡明；獨誦時重視情感的抒發和節奏的優美，指揮的手勢可較細膩。

（6）採取詩舞樂綜合演出方式時，不宜採用指揮制（樂隊除外），以免成為演出的「反焦點」。[16]

---

16 劉墉：〈詩朗誦團體的建立與演出〉，《聯合報副刊》，1981年6月7日。

參考文獻

一

《朗誦與國文教學之研究》　羅首庶著　環球書局　1978年4月

《朗誦研究論文集》　簡鐵浩編　香港　香港嵩華出版事業公司　1978年10月

《文學與音律》　謝雲飛著　臺北市　東大圖書公司　1978年11月

《中國語文的音樂處理》　李振邦著　臺北市　天主教教務協進會出版社　1978年10月

《詩文聲律論稿》　啟功著　臺北市　明文書局　1982年10月

《古漢語通論》　王力著　臺北市　泰順書局　無日期

《中國詩律研究》　王力著　臺北市　文津出版社　1970年9月

《中國文學之聲律研究》　王忠林著　臺北市　師範大學　1963年12月

《古律詩歌聲調學》　陸雲逵著　臺北市　中國禮樂學會　1982年6月

《詩詞曲研究》　黃勗吾撰　臺北市　莊嚴出版社　1978年2月

《詩學》　張正體著　臺北市　臺灣商務印書館《人人文庫》　1975年11月

《詞學》　張正體著　臺北市　臺灣商務印書館《人人文庫》　1973年9月

《詩論》　朱光潛著　臺北市　正中書局　1962年9月

《詩論新編》　朱光潛著　臺北市　洪範書店　1982年5月

《曲學例釋》　汪經昌著　臺北市　臺灣中華書局　1973年10月

《古文通論》　馮書耕、金仞千著　雲天出版社　1971年5月

《文氣衍論》　陳偉著　臺南市　楓城出版社　1977年5月

《語文通論（正續編合訂本）》　郭紹虞著　無出版社、日期

《中國語文研究》　周法高著　中華文化出版事業社　1964年7月再版

《從徐志摩到余光中》　羅青著　臺北市　爾雅出版社　1978年12月

《現代詩入門》　蕭蕭著　故鄉出版社　1982年2月

《中國歷代文論選（上中下）》　臺北市　木鐸出版社　無日期

《中國文學批評史》　郭紹虞著　臺北市　明倫出版社　1970年11月

《中國文學批評通論》　傅庚生著　臺北市　華正書局　1975年3月
　　　校訂本

《校訂本中國文學發展史》　劉大杰著　臺北市　華正書局　1977年
　　　5月

《中國文學史》　葉慶炳著　自印本　1978年6月

《中國文學史》　前野直彬主編　何寄澎等譯　臺北市　長安出版社
　　　1979年9月

《中國文學概論》　前野直彬等著　洪順隆譯　臺北市　成文出版社
　　　1980年9月

《古書讀法略例》　孫德謙著　臺北市　臺灣商務印書館　1968年
　　　11月

《古書句讀釋例》　楊達著　臺北市　臺灣商務印書館《人人文庫》
　　　本　1968年4月

《馬氏文通》　馬建忠著　臺北市　臺灣商務印書館《人人文庫》本
　　　1978年5月

《中國文法論》　何容著　臺北市　臺灣開明書店　1978年10月6日版

《中國文法講話》　許世瑛著　臺北市　臺灣開明書店　1968年9月

《中文文法與標點符號》　甘居正著　臺北市　黎明文化事業公司
　　　1980年11月

《標點符號用法》　劉玉琛著　臺北市　國語日報出版部　1977年8月

《常用虛字用法淺釋》　許世瑛著　復興書局　1971年4月6日版

《修辭類說》　陳望道著　臺北市　文史哲出版社　1980年9月

《修辭學發微》　徐芹庭撰　臺北市　臺灣中華書局　1971年3月

《修辭學》　黃慶萱著　臺北市　三民書局　1975年1月

《古漢語修辭學資料彙編》　鄭奠、譚全基編　臺北市　明文書局
　　　　1984年9月

《國劇音韻及唱念法研究》　余濱生著　臺北市　中華書局　1972年
　　　　3月

《國劇音韻問答》　申克常著　臺北市　黎明文化事業公司　1979年
　　　　12月

《國音學》　師大國音教材編委會　臺北市　正中書局　1982年10月

《國語問題》　艾偉著　臺北市　中華書局　1965年12月

《中國語文的心理學研究》　高尚仁、鄭昭明合編　臺北市　文鶴出
　　　　版公司　1982年5月

《中國韻文裡所表現的情感》　梁啟超著　臺北市　臺灣中華書局
　　　　1966年11月

《胡適文存（第一集）》　胡適著　臺北市　遠東圖書公司　1953年
　　　　11月

《音樂向歷史求證》　史惟亮著　臺北市　臺灣中華書局　1974年8月

《近七十年來中國藝術歌曲》　趙琴等合著　臺北市　中央文物供應
　　　　社　1982年4月

《中國歌謠論》　朱介凡撰　臺北市　臺灣中華書局　1974年2月

《中國兒歌》　朱介凡編著　臺北市　純文學出版社　1977年12月

《臺灣民俗歌謠》　林二、簡上仁合著　新北市　眾文圖書公司
　　　　1978年2月

《臺灣民謠》　簡上仁著　臺灣省新聞處編印　1983年6月

《詩歌初啼》　臺北縣　板橋市莒光國小　1983年5月

《童謠童詩的欣賞與吟誦》　許漢卿編著　省教育廳編印　1982年6月

《鄉土歌謠欣賞》　臺北市　國家出版社　1982年9月

《童謠探討與賞析》　馮輝岳編著　臺北市　國家出版社　1982年10月

《兒童詩歌欣賞與指導》　謝沐霖等編著　臺灣國語書店　1982年3月

《身體語言學》　戚辛夫譯　臺北市　臺灣商務印書館　1983年12月

《口頭傳播學》　祝振華著　臺北市　大聖書局　1982年10月

《語意學概要》　徐道鄰著　香港　香港友聯出版社　1980年1月

二

《新詩歌集》　趙元任編　臺北市　臺灣商務印書館　1960年1月

《唐宋歌譜二十五調》　顧一樵編訂　臺北市　臺灣商務印書館　1963年9月

《宋詞歌譜四十五調》　顧一樵編撰　臺北市　臺灣商務印書館　1968年7月

《黃友棣藝術歌曲選》（唱片由人人育樂事業公司出版）　鍾梅音撰述與出版　大中國圖書公司發行　1969年3月

《楊弦的歌》（錄音帶兩卷）　洪健全教育文化基金會　1977年7月

《唐詩朗誦》（錄音帶兩卷）　邱燮友編採　臺北市　東大圖書公司　1976年6月

《詩葉新聲》（錄音帶兩卷）　邱燮友編採　臺北市　東大圖書公司　1978年10月

《唐宋詞吟唱》（錄音帶兩卷）　邱燮友編採　臺北市　東大圖書公司　1979年10月

《散文美讀》（錄音帶兩卷）　邱燮友編採　臺北市　東大圖書公司　1981年1月

《中國詩歌朗讀示例》（錄音帶壹卷）　張博宇編寫　板橋研習會
　　1979年12月
《小朋友讀童詩》（錄音帶乙卷）　華一書局　無日期
《兒童詩集》（錄音帶乙卷）　大溢出版社　1982年9月
《兒童唐詩吟唱集》（錄音帶乙卷）　無缺點出版社　1982年11月
《兒童詩歌吟唱》（錄音帶乙卷）　華文唱片文具行　1983年1月
《中國詩詞吟唱（唐詩部分）》　（錄音帶捌卷）　許漢卿指導　華
　　一音樂視聽中心　無日期
《中國詩樂之旅（錄音帶拾卷）》　幼福文化事業中心　1983年1月
《宋詞古唱（錄音帶兩卷）》　李勉編採　自唱　唱譜見1982年10月
　　《詞曲概論及精選評註》上冊　頁44-78　又見1982年10月
　　《李勉詩詞第四集及詩詞作法唱法通考》　頁146-168
《真善美兒童詩詞吟唱》（錄音帶肆卷）　華陽書局　無日期
《中國詩詞曲文》　王更生吟唱（錄音帶肆卷）　大草原音樂中心
　　無日期
《牽著春天的手》（錄音帶兩卷）　林煥彰著　好兒童教育雜誌社
　　1983年8月
《大象和牠的小朋友》（錄音帶兩卷）　林煥彰著　好兒童教育雜誌
　　社　1983年9月

三

《中華心理學刊》第20卷第1期（語文的心理學研究）　1979年9月
　　中國心理學會印行計　頁80
〈誦讀〉　新興版影印本「淵鑑類函」卷194　文學部三　誦讀二
　　頁3405-3411
〈散文節拍桷測〉　唐鉞　見1980年6月臺灣商務印書館《人人文
　　庫》本《國故新探》　頁73-80

〈書聲〉　夏丏著　見1971年12月臺灣開明書店本「文心」　頁91-102

〈從讀音談到朗誦〉　梁容若　見1969年3月《國語日報》本《國語與國文》　頁19-24

〈談朗讀〉　梁宜生　見1972年11月學生版《國文教學叢談》　頁95-100

〈散文的聲音節奏〉　朱光潛　1963年5月　臺北市　臺灣開明書店《談文學》　頁96-106

〈影響詩詞曲節奏的要素〉　曾永義　見1976年9月聯經版《說戲曲》　頁235-282

〈從聲韻學看文學〉　丁邦新　1975年6月《中外文學》第4卷第1期　頁128-147

〈中國舊詩與句字數與快感度的關係〉　楊國樞　1974年12月晨鐘版《心理與教育》　頁49-58

〈中國舊詩平仄排列與快感度的關係〉　楊國樞　見1974年12月晨鐘版《心理與教育》　頁59-74

〈談詩歌的朗誦〉　顧大我　1974年12月30日《中央副刊》

〈詩的聲音出版〉　羅青　1974年3月《幼獅文藝》第291期　頁127-141

《葡萄園詩刊》第64期（朗誦詩專號）　1978年9月

〈唐詩朗誦的方法〉　黃靜華　1979年12月《訓育研究》第18卷第2期　頁23-25

〈朗誦詩聲音的出版〉（計六篇）　1981年6月6日《聯合報副刊‧詩人節特輯》

〈語言與音樂的融合〉　曾永義　《聯合報副刊》　1982年5月11日

〈從傳統到現代（對「詩歌」結合的一些感想）〉　陳寧貴　1983年1月16日《臺灣時報副刊》

〈中國文學上所謂氣的問題〉　劉百閔　見幼獅版1980年12月《中國
　　　古典文學論文精選叢刊》文學批評、散文與賦類本　頁13-28

〈朗誦的藝術〉　虞君質　見1983年4月國家出版社吳福助選輯《現
　　　代文粹》　頁114-120

〈中國詩詞古譜蒐集與整理〉　邱燮友　1983年12月中國詩詞傳統吟
　　　唱研討會論文（1）

〈從音樂觀點看古詩詞的吟唱〉　李殿魁　1983年12月中國詩詞傳統
　　　吟唱研討會論文（3）

〈閱讀能力指導〉　譚達士　見1970年5月省北師專附小《國語能力
　　　指導》第5章　頁79-88

〈小學朗讀教學的改進〉　水心　見1979年9月臺灣商務版《國民教
　　　育論叢》　頁62-71

〈詩歌的詩趣與朗誦〉　邱燮友　見1982年6月師大中等教育輔導叢
　　　書《如何教國文》第2集　頁102-111

〈用耳朵閱讀──談「朗讀」的欣賞〉　林良　1980年12月29日《國
　　　語日報》

〈怎樣指導兒童朗讀〉　李仙配　1982年3月18日《國語日報》

〈推廣詩歌教學研習營紀實〉　黎亮　1982年5月25日《國語日報》

〈朗誦詩表現技法〉　胡建雄　1983年6月12-23日《國語日報》

〈論朗讀〉　直諄　1984年2月16-23日《國語日報》

〈新竹市第二屆詩歌朗誦發表會觀後記〉　趙制陽　1984年10月《中
　　　國語文月刊》第328期　頁13-17

〈散文的朗誦──聯副散文週序〉　梁實秋　1984年7月21日《聯合報
　　　副刊》

〈散文秀──記聯副散文朗誦會〉　子敏　1984年7月30日《國語日
　　　報》

作者簡介

林文寶

　　輔仁大學中文系碩士、曾任臺東師範學院語教系主任、學務長、教務長、臺東大學兒童文學研究所所長、文學院院長。專長於新文學、兒童文學、語文教學，曾獲五四兒童文學教育獎、中國文藝協會文藝獎章（兒童文學獎）、信誼特殊貢獻獎等。現為臺東大學兒童文學研究所榮譽教授。

本書簡介

　　本書分為上下兩編。上編為「歷代啟蒙教材初探」，目的在為歷代啟蒙教材留下詳實的資料，以流行於民間的啟蒙教材為經，而輔以登堂入室的書目為緯；至於教材的分期，則取自吳鼎先生《國民教育》的朝代分期。下編為「朗誦研究」，以朗誦的意義、朗誦的基本腔調、朗誦語音律、朗誦與節奏、節奏與生率、節奏與文氣、朗誦的藝術等八大章論述關於朗誦的研究，全書是欲研究者不可多得的參考書。

福建師範大學文學院百年學術論叢·第八輯 1702H15

歷代啟蒙教材初探與朗誦研究

作　　者　林文寶
總 策 畫　鄭家建　李建華

發 行 人　林慶彰
總 經 理　梁錦興
總 編 輯　張晏瑞
編 輯 所　萬卷樓圖書股份有限公司
　　　　　臺北市羅斯福路二段 41 號 6 樓之 3
　　　　　電話 (02)23216565
　　　　　傳真 (02)23218698

發　　行　萬卷樓圖書股份有限公司
　　　　　臺北市羅斯福路二段 41 號 6 樓之 3
　　　　　電話 (02)23216565
　　　　　傳真 (02)23218698
　　　　　電郵 SERVICE@WANJUAN.COM.TW
香港經銷　香港聯合書刊物流有限公司
　　　　　電話 (852)21502100
　　　　　傳真 (852)23560735

ISBN 978-626-386-096-4
2024 年 6 月初版二刷
定價：新臺幣 660 元

如何購買本書：
1. 劃撥購書，請透過以下郵政劃撥帳號：
　　帳號：15624015
　　戶名：萬卷樓圖書股份有限公司
2. 轉帳購書，請透過以下帳戶
　　合作金庫銀行 古亭分行
　　戶名：萬卷樓圖書股份有限公司
　　帳號：0877717092596
3. 網路購書，請透過萬卷樓網站
　　網址 WWW.WANJUAN.COM.TW
大量購書，請直接聯繫我們，將有專人為
您服務。客服：(02)23216565 分機 610

如有缺頁、破損或裝訂錯誤，請寄回更換
版權所有·翻印必究
Copyright©2024 by WanJuanLou Books CO., Ltd.
All Rights Reserved　　　　Printed in Taiwan

國家圖書館出版品預行編目資料

歷代啟蒙教材初探與朗誦研究/林文寶著. -- 初
版. -- 臺北市：萬卷樓圖書股份有限公司,
2024.06 印刷
　　面；　　公分. -- (福建師範大學文學院百年學
術論叢. 第八輯)
ISBN 978-626-386-096-4(平裝)

1.CST: 啟蒙教育 2.CST: 教材 3.CST: 文集
523.07　　　　113005955